対比列伝

ヒトラーとスターリン

第1巻

アラン・ブロック

鈴木主税＝訳

草思社文庫

HITLER AND STALIN
Parallel Lives
by
Alan Bullock

Japanese translation rights arranged with
the Literary Estate of Alan Bullock
c/o Curtis Brown Group Limited, London
through Tuttle-Mori Agency, Inc., Tokyo

対比列伝　ヒトラーとスターリン【第1巻】　目次

対比列伝　ヒトラーとスターリン【第1巻】

本書をわが妻ニッピーと子供たち、そして孫たちに捧ぐ

フォンタナ版への序

本書を書くにいたったいきさつは「はしがき」に述べるとおりだが、本書を完成できたのは、ひとえに多くの人びとの支持と援助のおかげであり、この場を借りて謝意を申し述べたい。

本書を妻と子供たち、そして孫たちに捧げたのは、何よりも大きな恩恵をこうむった証としてである。生涯の伴侶である妻は、その的確な判断力で多方面にわたって私を助けてくれたが、なかでも歴史の解釈と文体に関する卓抜な批評には少なからず負うところがあった。

カーティス・ブラウン社のアンドルー・ベストは、私の著作権代理人として長年にわたり専門的助言によって多大の恩恵を与えてくれている。本書に結実した私の考えを初めて話したときから、彼は一貫して、紙幅をおもんぱかって自分を縛ることなく存分に構想を展開するよう励ましつづけてくれた。

幸いにも、傑出した編集者であるスチュワート・プロフィットが本書を担当して、あらゆる面倒なことに骨身を惜しまず対処してくれた。一九四一年六月のヒトラーのソ連侵攻から五〇年後に初版が刊行されて以来、カーティス・ブラウン社のピーター・ロビンソンとケイト・クーパーが親身に尽力してくれたおかげで、各国語版やペイパーバック版を出版することもできた。フォンタナ・プレスのフィリップ・グウィン・ジョーンズにも、この改訂版の編集の労をとってくれたことに感謝する。

私の悪筆の手書き原稿を読みやすいワープロ原稿に変えてくれたパミラ・トマス夫人とパトリシア・エイリング夫人（彼女には、この改訂版についても、さらに時間と労力を提供していただいた）の技量と忍耐心がなければ、そもそもこれが本のかたちになることはなかっただろう。お二人の協力に深く感謝するしだいである。友人のジョー・スレイターと故シェパード・ストーンには、調査費と人件費を確保するうえでひとかたならぬ尽力を仰いだ。ことに、こころよくご援助くださったドイツ学術基金に深く感謝したい。

セント・キャサリンズ学寮の学寮長と評議員諸兄は、私がひきつづきその一員として学寮内で研究をつづける特典を与えてくれた。退職後に上梓した二冊の著書と本書をもって、諸兄の変わらぬご厚情にたいするささやかな返礼と受け取っていただければ幸いである。また、研究の過程で利用した、オクスフォードのボドレアン図書館、ローズ・ハウス図書館、歴史学部図書館、セント・キャサリンズ学寮付属図書館、セント・アントニーズ学寮付属図書館の館員の方々にお礼を申し述べたい。ヴァル・キブル女史は承認事項や引用許可の手続きを実に手際よく処理してくれた。

ソヴィエト連邦で新たに入手可能となった資料にあたる作業でも、計り知れない助力を得ることができたが、なかでもロビン・エドモンズ、セント・アントニーズ学寮のハリー・シュックマンと、セント・キャサリンズ学寮のマイケル・ショットンに感謝しなければならない。同じく、セント・アントニーズ学寮の評議員であるアンソニー・ニコルズは、ヒトラーを扱った各章の草稿に目を通して感想を述べてくれた。リチャード・オラードは原稿を通読し、歴史学者として、また編集者としての経験を生かした助言をしてくれた。右の五氏にたいし、心から謝意を表する。なお、本書に述べた私見について、五氏が何ら文責を負わないことは言うまでもない。

本書は、ヨーロッパ史上最も起伏に富み、最も論争を呼んだ二つの挿話の全体像をとらえようとしているが、これは他の多くの学者の研究および著作を参照しなければなしえなかったことである。個々の研究にどれほどを負っているかは注に明らかだが、私の見解と異なる場合も含めて、とくに大きな学問的恩恵をこうむった人びとの名前をここにあげておきたい。ドイツ史の分野ではカール・ディートリヒ・ブラッハー、マルティン・ブロスツァット、クリストファー・ブラウニング、ヨアヒム・フェスト、G・T・フレミング、エバーハルト・イェッケル、イアン・カーショウ、マイケル・

マラス、T・W・メイソン、J・P・スターン、H・R・トレヴァー＝ローパー（デイカー卿）。そして、私の専門とは言えないソヴィエト史の分野では、スティーヴン・コーエン、ロバート・コンクエスト、R・V・ダニエルズ、ジョン・エリクソン、マール・フェインソッド、レシェク・コワコフスキ、ウォルター・ラカー、ロイ・メドヴェージェフ、アレック・ノーヴ、レナード・シャピロ、ロバート・タッカー、アダム・B・ウラム、D・A・ヴォルコゴーノフの諸氏である。

この改訂版の準備にあたり、ソ連で入手可能となった新しい資料と、ロシアならびにドイツの歴史を取り上げた数多くの新著を参照することができた。最も大きく手を加えたのは第16章で、全面的に書きなおして、構成をより明確にした。

最後に、学問の手ほどきをしてくれ、歴史研究および著述の何たるかを教えてくださった、いまは亡き二人の恩師の学恩について記しておきたい。オクスフォード大学ウォダム学寮の特別研究員兼個人指導教授で、後年はギリシア史のウイカム講座教授をつとめたH・T・ウェイド＝ゲリー、そしてオクスフォード大学トリニティ学寮の特別研究員兼個人指導教授で、後年はローマ史のキャムデン講座教授をつとめたメリット勲章受勲者サー・ロナルド・サイムである。

振り返ってみると、一九三〇年代にオクスフォードでトゥキュディデス、タキトゥス、そしてアリストテレスの『政治学』のうちギリシアの僭主制を扱った各章をくわしく学んだことが、ヒトラーとスターリンについて書くうえで何よりの準備になったという思いを禁じえない。

アラン・ブロック

オクスフォード大学　セント・キャサリンズ学寮にて　一九九三年一月

はしがき

本書の初版は、一九四一年六月二十一日から二十二日にかけてのヒトラーによるスターリンのロシアへの侵攻から五〇年後の記念日に刊行された。この二人の列伝の構想が生まれるにいたったのは、一九七〇年代に、分割されたベルリンを定期的に訪れていたからである。その当時、ソ連占領地帯のまっただなかにあったドイツの旧首都へ出かけるたびに、東ヨーロッパとロシアにナチ帝国を樹立するというヒトラーの構想が裏返しになり、東ヨーロッパにソヴィエト帝国が誕生する現実にとって代わられたという、戦争の皮肉な結果に思いをいたさずにいられなかった。

そのことから、私は自分の一生と重なりあう時代のヨーロッパ史を、英米の歴史学者になじみの深いベルリン－西側の軸に沿ってではなく、なじみは薄いが重要性においてまさるのではないかと思われるベルリン－東側の軸、言い換えればドイツ－ロシアの軸に沿って考えるようになったのである。

私が求めた枠組みは、当時の国際情勢をこのような観点から検証するだけでなく、スターリン体制とナチという二つの革命的権力機構の比較をそこに組み入れられるものだった。ある視点からすると、この二つの権力機構は不倶戴天と言えるほど敵対していたにもかかわらず、別の視点からすると、両者には多くの共通点があり、どちらもヨーロッパの既存秩序にたいする政治的・思想的挑戦だったのだ。両者が時を同じくして出現し、たがいに作用しあったことは、二十世紀前半のヨーロッパ史の最もめざましい、前例のない特色であって、その影響は二十世紀後半のヨーロッパ史を長く支配しつづけると思われた。

そして、私が見出した枠組みは、ヒトラーとスターリンという二人の人間の比較研究だった。二人の経歴を見るだけで、革命、独裁、イデオロギー、外交、戦争における彼らの異なる側面が網羅される。二人のどちらかを取り上げた歴史学者の多くは、両者の個々の類似点や相違点をあげているが、私の知るかぎり、二人の人生を並列させて、それを初めから終わりまでたどろうとした学者はいない。

政治学者たちがナチ・ドイツ、ソヴィエト・ロシア、ファシスト・イタリアを比較し、全体主義の一般概念の基礎としたこともたしかにあった。しかし、この場合には、政治学者の興味は三つの体制の類似点を抜き出して全体主義国家のモデルを構築することにあった。私としては概括的なモデルをつくり出すことにはまったく興味がない。

ある二つの体制を時間的に限定した範囲（たとえばスターリン時代のロシアであって、スターリン後のソヴィエト・ロシアではないし、一般的な共産主義国家やファシスト国家でもない）で比較し、類似点に劣らず相違点をも明らかにすることにこそ興味がある。私の目的は、両体制がどちらも一般的なカテゴリーに含まれることを論証するのではなく、比較を通して、それぞれの体制の独自の個性を浮き彫りにすることである。副題をプルタルコスから借りて「対比列伝《パラレル・ライヴズ》」としたのは、それゆえである。並列された二つの人生は、平行線と同じく、交わることも一つに重なることもない。

ヒトラーにしてもスターリンにしても、世の記憶にとどめられるのはその公的な役割であって、私生活ではない。私は二人の人間性を論じ、二人を理解するうえで役に立つと思われる場合には、心理学の知見を利用してもいるが、本書はあくまでも二人の生きた時代を背景とし、政治家としての二人に焦点を当てた伝記である。

二つの物語を書き進めながら、ヒトラーとスターリンの経歴を整然と記述するうえでは多くの問題があった。二人の経歴には、出自や幼少期の体験、後年の外交政策や大戦への関わりかたなど、同じ章で同時に述べることのできる部分もある。しかし、たいていの場合、権力を握るまでの推移が大きく異なるし、スターリンのほうが十歳年長なので、一章おきにかわるがわる個別にたどるほうが扱いやすい。この個別の扱いを補うために、全体の半ば、すなわち一九三四年の終わりでいったん物語を中断し、二人の人間性とその政権を綿密に比較することに一章（第10章）をあてた。

さらに最後をどうするかも問題だった。スターリンはヒトラーよりも一〇年早く生まれただけでなく、八年も長く生きた。一九四五年のヒトラーの死ののちも物語を進めていくとすれば、ヒトラーには関わりのない戦後の情勢までも扱うことになる。しかし、私としては、ヒトラー自身が直接関わっていないにせよ――スターリンと並んで――どう考えても妥当な説明のできない論題を生み出した張本人として、その亡霊は戦後のすべての議論に登場しているとの確信があった。

そこで私は、スターリン＝ヒトラー時代の真の終わりと考えられる、一九五三年三月のスターリンの死まで物語をつづけることにした。これによって、スターリンによるソ連統治の最後の段階についても本書で扱えるようになった。この最後の段階を見ることにより、一九三〇年代から大戦中にかけて、スターリンの支配がどのように展開していったかがよりよく理解されるのである。本書は最後に短い章を設けて結びとした。ヒトラー＝スターリン時代を生き抜き、二十世紀の最後の一〇年という地点から当時を振り返ることができる私の有利な立場を生かしてのまとめである。

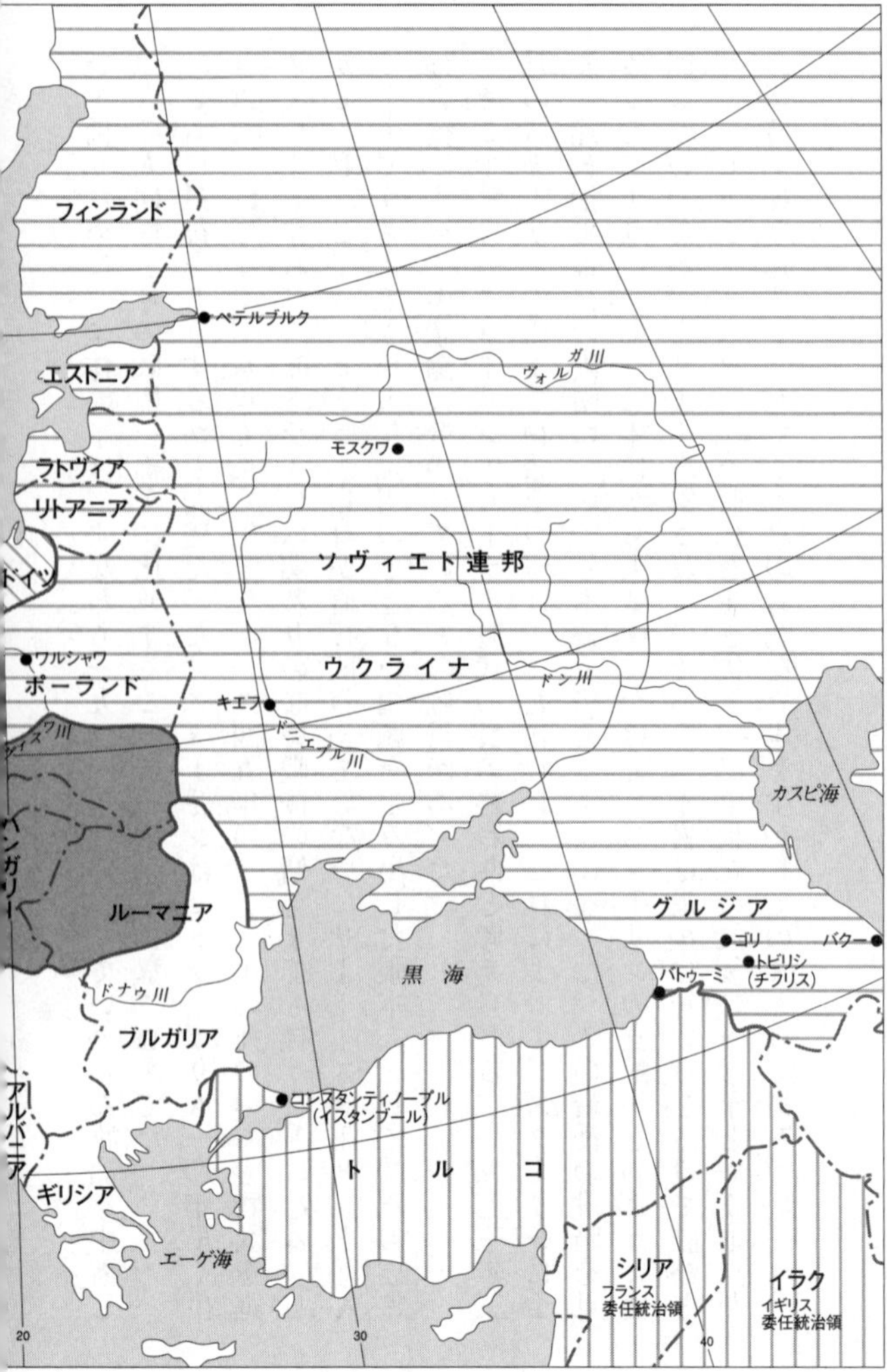
フィンランド
ペテルブルク
エストニア
ヴォルガ川
モスクワ
ラトヴィア
リトアニア
ドイツ
ソヴィエト連邦
ワルシャワ
ウクライナ
ポーランド
キエフ
ドン川
ドニエプル川
ヴィスワ川
カスピ海
ハンガリー
ルーマニア
グルジア
ゴリ
バクー
トビリシ
(チフリス)
黒海
バトゥーミ
ドナウ川
ブルガリア
コンスタンティノープル
(イスタンブール)
アルバニア
トルコ
ギリシア
エーゲ海
シリア
フランス
委任統治領
イラク
イギリス
委任統治領
20
30
40

ドイツ帝国(1914)
オーストリアーハンガリー帝国(1914)
ロシア帝国(1914)
オスマン帝国(1914)
国境線(1914)
国境線(1920)
スウェーデン
ノルウェー
大 西 洋
北 海
デンマーク
バルト海
イギリス
ロンドン
エルベ川
オーデル川
ベルリン
ドイツ
ライン川
セーヌ川
パリ
ロアール川
チェコ
スロヴァキア
ミュンヘン
ブラウナウ
ウィーン
ビスケー湾
アルザス-
ロレーヌ
フランス
スイス
オーストリア
ローヌ川
イタリア
ユーゴスラヴィア
ポルトガル
エーブロ川
タホ川
スペイン
ローマ
アドリア海
地 中 海
50
40
0
10
図1 1914年および1920年のヨーロッパ

第1章　出自

スターリン　一八七九―一八九九（誕生―一九歳）
ヒトラー　一八八九―一九〇八（誕生―一九歳）

1

二十世紀のヨーロッパの歴史に消すことのできない足跡を残すことになるこの二人の男は、いったいどういう人間だったのか。

二人の生年には一〇年以上の開きがある。スターリンはカフカース山脈を望むクラ川沿いのグルジア（現ジョージア。以下グルジアと表記）の小さな町ゴリで生まれ、ヒトラーはバイエルンとの国境に近いオーストリアのイン河畔の町ブラウナウで生まれた。ゴリの聖母マリア教会に届け出されたイオシフ・ジュガシヴィリの出生証明書によれば、スターリン（の名でのちに知られることになる）は一八七八年十二月六日（新暦では十二月十八日）に生まれている。従来、スターリンの誕生日は、この日付よりも一年と三日のちの一八七九年十二月二十一日（新暦）とされてきた。この年月日は、一九二二年十二月に秘書のトフシュチューハがスターリンにかわって履歴書に記入した日付である（原注：エドワード・ラジンスキー『スターリン』（一九九六年、ニューヨーク）、邦訳『赤いツァーリ』、工藤精一郎訳、NHK出版）。ソ連の国民が一九二九年にスターリンの五十歳の誕生日を祝ったのも、世界各国の共産党が一九四九年に七十歳の誕生日を祝ったのもこの日であった。この食い違いは一九九〇年代に党中央公文書館が公開されて明らかになったが、誕生日を変更したことの説明はこれまでなされていない。本書で私は一八七九年十二月二十一日という公式の日付のほうを採用することにした。一方、ヒトラーの誕生日がスターリンよりも一〇年のちの一八八九年四月二十日であることについては何の疑いもない。二人の経歴をどの段階で比較するにも、この年齢の差を決して忘れてはならない。そのうえ、最後にはその差がいっそう大きくなっている。ヒトラーが一九四五年に五十六歳で死んだのにたいし、スターリンはヒトラーよりも長生きして、一九五三年に七十三歳で死んだのである。

ヨーロッパとアジアの境、黒海とカフカース山脈にはさまれたグルジアと、中央ヨーロッパの中心部、ドナウ川とアルプスにはさまれた上《かみ》オーストリアとは、二四〇〇キロ離れている。歴史的および社会的な変遷を見れば、両地域のへだたりはそれにもまして大きい。それでも、この二人の男の出自にはいくつか共通の要素があった。

どちらも伝統的な支配階級の出身ではなく、彼らが自分の生まれついた世界で権力の座についたとは想像しにくい。二人のあのような経歴がありえたのは、第一次世界大戦の結果――まず帝政ロシアの敗北、次に「中欧諸国」の敗北があり、つづいて各地で革命が起こった結果——ヨーロッパの旧秩序が崩壊し、新しい世界が誕生したからこそ——であった。ただ、二人の思想や信条は、成長期を過ごした時代のありかたに沿って形成され、そこで固まったまま変わらなかった。スターリンのマルクス主義、社会ダーウィニズムと人種主義を組み合わせたヒトラーの思想は、ともに十九世紀の理論であり、ヨーロッパでその影響力が頂点に達したのは十九世紀の最後の一〇年から二十世紀の最初の一〇年にかけてであった。美術、建築、文学、音楽に関する二人の趣味についても、同じことが言える。二人はこれらの分野で一家をなしていると自任していたが、どちらも同じ時代にロシアと中央ヨーロッパで花開いた実験的なモダニズムにはつゆほども共感を示さなかった。

二人はどちらも、自分が支配することになる国の周縁地域に生まれた。マケドニア人のアレクサンドロス大王のように、またコルシカ人のナポレオンのように、二人はよそ者だった。ヒトラーは言うまでもなくドイツ人だが、ハプスブルク帝国臣民として生まれている。ハプスブルク帝国では、何世紀にもわたってドイツ人が支配的な役割を担っていた。ところが、一八六〇年代にビスマルクがプロイセンを中心とするドイツ帝国なるものを誕生させるや、そこから除外されたオーストリア系ドイツ人は、対等の地位を要求するようになったチェコ人などの「属国民」にたいして、自らの歴史的統治権を擁護せざるをえない立場に追いこまれた。こうした状況は、ヒトラーのものの見方に重大な影響をおよぼした。ヒトラーは熱狂的なドイツ民族主義者になったが、ベルリンに統治の拠点を置く新生ドイツ帝国の、活力に満ち自信にあふれた積極性を共有するかわりに、つねに不安のつきまとう悲観的な考え方を身につけた。これは、その国の支配者でありながら少数派である民族、華々しい過去を意識しつつも、スラヴ人やポーランド人やロシア系ユダヤ人のような「雑種帝国」の劣等民族の人口増加と影響力の増大に、自分たちの将来がますます脅かされるのを見ている民族の一員ならではの考え方である。しかも、この「雑種帝国」は、ハプスブルク家の統治者が、ドイツ民族国家としての性格と国力を保有すべしとの聖なる大義とも言うべき「ドイツ主義」を裏切ったことによって生まれたのである。

一九三八年に、ヒトラーは一八六〇年代のオーストリアを排除する風潮を逆転させ、オーストリア併合をもって「わが愛する祖国をドイツ帝国へと復帰させた」。しかし、再び「大ドイツ」を打ち建てることを目指して収めた当時の数々の成功も、ヒトラーがオーストリア生まれであることに由来する根本的心情、つまり自分は押し寄せる野蛮と人種的汚染の脅威にさらされたドイツ－アーリア人種の血統を守るために戦っているのだという心情を払拭することはできなかった。

スターリンの場合も、その出自による影響はヒトラーの場合に劣らず大きかったけれども、違うかたちをとって現われた。一つの例は、オルジョニキーゼやベリヤといったグルジア時代の仲間が後年再び登場してくるときに見られるものだが、彼らにたいするスターリンの態度にはグルジア政界の複雑な関係や抗争による悪しき影響がうかがえる。しかし、このことはスターリンの人生におけるとくに重大な決断（これに匹敵するものは革命家になるという決断しかない）にくらべれば、表面的なことでしかない。その決断とは、現実主義者としてのスターリンが、自分のグルジア的な部分を否定するとともに、ロシアの犠牲になったグルジア人ではなく、グルジアを征服したロシア人の側に与《くみ》したことである。

その結果、レーニンが手遅れになってから気づいたとおり、ツァーリの国家を転覆させるために働きはするが、ロシア帝国を分裂させるつもりはないという狂信的な大ロシア主義者が生まれることとなった。改宗者の例に漏れず、スターリンは最後まで自分がロシア人として受け入れられていると思えなかったし、言葉にグルジア訛りがあるのでロシア生まれのロシア人にはグルジア出身であることがすぐわかるという事実を忘れることもできなかった。そのため、内戦が終結してレーニンから民族人民委員に任命されると、スターリンは非ロシア系民族の民族自決の願いに改宗者ならではの苛酷さで対処した。一九二〇年と二一年には、グルジアとカフカース諸国をソヴィエトに再併合して、彼らが勝ちえた独立を短命に終わらせた。また、農業集団化の時期に示したウクライナ人の扱いは、ソ連の歴史に残る暗黒の一ページである。過去の帝政ロシア時代へのスターリンの思い入れは「大祖国戦争」の主要命題の一つであり、戦争が終わったときにスターリンが誇りに思ったことは、ロシア帝国が日露戦争と第一次大戦とで失った領土のすべてを取り戻したうえ、さらに版図を拡大し、歴代のロシア皇帝の時代を上まわる領土を得たことであった。

2

スターリンが生まれた一八七九年には、これらのことはすべて想像もできない、ずっとのちの世界だった。グルジアはいまだにヨーロッパ・ロシアに同化しきっていなかった。地理的には、ザカフカース地方の一部をなすグルジアは、中央アジアとヨーロッパを結ぶ歴史的な大陸ルートの一つである。かつては、古典的な世界の一部であり、伝説のコルキスの地、「金の羊毛」の地、プロメテウス神話のふるさと、ギリシア人の植民地、ローマの属領アルメニアの一部であった。民族的には、つねに複数民族が混在していた。ストラボンによれば、カフカース地方には七〇の種族がいて、それぞれ異なる言語を話していたという。グルジア人は全体として一二の亜種族に分かれていたが、それでいて二〇〇〇年のあいだ、民族的統一と言語の純潔を守ってきた。ビザンツ時代には、小さいながらも豊かな独立王国となり、グルジア文明は十二世紀に輝かしい最盛期を迎えたが、以後二度とこのような繁栄を見ていない。その後、モンゴル人に征服され、トルコ人とペルシア人に領有されて、最終的には十九世紀初頭にロシアに併合された。山岳地帯では、その後もゲリラの抵抗がつづき、ロシアがグルジア全土を軍事的に制圧しえたのは、ようやく一八六〇年になってからだった。

そのころになるとグルジアは、豊かな天然資源をもち古くは文明が栄えていたにもかかわらず、みじめな貧困状態へと落ち込んでいた。全人口の四分の三が文字を知らず、産業はなく、山賊が横行していた。

スターリンの国内旅券に記載されていた文言は、彼の政治的経歴を知る有力な手がかりである。「イオシフ・ジュガシヴィリ、農民。チフリス県ゴリ地区出身」とある。事実、スターリンは父方も母方も農民である。両親は農奴の生まれで、読み書きが不自由だった。二人は一八六四年にようやく解放された。解放後、父は小さなゴリの町に移り住んで家業である靴直しの店を開き、この町でエカテリーナ・ゲラーゼと知りあって結婚した。

スターリンが生まれる以前、二人の子供が出生時に死亡している。スターリン自身、五歳のときに天然痘で死にかけ、そのため、顔にあばたが残った。また、幼時の事故のために左腕が終生不自由だった。スターリンが四歳まで過ごした生家は一部屋だけの煉瓦づくりの家で、差しかけの屋根裏部屋と地下室がついていた。この家はのちに聖堂となり、これを包み込むように大理石の円柱が四本並んだ新古典様式の神殿が建てられた。スターリンの父は粗野な乱暴者で、大酒を飲み、妻と子に暴力をふるい、生計を立てることもままならなかった。ゴリの教会学校時代とチフリスの神学校時代を通じてスターリンを最もよく知っていた友人であるイレマシヴィリは、回想録にこう書いている。

理不尽に何度も手ひどく殴られた少年は、父と同じように、気難しい冷酷な人間になった。人に権力をふるう立場にある人間は誰もが父のように見えたため、じきに少年の心のなかには自分の上に立つ者にたいする復讐の感情が芽生えた。幼少年期以後、この復讐するという考えを実現することが彼の目的となり、他のことはすべて二の次となった。[*1]

ここに述べられた父の折檻と少年の反応については、どちらもそれを裏づける資料がほかにもある。スターリンは父の仕打ちを激しく恨んだが、その仕打ちにもくじけはしなかった。償いは、母から寄せられた愛情と支えであった。赤毛のエカテリーナは意志が強く、信心深い女で、屈することなく夫に耐え、夫が六五キロ離れたチフリスの製靴工場に職を得て家を出てからは、女手でイオシフとの生活を支えた。いつのころか、エカテリーナは息子を連れて正教会司祭のチャルクヴィアニ神父宅に家政婦兼メイドとして住みこんだ。神父の援助で、エカテリーナは息子を正教会の学校に入学させた。イオシフが十歳のとき、父はチフリスの製靴工場で靴直しの職を身につけさせると言い張って息子を引き取った。だが、母はイオシフを司祭にすると固く心に決めていたので、結局、彼を連れ戻して学業をつづけさせた。

息子を司祭にするために、エカテリーナはようやく農民の子弟が入学を認められるようになった教会学校の学費だけでなく、チフリスのロシア正教会神学校に通わせる費用も捻出しなければならなかった。しかし、自分を犠牲にし、奨学金の助けを得て、エカテリーナはその目的をはたし、息子が十九歳になるまで教会学校と神学校に通わせた。その後、息子が司祭となるための学業を放棄したことを知って、エカテリーナはひどく失望した。スターリンは簡潔だが敬意のこもった手紙を母親に送りつづけた。のちには帝政時代のカフカースの総督公邸に母親を住まわせたが、母親は、一部屋だけで充分だと言い張った。スターリンの故郷からジャムや果物を息子に送りつけるのを母親はやめなかった。しかし、モスクワを訪れるようスターリンから招待されても、そのつど、固辞した。スターリンはしばしば休暇をカスカースで過ごしたが、母親をたずねたのは一度きりで、それは彼がすでにソ連の最高権力者になっていた一九三五年のことだという。年老いたエカテリーナに治療をほどこした医師によれば、そのときスターリンが、子供のころにひどく折檻されたわけを聞くと、母親は「いい子になってくれるのがわかっていたからよ」と答えたという。お前はいま何をしているのかと母親に聞かれて、スターリンは、ツァーリみたいなものだと説明したが、母親は感心することなく「司祭になってもらいたかったのに」と言って、息子を喜ばせた。

スターリンは教会の聖歌隊に入り、その美声で評判になった。教会学校は優等特別証書を受けて卒業し、神学校の入学試験でも全額給費の寄宿生の資格を得られるほどの成績をあげた。息子の成功に託した母の希望と野心は、息子の人格に深く影響した。スターリンは、いつかはきっとひとかどの人物になって大きな業績をあげるに違いないという母の信頼を肝に銘じた。一方、父との関係からは、かたくなな心と権威にたいする憎悪を身につけた。この両方の要素の組み合わせは、やがて強力な資産であることが実証される。

スターリンの少年期に起こった他の二つの事件についても述べておく必要がある。ゴリの教会学校に在学中、ツァーリの政府がロシア化政策を打ち出したことから、グルジア語は教育の現場では使用されなくなり、それまで外国語として教えられていたロシア語へと一方的に切り換えられた。そのため、切り換えの実施にあたって派遣されたロシア人官吏とのあいだに一連の衝突が起きた。スターリンはこの切り換えに抵抗した生徒のなかでも急先鋒の一人だった。スターリンが四学年の履修課程を終えるのに六年かかったのは、このロシア語への切り換えのせいだと見られる。また、これをきっかけに、スターリンはグルジア文学に深い興味をもつようになり、地元の書店が兼営していた貸本屋を利用して読書にふけった。夢中になった本としては、グルジアを征服したロシア人にカフカースの山の民が英雄的な抵抗をするという、アレクサンドル・カズベギのロマンチックな小説などがあった。そのうちの一冊、一八四〇年の実際の出来事をもとにした小説は、スターリンにのちのちまでも残る強い印象を与えた。『父殺し』というその本の題名が、スターリンの目をひいたことは疑いない。これはカフカースのロビン・フッドとも言うべき人物、コーバの物語で、コーバはコサックを相手に戦いを挑み、農民の権利を守り、友人の仇を討ち、村の裏切り者たちの罠にかかる。この本を読んだときから二〇年後にスターリンという変名を使いはじめるまでのあいだ、若いジュガシヴィリはつねに自分をコーバと呼んでほしいと言い張った。「コーバは」と、イレマシヴィリは書いている。「彼の神となり、人生の意味となった。彼はもう一人のコーバになりたい、同じくらい有名な闘士かつ英雄になりたいと思った。その後、コーバの人物像は彼の心によみがえることになる」[*2]

3

ヒトラーの一家も同じく地方の出身で、ドナウ川とボヘミア国境のあいだ、下《しも》オーストリアの森と丘の地ワルトフィアテル地方がふるさとだった。ヒトラーという苗字は、あるいはチェコ系とも考えられ、その綴りも何通りかあるが、この苗字が初めてこの地方に現われるのは十五世紀のことである。ヒトラーの祖先は農民だったが、農奴ではなく、小規模な自作農で村の職人でもあった。この流れから初めて抜け出したのは、ヒトラーの父のアロイスで、アロイスは社会の階段を何段か登ってハプスブルク帝国の税関吏になった。

ヒトラーの幼少年期は、スターリンの場合とは違って、苦難と貧困にさいなまれはしなかった。『わが闘争』の記述から受ける印象とは逆で、貧しかったわけでも、虐待されたわけでもない。父は確実に昇進し、最後には、その学歴からして望みうる最高の官位にまで登りつめた。安定した収入と帝国官吏としての社会的な地位を得て、死んだときには未亡人と子供たちが充分に食べていけるだけのものを残している。

ヒトラーが生まれたのは、父がオーストリアとバイエルンとの国境の町、イン河畔のブラウナウに勤務していたころのことである。だが、父は何度か転勤し、アドルフは小学校を三度替わった。ラムバッハのベネディクト派修道院でスターリンと同じように聖歌隊に入り、礼拝の厳粛さと壮麗さに深い感銘を受けている。

アロイス・ヒトラーは好感のもてる人物ではない。偏屈かつ利己的で、年の離れた若い妻の気持ちを思いやらず、子供たちを理解しもしなかった。しかし、これはその時代の、彼のような生まれの叩き上げの男たち全般に見られる性格であって、とくに並み外れていたわけではない。アロイスが何よりも大事にしていたのは蜜蜂で、いつか引退して小さな土地を買い、そこで心ゆくまで養蜂にうち込むことのできる日を楽しみにしていた。その後、一八九九年にリンツ郊外のレオンディングで、彼はついにその夢を実現させている。

アドルフ・ヒトラーの母は、またいとこにあたる夫よりも二十二歳年下だった。アロイスの二番目の妻が死んだときには、すでにアロイスの愛人としてその子供を身ごもっていた。アロイスは前の二人の妻の場合と同じく、この三番目の妻も幸せにできなかったが、クララ・ヒトラーはたとえ時が経つにつれて寂しさや失望を味わったにせよ、結婚生活をできるかぎり実りあるものとし、実の子供たちからも先妻の子供たちからも愛情を寄せられるようになった。五歳のときに弟が生まれるまで、アドルフは母の愛を一身に受けていたが、その時期が終わりを告げたとき、アドルフがとくに嫉妬に駆られたという確たる証拠はない。実際、それにつづくパッサウでの一年は、アドルフの子供時代で最も幸福な日々だった。

少年は学校ではまずまずの成績だった。もっとも、すでにわがままさの片鱗と規律正しい勉学をいやがる徴候も示しはじめてはいた。リンツの中学校に移ると、成績は惨憺たるものになる。どうにかまともな点数を取った教科は図画だけだった。ヒトラーはのちに、自分の失敗は父にたいする反抗のせいだったなどと釈明している。自分は芸術家になりたかったのに、父は官吏にさせたがったのだ、と。だが、『わが闘争』に書かれているヒトラーの言い分が下手なつくり話であることは明らかにされている し、一九〇三年一月に父が死んだあとも、ヒトラーの素行にはまったく変化がなかった。十代も半ば近くになったというのに、相変わらず勉強と名のつくものはいっさい避け、戸外での戦争ごっこに熱中したり、北米のインディアンの出てくるカール・マイの冒険小説に読みふけったりしていた。このうち、カール・マイ愛好のほうは帝国宰相になってもまだつづいていた。シリーズ全巻を読み返し、「食卓談話」*でもしきりにカール・マイにたいする熱中ぶりを披瀝している。リンツ実科中学校から退学勧告を受けたあと、母は試みに息子をシュタイアの寄宿学校に入れたが、それでも事態は変わらなかった。ここでも成績表には怠惰、強情、不遜と書かれている。

一九〇五年の夏、肺炎にかかると、ヒトラーはそれをいいことに母を説得し、学校を中退してウィーン美術学校の入学試験を受けることにした。ところが、その後の二年間、ヒトラーはさまざまな口実を設けては美術学校の受験を先送りし、一九〇五年秋から〇七年秋まで気ままな生活を楽しんだ。母に養ってもらいながら、スケッチをしたり絵を描いたりして毎日を過ごしたのである。有閑階級の青年を気取ってそれらしい服装をし、あわよくば人から大学生に見られるようにと象牙飾りのついた黒いステッキをついて歩いた。いつの日にか偉業をなしとげて世間をあっと言わせてみせる、と誇大な白昼夢にふけっていたのである。

十六歳から十八歳にかけてのこの時期は、ヒトラーの自己イメージが明らかになりはじめたときだった。それはスターリンのコーバのように英雄的な反逆者のイメージだったが、一つ、特徴的な性格を備えていた。義務感から政界に身を投じはしたが、そのために世界が失ったものの大きさを思ってしばしば慨嘆する天才芸術家というものので、ヒトラーは終生、この自己イメージをもちつづけた。

ヒトラーのただ一人の友人、アウグスト・クビツェクはヒトラーより二、三歳若く、ヒトラーがとめどなく口にする夢物語の聞き役として——母と妹に加え——なくてはならぬ存在だった。どの方面で才能を発揮するかはまだ定かでなかった——画家か建築家（リンツを全面的に建設しなおすための設計図をいくつかものしている）、あるいは音楽家か作家か——が、いずれにせよ芸術家であることには変わりがなく、規律を強いられる仕事ができない自分を正当化するものだった。

ヒトラーとクビツェクは、あらゆる機会をとらえて、リンツのオペラ座と劇場に通

＊　原注：一九四一年から四五年までの、ヒトラーの非公式の席での多くの談話の速記録であり、彼の心の内をうかがわせる貴重な証言となっている。（邦訳はヒュー・トレヴァー＝ローパー解説『ヒトラーのテーブル・トーク　一九四一―一九四四』上下巻、吉田八岑監訳、三交社、一九九四年刊）。

った。ヒトラーの偉大な英雄はリヒャルト・ワーグナーで、ヒトラーはその楽劇のとりこになった。ヒトラーはのちに、自分には先達は一人もいないが、唯一の例外はワーグナーだったと語っている。ワーグナーが反ユダヤ主義的だったという事実をめぐっては多くの解釈がなされてきたが、ヒトラーを最初にワーグナーにひきつけたのは、そのオペラの演劇性と叙事詩的な壮大さだった。ヒトラーはワーグナーのオペラを何度見ても飽きることがなく、ヒトラー自身の政治スタイルの演劇性と叙事詩的な壮大さはここにその源があった。それにもまして重要だったのは、ワーグナーの人間性とワーグナーがほぼ一人でつくり出した観のあるロマン派的な天才芸術家の概念である。ワーグナーはこの概念の真価を問うごとく、およそ考えられるかぎりの障害を克服してバイロイトにドイツ芸術の殿堂を打ち建てた。スターリンが初めは英雄コーバに、のちにはレーニンに自分をなぞらえたごとく、ヒトラーは自分をワーグナーになぞらえた。その思いはヒトラーをつねに鼓舞してくれた。自信の揺らぐことがあっても、ワーグナーの音楽という魔術的な世界にひたり、この天才の先例に思いを馳せれば、たちどころに自信がよみがえった。

大戦勃発間近の一九三九年八月、ヒトラーはクビツェクをバイロイトに招いた。リンツからやってきた旧友はこんな思い出を話している。その昔、『リエンツィ』の上演にすっかり心を奪われたヒトラーが自分を引きずるようにして近くのフラインベルクの山に登り、リエンツィがローマ人を救ったように自分もいつの日にかドイツ人を救うのだと憑かれたように語るのを聞いて度肝を抜かれた、と。ヒトラーはその昔話に大喜びし、ワーグナーの息子の妻でヒトラーの最も初期の崇拝者の一人であるイギリス人のウィニフレッド・ワーグナーにその話をして、おごそかに言った。「すべてはあのときに始まったんだ[*3]」

クララ・ヒトラーは、何とか息子に将来のことを真剣に考えさせようとして手を尽くした。ウィーンに四週間滞在する費用を払ってやったのもそうした努力の一つである。最後には、官吏の息子として受給が認められている年金のみならず、父の残した遺産を引き出すことにも同意し、美術学校で絵の勉強をするためにウィーンへ行くことを許しもした。クララがこのように許しを与えたのは主として、自分が乳ガンにかかっていることがわかり、死ぬ前にアドルフが落ち着くのを見たいと願ったからだろう。アドルフは、一九〇七年十月の入学試験にどうにか間にあうようにウィーンに着いたけれども、結局、提出した素描の出来が悪く、入学は認められないと申し渡されただけだった。「合格すると信じきっていたので、その通知はまさに晴天の霹靂だった[*4]」。青春の夢がみじんに砕け、呆然自失して、ヒトラーは校長に面会を求めた。校長は如才なく、きみの才能は建築にあって、絵画には向いていないのではないかとほのめかした。

ヒトラーは校長の言葉を真に受けた。「数日を経て、私は自分でも、いつかは建築家になるべきであると悟った」[*5]。だが、専門的な訓練課程を受けるのに必要な卒業証書がなかった。ヒトラーが本気だったなら、卒業証書を授与されるのは難しくなかっただろう。ところが、彼はそのために何が必要なのかを問い合わせようともしなかった。母に事情を話すこともせず、ヒトラーは何ごともなかったかのように、そのままウィーンにいて、ご大層にも「勉学」と称することをつづけた。リンツでしていたのと同じ、熱に浮かされたような、しかし無目的な活動を繰り返したのである。

そしてヒトラーは、二番目の、さらに大きな打撃を受けた。母が危篤だという知らせが届いたのだ。スターリンと同じく、ヒトラーは母に多くを負っていた。フロイトが言うには、「母親のまぎれもない秘蔵っ子であった男性は、生涯、征服者という感情をもちつづける。成功にかけてのこの自信は、しばしば現実の成功を導き出す」[*6]。これはスターリンの場合にも当てはまっていたかもしれない。ヒトラーの場合には、たしかに当たっていた。違いと言えば、スターリンは母が自分のために払った犠牲をほとんどかえりみず、革命運動に従事するようになってからは数えるほどしか母に会わず、一九三六年の母の葬儀にも参列しないで、グルジアの人びとの顰蹙《ひんしゅく》を買ったことだ。それにひきかえ、クビツェクの話では、母の病気の知らせを聞くと、ヒトラーはすぐさまリンツに戻り、看病に没頭したという。入学試験の不合格につづく母の死は、ヒトラーにとって痛烈な打撃となった。

しかし、そんな衝撃を受けても、ヒトラーは現実を直視するようにならなかった。何か仕事につくべきだという親族の言葉にも耳を貸さず、美術学校の生徒であると信じこませたまま、母の遺産と自分の年金についての法的な手続きがすむとすぐウィーンにとってかえし、再び自分の夢の世界にひきこもった。そして自分の幻想をいっそう強固にしようと、クビツェクとその両親を説き伏せて、この旧友をウィーンへ来させることをも承諾させたのである。

クビツェクの練習用ピアノと二つのベッドと一つのテーブルを詰めこんだ一部屋の下宿で共同生活をしながら、二人はウィーンで芸術を学ぶ学生になるという夢を実現した。クビツェクは苦もなく音楽学校の入学許可を得て、毎朝早く、まだベッドにいるヒトラーを残して授業に出かけていった。そうこうするうちに、ようやく友人の勉強ぶりをいぶかしく思うようになってたずねたところ、ヒトラーはすさまじい勢いで自分の入学を拒んだ愚かな学校当局にたいする怒りをぶちまけた。そして、独学で建築家になって連中を見返してやると決意のほどを明らかにした。

ヒトラーの「勉学」とは、通りを歩きまわって環状道路沿いに建ち並ぶ十九世紀の記念碑的な建築物を眺め、あてどもなくその正面をスケッチし、細部の構造を頭に入れることであった。また、予算が許す以上の金をオペラのチケットに注ぎ込み、食費を削ってその埋め合わせをした。リンツにいたころ、ヒトラーはシュテファニーという名の若い娘に熱烈な恋をしたが、最後までひとことも話しかけることなく終わっていた。いま、ウィーンにあって、クビツェクには恋と女のことを大いに語りはしたが、相も変わらず内気さを克服できず、実際に女性に近づくことができなかった。たいていの若い男と同じく、ヒトラーの頭のなかにも性的な想念が燃えさかっていたが、特定の女性と性関係があったことを示す証拠はない。クビツェクは友人の気分が唐突に変わり、意気軒昂にしゃべりまくるかと思えば、今度は陰気になって、ものと言わず人と言わずあらゆるものを罵倒するのを見て不安に駆られた。リンツ時代にくらべて、ウィーンのヒトラーは「完全に常軌を逸していた」とクビツェクは評している。

一九〇八年七月、音楽学校での最初の学年を終了し、クビツェクはリンツに帰省した。戻ったらまた同じ下宿で共同生活をするという約束をしたクビツェクは、その夏のあいだヒトラーから何通かの便りを受け取った。ところが、十一月になって、クビツェクが実際に戻ってみると、ヒトラーは行方をくらましていた。

その十月、ヒトラーはクビツェクにも誰にも告げず、美術学校に入学しようと二度目の試みをしたが、今回は試験さえ受けさせてもらえず、門前払いをくらったのである。これはあまりにも手ひどい打撃であり、自分は「芸術家である」との弁明を打ち砕くものであったため、ヒトラーは自分を知っている誰とも顔を合わせることができなかった。そして、クビツェクのみか、親族からも完全に縁を切り、この大都会の群衆のなかに姿をくらましたのだった。

4

当然ながら、ヒトラーは精神病理学者の興味の対象となってきた。これまでに発表された研究のなかには、ヒトラーと過保護の母親および高圧的な父親との関係にとくに注目しているものがいくつかあるが、これは十九世紀末から二十世紀初頭にかけてのドイツ語圏ではありふれた親子関係で、フロイトがエディプス・コンプレックスの根源と見たものである。[*7] しかし、歴史学者の多くは、ヒトラーに関する心理学的な「解釈」にあまり大きな信頼はおきにくいと感じており、それには二つの理由がある。一つは信頼できる証拠がないことで、それがために精神病理学者は類推を用いた議論や過度な推測をしなければならない。第二に、ヒトラー(あるいはスターリン)を統合失調症的もしくは妄想症的人格の持ち主と見るとわかりやすいことは認めるとしても、精神科医が日々の診療で目にするたぐいのこの種の障害が通常当人におよぼす破壊的な影響と、自分の妄想を恐ろしい現実に移しおおせたヒトラー(とスターリン)の異常な成功ぶりとの差をどう考えればいいのか、ということである。

学問的研究——および証拠資料——の現状からすれば、ヒトラーとスターリンの包括的な分析を標榜する言説は眉唾ものとして扱うこと、ただし心理学の研究では切り捨てられかねない特定の卓見については、これを援用することが最善の道であるようだ。その卓見がどういうものかは、次の三例で明らかだろう。

最初の例は、エリク・エリクソンの「思春期のアイデンティティの危機」であり、エリクソンはこれがヒトラーの場合、十八歳だった一九〇七年十月の最初の美術学校不合格と、母の死による衝撃が重なった一九〇八年十月の二度目の不合格のあいだにあったとしている。エリクソンによれば、若者が思春期の危機を克服してアイデンティティを確立することに失敗すると、重大な心理的損傷が残るという。ヒトラーはこの失敗例であり、その後「市民としての幸福や商人の平穏な生活、魂の平和などとは無縁の経歴を選んで、永遠の未成年」[*8]にとどまったのだとエリクソンは説く。

二番目の例は、エーリヒ・フロムの主張である。ヒトラーと父親との対立の原因は、ヒトラーが主張しているような、息子が官吏になるのを見たいという父の意向に従うのを拒否したことでもなければ、フロイト派の学者が主張するような、母の愛をめぐるエディプス的敵対意識でもない、とフロムは言う。ヒトラーが中学校で成績が悪かったのは、しだいに空想の世界に閉じこもるようになっていったからであり、父親とのいさかいは、息子に現実感覚を取り戻させて自分の将来という問題を直視させようとする父のありがたくない試みをヒトラーが拒絶したことによる、というのがフロムの見方である。五歳になるまで、母クララの愛情を一人占めしたことで、ヒトラーは自分がかけがえのない存在なのだという感覚を身につけた――スターリンの場合と同じである。フロムは、この二人にはいろいろな違いがあるにもかかわらず、どちらもナルキッソス的な人格のタイプの古典的な事例であると論じている。[*9]

「ナルシシズム」とは、そもそもフロイトが人の幼児期に関連して考え出した概念だが、いまではもっと広い意味で用いられており、外界にたいして自然な関係が発達しなかったときに見られる人格障害をさす。このような状態にある人間にとっては、自己のみが、また自分の欲求と感情と思考、自分に関わる事物と人だけが充分な現実性をもって体験される一方で、それ以外の人や事物はすべて現実性や興味に欠けるのである。

ある程度のナルシシズムは政治的指導者の職業病とも考えられるが、それがどの程度のものかは、彼らが自分の仕事を天命と信じておのれの判断の無謬性を主張し、権力の独占を要求する度合に比例する、とフロムは説く。そうした度合が、権力の頂点に立つヒトラーやスターリンの例に見るような水準にまで高まると、いかなる挑戦もすべて彼らの公的なイメージのみならず、私的な自己イメージをも脅かすものとしてとらえられ、彼らはそれを封じるためならどんなことも辞すまいとする反応を示すようになる。[*10]

これまでのところ精神病理学者は、ヒトラーにくらべてスターリンにはあまり大きな関心を示していない。その理由には、証拠資料の少なさということがある。ソ連の場合、ドイツのように敗戦後の文書の押収や証人の尋問といったことが行なわれなかった。だが、それよりも重要なのは、この二人の気質と行動様式がいちじるしい対照をなしていることである。ヒトラーは派手で自制心に欠けており、その言説がひどく誇張されていたことから、人びとは長いあいだヒトラーの言うことをまともに受け取ろうとはしなかった。それにたいして、スターリンは自制心が強かった。スターリンが権力の座につきえたのは、自分の人間性をうまく生かしたからではなく、それをうまく隠したからだった。スターリンはヒトラーとは正反対の理由で過小評価された——彼の野心と冷酷さを、多くの人が見抜けなかった——のである。精神病理学者の関心をひいたのが、スターリンよりもヒトラーのほうだったことも驚くにはあたらない。それだけに、この対照的な二人の性格の底流として共通のナルシスティックな強迫観念があったとする見方はなおのこと興味深い。

もう一つの卓見は、スターリンの伝記作者であるアメリカ人ロバート・タッカーがカレン・ホーナイの神経症に関する研究を援用したものである。タッカーは、スターリンにたいする父親の粗暴な扱い、とくに息子を殴ったり息子の目の前で母親を殴ったりしたことが、スターリンの心に拭うことのできない不安感を生じさせたのではないかと見る。これは、敵対的な世界のなかに一人で立たされているという感覚で、場合によっては当の子供に神経症的な人格を形成させることがあるという。子供のときにこのような不安を体験した人間は、当然ながら心を安定させるための堅固な土台を探し求めるから、理想化された自己イメージをつくりあげたのち、それを真のアイデンティティだと思いなして自分の土台とすることもあるだろう。「そうなると、あとは理想の自己を行動で実証し、他者の賞賛を得ることにひたすら努力が傾けられることになる」。これをスターリンの例で見ると、まずカフカースの無法なヒーローの姿に自分を重ねて、その名をわがものとし、のちには革命の英雄レーニンを手本とし、レーニンの変名にならった「鋼鉄の男」を意味するスターリンという名のもとに「革命的ペルソナ」をつくりあげている。[*11]

スターリンの思春期は、ヒトラーと同じく波乱に富んでいた。一八九四年、スターリンはゴリを出てチフリスにあるロシア正教神学校の六〇〇名の神学生の一人になった。帝政ロシア当局は、カフカース地方に大学を開設することを許そうとしなかった。大学が民族主義による急進的な活動の中心と化することを恐れての措置である。チフリスの神学校は大学に取って代わる役割をはたし、聖職につく意思のまったくない若者が多く入学していた。神学校の雰囲気は修道院と兵舎を足して二で割ったように抑圧的で、大学の開放的な雰囲気に劣らず、反体制的な思想を培うのにおあつらえむきだった。

十四歳のスターリンは、精神的にはしぶとかったが、腕力はそれほどでもなかった(成人しても身長は一六三センチ弱だった)。それでも、充分に自分を守ることはできたし、同級生や教師との関係でもまったく臆するところがなかった。

一八九四年から九九年まで、年齢でいえば二十歳近くまで神学校に在学したあと、スターリンは唐突に退学した。通常の卒業証書を得ていないことはヒトラーと同じである。退学の理由としては第一に、勉学に励んだ結果、それなりの学問は身についたということがあろう。神学校のカリキュラムには古代教会スラヴ語やスコラ神学と並んで、ラテン語、ギリシア語、ロシア文学、ロシア史なども含まれていた。スターリンがここの教育で得た恩恵といえば、並み外れた記憶力が養われたことがあげられる。この能力は、彼の後年の経歴において小さからぬ価値をもつことになる。また、それが教会の教育であったという事実は、のちにその教条主義と、ものごとを黒か白かの絶対的観点から見る性癖で知られることになるこの人物の精神形成に一役買っている。スターリンの演説原稿や著作を読んで誰でも気がつくのは、そこに見られる公教要理的な構造である。問答形式の多用、複雑な問題をいくつかの単純化した公式に還元する手法、自分の主張を補強する文章の引用などである。こうした教会の影響が、スターリンのロシア語の話し方や書き方に表われていることは、これまでの伝記作者たちも指摘している。「演説口調で、反復が多く、全体に祈禱文のような調子である」[*12]と。

神学校の生徒は、毎日二回のお祈りのほかに、日曜日と聖日にも三、四時間、立ったままの礼拝式に参加しなければならなかった。これが宗教にたいする強い反感をかきたてたことも不思議ではない。修道士たちは、その対応策として、生徒をひそかに監視し、盗み聞きしたり、生徒の衣服やロッカーを調べたり、校長に通報したりした。一般の図書館から本を借りるというような校則違反には、小部屋に監禁するという罰が加えられた。政府のロシア化政策のために、この神学校はグルジア民族主義の砦となった。一八八六年には、反ロシア的な態度を理由に退学させられたある学生が校長を暗殺するという事件が起こったし、スターリンが入学するわずか数カ月前には、グルジア人の生徒全員による抗議のストライキがあって警察が神学校を閉鎖し、生徒八七名が退学させられる事件も起こった。

ゴリにいたころの快活で外向的な少年を知っていた人びとは、神学校に入学して一、二年後のスターリンのいちじるしい変化に気がついた。内向的になり口数が少なくなった。一人だけで行動し、本を読んで過ごすのを好み、何か言われると相手に悪意がないときでさえ、すぐ喧嘩腰になる傾向を示したのである。

スターリンはやがて空とぼけて自分の感情を隠すことをおぼえた。この特技は、彼の第二の天性となる。その陰で、権威にたいする憎しみをつのらせていったのだが、この場合の権威とは、観念というよりは、他人が彼にたいして行使する現実の権威であった。また、帝政ロシアの官吏であれ聖職者であれ、権威を振りかざす人びと、あるいは彼らの権威に甘んじて服従する愚かな人びとを軽蔑する気持ちも同じく大きかった。神学校での五年間を通じて、スターリンは閉鎖社会で生きのびる術を学んだのみならず、監視と密告と恐怖によって恭順を強制する制度化された閉鎖社会を身をもって知る機会を得た。スターリンは、この経験を教訓として、無駄にはしなかった。彼の死後、娘のスヴェトラーナは次のように書いている。

父が受けた唯一の体系的な教育は、聖職者になるための教育だった。父が一〇年以上を過ごした神学校は、その後の生涯にわたって父の性格を決定づけ、生来の気性をより強固に、より強烈にするというきわめて大きな役割をはたしたものと、私は確信している。

父は宗教にたいしては初めから何の共感も抱いていなかった。聖霊の存在や神の存在を一瞬たりとも信じたことのない若者にとって、いつ終わるともない祈りや強制的な宗教教育は正反対の結果を生むものでしかありえなかった……父が神学校での体験から得た結論は、人はすべて狭量かつ粗野で、自分の監督下にある者たちに服従を強いるためなら彼らを欺くばかりか、陰謀をめぐらし、嘘をつくなど、一般に欠点ばかり多くて美徳などほんのわずかしかもっていないということだった。*13

スターリンの反抗の一つは、機会さえあれば町の貸本屋から借り出した禁制の本をひそかに神学校にもち込んで読みふけるというかたちをとった。西洋の文学の翻訳やロシア古典文学――これも禁じられていた――のほかに、スターリンは急進的な思想や実証哲学をも知るようになった。ダーウィン、コント、マルクスなどの翻訳書に加えて、ロシアの最初のマルクス主義者プレハーノフの著作を読んでそうした知識を得たと言われている。

グルジア民族主義の漠然としたロマン主義的理念に飽き足らなくなると、スターリンはイレマシヴィリらを含む神学生の仲間とともに社会主義研究サークルをつくった。そして、イレマシヴィリによれば、じきに誰であれ自分に反論するメンバーにたいしては狭量な態度を示すようになったという。スターリンは、階級闘争の必然性と不公正で腐敗した社会秩序の転覆を説くマルクス主義にたいし、おのずとひかれるものを感じた。それは知的魅力であるとともに、心理的魅力でもあり、憎しみと恨みという強力だが破壊的な情念に訴え、野心と能力に捌け口を与えた。憎しみと恨みは、のちにスターリンの性格の大きな力であることが実証されるが、野心と能力のほうは捌け口がなければ欲求不満のもとになっていたはずである。ロバート・タッカーが書いているとおり、階級闘争という福音は、権威にたいするスターリンの恨みを正当化した。「スターリンは自分の敵を歴史の敵と一体化させた[*14]」のである。

ツァーリ体制の抑圧的な性格にもかかわらず、ロシアでは一八二五年の陸軍士官の蜂起、すなわち失敗に終わった「デカブリストの乱」以来、革命の伝統が息づいていた。レーニン自身もこの伝統を充分に意識しており、一九一二年にはボリシェヴィキ党を革命の第四世代と位置づけている。しかし、初期の活動家たちを触発したのは、アレクサンドル・ゲルツェンやN・G・チェルヌイシェフスキーが一八五〇年代と六〇年代に掲げた「人民主義」の信条であった。これはロシア独自の道を歩んで社会主義にいたるという思想で、具体的には西洋型資本主義の発達を避けるということであり、また農民が人口の圧倒的多数を占める国である以上、原始的自治形態を備えた伝統的なロシア型村落共同体を国の基礎にしようということである。一八八一年にアレクサンドル二世が暗殺されたあと、ロシア最初の革命結社「ゼムリャー・イ・ヴォーリャ」(土地と自由)が分裂すると、ようやくマルクス主義思想がロシアの知識人サークルに浸透しはじめ、産業が発達し、産業労働者階級が出現しはじめるにおよんで、この思想への共鳴が見られるようになった。マルクス主義思想をグルジアにもたらしたのは、チフリス神学校の卒業生を主体とするあるグループで、ワルシャワ獣医学校在学中にこの思想に触れた人びとである。帰郷すると、彼らはただちにマルクス主義的社会民主主義を広める活動を始め、「メサメ・ダシ」(第三グループ)と名乗った。[*15]

マルクス主義の魅力は、西ヨーロッパのモデルを応用すれば、やがてロシアにも革命が起こるとする信念に、いわゆる科学的根拠を提供したことにある。西ヨーロッパでは資本主義は、資本家によるブルジョワ民主主義とその矛盾の段階を経て(マルクスの主張では、不可避的に)階級闘争と社会革命へと進展しつつあった。巨大な農民人口をかかえたロシアにマルクス主義の理念をどのように応用するかをめぐっては激しい論争がつづくことになるが、社会主義のプロパガンダが受け入れられる素地はすでにできていた。すなわち、ロシアの産業は第一次大戦までの二五年間に急速な発展をとげ、西ヨーロッパで資本主義が発達した初期に見られたのと同じような、搾取を受ける労働者階級が増えていたのである。

カフカースはこうした事態の推移の中心となった地域の一つで、カスピ海に面したバクーには油田があり、パイプラインで結ばれたバトゥーミには精油所と石油の積出港があり、ザカフカース鉄道の建設が進められていた。メサメ・ダシのメンバーも、チフリスの鉄道労働者たちに接触したが、これらの労働者のなかには社会主義への偏向があるとしてカフカースに追放された人びとも含まれていた。集会は秘密裏に行なわなければならなかった。スターリンとイレマシヴィリが逃走中の革命家に初めて会い、シベリアに送られた政治犯たちの苦難の物語に夢中で聞き入ったのは、こうした集会の一つ、チフリスのある鉄道労働者の家で開かれた集まりでのことだった。

まだ神学校在学中に、スターリンはメサメ・ダシへの加入を認められ、鉄道労働者の研究サークルでマルクス主義思想のチューターとして力を試す機会を与えられた。スターリンはメサメ・ダシのメンバーの一人、ラド・ケツホヴェリに強い印象を受けた。三歳年上のケツホヴェリは、ゴリで同じ学校に通い、チフリス神学校へ進学していた。学校の閉鎖につながった神学生の反乱の首謀者で、放校されたあとキエフで学業を修めてから、地下活動に専念するため、非合法にチフリスに戻ってきた。スターリンは、ラドの弟で神学校在学中だったヴァノを通じてラドと旧交をあたため、ケツホヴェリ兄弟のアパートに足しげく出入りして読書会に参加し、居残ってラドと話をすることもしばしばであった。スターリンはラドにたいし、しだいに英雄崇拝に近い敬愛の念を抱くようになった。とくに感銘を受けたのは、その実践的な態度だった。ラドは印刷の技術を学ぶためにチフリスの印刷工場へ働きにいき、それを生かして、ザカフカースにおける最初のマルクス主義地下出版所を開設した。この出版所は能率がよく、しかも大胆に活動したことから、ロシアの革命運動サークルにその名を知られるようになる。アリ・ババという、およそありそうにない名前をもつあるイスラム教徒のバクーの持ち家を隠れ家として、この出版所は警察の手入れを受けるまでに一〇〇万部を超す非合法出版物（そのなかにはレーニンの新聞『イスクラ』〈火花〉も含まれていた）を世に送り出した。警察はこの隠れ家を見つけ出すのに五年もかかっている。ケツホヴェリは一九〇二年に逮捕され、独房の窓からこう叫んで看守に銃殺された。「専制打倒！　自由万歳！　社会主義万歳！」

その後、何年ものあいだ、スターリンにとってケツホヴェリは革命の闘士の手本だった。スターリンがにわかに神学校を退学した陰に、彼の影響があったことはまず疑いない。五年生のころには、学校当局から札つきの学生と見られており、一八九九年五月、「理由不明で」学年末試験に欠席したとして退学処分となった。スターリンと一緒に神学校に進んだイレマシヴィリはのちに、スターリンは「学校当局、ブルジョワ階級など、ツァーリズムを体現する国内のあらゆる制度にたいする冷酷かつ激烈な憎しみ」を抱いて学校を去ったと書いている。[*16]

どういう事情であれ、いったん退学した以上、スターリンは二度と背後を振り返らなかった。マルクス主義によって与えられた強固な知的枠組みは、長年教えられながら受け入れることのできなかった教義神学の体系に代わるものを求める気持ちと完全に合致した。この二つの教義には、正統であるという信念、疑念の排除、異論にたいする不寛容さ、異端者の迫害といった共通する要素がある。こうして二十歳のころには、スターリンは信念を固め、進むべき道を定めていた。これ以後、彼は職業的扇動家の生活、既存の秩序を革命によって打破することを目的とする布教者の生活に身を投じたのである。他者がどう見ようと、スターリン自身はマルクス主義のイデオロギーから逸脱したことはないと思い、またそう確信することは、彼にとってきわめて重要だった。

5

ヒトラーが自分の人生の方向を見定めるまでには、スターリンにくらべて数年長くかかることになった。スターリンの決意が固まったのは二十歳になる一八九九年で、この決意は、彼のその後の人生における経験を性格づけた。ヒトラーにあっては、これとまったく逆の展開になる。一九〇八年の秋に美術学校から二度目の入学不許可を宣告されたあと、二十歳のヒトラーはスターリンと同様、勉学をつづけることを最終的に断念した。だが、ヒトラーの場合、自分の人生をどうするかの決心を促したのは、その後の人生経験であり、第一次大戦後の一九一八年から一九年ごろ、三十歳にしてようやく最終的な決意が固まることになる。

スターリンは一八九九年から一九一七年まで、つまり二十歳から三十八歳まで、革命の扇動家として生きつづけた。つねに逮捕の危険にさらされ、投獄されたり長期の

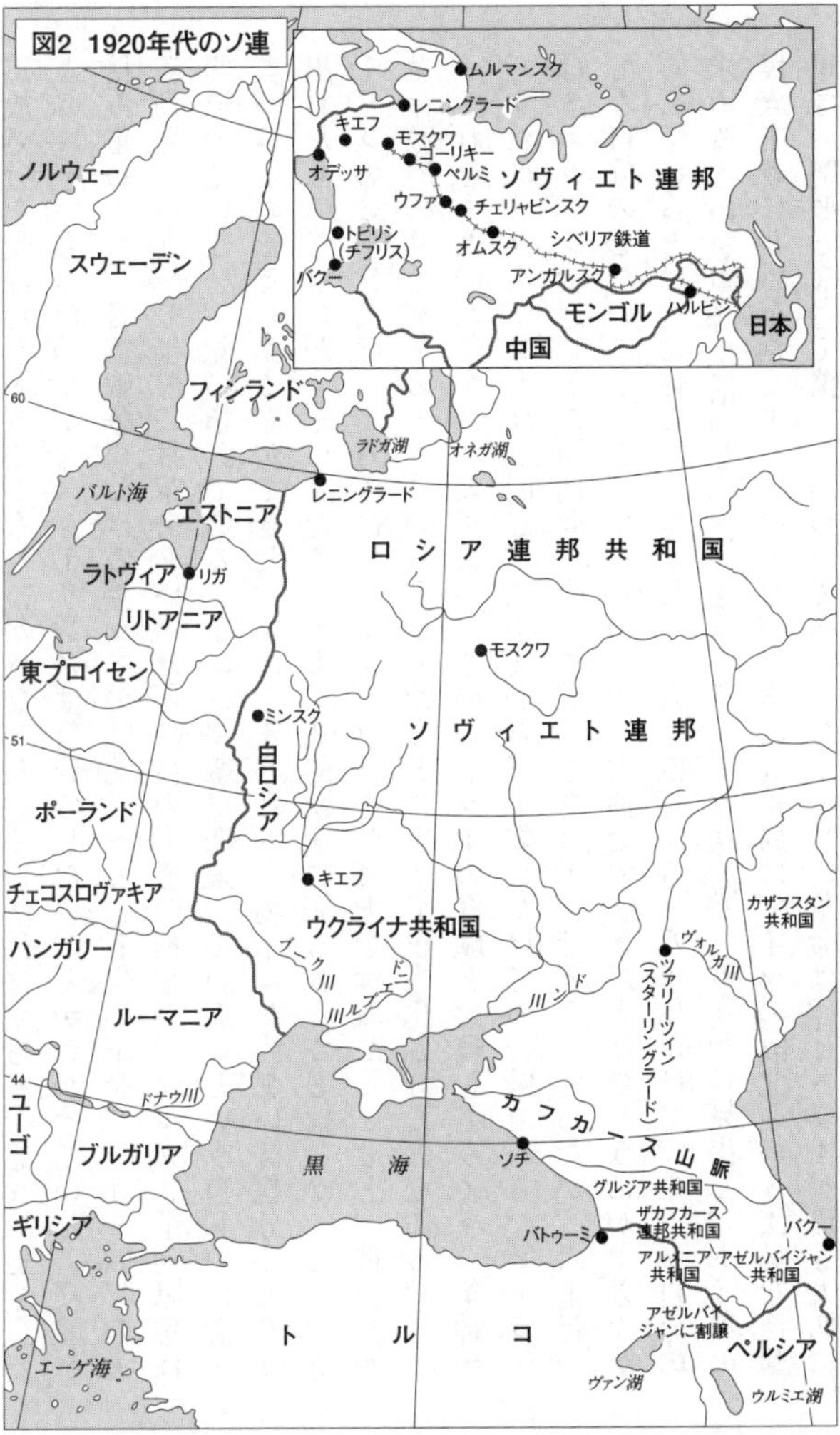

図2 1920年代のソ連

追放処分を受けたりすることもたびかさなった。その活動は困難で、急な坂道を登るように辛いものだったが、スターリンには自分のしたいことがわかっていた。経験を積み重ねつつ、日露戦争におけるロシアの敗北、一九〇五年の革命、一九一四年の大戦勃発、一九一七年の二月革命といったその後の事態の推移が、マルクス主義思想は間違っていない、党の指針であるレーニン路線は間違っていないという自らの信念を裏づけるのを感じることができた。いかなる心理的苦境――たいていは自分でつくり出したものだったが――に立たされても、知的疑念に駆られることはなかった。スターリンのこの自信は、十月革命でボリシェヴィキが権力を奪取したことと、彼自身が革命政府のリーダーの一人にのし上がったことによって正当化されたのである。

これを一九〇八年から一九年にかけてのヒトラーの経験と比較してみよう。年齢からすればスターリンとほぼ同じ、二十歳から三十歳にかけての経験である。ヒトラーはミュンヘンで過ごした短期間を除いてずっとウィーンで暮らしていたが、六年経っても自分のしたいことがまったくわからず、大都会の吹きだまりでどうにか生きながらえているといった体たらくだった。一九一四年から一八年にかけて、やっと自分の求めるものを軍隊生活のなかに、戦争と「前線体験《フロントエアレープニス》」のなかに見出し、ドイツの民族主義に共感を抱くようになったが、それも結局はドイツの敗北という深刻な衝撃、軍隊の解散となって潰《つい》え、つづいて起こった十一月の革命は、ヒトラーが最も大切にしていく信条に挑戦するものだった。ヒトラーは絶望から政治に身を転じた。名もない兵士上がりが、ドイツの敗北を逆転しよう、ドイツ軍を背後から刺した「十一月の犯罪者たち」に報復しようと、憑かれたように弁説をふるいはじめたのである。

明らかにこの一〇年は、ヒトラーとスターリンの人生経験が相互に最も大きくかけ離れていた時期である。同時に、それは二人の将来にとってきわめて重要な時期でもあった。だが、両者を直接比較することはできないから、順を追って見ていかなければならない。二つの流れが出会って一つの物語となるのは、一九一四年から一八年にかけての大戦が終わり、ヒトラーがスターリンのあとを追うかたちで政治の世界に足を踏み入れたときである。

第2章　修行時代

スターリン　一八九九―一九一七（十九―三七歳）
ヒトラー　一九〇八―一九一八（十九―二九歳）

1

一九〇八年十一月に姿をくらましたとき、ヒトラーの手元には遺産の一部が残っており、安下宿を転々としながら何とか一年間は食いつなぐことができた。話し相手は一人もおらず、ますます自分の殻に閉じこもるようになり、自室や公共図書館で本を読んで過ごすことが多かった。

しかし、一九〇九年の秋ごろには、手持ちの資金が底をついた。部屋代を滞納したまま下宿を夜逃げして、公園のベンチや、ときには人家の戸口で野宿するようになった。寒い季節がやってくると、女子修道院の慈善鍋から一杯のスープをもらう人びとの列に加わり、夜は慈善団体が浮浪者のために運営する施設で眠った。一九〇九年末から一〇年の初めにかけて、生活はどん底に落ちた。いつもひもじく、住むところもなく、外套さえなかった。身体は弱り、何をするあてもない。芸術家になろうという抱負が打ち砕かれたうえ、いまや社会的な屈辱までが加わった。中産階級の家庭に生まれた、わがままで気取り屋の青年は、浮浪者に転落したのである。

一九一〇年の初めに、ヒトラーは浮浪者仲間のラインホルト・ハニッシュのおかげでこの状態から救い出された。ハニッシュは社会の底辺で生きのびる知恵をもつという点で、ヒトラーよりはるかに上手《うわて》だった。ヒトラーが自分で言うように絵が描けるなら、二人で組んで稼げるではないかともちかけたのである。ヒトラーが描いた絵を自分が売り歩き、儲けは折半にする、と。その後の三年間(一九一〇~一三年)は、メルデマン街の「独身男子寮」での暮らしがつづいた。この男子寮は設備の整った新しい施設で、やはり慈善団体が運営していたが、前の施設よりも数段上だった。ヒトラーは叔母の遺産に助けられ、ウィーンの街の風景を描いて暮らしを立てることをおぼえた。これらは主として写真をもとにウィーンの有名な建物を描いた絵で、ハニッシュと喧嘩別れをしたあともひきつづき自分で額縁商や零細な画商に売りこめるだけの出来栄えではあった。

ヒトラーがメルデマン街の男子寮暮らしをつづけたのは、一つには住み心地がよかったからだが、それだけではなく、彼がしきりに求めていた心理的支えがそこで得られたからでもあった。ヒトラーはこの男子寮に長期滞在している少数の人間の一人だった。これらの人びとには特別な地位が認められており(たとえば読書室が優先的に使え、ヒトラーはそこで絵を描いた)、自ら「知識人」と称して一時的滞在者と自分たちとをはっきり区別し、一時的滞在者を自分たちよりも社会的に劣る者として扱った。この読書室のサークルは、「一匹狼」のヒトラーにとって必要な、表面的なつきあいをするのに好都合だった。自分のまわりにめぐらした壁を崩される恐れもなく、抜きさしならぬ人間関係にひきこまれる危険もなかった。そのうえ、このサークルはヒトラーが必要としていた別のものも与えてくれた。話の聞き手である。一九一三年にこのサークルの一人だったカール・ホニッシュによれば、ヒトラーはたいてい静かに絵を描いていたが、政治や社会問題で何か気にさわる発言を耳にすると、にわかに人が変わったようになり、椅子からとびあがって熱弁をふるったという。その熱弁は、始まったときと同じく唐突に終わり、ヒトラーはどうしようもないというような身振りをして腰をおろし、再び絵を描きはじめるのがつねだった。[*1]

この時期については、ヒトラー自身の記述が『わが闘争』にある。これは、ヒトラーがウィーンを去って一〇年以上経ったころに書いた本だが、一九二三年十一月のミュンヘンでの蜂起がさんざんな失敗に終わったあとで、ヒトラーとしては自分が苦難を耐え忍んだこと、当時培った思想にはみじんの揺るぎもないことを強調して、読者に感銘を与えようとするものだった。

しかし、ヒトラー自身も認めているように、貧しくてひもじかったといっても、それはメルデマン街の男子寮に入るまでの短いあいだだったし、その短期間の苦難にしたところで、おおかたは自分で招いたものだった。生活を支える充分な資金があるうちに、自分の経歴を築くための真剣な準備をするとか、仕事を探すといった努力をしなかったのである。苦難の最たるものは、自負心を傷つけられたこと、つまり偉大な画家か作家――とにかく歴史に足跡を記す偉大な「何か」――という自己のイメージが傷つけられたことで、気がついてみれば自分がさげすんでいた敗残者のレベルにまで落ちぶれていたのだから、それも当然だろう。

心理的に見れば、このウィーン時代の重要性は二つの点にある。一つは、打撃を受けたにもかかわらず、ヒトラーが自己のイメージを捨てず、逆にそれにしがみついたことである。外面的には、ヒトラーは社会の底辺をうろついていただけのことだが、自分の運命への信念を現実のものとする見通しがまったく立っていなかったのに、六年という長い試練がつづくあいだ、その信念をもちつづけたという事実は、秘められた意志の力を示すもので、それがのちに彼の政治的な成功の土台となったのである。彼が欲求不満と屈辱を味わった期間が長びき、そうした感情が深くなるのに比例して、自分を拒否した世界への恨みと、復讐したいという欲求は強くなり、やがて機会が訪れたら何としても成功しようとの意志をさらに支える力となった。

第二の重要な点は、ヒトラーがおのれの個人的な失敗をそれだけのものとして切り離して考えることをやめ、それを自分の周囲に見出される社会的緊張と軋轢《あつれき》という観点から説明するようになったことである。一九二〇年代の半ばに書いているところでは、ヒトラーは誇張して、一九一三年にウィーンを離れるまでには自分の思想がすっかり形成されたとしているが、これは第一次世界大戦の従軍経験、ドイツの敗北への反応、その後の不安定な時代のもたらしたインパクトを無視したものである。しかし、そうしたことはあっても、ウィーンにおける経験の結果として世界観が「形成されはじめた」という当人の記述を疑いわれはない。そうした経験が自分にどんな印象を与えたかについて、彼は『わが闘争』のなかで例をあげて述べている。

私が子どものころともに過ごした人びとはプチブル階級に属しており、肉体労働者の世界とはほとんど接触がなかった……こうした分断の原因は、つい最近、労働者の水準から浮上したばかりの社会的グループのもつ恐れ――再びもとの地位に落ちはしないか、少なくとも彼らと同類に見られはしないかという恐れ――のなかにあるのだ。さらに、記憶に刻まれているこの下層階級の文化的な貧しさ、彼らの粗野なマナーにはひどく疎ましいものがあって、そのために社会の梯子の最初の一段にやっと足をかけた人びとにとって、自分たちが通過してきた文化と生活のレベルと多少とも接触することは、耐えがたい重荷となるのである……

そのような人間の場合、自分が厳しい闘争をくぐり抜けてきただけに、人間らしい正常な同情心をなくしてしまうことがよくある。生きていくためにあくせくしなければならないから、あとに残された者の悲惨さにたいする感情は押し殺されてしまうのだ。*2

戦前にウィーンでこうした屈辱を味わっていたので、ヒトラーはその経験をもとに、戦後、同じように没落してしまうのではないかと恐れた多くのドイツ人と自分を同一視することができたのである。

ウィーンにやってきたとき、ヒトラーはすでにドイツ民族主義者だった。そしてウィーンでの見聞は、他の民族にたいする彼の防衛的‐攻撃的態度をさらに強めた。当時、ハプスブルク帝国内の異民族の人口は四対一でドイツ民族の人口を凌駕していた。一八六七年に帝国がオーストリア‐ハンガリー二重帝国へとかたちを変えたのち、オーストリア人のなかの少数派であるドイツ民族は、多数を占めるスラヴ民族、とくにチェコ人の民族意識が高まり、自信が強まったことによって、しだいにその伝統的優位を脅かされつつあると感じていた。ヒトラーは、チェコ人をはじめとする他民族の平等の要求(一例は言語使用の平等)を満足させるために何らかの妥協点を見出そうとする政府の試みは、譲歩せざるをえないのがつねにドイツ人の側だったから失敗するのは明らかなばかりか、民族的な裏切り行為でもあると見ていた。

ヒトラーがウィーンで初めて発見したと主張している新たな二つの脅威は、「マルクス主義とユダヤ人」だった。ウィーンの人口は、一八六〇年から一九〇〇年までのあいだに二五九パーセントの伸びという、ロンドンやパリをはるかにしのぐ急増ぶりを示し、それを上まわるのはベルリンだけだった。そうした人口急増の結果、オーストリアの首都に住む人びとは、とくに社会のピラミッドの底辺で暮らす者は、マルクス主義とユダヤ人の両方に出会うというきわめてユニークな機会に遭遇することになった。

貧困、住宅の不備、人口過密、低賃金、失業など、劣悪な社会条件はすべて、急激な人口流入によってさらに悪化した。一九〇〇年のウィーンの人口一六七万五〇〇〇人のうち、生粋のウィーン子は半分にも満たない四六パーセントだった。大量の新しい住民の多くがチェコ人で、彼らは仕事を求めてウィーンにやってくると、ヒトラーが身をもって知っている、すでに人口過密な労働者居住地区に押し寄せた。「当時、私が最も怖気をふるったのが何かはわからない。そのころ私の仲間であった人びとの経済的窮乏か、その粗野な慣習や道徳観か、それとも彼らの知的、文化的レベルの低さか」[*3]。ヒトラーは怖気をふるったが、それは同情心からではなかった。自分が重要

［上］スターリン（1889年頃）、［下］ヒトラー（1899年頃）。
それぞれ少年時代の学校での記念写真。どちらも10歳前後で、ともに最後列の中央で身構えているのは偶然とはいえ、驚くべき一致である。

スターリンの人生を方向づけたという点で、最も重要な影響を及ぼしたのは流刑地での経験であり、ヒトラーの場合は戦争体験である。
［上］流刑地シベリアにて。後列左から３番目がスターリン。その後、スターリンが縁を切った人物は、この写真が使われるたびに削除されていった。
［下］革命前、警察の手配書に貼られたスターリンの写真。

［上］1914年８月１日、ミュンヘンのオデオン広場で開戦のニュースに歓喜の声をあげるヒトラーの有名な写真。群衆のなかにヒトラーの顔がはっきりと写っている。これを撮影したホフマンはのちにヒトラーの専属カメラマンとなる。
［下］右端に座っているのがヒトラー。前線で負傷して療養中。

［上］書記長スターリン（レーニンが死んだ1924年頃）。
［下］同じ頃の写真。左からスターリン、ルイコフ、ジノヴィエフ、ブハーリン。

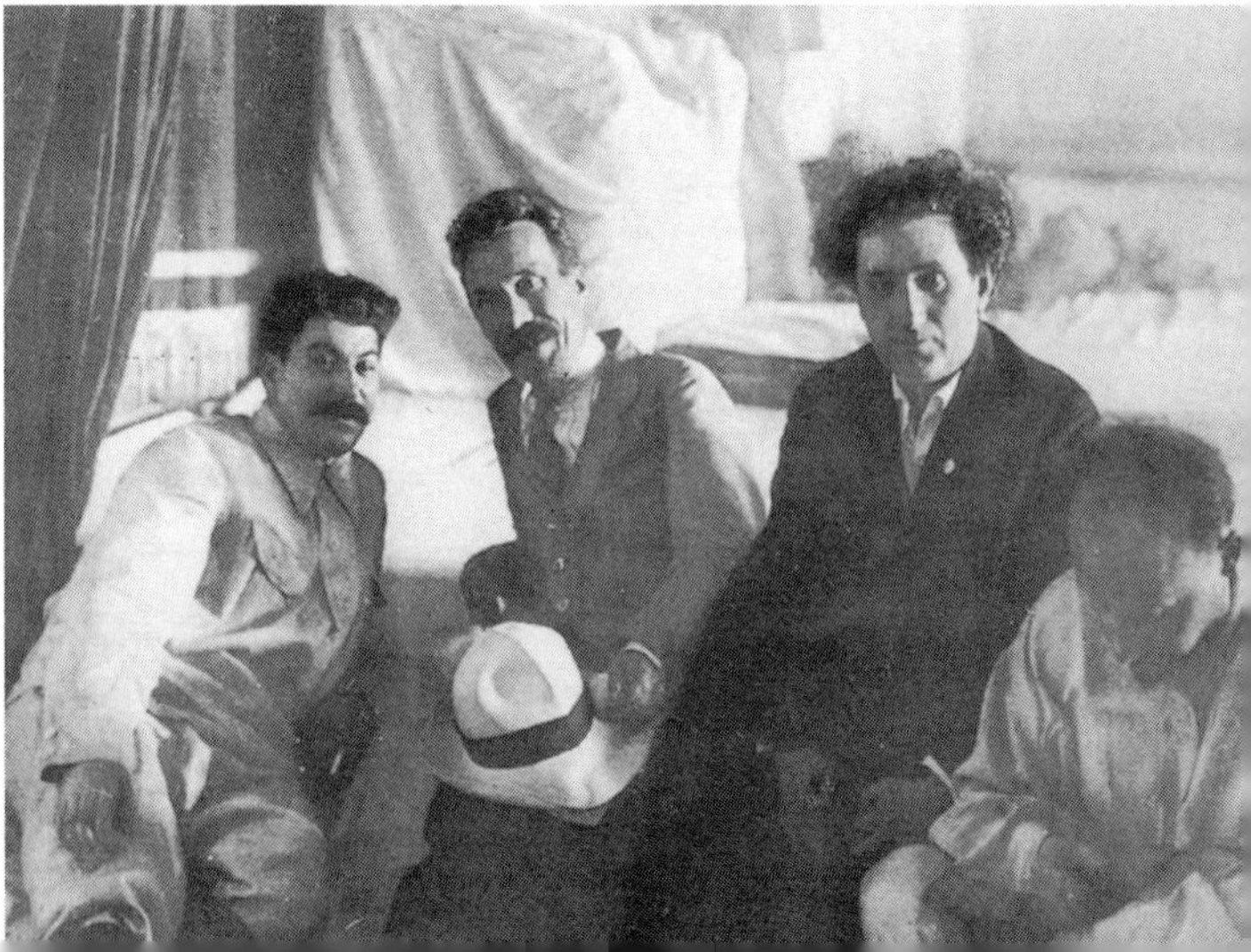

［上］失敗に終わった1923年11月の「ミュンヘン一揆」の裁判における被告たち。左からペーナー、ウェーバー、フリック、クリーベル、ルーデンドルフ、ヒトラー、ブリュックナー、レーム、ワーグナー。
［下］1925年、ナチ党の指導者会議で発言するヒトラー。党の草創期の質素な雰囲気がうかがえる。

［上］1919年に開かれた第８回ボリシェヴィキ党大会。トロツキーが前線にあって不在だったので、スターリンが中央のレーニンの左に座っている。レーニンの右はカリーニン。

［下］チェーカーの議長フェリクス・ジェルジンスキーの葬儀。1926年７月、モスクワ。左からルイコフ、ヤゴーダ（帽子をかぶっている）、カリーニン、トロツキー、カーメネフ、スターリン、ラコフスキー（スターリンの肩で隠れている）、ブハーリン。ルイコフ、ヤゴーダ、カーメネフ、ブハーリンの４名は、モスクワ裁判ののち銃殺された。トロツキーは1940年にスターリンの送った工作員に暗殺され、ラコフスキーはスターリンによる大粛清に連座して投獄され、流刑に処せられた。

ミュンヘンで街頭演説をするヒトラー（1923年）。その後、1930年代の選挙運動に成功し、やがて首相に指名される。

党の会議から退席するヒトラー（1930年）。

1933年３月21日、ポツダムの日にフォン・ヒンデンブルク大統領に挨拶するヒトラー。

ゲーリングおよびヒムラーと談笑するヒトラー（1934年）。レームと突撃隊の幹部を粛清し、権力を強化したのちのことである。

だと思っているものを何でもけなそうとする人間がチェコ人だけでなく、ドイツ人労働者のなかにもいることを知って、思わず身震いしたのである。

彼らから泥を投げつけられないものは一つもなかった……国家、これは資本家階級の発明した制度と見なされていたから。祖国、これは市民階級の手中にあって労働者大衆を搾取する道具だと見なされていたから。法の権威、これはプロレタリアートを抑えつける手段だから。宗教、あとで搾取しやすいように民衆を眠らせる手段だから。道徳、愚かで卑屈な従順さを示すしるしだから。[*4]

スターリンをもってしても、マルクス主義の要諦をこれ以上簡潔にまとめることはできなかっただろう。スターリンにとって、これらの教義は真理の啓示として立ち現われた。同じ教義が、ヒトラーに与えた効果は、それと正反対だった。ドイツ人労働者が繰り返し口にするこれらの教義を初めて耳にしたとき、ヒトラーの心には「『このような人びとは偉大な民族の一員たるにふさわしいだろうか』という穏やかならざる重大な疑問」[*5]が湧いた。

それ以後は「精神的苦悩の日々」となり、ウィーンの労働者の大衆デモ行進にでくわしたことで、苦悩はさらに深まった。四人が横に一列をなして行進するこのデモは、全部が通り過ぎるのに二時間もかかったほどの規模で、ヒトラーは強い印象を受けた。ヒトラーはやがて精神的葛藤から解放され、「わが同胞のことを再び好意的に考えられるようになった」が、それは彼らが社会民主党の不届きな指導者たちの犠牲者であるに違いないとして、自分を納得させたからである。社会民主党の幹部は、大衆を脱民族化して社会の他の階級から疎外するために、人心を巧妙に操作して大衆の苦難を食いものにしているというのである。

ドイツ民族がオーストリアで自己の民族的アイデンティティを保持しようとする戦いに、社会民主党はなぜ敵対するのか、そのわけがわかった、とヒトラーは思った。社会民主党はスラヴの「同志」に同調し、異民族の人間として両者を分かつものより、同じ被抑圧的階級として両者を結びつけるもののほうが重要だと主張していた。こうして、ヒトラーは熱烈なドイツ民族主義に加えて、それに劣らず熱烈なマルクス主義への憎悪を胸に抱くことになった。

残るのは、ヒトラーの世界観の第三の要素たる「ユダヤ人問題」である。一八五七年当時、ウィーンには六二一七人のユダヤ人が住んでいた。住民総数の二パーセント弱である。それが、一九一〇年には一七万五三一八人、八・六パーセントに増加していた。二〇〇万の人口を擁する都市だから、これでもまだ一八〇万人以上がユダヤ人以外の住民なのだが、少数派のユダヤ系住民に注目せざるをえない二つの要因があった。第一に、人口比からして非常に高率のユダヤ人が中等教育以上の学歴をもち、法曹界、政界、医療関係、ジャーナリズム、金融関係、芸能界といった最も華やかな専門職についていたこと。第二に、これとは対照的に、社会の末端では貧しいユダヤ人が一、二の地区（旧市街や、全住民の三分の一がユダヤ人という、かつてのゲットー、レオポルトシュタット）に集中していたことである。その多くは、東ヨーロッパからの移民で、見慣れない風体が人目をひいた。

『わが闘争』のなかのつくり話めいた記述によれば、ヒトラーが「ユダヤ人」の特異性に目を開かれたのは、そうした移民の一人、長いカフタンをまとい、黒い髪を両頬に垂らしたユダヤ人との出会いによるという。ヒトラーはさらにつづけて、社会民主主義の指導者がユダヤ人であることをそのときに悟ったのだと語る。「この啓示によって、私の目から鱗が落ちた。長きにわたる心中の戦いは、一つの終わりを迎えた……こうして私は、ついに、わが同胞を迷いの道へと導いている悪霊の何たるかを悟ったのである」[*6]

ウィーン時代には「数多《あまた》の書物を精読」した、とヒトラーは『わが闘争』のなかで豪語している。ところが、そこからわずか数ページ先ではこう書いているのである。

ことわっておくが、私が読書というのは、わが国のいわゆるインテリゲンチャが普通に言うところの読書とは違う……次から次へと際限もなしに本を読みつづける人びとを知っているが、私はそういう人びとを「読書家」とは呼ばない……彼らは一冊の書物のなかの有益な箇所と無益な箇所を見分ける力をもっていない。その力があれば、有益な箇所は心にとどめ、無益な箇所はできれば読み飛ばすか、不要な底荷として船の外へ投げ捨てることが可能なのである……こうして得た一片の知識は、それぞれ、モザイク画にはめ込む小石のごとくに扱わなければならない。一片一片がそのところを得て、全体が読者の頭脳のなかで総合的な世界観をかたちづくる助けとなるようにするためである。[*7]

ヒトラーの読んだ本を特定するのが難しいわけがこれでわかるというものだ。ヒトラーには文学を味わう感受性がまったくなかったし、本そのものにたいする興味もなかった。単に、自分がすでにもっている見解にかなった材料を引き出すための情報源と見なしていたにすぎない。ヒトラーの読んだ本の多くは、名著の「通俗版」だったようだ。こうした通俗版には原典からの引用がたくさんあり、ヒトラーはそれをおぼえておいて、いかにも原典を読んだかのように、好んで引用した。ヒトラーは記憶力が抜群で、とくに建物の大きさ、兵器の仕様など、事実と数字に強く、それを利用して専門家を驚かせたり、批判力のない者を感心させたりした。これは多くの歴史家が認めるようになったことだが、ヒトラーの知力を過小評価するのは間違いで、読書と自分の体験から集めた材料をまとめてつくった知的体系の威力は決して侮れない。[*8]だが、ヒトラーの発言や文章のどれをとっても明らかなのは、彼の心に人間らしい感情が欠けているばかりでなく、批判的な理解力、すなわち知識を消化する際の客観的かつ合理的な判断力にも欠けていることである。これは昔から、教育を受けた精神の証とされる能力であり、ヒトラーが公然とさげすんだ能力である。

社会民主主義やマルクス主義の場合と同じく、ヒトラーはユダヤ人について知るために本を読んだと言っている。この場合は、その「本」なるものが小銭を投じて買った反ユダヤ主義の小冊子のたぐいや、『オスタラ』のような雑誌だったという具体的な証言がある。『オスタラ』はランツ・フォン・リーベンフェルスと自称する還俗修道士の出版する雑誌で、鉤十字のしるしのもとに「人種の純粋性を維持することによってヨーロッパの支配者たる人種を滅亡から守るための、人類学的研究の実践的応用」を謳っていた。この種の出版物は、当時のウィーンのサブカルチュアの一つの特色で、ポルノグラフィーのようなものが多く、暴力的で卑猥な言葉づかいがいちじるしく目についた。ヒトラーが『わが闘争』のなかでユダヤ人について書いている部分は、この伝統を受け継いでいる。セックスとドイツ人の血の不純化にたいする偏狭な態度——「何十万人という若い女性が嫌悪を催させる脚の曲がったユダヤ野郎に誘惑されるという悪夢のような幻想」など——は、その一例である。

この問題を調べはじめるとすぐ……ウィーンが新しい光のもとに見えてきた……いかがわしい事業、何らかの不正、とくに文化の面でのそうした事業で、ユダヤ人が一人も関わっていないものがあったろうか。その種の腫れ物に探査のメスを入れると、ただちに発見されるのは、腐乱死体にわく蛆にも似た卑小なユダヤ人で、多くは急に光を当てられて目をくらませていた。*9

「ユダヤ人」はどこにでもおり、ヒトラーが忌み嫌い、恐れるすべてのもの——美術と音楽のモダニズム、ポルノグラフィーと売春、白人奴隷貿易の組織（反ユダヤ主義の文献で大きく取り上げられていた）、新聞の反民族主義的な批判記事——の元凶だった。

ヒトラーは「ユダヤ人問題」の意味を把握するのにかなりの時間がかかったと自ら言っている。決め手になったのは、ユダヤ人がそれまでヒトラーの信じていたように独特の宗教をもったドイツ人ではなく、別の人種であるという発見だった。ヒトラーがまだ二十代の初めのこの早い時期に、ユダヤ人問題を「解決」するために何をなすべきかについて明確な見通しをもっていたとか、絶滅させる可能性を考えていたとかいうことを示唆する証拠はない。とはいえ、「人種」はその後、ヒトラーの歴史観とイデオロギーの主要な鍵となる。この人種重視は、十九世紀末に流布したもう一つの思想、社会ダーウィニズムにうまく当てはまったことから、ヒトラーは社会ダーウィニズムを自分の哲学の基礎とした。社会ダーウィニズムとは、すべての生物は最適者のみが生きのびる生存競争の渦中にあるとする信念である。ヒトラーは社会主義者の掲げる平等の信念に対峙するものとして「『自然』の貴族的原則」、すなわち個人と人種の生来の不平等を掲げた。マルクス主義はユダヤ人のカール・マルクスがつくり出した学説であり、社会民主党のユダヤ人指導者らはこれを利用して大衆をたぶらかし、国家、ドイツ民族、支配者たるアーリア人種に刃向かわせようとしていると論証することによって円環は閉じられた。

ヒトラーがウィーン時代の体験から引き出した結論はほかにもある。一つは、大衆は巧妙な宣伝活動によって容易に操作できるということ。もう一つは、議会制度の無益なこと（ヒトラーはあるとき、オーストリア帝国議会の騒々しい討論を傍聴したことがあった）で、リーダーシップや個人の自発性、個人の責任を損なうとして、ヒトラーは議会制度を真っ向から非難した。ゲオルク・フォン・シェーネラーの汎ドイツ民族主義運動の綱領には魅力を感じていたヒトラーだが、この運動が失敗した原因は、議会政党となる道を選んだことにあるとした。彼はこの失敗を、社会民主党やウィーンの有名な市長カール・リューガーのキリスト教社会党に代表される、議会の外の大衆的な政治結社を力の基盤とする団体の成功と対比させた。リューガーはヒトラーが最も評価していた指導者で、「生存を危うくされている階層の人びとを味方にすること」に政治活動のすべてをかけた人物であると『わが闘争』に記されている。ここで言われる階層とは、小規模な商店主や商人、職人や職工、下級公務員や役所の職員などで、経済的・社会的変化によって生活水準と社会的地位が脅かされるのを感じていた人びとであった。

第一次大戦前のオーストリアには、ヒトラーは名前をあげていないが、もう一つの政治結社があった。一九〇四年にボヘミアで結成された民族主義的な色彩の濃いドイツ労働者党（ＤＡＰ）で、先進的な労働者であるドイツ人の生活水準を後進的なスラヴ人の生活水準に引き下げようとしているとして、オーストリア社会民主党を攻撃していた。ＤＡＰのチェコ人にたいする蔑称は半人《ハルブ・メンシエン》であった。ＤＡＰはドイツ人の生活圏《レーベンスラウム》の拡大を求めて過激な運動を展開し、一九一八年にハプスブルク帝国が分裂すると、ボヘミアおよびモラヴィア内のドイツ人居住区をドイツ帝国領に組み入れるよう要求していた。戦後、ミュンヘンで旗上げしたナチ党の草創期に、ヒトラーはウィーンのオーストリアＤＡＰと接触し、結局、これを引き継いで自らの国家社会主義ドイツ労働者党（ナチ党）のオーストリア支部とした。ナチ党の綱領の「人種と空間」と、ドイツによる一九三〇年代のボヘミアとモラヴィアの占領とは、どちらも戦前のオーストリアの政治情勢にその根をもっていたのである[10]。

オーストリアを去るまでに、ヒトラーはこうして自分の観察したことに洞察を加え、のちにそれを大いに活用することになる。ウィーンでの体験は、ヒトラーの熱烈なドイツ民族主義を確固たるものにし、中央ヨーロッパにおける「支配的人種」であるドイツ人の歴史的地位を脅かすものと見なした三つのグループ――人種的に劣ったスラヴ人、マルクス主義者、ユダヤ人――の存在に目を開かせた。しかし、一九一三年に二十四歳でオーストリアを去ってドイツとの国境を越えたときには、これら三つのグループにたいする戦いに自分がどんなかたちで貢献できるのか、ヒトラーはまだ何の見通しもたなかった。

2

ヒトラーがウィーンからミュンヘンへ移ったのと同じ年齢のとき、スターリンのほうは自分のやりたいことがわかっていただけでなく、すでに革命家として徒弟修行を始めていた。

二十世紀初頭、ロシアは列強のなかで最も広大かつ最も後進的な国であった。人口が一八九七年の国勢調査で一億二九〇〇〇万人、農業（九〇〇〇万に近い農村人口の生活がこれにかかっていた）は生産性が低く、収穫高は他のヨーロッパ諸国のそれをはるかに下まわっていた。国民の大多数は貧しく、技術も教育も身につけていなかった。ロシア帝国内のヨーロッパ地域の住民では、文盲率は男性で三分の二近く、女性で九〇パーセントに達していた。大学もしくは大学相当の教育を受けた者は、帝国全体でわずか一〇万四〇〇〇人、中等学校まで進学した者が一〇〇万人強だった。

ロシアの社会構造は不均衡だった。上流階級は二〇〇万人足らず、中流階級はそれよりさらに少なく、残りは都市部と農村部とを問わず、最低の生活水準ぎりぎりか、それ以下の暮らしをしていた。政府は専制的かつ抑圧的で、代議員制度はなく、言論にたいしては恣意的な検閲を行ない、ポーランド人、ウクライナ人、ユダヤ人、タタール人、アルメニア人など、ロシアの統治下にある多数の他民族にたいしてはロシア化政策を押しつけた。

工業化は長期的に見れば状況を改善する最良の道だったが、短期的には帝政ロシアという体制の弱点を増大させた。ロシアの鉱工業――鉄道、土木、石炭、鉄鋼、石油と各種鉱物（カフカース地方）、織物――は、一八八〇年から一九一四年のあいだに急成長をとげた。しかし、これは農業を代償とした成長であり、農業は資本投下の低さ、農村の人口過密、「ミール」（村落共同体）が管理する旧弊な三圃《さんぽ》制度、農民層と都市の貧困層にはとくに重くのしかかる間接税中心の徴税制度などに苦しんでいた。工業の進歩は遅れたままの農業によって帳消しになり、農民のあいだにくすぶる不満は、一九〇五年にロシアが日本との戦争に敗北したあとにつづいて起こった革命の主な原因となった。[*11]

同時に、工業化の進展それ自体が、反乱の温床となりうる第二の下地を生み出していた。労働者階級である。労働者の数は一九〇〇年までに三〇〇万人に達した。彼らはごくわずかな大工場に集中し、賃金は低く、狭い住居に家族がひしめきあうみじめな暮らしを強いられたうえ、団結して自らを守る組織をつくることは禁じられていた。まさに、マルクス主義の定義するプロレタリアートの典型であり、「彼らは鎖以外、失うものを何ももたなかった」と言っても過言ではなかった。一九〇五年と一七年の革命は、機会さえ与えられれば彼らがいかに俊敏に行動できるかを示すことになる。

一八八〇年代から九〇年代にかけて、マルクス主義に転じたロシアの知識人が何人か、労働者のサークルと関わりをもつようになった。当時、ペテルブルクをはじめとする産業の中心地にこうしたサークルができて、その参加者はマルクス主義者あるいは社会民主主義者を自称したのである。討論や宣伝活動もさることながら、彼らの主な活動はストライキを組織してこれを支援することであり、非合法であったにもかかわらずストライキ参加者は、十九世紀の最後の五年間で延べ二五万人になんなんとし、労働時間の短縮を勝ちえた。この種の経済的要求(「経済主義」)よりさらに一歩を進めて、政治的扇動に踏み込むべきかどうかをめぐって、地下出版物の誌上では激論が戦わされた。寄稿したロシアの知識人のなかには、国を離れてスイスで暮らしている者やシベリアへの流刑者もいた。

後者の一人に、ウラジーミル・イリイチ・ウリヤーノフがいた。一九一〇年からは、レーニンという変名で知られるようになる人物である。一八七〇年、ウリヤーノフはヴォルガ河畔のシンビルスクに生まれた。地方視学官の息子であり、親密な温かい家庭に育った。そういう家庭でありながら、ウリヤーノフの兄も弟も、そのうえ姉も妹も、それぞれ一度は破壊活動の容疑で逮捕されている。兄のアレクサンドルはツァーリ暗殺計画に加担したかどで、一八八七年に絞首刑に処せられた。この事件は、当時十七歳だったウラジーミルの心に深く刻みこまれた。

教養があり、明敏な知性にも恵まれていたレーニンは、一八九三年にペテルブルクに移って法律事務所に勤めたが、法廷にいるよりもずっと多くの時間を社会主義の討論サークルで過ごした。人民主義と「経済主義」にたいする鋭い批判でマルクス主義者として名をあげたのち、うちつづくストライキではたした役割によって一八九五年に投獄され、その後、流刑処分となった。一九〇〇年にペテルブルクに戻ったときには、ロシア国内の数ある地下委員会を大同団結させるため、その中核となる新聞を創刊する計画をあたためていた。これが『イスクラ』(火花)であり、その第一号は一九〇〇年十二月に国外で印刷され、ロシアにひそかにもちこまれた。

一八九八年にミンスクで小規模な非合法の集会が開かれ、その席で、ロシア社会民主労働党なる組織を結成しようとの動きがあった。通説では、この集会が同党の第一回大会だとされているが、実はこのときの試みは不発に終わったのである。レーニンは、『イスクラ』がロシア国内に散在する地下グループの橋渡しに成功したことに気をよくして、先と同じ試みをもう一度してみようと決意し、一九〇二年にその手始めとして、かつて書かれた革命的なパンフレットのなかで最も有名なものの一つである『何をなすべきか』を発表した。そのなかで、レーニンは中央集権化された規律ある党、「プロレタリアートの前衛」として行動し、彼らを動員して専制君主体制の転覆を目指す専従革命家の組織網という構想を打ち出した。一年後の一九〇三年夏、『イスクラ』のグループは再び大会を組織し(通説では「第二回大会」)、ブリュッセルでこれを開催したのち、拠点をロンドンに移して、ロシア社会民主労働党を結成した。

スターリンは『イスクラ』に目を通したそのときから「イスクロヴェッツ」(イスクラ人)となり、レーニンの主張を自らの持論とした。一八九九年に神学校を去ったあと、スターリンは一〇年にわたってカフカース地方で地域の扇動家かつオルガナイザーとしての活動に明け暮れ、その間に投獄やシベリア流刑をも体験した。生活費や寝場所や隠れ家を同志に頼るその日暮らしの毎日だった。当時、その活動は産業労働者階級が形成されつつあった三つの町の労働者を対象としていた。三つの町とは、鉄道の拠点だったチフリス、油田のあるバクー（一九〇四年当時には世界最大の産出量を誇る原油基地）、そして精油所と港をもつバトゥーミである。

カフカースには、社会主義者のシンパであることを理由にこの地へ追放されたロシア人の工場労働者たちがいて、チフリスの鉄道工場やバクーの発電所などで働いていた。また油田があることから、ロシア人だけでなく、アルメニア人、トルコ人、ペルシア人、タタール人らもこの地に引き寄せられたし、バトゥーミには近郊農村から多くのグルジア人農民が流れ込んでいた。スターリンは、マルクス主義のメッセージを平易な言葉で説明し、やる気さえあればいまの労働条件に抗議する連帯行動が可能なことを労働者に納得させ、彼らに手を貸してストライキや街頭デモ行進を組織する術を学ばなければならなかった。また、声明文やビラの原稿を書き、それを地下出版所で印刷させる方法も学ばなければならなかった。

一九〇一年にチフリスで行なわれたメーデーのデモ行進では、二〇〇〇人の労働者が警官隊と衝突し、一九〇二年にバトゥーミで起こった精油所労働者のストライキでは軍隊が発砲して一五人の死者が出たが、スターリンはこのどちらにも一役買っていた。この時期のスターリンを、いささか敵意がうかがえるにしても、生き生きと描写した文章がある。同じく若い党員であったF・フニャーニスによって書かれたもので、彼女はスターリンとの初めての出会いを、次のように語っている。

コーバは小さい部屋にいた。背の低い、やせた男で、どこかしょげたような顔つきをしており、判決を待つこそ泥を思わせた。農民の着るような紺色のシャツの上に窮屈そうな上着を着込み、黒いトルコ帽をかぶっていた。

コーバは私を疑っているような態度をとった。長々と質問してから、非合法文書の束を手渡してくれた……相変わらず警戒した、人を信用しない表情を浮かべて、私をドアのところまで送ってくれた。

つづいて、地区委員会の会合でのスターリンの言動が語られる。

予定の開会時刻になっても、コーバはいつも席にいない。彼はかならず遅刻した。大幅にではないが、遅刻しなかったためしがない……彼がやってくると、その場の雰囲気は一変した。事務的というより、むしろ張りつめた空気といったほうがいい。コーバは、右腕よりも短い左腕で本を小脇にかかえて現われると、脇か隅の席についた。全員が発言し終えるまで黙って耳を傾けている。そして、いつも最後に発言した。たっぷりと時間をかけて、異なる見解を比較し、すべての議論を秤にかけ……まるで討議に決着をつけるかのように、きわめて断定的に結論を下す。こういうわけで、コーバの言うことには、何にせよ特別な重みが加わった。[*12]

バトゥーミでのストライキのあと、スターリンは警察に連行され、投獄されたのち、一九〇三年七月九日に初めてシベリアの奥地、イルクーツク地方への三年の流刑に処せられた。スターリンはヴォログダからの逃亡に二度目の試みで成功し、カフカースに戻ると、全ロシア社会民主労働党がついにブリュッセル＝ロンドン大会で結成された――その直後、二派に分裂した――ことを知った。大会で最初に亀裂が生じたのは、党員資格の問題をめぐってのことだった。レーニンは党のさまざまな組織のどれかに属して積極的に活動している者にかぎって党員資格を与える意向だったが、『イスクラ』に拠ったレーニンの最も親しい協力者の一人であるマルトフが、「党組織のどれかの指導のもとに協力する」全員に資格を認めるというゆるやかな方式を提案した。レーニンが、自分は党員資格を職業革命家にかぎるべきだと言っているのではないと強調したこともあって、このマルトフの提案は重要だと思えなかった。ところが、いざ採決してみると、負けたのはレーニンのほうだった。

この分裂の原因は、『イスクラ』が党の活動を掌握する体制を固めるにとどまらず、自分がその『イスクラ』を掌握しようとして、レーニンが舞台裏で画策したことにある。これが『イスクラ』グループそのものを二分することになった理由として、一つには政治的亡命者たちの小さな閉鎖社会（大会に出席した代議員は全部でわずか五〇名そこそこだった）での人間関係や競争意識、また一つにはレーニンから「軟弱」というレッテルを貼られた人びとの側に、レーニンの意図したとおりになれば彼が党を『何をなすべきか』で描いたとおりの厳格な規律のもとに厳しく統制された団体にしてしまうだろうとの危惧があったことがあげられる。

しかし、大会のその後の討議では、『イスクラ』グループ以外のマルトフ案に賛成した代議員たちが引きあげてしまったため、マルトフらは多数派から一転して少数派となった。レーニンはためらうことなく、多数派（ロシア語で「ボリシェヴィキ」）の領袖としての立場を利用して、マルトフと少数派（ロシア語で「メンシェヴィキ」）の反対を押し切って『イスクラ』編集部と党の中央委員会の掌握に成功した。

だが、レーニンの勝利は結局、短命に終わり、一年もしないうちに『イスクラ』も中央委員会もレーニンの手を離れた。両派の溝を埋めるためのさまざまな努力がなされ、とくに一九〇五年の革命のときにはそれがさかんだった。一九一二年になって、レーニンはようやくメンシェヴィキと最終的に手を切っている。その間、基本的見解については一九〇三年当時と同じく対立したままで、これを統合する試みはすべて挫折した。

マルクスの言う歴史的発展の図式を受け入れ、ロシアは社会主義革命にいたる必然的条件として資本主義の段階を経なければならないと信じる点では、両派とも同じだった。だが、それ以後にどうなるかをめぐっては意見が合わなかった。メンシェヴィキは、ロシアの経済的後進性を考えると、社会主義革命が実現するまでには長い時間がかかると信じ、目下の責務は中産階級による自由主義革命に向けて活動することだと主張した。この革命は専制君主制を廃し、資本主義が工業化という歴史的な役割をはたすための地ならしとなり、同時にドイツ社会民主党の線に沿った労働者階級の大衆的な党を合法的に成長させるような憲法上の改革も確実にできるだろうというのである。

レーニンのほうは待つ気もなければ、自分が寝ても覚めても考えつづけている社会主義革命を、歴史のプロセスがひとりでに生み出すのを座視するつもりもなかった。メンシェヴィキからすれば、これはマルクス主義に反する異端であり、革命への意志といった「主観的因子」を不当に重視する態度であった。何よりも重んじるべきは、マルクスの言う「客観的因子」、すなわちマルクスが解き明かした人為的に加速することのできない社会発展の法則なのである。

これにたいするレーニンの反論は、革命を計画し意のままに引き起こすことができるとはもちろん思っていないが、いざその瞬間が到来したときに党が歴史の波に乗れるように準備しておくことはできるし、またその必要もあるというものだった。労働者階級の運動の高まりから生じる成果は、せいぜい、譲歩を引き出すためには団結が必要だという労働組合の合意くらいでしかない。思うに、これはブルジョワ体制を受け入れることにほかならない、と。レーニンの見るところ、社会民主労働党の責務とは、労働者階級に階級意識を培い、それによって労働者階級を搾取と不正から解放する唯一の手段である革命への意志をかきたてることである。このような責務を引き受けることは、メンシェヴィキの思い描いているのとは異なる性格の党にしかできない。その中核は、労働者の運動と手をたずさえつつも、それに依存しない専従の革命家でなければならない。マルクス主義理論を把握しているおかげで、これらの革命家は、労働者が自分たちの真の階級的利益と歴史的使命をよりよく理解するよう導くことができる。ちなみに、労働者の歴史的使命とは、歴史的過程――その結果は保証されている――を促進する力になることである。

レーニンは妥協することなく、中産階級の立憲主義者と協力して専制君主制を廃絶したうえ、自由主義的な改革について是認をとりつけるというメンシェヴィキの路線に反対しつづけた。そして、そのかわりに、農民層との協力を提案した。レーニンは土地に関する農民のいまだ満たされない要求と、一九〇五年の反乱の際に農民が見せた、力ずくで土地を奪取しようとする行動力に革命の大きな潜在力を見てとったのである。

レーニンは自ら、自分とメンシェヴィキとの論争を、フランス革命におけるジャコバン党とジロンド党の仲違《なかたが》いになぞらえた。この対立は、過去二〇〇年、ヨーロッパの急進主義の運動および社会主義の運動を「闘争派」と「修正派」に、「革命派」と「改革派」に、「共産主義者」と「社会民主主義者」に二分してきた考え方と気質の根本的な違いの表われであった。呼び名こそ変われ、それらが意味するところは変わらない。

3

スターリンは生まれながらのボリシェヴィキだった。ロンドン大会で自分の立場を弁明したレーニンの『一歩前進、二歩後退』(一九〇四年)を読んで、スターリンはそこに述べられている党の概念がマルクスの階級闘争の理論を完璧に補完し、経済と社会について分析した結果を革命的行動に転化する手段を示していると考えた。労働者階級と接触した経験から、スターリンはプロレタリアートのあいだで「自発的に」

社会主義の気運が盛り上がるというような幻想は抱いていなかった。レーニンがこの点を認識していること、組織づくりを強調していることに、スターリンはすぐさま共感をおぼえた。地下出版所で出版された論文「プロレタリア階級とプロレタリア党」(一九〇五年一月一日)のなかで、スターリンはこう言明している。

戦うプロレタリアの党は、個々の人間の偶発的な寄り合い所帯ではありえない――まとまりのある中央集権化された組織でなければならないのだ……これまで、わが党はもてなしのよい温情あふれる家族のようであり、どんな同調者でも大手をひろげて迎え入れてきた。だが、わが党が中央集権化された組織に変わったいま、その温情に満ちた外観をかなぐり捨て、城砦にも似たものになろうとしており、その扉は入るに値する者にのみ開かれるのである。[*13]

いまや、綱領のみならず、戦術や組織についても統一した見解を打ち出さなければならなかった。

レーニンの提言がスターリンの心をとらえたのは、それが戦闘的だったから――二人のどちらも、気質からして「筋金入りの」左翼活動家だった――だけでなく、それが専従の革命的アジテーターおよびオルガナイザーに中心的な役割を与えていたからでもあった。才智をめぐらして生きのび、官憲に追われる彼らを、レーニンは「プロレタリアートの前衛」、まぎれもない革命の歴史の担い手と見なしたのである。このように認識されることは、党内にあって自らをインテリゲンチャの一員だと考える人びとからことごとに見下した態度で処遇されていたスターリンのような経歴をもつ者にとって、強い心の支えだった。

ロシアの革命の歴史は十九世紀に始まるが、それは当初からロシアのインテリゲンチャと分かちがたく結びついていた。[*14] そもそもインテリゲンチャという言葉自体がロシア語であり、一八五〇年代に初めてこの言葉を使ったのは、いまは忘れられている小説家ピョートル・ボボルイキンであり、それを広く知らしめたのはイワン・ツルゲーネフの小説、とくに『父と子』（一八六二年）に描かれた忘れがたい虚無主義者バザーロフである。インテリゲンチャは一つの社会集団をさすと同時に、ある心の状態をさしてもいるが、両者に共通しているのは、ロシアの帝政にたいする憎悪であり、正義と社会的平等をもってそれに代えようとする決意だった。人民主義、無政府主義、マルクス主義などをさまざまなかたちで吸収し、自分たちに必要なイデオロギーと理論を構築しようとしていた男や女たちの生き方のなかでは、万人を救済しようという ユートピア的な性格をもつ理念とそれについての知的な議論が、経験よりも大きな比重をもっていた。ロシアの十九世紀の歴史で最も有名なエピソードの一つは、一八七二年から七四年にかけて、数百人の若い知識人が参加した運動、ナロードニキ（ナロードは「人民」の意味）の「人民の中へ」であり、彼らは地方の村落に入り込み、農民大衆の目を開かせようとしたが、自分たちが啓蒙しようとした当の人びとに背を向けられ、幻滅して引き返す結果となった。しかし、別の動きもあり、その一つは一八七八年に理想主義的な若い女性、ヴェーラ・ザスーリチによる警視総監フョードル・トレポフ将軍の暗殺未遂であり（ザスーリチは生きのびて『イスクラ』の編集員となった）、一八八一年のロシア皇帝アレクサンドル二世の暗殺であった。

二派に分かれたマルクス主義者だが、両派ともその指導者の多くは自らこの革命の伝統に属していると感じていた。スターリンはそうではなかった。このことは、彼の性格と経歴を理解する一つの鍵である。両親は農奴の生まれであり、スターリンは貧しさのなかで育った。そして、一九一七年までの革命運動の徒弟修行もロシア国内で草の根レベルで行なったのであり、ヨーロッパに逃れて亡命生活をする知識人ではなかった。この点で、スターリンはレーニン、プレハーノフ、トロツキー、ブハーリンらと大きく異なる。彼らは中産階級の出身で、教養があり、外国語に通じ、ロシアの外の世界をよく知っていた。その大半が外国で長い亡命生活を送り、そこで西洋の社会主義と遭遇している。

このような人びとにとっては、自分たちが反対している搾取のような社会悪は、個人的に体験した問題というよりも、社会学および経済学上の概念としての意味あいのほうがはるかに大きかった。たとえば、トロツキーは次のように回想している。

愚鈍な経験主義、恥じることを知らない一途な「事実」崇拝は、私にとって不快きわまるものだった。私は事実を超えたところに法則を探求した……どの局面においても、普遍性への手がかりをつかんだときに初めて身動きがとれ、行動できると感じたのである。私の内面生活の不変の要となった社会革命に関する急進主義は、ささいな成果を求めてあくせくすることにたいする、こうした知的反感から、すなわち、イデオロギーとしての形式をもたず、理論として普遍化されていないすべてのものにたいする知的反感から生じた。[*15]

これをスターリンの非常に趣の異なる回想とくらべてみよう。

私がマルクス主義者になったのは、私の社会的身分(父は製靴工場の工員であり、母もまた働いていた)ゆえであるとともに……神学校で私を情容赦なく押しつぶした苛酷な不寛容とイエズス会的規律を体験したからでもあった。[*16]

社会民主労働党の多くの指導者にとって、個人的接触があったのは労働者階級のうちでもすでに社会主義にひかれていたエリート層だった。一八七〇年代と八〇年代に理想主義の精神に駆られて「人民の中へ」入っていったナロードニキを意気阻喪させた大衆、生気がなくて疑い深い遅れた大衆については、書物で読んだことしか知らなかった。アイザック・ドイッチャーは、そのスターリン伝のなかでこの点をスターリンと対比させて次のように書いている。

若いジュガシヴィリはロシアの後進的要素について、ほとんど本能的と言えるほどの、きわめて例外的な敏感さをもっていたに違いない……彼は地主、資本家、聖職者、ツァーリの憲兵のような抑圧者たちばかりでなく、自らその代弁者をもって任じた農民、労働者といった被抑圧者たちにも、頭から信じようとしない懐疑的な態度でのぞんだ。彼の社会主義には罪悪感はなかった。そのひとかけらさえもなかった。自分が生まれついた階級にたいしてある程度の同情をもっていたことは疑いないが、有産階級や支配階級にたいする憎しみがそれよりはるかに強かった。上流階級出身の革命家が感じ、かつ説いた階級的憎しみは、彼らのうちに芽生え、理論的確信によって育てあげられた、いわば二次的な感情だった。ジュガシヴィリにあっては、階級的憎悪は第二の天性ではなかった。第一のそれだったのだ。社会主義の教えが彼の心に訴えたのは、それが彼自身の感情を道徳的に是認するように見えたからだった。彼の考え方にはセンチメンタルなところはかけらもなかった。彼の社会主義は陶酔を知らず、冷たく、荒々しいものだった。[*17]（訳注：上原和夫訳にほぼ拠っている）

スターリンと社会民主労働党の他の指導者たちとの関係（レーニンだけはつねに別格だった）を見てわかるのは、スターリンがつねに社会的にも知的にも不利な立場にあると感じて恨みがましく思っていたこと、人に軽視された体験を忘れたり相手の恩着せがましい態度を許したりすることがきわめてまれだったことである。だが同時に、彼はそうした自分への過小評価を有利なものに転化する方法も学んでいた。トロツキーは「陰気で精彩のない凡庸な男」だとしてスターリンを一蹴したが、トロツキーのこの過ちによって得をしたのはスターリンのほうであり、代償を支払わされたのはトロツキーのほうだった。つまり、レーニンの後継者の地位を失い、最後には暗殺されたのである。

スターリンが自分の強みに変えることができたもう一つの相違点は、地方のオルガナイザーとしてロシアの現場で経験を積んだことであり、ボリシェヴィキやメンシェヴィキの生え抜きの指導者たちのなかにもこうした経験を誇れる者はほとんどおらず、彼がレーニンに気に入られたのも、この経験がものを言ってのことだった。その経験の重要な部分は、周期的に訪れた逮捕、投獄、流刑、逃亡という活動の中断期だった。スターリンは全部で七回逮捕され、五回逃亡している。一九〇八年三月から一七年三月までの九年間のうち、自由の身で過ごしたのはわずか一年半にすぎない。ロシアの革命の伝統のなかで、監獄と流刑は多くの政治犯にとって「大学」の役割をはたした。彼らはそこで広範に読書をし、急進主義の文献に関する知識と理念の基礎を身につけ（経験豊かな者が教師役をつとめた場合が多い）、四人仲間が頻繁に開く討論会に参加した。た。スターリンが自分の教育に欠けているもの、ことにマルクス主義の文献に関する知識の不足をできるだけ補おうとして努力したのも、こうした場においてであった。監獄で一緒だった人びとは、そのほとんどが当時のスターリンについて同じような記憶をもっている。規律に従い、いつも本を手にし、討論会ではかならず積極的に発言する男、冷笑的で毒舌をふるう自信家という風貌が伝えられている。

スターリンが徒弟修行をしたカフカース地方はメンシェヴィキの本拠地であり、この地方出身の社会民主労働党員の多くが、スターリンにたいして敵意と不信の念をもちつづけた理由の一端はそこにあるだろう。しかし、スターリンの荒削りな戦術、荒っぽい言葉づかいのせいで敵をつくったこともたしかである。

グルジアのメンシェヴィキの一人で、のちに回想録を書いたアルセニーゼの言うところによれば、スターリンは一九〇五年、バトゥーミでグルジア人労働者に演説したとき、こう言い放ったという。

レーニンは、神が彼にメンシェヴィキのような同志を送りたもうたことに憤慨している！　そもそもメンシェヴィキとは何者か。マルトフ、ダン、アクセリロードといった連中は、割礼を受けたユダヤ人だ。それにあの老婆、ヴェーラ・ザスーリチ。連中と一緒に働いてみるがいい。喧嘩をしようとしても喧嘩にならず、楽しもうとしても乗ってこない。臆病者や小心者ばかりだ。[*18]

トロツキーと同じくいつまでもスターリンを目の敵にしつづけたメンシェヴィキの悪意を割り引いて考えても、一九〇五年ごろにはすでに、スターリンが次のような存在と見られていたことを示唆する証拠は充分にある。すなわち、一緒に仕事をするには厄介な人間、仲間をたがいに反目させる野心的な策士、誰も信用せず、当人自身、誰からも信頼されない人物、自分が侮られたことを決して忘れず、議論で自分を打ち負かしたり自分に反論したりした相手を決して許さない男。

オルガナイザーとしてのスターリンの才能には文句のつけようがなかった。ものごとをやりとげる手腕をもった人間であり、マルクス主義者としてレーニンのような独創性こそもたなかったが、プレハーノフやレーニンのみならず、マルクスやエンゲルスをも引用して自分の主張を裏づけることができるほどにマルクス主義の文献に通じた有能な弁舌家でもあった。しかし、礼儀を重んじる態度など見られない激しい論争の場においてさえ、スターリンの皮肉たっぷりの無礼な言辞は、人びとの反感を買った。

スターリンには敵ばかりでなくカフカース時代以来の支持者もいたが、そうした支持者との関係はつねに、支持者の側がスターリンを指導者として認めることを前提にしていた。ヒトラーと同じく、スターリンも「一匹狼」ではあったが、そのありかたはいちじるしく異なり、ヒトラーが興奮しやすい情緒不安定な人間だったのにたいし、スターリンのほうは冷たい計算ずくの人間だった。ただし、他人とのあいだに距離をおき、普通の人間関係を結ぶ能力に欠けるという印象を人びとに与えた点では、スターリンもヒトラーと同じである。しかしスターリンは一九〇六年六月、地下の政治活動に関わっていた鉄道員セミョーン・スヴァニーゼの娘エカテリーナと結婚した。エカテリーナの兄のアレクサンドルはスターリンの同級生だったが、スターリンはこのアレクサンドルを他の幼なじみとともに一九三八年に処刑している。

エカテリーナ自身は政治にまったく関心がなく、グルジア人の伝統的な妻の役割をはたしながら、スターリンの母と同じく、スターリンが革命への野心を捨てて人並みの生活に落ち着くよう祈っていた。スターリンはチフリスに新居をかまえるに先立って、妻の母の希望に沿って神学校時代の同級生の司祭により教会で結婚式をあげることまでした。この新居で、彼はマルクス主義の理論家としての地位を確立すべく「無政府主義か社会主義か」と題する論文を書き、一九〇六年から〇七年にかけてグルジアの非合法の雑誌がこれを連載した。妻のエカテリーナは長男ヤーコフを産んだが、六カ月後の一九〇七年十月二十二日にチフスで死亡し、残された子供はエカテリーナの妹の手で育てられることになった。[*19] イレマシヴィリはエカテリーナに正教の葬儀が行なわれたことに驚き、日ごろ自制心を誇りにしているスターリンが悲嘆の色を見せたことにはもっと驚かされた。スターリンの荒ぶる魂が愛を見出したのは、みすぼらしいわが家で息子と一緒にいるときだけだった、とイレマシヴィリはつけ加えている。[*20]

4

ボリシェヴィキとメンシェヴィキがロシアで革命を実現する方法について議論を戦わせているのをよそに、一九〇五年初頭、自然発生的なストライキや農民蜂起や反乱が広い国土のいたるところで非ロシア人のあいだに広がり、急速に革命の様相を呈してきた。一九〇四年から〇五年にまたがる日本との戦争に敗れて権威を失墜させた政府は、劣悪な生活条件と権利を主張できないことに不満をつのらせる労働者と農民の双方と向きあうことになった。一人の僧侶に先導された、非常に大規模だが秩序を保ったおとなしいデモ隊が、皇帝に請願書を提出しようとしてペテルブルクの「冬宮」の外に集まったとき、当局側はパニックにおちいり、軍隊に発砲を命じた。死者一〇〇人、負傷者は数百人にのぼった。この「血の日曜日事件」は、「臣民の父」という皇帝の伝統的なイメージを修復不能なまでに傷つけ、その後に起こる暴動への導火線となった。

産業労働者階級は、これらの動きのなかで指導的な役割を演じた。ペテルブルクでは「ソヴィエト」、すなわち労働者の臨時評議会が発足した。当時二十六歳のトロツキーによる大胆な采配のもとで、このソヴィエトは短期間ながらツァーリ政府に匹敵する権威をもつようになり、税金の支払いをやめるよう国民に呼びかけた。同じようなソヴィエトが他の都市にも次々と誕生した。世情不安に直面して、政府は初めて歩み寄りを見せ、憲法の制定と代議員からなる国会《ドゥーマ》の選挙を約束した。十二月のモスクワ蜂起の敗北を経て反乱はようやく盛りを過ぎたが、それでも一九〇六年から〇七年の前半までは不穏な情勢がつづいた。新首相ストルイピンが強気に第二国会を解散し、五〇名以上の代議員（すべて社会民主労働党員）を逮捕したのは、一九〇七年六月になってからのことだった。

一九〇五年という年に、社会民主労働党員は不意をつかれただけでなく、ボリシェヴィキの指導者もメンシェヴィキの指導者もこの状況を利用してそれを革命に転じることができなかった。この当時はどちらの派にも属していなかったトロツキーだけは、一九一七年に演じた役割にも比すべき華々しい活動をしていた。レーニンは騒動が始まって一〇カ月が過ぎるまで帰国せず、一九一七年にみごとな指導者ぶりを示したときの、可能性をつかむ能力や決断力を示すことなく、再び出国した。

ツァーリ政府はあらためてその権威を振りかざし、国会にはいかなる実権ももたせようとしなかったが、これを廃止するほどの強硬な態度は貫けなかった。半立憲政治の時期がつづき、その間にいくつかの政党――合法的野党の筆頭である立憲民主党《カデット》やポーランド党ほか二、三の民族主義政党など――が結成されただけでなく、社会主義政党までが合法とも非合法ともつかないことを利用して活動していた。

社会民主労働党の両派は国会への参加をめぐって意見が分かれていたが、その一方で、社会民主労働党の流れをくむ無所属の代議員（議員免責権を有する）は、第二国会では六五名を数え、選挙権の規定が右派に有利だったにもかかわらず、第三および第四国会（一九〇七～一七年）でも議席を確保した。これはライバルの社会革命党《エス・エル》（SR）の場合も同じだった。エス・エルは二十世紀の初めに「ゼムリャー・イ・ヴォーリャ」（土地と自由）を復活させるために結成された人民主義各派の連合組織で、一九〇五年から〇六年の農民反乱期に土地社会化の綱領を掲げて大衆の支持を勝ちえていた。エス・エル左派は、初期の人民主義の伝統である個人の暗殺を復活させた。その成功例としては、一九〇四年に当時の内務大臣プレーヴェを暗殺したことなどがある。

一九〇五年から〇七年にかけてのスターリンの活動の場は、カフカースにかぎられていたが、この地では反乱期を通じて暴力的な光景が何度も繰りひろげられた。当時、この地域で支配権を握っていたのはメンシェヴィキであり、スターリンは一連の出来事に積極的に関わったものの、まったく目立たない存在だった。ボリシェヴィキは熾烈な党派闘争に明け暮れる最悪のときを迎えていたうえ、スターリンはさらにまた「徴発」に一役買っているとして厳しい批判を浴びた。「徴発」とは、武装して銀行強盗や郵便列車強盗を働くことで、実行にあたったのは党内の武闘派だった。レーニンは資金確保のためにこの行動を大いに頼みにしていたが、メンシェヴィキは声高にこれを糾弾した。とくに悪名をとどろかせたのは、一九〇七年六月のチフリス国有銀行襲撃で、スターリンは舞台裏でこれに関わっていたとして非難された。グルジアのメンシェヴィキは、スターリンを公然と敵扱いしたのみか、警察への密告者だとして弾劾し、徴発にはたした役割を理由に党から除名するよう要求した。結局、除名は実行されなかったが、スターリンはチフリスからバクーへ活動の場を移したほうが得策だと判断した。

だが、入党以来初めて、スターリンは党大会の代表に選ばれた。一九〇六年のストックホルム大会は、社会民主労働党の再統一を図るために召集された大会だったが、新執行部の選挙では定員一〇名のうち七名までをメンシェヴィキが占め、軋轢はますます激しくなるばかりだった。

スターリンは何度かレーニンの見解を擁護する発言をしたが、のちに大きな重要性を帯びることとなった一つの問題に関しては、自分の考えを貫いた。その問題とは、地主から取り上げた土地をどうするかということである。レーニンはこれを国有化し、中央政府に引き渡す意向だった。メンシェヴィキは各地方自治体の手にゆだねる立場を取った。農民の心理については、レーニンもメンシェヴィキの指導者もおよばない実地の知識をもっているスターリンは、どちらの提案も非現実的だとしてしりぞけた。「夢のなかでさえ、農民は地主の土地を自分の財産だと思っている」と。肝心なのは、土地問題の解決を革命の理論的図式にいかに組み込むかという、どのみち合意に達するべくもない事柄ではなく、いかに農民を満足させるかということだ。それには、土地を農民に分配するしかない。スターリンは過半数の支持をとりつけた。レーニンはスターリンの提案の近視眼的な現実主義を鋭く批判したが、レーニン自身、一九一七年にはまさに同じ方針をとることになる。ボリシェヴィキの権力掌握にたいして、それが農民から黙認される唯一の方法だったのである。

スターリンにとって、党大会に出席したことの最も大きな成果はレーニンに出会ったこと、行動するレーニンの姿を見たことであった。当時三十代半ばだったレーニンは、背丈はスターリンとくらべてそれほど高くはなく、ずんぐりとした身体つきで、頭はすでに禿げかかっており——そのためにもともと高い額がさらに秀でて見えた——先のとがっている赤味がかった顎鬚《ひげ》をたくわえていた。スターリンは初め、レーニンの無造作な態度を意外に思った。自分のしていることに没頭し、見栄えをよくしようとはまったくしない。修辞は用いず、論理と説得力で勝負する。また、亡命マルクス主義者の大多数と対立しているというのに、その言葉に込められた自信はあくまで揺るぎなかった。師を探し求めていたスターリンは、ここに権威をもって語る一人の師を見出したのである。

一九二四年にレーニンが死んだあと、スターリンはクレムリンの士官学校で演説して、レーニンとの最初の出会いを次のように振り返っている。

レーニンをわが党の他の指導者と比較するときにいつも感じたのは、プレハーノフ、マルトフ、アクセリロードのようなレーニンの戦友たちが頭一つだけ低かったということです。彼らとくらべると、レーニンは単なる指導者の一人ではなく、最高の位にある指導者、山鷲のような指導者でした。戦いにあっては恐れを知らず、党を率いては地図にない道を大胆に前進したのです。[*21]

これはレーニンの死に心を動かされての誇大表現と見てもおかしくないところだが、同じ語句——「真の山鷲」——を用い、プレハーノフやアクセリロードらと比較してレーニンを上に置いた例は、スターリンが一九〇四年に書いた手紙にも見られる。「山鷲」という表現は、ほかにも示唆するところがある。スターリンを革命運動に引き入れたものは政治上の主張と確信だけでなく、自分が英雄的な役割を演じられそうな企てに参加するという魅力もあった。いまや「コーバ」にかわってレーニンが、スターリンの手本とする英雄となったのである。カフカース地方独自のこの語句——「山鷲」——は、コーバ伝説から直接借用したものだ。スターリンは慎重に自分の野心を隠してはいたが、その胸の内ではレーニンにたいするあこがれから、初めはレーニンの右腕としての、のちにはその後継者としての自己イメージが育っていた。

スターリンがレーニンにひかれた理由はわかるとして、レーニンのほうは、がさつな振る舞いが多くて扱いにくい、この田舎出で無名の若い新入りに何を見たのか。スターリンの書いたボリシェヴィキの見解を擁護する一、二の文章がレーニンの興味をひいたことはあったが、三度の党大会におけるスターリンの発言は、とりたててレーニンの印象に残るものではなかった。メンシェヴィキの指導者のマルトフが、ロンドン大会の代表に任命されたスターリンほか三名について、彼らが何者か誰も知らないという理由で異議を唱えたとき、レーニンはこう答えている。「そのとおり、われわれだって知らない」。にもかかわらず、それから五年――その半分以上の年月、スターリンは獄中もしくは流刑中の身だった――もしないうちに、レーニンはスターリンをメンシェヴィキと最終的に決裂したあとのボリシェヴィキの党中央委員に登用し、いくつかの要職につけた。この意外な抜擢には、どういう事情があったのだろう。

レーニンは自分もその一人でありながら知識人をあまり信用していなかった。狂信的なまでに自説に固執する姿勢と実利的本能をあわせもち、目的の一貫性と戦術の柔軟性をあわせもつという資質、レーニンを革命の指導者たらしめたこの資質が、知識人には欠けていた。彼らは無定見で、何かというとレーニンの意見に疑問を呈した。自分の指示を素直に聞いてすぐさま仕事にとりかかる、あてにできる部下を探していたレーニンにしてみれば、スターリンのような「実践派」のほうが、知識人よりもずっと有用だった。レーニンの判断の正しさは、その後の五年間のスターリンの働きぶりによって実証された。

一九〇五年の革命は自然発生的な蜂起であり、自然発生的な蜂起はレーニンがいずれそうなるとかねがね信じていたとおり、失敗に終わった。その後の数年間（一九〇七～一二年）は、反革命の時期となり、レーニンをはじめとするロシアの社会民主主義の指導者たちは再び国外での亡命生活に入った。一九〇五年の革命のあいだにふくれあがったロシア国内の社会民主労働党員の数は激減した。たとえばペテルブルクでは、一九〇七年に八〇〇〇人いた党員が、スターリンがこの首都を訪れた一九〇九年には、三〇〇〇人に減っていた。しかし、スターリンが一九〇七年の秋に地方ボリシェヴィキ委員の一人に収まったバクーは、ロシア全土で最後まで、退却のさなかにあってもなお、地下活動によって成功を重ねた地域であった。急速に拡大する石油産業とそこで働く大勢の低賃金労働者が扇動におあつらえむきの場を提供していたわけだが、それも労働者を組織する側が人種も異なり宗教も異なる一触即発の集団を説得して、共通の目的のために行動させられればの話である。

国会《ドゥーマ》——このときは第三国会で、選挙権は大幅に制限されていた——の選挙は、二段階で実施された。各階級がそれぞれ別個に全国の選挙区で投票して代理人を選出したのち、今度はその代理人が自分の地区の代議員を選ぶのである。バクーでは、ボリシェヴィキ委員会がメンシェヴィキでもエス・エルでもない自派の党員を労働者階級選出の代理人とすることに成功した。スターリンは「バクーの労働者が自らの代議員に与える指示」を書いた。これはのちにボリシェヴィキの議会戦術の雛形となった文章で、国会は公開討論の場であって、専制君主制が生き残っているかぎり重要な改革はなしえないが、革命的な扇動には利用できるとしたレーニンの路線に則《のっと》っている。

選挙のあと、スターリンらバクー・グループは労働争議に手をつけ、石油労働者にたいしては単一の組合に加わるよう説得し、雇用者にたいしてはこの組合を「五万人のバクー労働者」の利益を代表する唯一の交渉団体として認めるよう説得した。メンシェヴィキとエス・エルが交渉のボイコットを要求するなかで、ボリシェヴィキ・グループは数カ月にわたって交渉をつづけ、あらゆる条項について議論を詰めたのち、最後には包括的協約書をまとめることに成功した。その間に、必要とあれば労働者にストライキを呼びかけたり、労働者の集会を利用して党の路線をくわしく説明したりした。ロシアのどこを見ても、ほかにこのようなことが行なわれた地域はなかった。レーニンはこうした活動を評価し、「これらは政治的な大衆ストライキを行なうわがモヒカン族の最後の人びとだ」と言った。

スターリンはいまや、話すときだけでなく書くときにもグルジア語のかわりにロシア語を使っており（ロシア人になるための段階が一つ進んだわけだ）、ボリシェヴィキの労働組合員の合法的機関紙に自分が書いた記事と、編集にあたっていた地下新聞『バキンスキー・プロレタリー』を定期的にレーニンに送っていた。スターリンの文章には独創的なところがほとんどなかったにしても、地に足のついたその論調とボリシェヴィキ路線にたいする揺るぎない忠節に、レーニンは感心した。スターリンらバクー委員会のメンバーが逮捕されたときでさえ、両紙はひきつづき、監獄からひそかにもち出された原稿（連載評論や労働者への指令文）を掲載した。
一九〇八年九月二十九日、スターリンは二年の流刑を宣告されて、ヴォログダ州のソリヴイチェゴツクへ送られた。のちにコトラス周辺でスターリンの最大の強制収容所になる地域の中心部である。その地にいたときのことを、スターリンがいかにも彼らしく回想して語ったエピソードを、フルシチョフは次のように紹介している。

スターリンはよくこんな話をした。「最初の流刑地の一般刑事犯のなかにはいい奴が何人もいた。私はいつも彼らとつきあっていた。町の酒屋へ出かけていったことをおぼえている。仲間のうちの誰かが一ルーブルか二ルーブルもっているのを見つけると、最後の一コペイカまで飲んだものだ。ある日は私が払い、次の日は仲間の誰かのおごりになったりした。こうした犯罪者たちはいい奴らで、『地の塩』と言ってもよかった。しかし、政治犯のなかには警察の『犬』がたくさんいた。彼らは『同志裁判』を開き、一般刑事犯と酒を飲んだということで、私を裁いたんだ。彼らの言い分は、それは犯罪だということだった[*22]」

一九〇九年の夏に、スターリンは逃亡し、同年七月にはひそかにバクーに戻った。このころには、さすがの「バクー要塞」でも革命の潮は引き、党の資金も底をついて『バキンスキー・プロレタリー』は一年間休刊したままだった。戻ってきてから初めて発行できた号に、スターリンは党内の危機を歯に衣着せぬ言葉で分析した記事を載せた。

党は労働者大衆のなかに根づいてはいない。ペテルブルクはカフカースで何が起こっているかを知らないし、カフカースはウラルで何が起こっているのか知らない……われわれがあれほど誇りにしていた一九〇五年、一九〇六年、一九〇七年のあの党は、もはや存在していないのだ。[*23]

国外の亡命者センターは、ボリシェヴィキもメンシェヴィキも等しく、何もできなかった。それは、彼らが現場との接触を失い、「ロシアの現実から遠ざかって」いたからである。スターリンは、指導部をロシアに移せとは主張しなかったが、ちりぢりになった党の活動家を一つにまとめる核となるべき全国紙を、ロシアで発行するよう中央委員会に要請した。

スターリンは同じ号にバクー委員会の決議文を掲載したが、その内容は、いたずらに時間を空費して弁証法的唯物論の見直しをめぐる哲学論争*24に明け暮れ、そのためにボリシェヴィキを分裂させているとしてレーニンを非難するものだった。スターリンはこの件ではレーニンに批判的だったが、一九〇九年末に『ソツィアル・デモクラート』紙（ボリシェヴィキ＝メンシェヴィキの合同編集によってパリとジュネーヴで発行された新聞）に寄稿した「カフカース便り」を見ると、方針と戦術に関してはレーニンの見解を堅固に支持しつづけていたことがわかる。彼はただ、革命闘争はいままさに次の段階を迎えようとしているのだと確信し、それに備えるという本来の責務をレーニンに思い出させたかったのである。

　石油産業界のゼネストを準備していたスターリンは、一九〇九年三月に再び逮捕され、結局、ヴォログダに連れ戻された。すでに三十歳を過ぎていた。一九一一年の夏にまた姿を現わしたときには、バクーにもカフカースにも戻らなかった。カフカースの地を踏むことになるのは、遠い将来、短期間の訪問のときだけになる。それでも、彼が中断の時期をはさみながら一九〇七年から一〇年までその地で過ごした歳月が、やがて党の中央組織で頭角を現わしていくための土台となったのである。

5

一九一一年の末までには、レーニンは社会民主労働党の他の分派との統一を図るために努力するのをやめ、メンシェヴィキと、ボリシェヴィキのなかでも彼のリーダーシップに疑いをもつ者たちときっぱり手を切るとともに、党の呼び名とそれまでに培った威信を自分のグループだけのものとすることにした。そのうえで、一九一二年一月にプラハで開く大会には信頼できると思われる者を召集して、その会議の席に新しい中央委員のリストを提出した。スターリンは出席せず――ヴォログダでの新たな三年の流刑生活に入ったばかりだった――、レーニンのリストにはその名前が記されていたが、選ばれなかった。しかし、レーニンは説得をつづけ、他の委員たちもそれに負けて、自分たちが選ばれたあと、スターリンの中央委員選出を承認した。

マルトフやダンのようなメンシェヴィキの指導者たちばかりでなく、レーニンが関係を断った人びとのなかには、のちに彼と協力してソ連の建設に大きな役割をはたすことになるトロツキー、レフ・カーメネフ、ブハーリンのような亡命知識人たちも含まれていた。ただ一人残ったのは、グリゴーリ・ジノヴィエフだけだった。ユダヤ人の酪農農民の息子でまもなく三十歳になろうというジノヴィエフは、事務員や教師として働いたのち国を出て、亡命生活を送っていたレーニンと合流したのだが、きわめて有能な働きをしたことから、レーニンの片腕となった。中央委員会のその他のメンバーとして、レーニンはロシア国内で地下運動をしている活動家に目を向けた。そのうちの二人はバクー委員会のメンバーのスターリンとG・K・（セルゴ・）オルジョニキーゼである。オルジョニキーゼはスターリンと同じグルジア人で、レーニンに見出されて一九一一年にパリ近郊のロンジュモーの党学校で訓練を受け、ロシアに送り返されて委員会を組織することになった。彼もまたのちに重要な役割をはたすようになり、スターリンがロシアの工業化を強行した時代には重工業人民委員となって五カ年計画を指導したが、その後スターリンと対立して、一九三七年に拳銃自殺をとげた。

一九一二年、オルジョニキーゼはスターリンおよびバクー委員会のもう一人のメンバーとともに、バクー委員会の三名を含む四名からなるロシア・ビューローを構成し、それによってロシア国内の党の活動を指導することになった。スターリンは一九一〇年十二月に流刑地で書いた一通の手紙のなかで、すでにこのようなビューローをつくるよう提案していたが、その手紙がレーニンの目に触れることを承知していた。そして、自分が中央委員の候補となる機会を棒に振ってしまわないため、批判がましいことは書かないようにし、レーニン支持を表明することまでしたが、その文言はおよそ知識人の言いまわしとはかけ離れていた。曰く「レーニンはザリガニが冬場、どこに隠れているかをよく知っている賢い農夫だ[*25]」。

後年、ソ連のスターリン称賛者たちは彼の昇進を大げさに言いたてて、メンシェヴィキとの決裂後、早くもレーニンの片腕となっていたかのような印象を与えた。これは真実からほど遠い。このころには、党指導部は人員が大幅に減少し、メンバーも目まぐるしく入れかわっていた。一九一二年から十月革命までの五年のうち、スターリンが活動したのはわずか一年で、残りの四年はシベリア暮らしだったのである。

スターリンの昇進は、党内での立場の急変を表わすものではなかったが、短い期間ながら自分の能力を発揮し、指導部の全員に名を知らしめる初めての機会だった。この知らせを聞くや、スターリンは時を移さず流刑地から逃亡した。自分の地位を守るつもりなら、すみやかにレーニンの期待に応えなければならない。スターリンは、五カ月の入獄をはさんで二つのことをなしとげた。一つは『プラウダ』紙の第一号を発行したことだ。前に提案していた、ロシア国内で発行する党機関紙を誕生させたのである。もう一つは、第四国会にボリシェヴィキの代議員を送り込む組織づくりをしたことである。

当選した一三名の社会民主労働党員のうち六名がボリシェヴィキ、七名がメンシェヴィキだった。一九一三年一月、レーニンはボリシェヴィキ代議員と中央委員会の合同会議を、ロシア国境に近いオーストリア領ポーランドのクラクフに召集した。第三国会での両派代議員の協力体制に終止符を打ちたかったのである。しかし、労働者階級の有権者のあいだには協調を支持する強い声があり、レーニンはうんざりしながらも、メンシェヴィキとの対決を先送りすることに同意せざるをえなかった。この問題で、スターリンが支持をためらったことには批判的だったとしても、レーニンはスターリンの話、とくにこのグルジア人がカフカース諸民族の複雑な関係をよく把握していることに感心させられた。この実地経験をもってすれば、あるいはスターリンは――レーニンの指導のもとに――ロシアの民族問題にたいする社会民主労働党の政策という重要課題について、カフカース諸民族のみならずポーランド人、ウクライナ人、ユダヤ人、レット人などの願望をも考慮に入れた論文を書けるのではないか。レーニンはスターリンに、ウィーンへ行ってオーストリアの社会主義者がハプスブルク帝国の民族対立に対処しようとして練り上げた綱領――これはオーストリアの社会民主主義の目立った特色で、他の何にもましてヒトラーに社会民主主義の指導者への反感を抱かせる原因となった――を勉強してきてはどうかと勧めた。

レーニンの勧めは、心をくすぐるものだった。スターリンは初めて、党内の知識人だけに認められていた社会民主主義の理論的側面で貢献する――しかもレーニン自らの指導を受ける――機会を与えられたのである。

そこでスターリンはウィーンへ行き、一九一三年一月から二月にかけて一カ月間滞在した。これは、スターリンの生涯における最も長い外国暮らしとなった。次に彼が国外へ出たのは一九四三年、チャーチルおよびローズヴェルトとの会談のためにテヘランへ出かけたときである。スターリンがウィーンへ行ったのは、ヒトラーがまだこのオーストリアの首都にいたころだから、あるいは二人は人混みのなかですれ違ったかもしれない。しかし、スターリンが間違いなく会った二人の人物は、最終的には彼が破滅させることになるブハーリンとトロツキーで、ブハーリンのほうは初歩的なドイツ語しか話せない新来のスターリンが動きまわれるよう援助の手をさしのべたのにたいし、トロツキーはレーニンとの激しい論争の最中で、レーニンのこの無骨な子分にほとんど目もくれなかった。トロツキーはのちに、このときの出会いについては、スターリンの「黄色い目」のなかの「悪意のひらめき」しかおぼえていないと言っている。

レーニンはスターリンが集めてきた資料に大いに満足し、とくに、彼がオーストリアのマルクス主義者の「民族的‐文化的自治」の概念をしりぞけたことをよしとした。オーストリア社会民主党の指導者のなかで、民族問題の最高権威はオットー・バウアー（一八八一～一九三八年）だった。多民族が混在し、同一地域に異なる言語を話す人びとがいて都市部への移住が絶えないことから、事情がさらにこみいったものになっているハプスブルク帝国の民族問題に直面したバウアーは、地域を民族の基礎とする考え方を捨て、「個人」原則を採用した。つまり、市民は誰でも、どこに住んでいようとも、自らの民族的身分を自分で選ぶものとするというのである。各民族はその民族の文化と制度を発達させるために独自の組織を設立する。民族ごとの自治体が国家とその威信の土台となるのである。

スターリンは、このような提案がロシアで採用された場合、革命政府に解決できない問題を突きつけると見た。「各民族の民族的特性を保持し発達させる」こと（これはオーストリア社会民主党綱領の掲げる目標の一つだった）は社会民主労働党の本分ではない、とスターリンは書き、その責務は階級闘争に向けてプロレタリアートを組織することにあるとした。ロシアの民族問題にたいする当を得た解決策は、すべての地域の少数民族に自分たちの言語を使用する権利と子弟を自分たちの学校へ通わせる権利を与えることであるが、すべての民族の労働者は別個の民族の一員としてではなく、単一の階級の一員として統合された単一の党に組織されなければならない、と。レーニンは「この論文はたいへんよい」とカーメネフ宛の手紙に書き、その筆者については「すばらしいグルジア人」だと手放しの賛辞をマクシム・ゴーリキーに書き送った。

レーニンがどんな手助けをしたにせよ、「民族問題と社会民主主義」と題して『プロスヴェシチェーニエ』（啓発）誌に三号にわたって掲載されたこの論文は、K（コーバの頭文字）・スターリンと署名されていた。「鋼鉄の男」を意味するこの新しい変名は、その後変わらなかった。論文が党の指導的な理論雑誌に掲載されたことで、党内におけるスターリンの立場（と自負心）は高まり、同時にこの問題に関する党の専門家としての評価も得られた。五年後、スターリンがボリシェヴィキ政府の民族人民委員に任命されたのは、この評価にもとづくことであった。

ペテルブルクに戻ってから一週間後、スターリンはまたしても逮捕された。中央委員会の同僚委員で、モスクワ選挙区選出のボリシェヴィキ代議員ロマン・マリノフスキーに密告されたのである。マリノフスキーは久しく前から専制政府の秘密警察オフラーナの手先として、党の活動状況をひそかに通報していたが、いぜんとしてレーニンの厚い信頼を得ていた。スターリンは流刑四年の宣告を受け、北シベリアのイェニセイ－トゥルハンスク地区にある、首都から最も離れた流刑者居留地の一つに送られた。スコットランドくらいの大きさのこの地区には、一万二〇〇〇人の住民が、それぞれ何百キロもへだたった狭い居留地に散在していた（第3巻16章の図13参照）。北極圏内に位置し、冬は気温が氷点下四〇度を下まわる。北極の冬の長い夜は八カ月から九カ月もつづく。夏は「白夜」と蚊の大群で、冬と同じくらい不快だった。凍土では農業は行なえず、現地の人びとは狩猟と漁撈によって生活していた。逃亡は事実上不可能だった。シベリア横断鉄道のクラスノヤルスクまで、橇でも六週間の道程である。単調さと孤独と苦難のために、多くの流刑者が肉体的、精神的に健康を損なわれたのも驚くにはあたらない。

だが、頑健なスターリンは生きのびた。流刑者仲間（全部で三五〇名）のつきあいにはほとんど加わらなかった。同じくボリシェヴィキで、短期間同じ小屋で暮らしたヤーコフ・スヴェルドロフは結局小屋を出ていったが、妻宛の手紙に、同居人は「まともなつきあいのできる相手ではないことがわかった。われわれは顔を合わせたり口をきいたりするのをやめるほかなかった」と書いている。[*26] スターリンは気安く人を寄せつけるところがなく、いつも人と距離をおき、釣りをしたり罠猟をしたり、パイプをふかしながら読書したりすることを好んだ。彼がカフカースで知りあい、のちに娘の一人と結婚することになるアリルーエフ一家が折りに触れて差し入れを送ってきた。それにたいするスターリンの礼状は、この暗い沈黙の年月のなかで、わずかに人間らしい感情をうかがわせている珍しい例だ。彼は自然の名勝を描いた絵葉書を何枚か送ってほしいと頼んでいる。

> この忌まわしい地方では、自然は荒涼として醜悪です。夏には川、冬には雪……まわりの景色といえばそれだけです。それで、紙の上だけでもいいから、何か風景らしい風景が見たいという、ばかみたいな願いを抱いているのです。[*27]

スターリンは政治活動から遠ざけられていることを痛切に意識していたに違いない。まさにレーニンの身近で働きはじめたところだったのである。北極圏の荒野に閉じこめられ、手紙も新聞も手元に届くのに数週間ないし数カ月もかかるという状態で、外の世界の情勢についていくのは至難のわざだった。

第一次大戦の勃発はヨーロッパの社会主義を混乱におとしいれ、一八八九年に結成された各国の社会主義政党の同盟「第二インターナショナル」を瓦解させた。レーニンは戦争を支持したり不戦論者を自称したりする社会主義者には容赦がなかった。彼の使命は、戦争にたいして革命で応えること、「帝国主義戦争を内戦に転化させる」ことであり、そのためには敗北主義との非難も甘んじて受け入れる。専制君主制の敗北は革命への前奏曲となるだろう。そして、実際、そのとおりになった。

スターリンはレーニンの「戦争テーゼ」を一部手に入れ、流刑者たちの集まりでこれを読み上げたと言われている。一九一五年七月には、長い道程を旅して流刑中の他のボリシェヴィキ指導者たちと会い、戦争に関するレーニンの路線と国会のボリシェヴィキ議員がこれを援護するためにとるべき行動について議論した。しかし、スターリンはこの四年間、自分では何も書いておらず、活動の舞台から遠く離れていたため、原則的な問題を論じることにはあまり興味がなかったようだ。一九一六年、徴兵検査のためにクラスノヤルスクへ召喚されたが、子供のとき以来の左腕の障害のために兵役不適格となった。これは思いがけない幸運だった。スターリンは凍てついた北の土地へ送り返されるかわりに、残りの刑期をクラスノヤルスクに近いアチンスクでつとめることを許された。アチンスクはシベリア横断鉄道の沿線の町で、ペトログラードまで急行列車でわずか四日の距離だった。一九一七年の二月革命勃発とともに、皇帝は退位し、臨時政府が樹立された。スターリンは他の政治犯たちと連名でレーニンに「兄弟の挨拶」を打電した。政治犯の一行は首都に向けて出発し、三月十二日に到着した。政治の中心地に戻ったスターリンとカーメネフ（同じく流刑の身だった）は、権利を主張して『プラウダ』とボリシェヴィキ党の指導権とを引き継ぎ、三週間後にレーニンがスイスから帰国するまで留守をあずかることになった。

6

戦争はスターリンとヒトラーのどちらにとっても、それが起こらなければ得られなかったかもしれぬ政治的機会を到来させた決定的な要因だった。ただし、戦争が二人の個人生活に与えた衝撃の度合は非常に異なる。表面的には、スターリンの荒野での四年間は空白だった。その意義は、彼の心の成長に何らかの影響をおよぼしたに違いないというところにある。流刑者の一人、B・I・イワーノフはスターリンがスヴェルドロフと和解するのを拒否したことにショックを受け、こう書いている。「ジュガシヴィリは相変わらず自尊心が強い。もっぱら自分の殻に閉じこもり、自分だけで考えたり計画を立てたりしている」[*28]。その結果、もともとスターリンの性格のなかにあった苛酷さや、人間らしい感情の欠如、猜疑心はさらに強められた。同時に、その驚くべき自立心と、野心を一時保留しながら堅持する能力も増した。一方、ヒトラーにとっての戦争は、のちに述懐しているように、「これまでの人生経験のなかで最大の体験だった」[*29]。

一九一三年六月、スターリンが北極圏への道をたどっていたころ、ヒトラーはウィーンを去ってミュンヘンへ移った。ヒトラーは兵役登録をしていなかったが、ウィーンを離れたのは兵役を逃れるためだったという説には根拠がないようだ。彼は自分の計画を秘密にしたりせず、ミュンヘン美術学校の入学許可を申請するつもりだと「独身男子寮」の友人たちに語った。「ほとんど最初の瞬間から……」と、彼は『わが闘争』に書いている。「私はこの町が他のどこよりも好きになった。『ドイツの町だ！』と自分に言ったものだ。あの人種のバビロン……ウィーンとは何という違い」[*30]

ヒトラーはミュンヘン警察に「画家・作家」として登録することはしたが、美術学校の入学許可を得るためには何もしなかった。そのうえ、当時のミュンヘンはドイツで最も活気のある町で、芸術家や知識人や作家など、ブルジョワ的で堅苦しいドイツの息づまるような因習に反逆する「自由人」を大勢ひきつけていたにもかかわらず、そこで羽根をのばしたわけでもなかった。この町、とくにその北部のシュワービング地区は美術のモダニズム運動の発祥となった中心地の一つで、思想や芸術だけでなく、政治の面でも右翼と左翼を問わず、あらゆるかたちの実験や急進主義のるつぼだった。

ところが、欲求不満の芸術家であるヒトラーは、来る者は誰でも歓迎するというこの賑わいに近づこうとしなかった。ウィーンにいたころにもまして孤独な暮らしで、下宿先の家主一家のほかは、人とほとんど口をきかず、ひきつづき硬直したアカデミックなスタイルで市街地の風景画を描いては売り歩く毎日だった。空いた時間は図書館や自室で本を読んだり、カフェで行なわれる侃々諤々の議論につりこまれて、それに加わったりしながら過ごした。

本人の言によれば、ヒトラーはマルクス主義——「あの破壊的な教え」——とユダヤ人との関係について、さらに深く研究した。そして、この両者にひそむ危険が、ドイツでは等閑視されていることにますます危惧の念を強めた。また、ドイツのハプスブルク帝国との同盟にたいしても同様に批判的だった。ハプスブルク帝国はもはやドイツ人の国家ではないこと、戦争になればドイツの足を掬《すく》いかねないお荷物であることを、ドイツ人は理解していないというのである。こうした高尚な考えにふけっていたヒトラーだが、オーストリアで兵役を忌避したとして逮捕され、ただちにリンツに出頭して兵役につくように命ぜられ、たちまち地上に引きずりおろされた。おびえた青年は、貧困と法に関する無知を理由に温情ある処置を求める嘆願書を提出した。その様子がいかにも哀れを誘うものだったため、オーストリア総領事は結局、リンツのかわりにザルツブルクに出頭することを許した。ザルツブルクでは、「身体虚弱により戦闘および付随任務に適さず。兵役に服すこと能わず」とされた。

しかし、その六カ月後、フェルディナント大公がサラエヴォで暗殺され、ドイツ、オーストリア両国がセルビアとロシアに宣戦を布告すると、ヒトラーはこのニュースに熱狂した。一枚の有名な写真（のちにヒトラーの公式写真家となったハインリヒ・ホフマンが撮影したもの）が、宣戦布告に沸きたってオデオン広場に集まった群集のなかにまじって立つヒトラーの姿を写している。開戦は、何百万もの人びとにとってそうだったように、ヒトラーにとっても日々の単調な――それにヒトラーの場合は無目的な――暮らしからの解放を意味した。一九一四年八月初旬、人びとは国をあげて未曾有の一体感に包まれた。体験した者が一生忘れられなかった一体感、ベルリンの宮殿前広場を埋めた群集に向かって、もはや政党と宗派の別はない、「ドイツ人同胞あるのみ」だと語ったドイツ皇帝の言葉に表わされる高揚した愛国心であった。

ヒトラーはこの一般的な気分を共有しただけでなく、長い挫折の年月を経てきたあとの個人的な解放感をも味わった。

私にとってこの一時《ひととき》は、わが青春時代に重くのしかかっていた憂鬱を晴らすものだった……私はひざまずき、このようなときに生きることを許された恵みを天に感謝した。*31

ヒトラーはすぐさま兵役を志願し、ドイツ陸軍に採用されたことを知って狂喜した。二カ月ほどの訓練ののち、ヒトラーは第一六バイエルン予備歩兵連隊に配属され、西部戦線に送られた。連隊が到着したときは、ちょうど「第一次イープルの戦い」の激しい戦闘が火蓋を切るところだった。これは一九一四年十月のことで、ヒトラーはそれから二年間、西部戦線もしくはその近くにとどまりつづけた。一九一六年十月に負傷するまでドイツに戻らず、一九一七年十月になるまでは、勧められても帰郷休暇を願い出ようとしなかった。

ヒトラーがよき兵士であったことは疑いない。多くの戦闘を目のあたりにし、一九一四年から一八年までに三五、六回、交戦に加わっていることもたしかである。彼は連隊の伝令をつとめ、通常の通信手段が使えなくなると（これもよくあることだった）、通信文をもって走った。これは危険な仕事だったが、単独行動という点でヒトラーには向いていた。彼は負傷もし、危ういところで命拾いしたことも多かったが、戦場における勇気と冷静さは模範的だとして推挙され、「鉄十字章、第一級」を授かった。

大多数の人びとは現実に戦争の恐怖を体験したために開戦時の熱狂的な気分に水を差されたが、ヒトラーの場合はそうではなかった。彼は超愛国者でありつづけた。苦難や危険にも決して不平を言わず、過剰なまでの義務感をもち、のべつ新兵募集のポスターのような言葉を「まくしたて」ては兵隊仲間を激怒させた。「みんなで戦争を呪っているとき、この白いカラスだけは調子を合わせようとしなかった」[*32]。ヒトラーは人気がなかったわけではなく、よい戦友として受け入れられていたが、ここでも一人離れたところに身をおき、休暇は断るし、女の話にも興味を示さない、酒もたばこもやらないといったふうだった。軍隊時代のヒトラーについて思い出を述べた文章にはかならず、どこか変わったところのある人物だったという意味のことが書かれている。彼が最後まで伍長より上の階級に昇進しなかった理由もここにあったに違いない。上官たちはヒトラーを叙勲候補者として推薦するにはやぶさかでなかったが、指導者の資質に欠けると見て、軍曹にさえ適していないと判断したのである。

　このことを考えると、ヒトラーが前線での生活から生まれる仲間意識をあれほど高く評価したことは理屈に合わないと思われるかもしれない。だが、ヨアヒム・フェストが指摘するとおり、ヒトラーはこの仲間意識のうちに「自分の性質に合った人間関係」を見出していた。その生涯を見れば、彼に親密な個人的友情を築く能力がなかったことは明らかである。戦時の兵舎や掩蔽壕は「彼の人間嫌いからくる内向性と人恋しさのどちらにも見合った社会的枠組み」を提供した。「人間味に欠ける点で、これは『独身男子寮』の生活様式だった」[*33]のである。それに加えて、軍隊、国民という、そのなかに吸収された個々の存在を矮小化すると同時に意義あるものとする壮大な機構の一部であるという感覚があった。

ヒトラーはウィーンの生活で「落伍者」となる運命に脅かされた人びととの不安について洞察を得た。戦争からはもう一つの啓示を与えられた。個人の「フォルク」（原注：「フォルク」（Volk）を「民衆」とか「人民」と訳すのは適切ではない。その意味をめぐる議論については第3章3節を参照）への同一化、および必要とあればこれに殉ずることである。ヒトラーはのちにこれを自分の政治的アピールの中核としている。ウィーンとミュンヘンで送っていた無目的で孤独な生活から解き放たれたヒトラーは、軍隊の規律を熱烈に受け入れ、自分の全存在を包み込む組織、ドイツの敵を滅ぼすという任務のみに専心する組織の一員としての安定感を得た。戦争が思春期の空想の世界を現実と化し、ヒトラーは「祖国のために死ぬ覚悟」でいる英雄の役割に誇りと心の高ぶりを感じたのである。

少年時代と青年時代を通じて、私はしばしば自分の民族的熱情が口先だけのものではないことを証明する機会を強く求めていた……他の何百万もの人びとと同じく、この冷厳な試練をくぐることを許されたことに誇らしい喜びを感じた……どのドイツ人にとってもそうだったように、私にとって、生涯で最も偉大な、最も忘れがたい日々がいま始まったのである。*34

　これはつまり「前線体験《フロントエアレープニス》」であり、ヒトラーが他の前線兵士と共有した比類ない体験である。そしてこの「前線兵士《フロントケンプファー》」がナチ党創設にきわめて大きな役割をはたしたのである。

　戦争が与えてくれたものはほかにもあった。ヒトラーがすでに人間生活の至高の法則と見なしはじめていた闘争、武力、暴力にたいする信念に、実地の体験が得られたことである。きわめて凄惨な死と破壊に日常的に触れながら、ヒトラーは怯《ひる》むどころか、それによって自分の信念をますます強くし、さらには心理的な深い満足感さえ味わった。彼が『わが闘争』や演説や「食卓談話」のなかで戦争について言ったり書いたりしているところを見ても、何百万という生命が胸の悪くなるようなかたちでいたずらに失われたことにたいし、また文明の築いたもの――町、村、家々――や生きものの痕跡すらも破壊されたことにたいし、塹壕生活を送った兵士の大多数が感じていた嫌悪の念はいっさいうかがわれない。ヒトラーの反応は、この体験で自分は身体を鍛えられたのみならず、意志も強固になったという誇り（原注：ヒトラーが、背嚢に入れていたとしてとくにその書名をあげているわずかな本の一冊にワーグナーにも大きな影響を与えたショーペンハウアーの『意志と表象としての世界』がある）、青くさい若者だった自分が何ごとにもたじろがない、憐憫や同情に訴えられても動じない歴戦の強者になったとの誇りだった。「男にとって戦争のもつ意味は、女にとって出産のもつ意味と同じだ」と彼は断言している。要するに、これは彼が死と生の区別をつけられないことを公然と認めたも同然の発言であり、しかもほとんどの人が長いあいだ認めたがらなかったことながら、ヒトラーが自身の演説に暴力と憎しみと破壊のイメージを飽くことなく繰り返して盛りこんだことからもわかるとおり、人の心に強く訴える発言であった。ヒトラーが戦時休暇をとろうとしなかったこと、第一次大戦は最も幸せな年月であり、最も偉大な体験であったと何度も述べていることは、彼の破壊嗜好を示す最初の明白な証拠である。この嗜好は第二次大戦時にはヒトラーの心を支配する情熱となり、ソ連侵攻以後はとどまるところを知らなかった。

ヒトラーが耐えられなかったのは前線から離れた生活だった。戦争がずるずるとつづいて二年目から三年目ともなると、戦争の初期の段階を特徴づけていた愛国的団結と熱意は、幻滅や物不足への不満、闇市場、再び現われた社会的・政治的分裂に変わった。一九一六年から一七年にかけての冬、負傷を癒すために後方へ送り返されたヒトラーは、自分が出会った戦時利得者や徴兵忌避者を売国奴と罵った。もはやミュンヘンにも昔の面影はなく、補充大隊の雰囲気は見下げはてたものだった。彼は西部戦線に戻る許可を求め、連隊は自分にとってわが家だと申し立てた。願いがかなえられ、一九一七年三月、スターリンがペトログラード帰還をはたしたのと同じ月にフランドルへ戻って、ヒトラーは春季攻勢に間にあったことを喜んだ。同年春にアラス周辺で展開された戦闘と、夏の「第三次イープルの戦い」で、ヒトラーの連隊には多数の戦死者が出た。八月、生き残った兵士たちはアルザスへ送られて戦いの疲れを癒し、その年の末までほとんど実戦を見ることはなかった。

一九一七年という年は、ドイツ軍に二つの大きな刺激をもたらした。ロシア帝国の崩壊とオーストリア軍のイタリア戦線突破である。しかし、一九一七年から一八年の冬は、戦闘に加わっているすべての軍隊にとって士気を試される試練の時となった。ドイツは厳しい食糧不足に見舞われ、一月にはゼネストの呼びかけに応じて四〇万人の労働者がベルリンの町にあふれた。ヒトラーはこの「背後からの一撃」に怒り狂ったが、一九一八年三月にロシアの革命政府がついにドイツ側の提示した条件を受け入れたことで希望をよみがえらせた。東部戦線の戦いが終結したことから、ドイツ軍最高司令部は全軍を集結させて西部戦線での軍事的決着を図った。ブレスト－リトフスク条約が結ばれてから三週間足らずの一九一八年三月二十一日、エーリヒ・ルーデンドルフ将軍はフランスにたいする一連の攻撃を開始し、イギリス軍、フランス軍を蹴ちらして、ドイツ軍をパリから六五キロ以内のところまで進軍させた。

ヒトラーの連隊はソンム、エーヌ、マルヌで展開されたドイツ軍の四カ月攻勢の全段階に参加した。ヒトラーの闘志はこれまでになく高かった。そして、夏を迎えるころには、もう勝利は見えたと確信している。前述したように、八月四日には「個人的な勇敢さと一般的な功労により」、「鉄十字章、第一級」を授与された。これは伍長にはまれな叙勲であり、ヒトラーは生涯その勲章を誇らしげに身につけていた。

しかし、ドイツ陸軍は戦力を消耗していた。ルーデンドルフはのちに、イギリス軍が反攻に転じてアミアンでドイツ軍の戦線を突破した八月八日を、「ドイツ陸軍の暗黒の日」として言及することになる。ただし八月と九月の形勢逆転、および最高司令部が和平の条件を探った事実は、ドイツ国民には伏せられていた。国民ばかりか軍にも伏せられていた。ドイツ軍は撤退をつづけながらもよく秩序を保ち、戦争が終わったときにも、まだドイツ国境の外側にいたのである。帝国議会の各政党の指導者たちが、ドイツは勝利ではなく敗北を目のあたりにしていると告げたのは、十月二日になってからのことだった。

大多数のドイツ国民にとって、この衝撃はあまりにも突然で、何が起こったのかわからないほどだった。ヒトラーの場合、戦争が興奮と満足感と救いをもたらすものだっただけに、衝撃は倍加した。長きにわたる挫折と失意の日々ののち、ようやくドイツ陸軍兵士であることに目的意識とアイデンティティを見出したのである。それがいま、一夜にしてと思われるほど短いあいだに、自分の全世界が解体し、信じていたことのすべてが投げ捨てられるのを見るはめになった。

十月中旬、ヒトラーはイギリス軍の毒ガス攻撃に見舞われた。一時的に失明してパーゼワルクの病院に入院中、次々とニュースが入ってきた。最初はドイツ海軍水兵の反乱、次いで労働者や兵士による「ソヴィエト」の結成と正面切っての武力蜂起。そして最後に、十一月十日、ヒトラーは皇帝《カイザー》が退位したこと、共和制が宣言されたこと、新政府は翌十一日、連合国側の停戦条件を受け入れる予定であることを知った。

後日、このとき心に押し寄せたもろもろの感情について述べながら、政治を本務とし、ドイツの敗北を覆すために身を捧げようと決心したのはまさにそのとき、その場所、すなわちパーゼワルクの病院でのことだった、とヒトラーは主張している。実を言えば、ヒトラーが政治に目を向け、かくも長いあいだ抑えられてきたエネルギーの捌け口を見出すためには、この翌年の大半を要したのである。その間、彼は将来についてはっきりした考えもなく、漫然と日を過ごしていた。とはいえ、最終的にヒトラーの決心を固めさせ、その後の彼の経歴の一貫した背景となったものが敗戦の衝撃とそれにつづく革命の体験であったことは真実である。

第3章 十月革命、十一月一揆

スターリン　一九一七―一九一八（三七―三八歳）
ヒトラー　一九一八―一九二三（二九―三四歳）

1

一九一七年二月の革命の勃発は、一九〇五年の場合と同じく、ロシアの革命家たちの不意をつくものだった。トロツキーはその数週間前、ヨーロッパ情勢に絶望してアメリカ合衆国へ行っていたし、レーニンは一月にチューリヒで、若い社会主義者たちに「われわれ古い世代の人間は、来るべき革命の決定的な戦闘を生きているうちには見られないかもしれない」と語っている。一九一七年二月の革命は、のちの十月革命以上に自然発生的な大衆の反乱だった。十月のそれはクーデタであり、それ以前の二月に起こったことは、三〇〇年以上もつづきながら積年の経済および社会問題に対処しえなかったツァーリ政権がにわかに崩壊して、不首尾な戦局のもたらす緊張に耐えかねた結果であった。政府の権威が崩壊したあとには真空状態が生まれ、そこで反乱を起こした兵士たちは戦争の終結を求め、工場労働者は食糧と労働条件の改善を求め、農民たちは土地を要求していたのである。一九〇五年と同じく、これら鬱積した力を解き放ったものは、革命的謀議ではなく、ペトログラードでデモ参加者に発砲する命令が軍隊に下されたことであり、今回はそれが兵士の反乱につながったのである。反乱は急速に広がって首都の守備隊の全部を巻き込み、政府は秩序を回復することができなかった。

それにつづく混乱のなかで、二つの団体が自ら名乗りでて暫定的に秩序を維持する責任を負った。一つは「ペトログラード・ソヴィエト」で、これは一九〇五年の評議会《ソヴィエト》にならって結成されたものだが、今回はそこに労働者代表だけでなく兵士代表も含まれていた。ペトログラード・ソヴィエトの執行委員会は、食糧供給の組織づくりと警察に代わる労働者民警を募集するのに必要な措置をとった。もう一つは国会の臨時委員会だった。皇帝《ツァーリ》は退位し、帝位継承者も見あたらなかった。ここに政治の空白が生じ、ロシア国民は史上初めて政治的自由を享受した。この自由にたがをはめるものとしては、わずかに臨時委員会とペトログラード・ソヴィエトというい つ崩壊するとも知れぬ分裂した機関があるだけだった。

この二つの組織は、臨時政府を樹立するための協約をあわただしくとりかわした。この臨時政府の綱領には、政治犯の即時釈放と言論の自由および結社の自由など、民主主義にもとづく自由をすべて認めること、直接選挙による憲法制定議会を召集し、民主的なロシア憲法を制定することが公約されていた。社会主義政党の社会革命党《エス・エル》（SR）と、マルクス主義を標榜する二つの社会民主主義グループ（メンシェヴィキとボリシェヴィキ）は、いずれも臨時政府への参加を拒んだ。彼らは、民主的な計画を策定し、和平交渉を始めるには、自由に行動できる余地を残しておき、つねに政府に圧力をかけられる立場を保持すべきだと考えたのである。

現実問題として、臨時政府が命令したことを実行させられるかどうかは、「ソヴィエト」がその命令を受け入れるかどうかにかかっていた。軍隊、鉄道、電信のような権力の中枢機構を実際に掌握していたのは、この労働者と兵士の代表からなる評議会だったからである。その一方で、ペトログラード・ソヴィエトはいっさいの制約を受けることなく、独自に命令を下すことができた。臨時政府の設立に合意したその日、ペトログラード・ソヴィエトは臨時政府に相談することなく「命令第一号」を発し、代表を選出して、ペトログラード市内の各兵舎に委員会を設けた。そして、武器を配布する権限を手に入れ、従来の軍規を廃止した。意図的になされたかどうかはともかく、この動きはすばやく全軍隊に広がり、ドイツと交戦中のロシア軍の士気を低下させる最大の要因になった。

意外な事態に直面して、革命政党は臨時政府を支持するかどうかをめぐって分裂した。あるものはロシア各地で組織されていたソヴィエトを支持し、あるものは和平交渉を、またあるものは急進派の統一を支持した。この年の秋まで、政界の上層部はこうした混乱のなかにあり、国内の無政府状態を前にして指導力を発揮できぬまま、戦争は秋までつづいた。

その後に生まれた伝説とは裏腹に、一九一七年八月以前の革命の進展では、ボリシェヴィキは脇役を演じていたにすぎない。二月革命の直前、ボリシェヴィキの党員は——その後に急増したが——二万五〇〇〇人にも満たず、支持者の数で見ればペトログラード・ソヴィエトを支配していたメンシェヴィキおよびエス・エルの二党にくらべてはるかに少なかった。それでも、一九一七年におけるボリシェヴィキの地位は、やはり脇役に甘んじていた一九〇五年とは違っていた。前回とは異なり、レーニンはいまや革命の流れを頓挫させることなく、成功に導く術を心得ていたのである。

革命を「成功させた」のはレーニンでもボリシェヴィキでもなく、また他の社会主義政党でもなかった。彼らは土地をめぐる農民の不満を代弁したわけではないし、より新しい争点となっていた資本家の搾取にたいする労働者の怒りをあおったり、戦争で疲弊した軍隊や国民の不満をかきたてたりしたわけでもなかった。しかし、他の政党がこうした民衆の不満に真剣に対処できなかったのにたいし、レーニンはスローガンづくり——「平和と土地とパンと、労働者の自主権を与えよ」——の天分を発揮して、「民衆の不満を革命のエネルギーに変えた」のである。[*1]

だが、レーニンはいぜんとして国外に亡命していて、思うように活動できない状態のなかでいらだちながら、東部戦線によって故国ロシアから引き離されていた。彼がその難関を乗り越えられたのは、ひとえにドイツ人たちのおかげだった。レーニンの関連文書を調べると、ボリシェヴィキ党はドイツ政府からひそかに多額の資金援助を受けていたことがわかる。その金は、二月革命以降、ロシアの軍隊と労働者を対象とする革命プロパガンダの費用をまかなうのに使われた。ドイツ政府の首脳とレーニンのあいだを仲介した（原注：レーニンはひた隠しにし、否定しつづけたが、ヴォルコゴーノフは『レーニンの秘密』（白須英子訳、NHK出版）でドイツ側との関係を裏づける証拠を過不足なく提示している）のは、ロシア生まれのアレクサンダー・ヘルファント（パルヴスとしても知られる）という名の謎めいた人物だった。彼は永久革命の熱烈な支持者で、一九〇五年の革命ではたした役割を咎められてやはりシベリアに流刑されていたが、この戦争を利用してひと財産つくり、その金を使ってボリシェヴィキ党を財政的に援助していた。レーニンを封印列車でロシアへ送るべきだと考えたのは、このパルヴスだった。ドイツ軍の参謀総長ルーデンドルフ将軍は回想記にこう記している。

> レーニンをロシアへ送り返すについては、わが政府がとくに責任を負った。彼を旅立たせることは軍事的見地から正当化された。どうしてもロシアに勝たせるわけにいかなかったのである。

同志の革命家たちにともなわれて、レーニンはドイツを横断して中立国のスウェーデンを経由し、四月三日にやっとペトログラードのフィンランド駅にたどり着いた。帰国したレーニンが打ち出した方針は、他の政党のみか、自分の党にも大きなショックを与えたが、六カ月後に、それこそが革命的状況を革命に転化する鍵であることが証明された。

スターリンがシベリアからペトログラードに着いたのは、レーニンよりも三週間前で、アリルーエフの家に身を寄せていた。セルゲイ・アリルーエフはすでにカフカースから戻り、このころには妻と娘とともに首都のヴィボルク地区に住んでいた。一家の住居は、革命のあいだスターリンの活動の拠点となり、数日間レーニンの隠れ家にもなった。

一九一七年にスターリンがはたした役割は、後年の公式記録に書かれているほど華々しくもなければ、トロツキーをはじめとするスターリンの敵が主張したほど取るに足りないものでもなかった。スターリンと並んで、ボリシェヴィキの指導的地位にあったムラーノフとカーメネフの二人も、スターリンとともにシベリアから帰還していた。三人はただちに、ボリシェヴィキ党中央委員会のロシア・ビューロー内に活動の場を要求し、『プラウダ』紙の編集権を引き継ぎ、さらにはペトログラード・ソヴィエト執行委員会のボリシェヴィキ代表の地位を確保した。

当時三十四歳のレフ・カーメネフは鉄道技師の息子で、しばらくモスクワ大学で学んだのち、革命運動に身を投じた。このときまで三年間シベリアで流刑生活を送り、モスクワに戻ってからまもなく、ジノヴィエフと手を組んだ。この協力関係は、二人が一九二〇年代末にスターリンによって党を追われ、スターリンの古参ボリシェヴィキ粛清によって、一九三六年に死刑に処せられるまでつづいた。カーメネフはすでに、レーニンとは異なる路線をとっており、戦争中はレーニンの「革命的敗北主義」とは反対に、ロシアの防衛を支持していた。一九一七年四月にレーニンが帰国するまでの短期間、カーメネフは臨時政府を支持し、メンシェヴィキとの再統合による単一政党の結成を支持する立場を打ち出していた。

スターリンには自分のはっきりとした考えがなかったらしい。『プラウダ』に書いた記事やペトログラードで三月二十七日から四月四日まで開かれた全ロシア・ボリシェヴィキ党協議会で行なった二度の演説では、カーメネフの驥尾《きび》に付して再統合の支持にまわっている。『プラウダ』に寄せられていたレーニンの「遠方からの手紙」はカーメネフらの見解がレーニン自身の見解と真っ向から衝突するものであることを明らかに示していた。だが、スターリンはこの矛盾を無視し、ボリシェヴィキとメンシェヴィキとのあいだで予備折衝を行なう議案について党協議会の満場一致の可決を引き出したうえ、当の交渉にあたる委員会の四人の委員の一人にも選ばれた。

レーニンは時を移さず、反対の態度を明らかにした。フィンランド駅に着いた列車から降りるより前に、カーメネフとスターリンのとっている妥協路線を攻撃しはじめたのである。「きみたちが『プラウダ』に書いていることはいったい何だ。いくつか読んだが、実際、きみたちを呪ったぞ[*2]」

党協議会が閉会する前に、レーニンが提出した一〇カ条の「四月テーゼ」は、メンシェヴィキとの再統合、あるいは臨時政府支持といった考えを完全に排除していた。ブルジョワ民主主義革命からプロレタリア社会主義革命にいたるまでには長い時間がかかるという従来のマルクス主義の見解を切り捨て、レーニンはただちに社会主義の段階へ移行しなければならないと主張した。彼は戦争支持を拒否し、議会制共和国ではなく「全土に広がる労働者代表ソヴィエト、兵士代表ソヴィエト、農民代表ソヴィエトによる共和国……警察、陸軍、官僚制度の廃止……官公吏はすべて選挙で選び、リコールの対象とすること……すべての地主の土地を没収し、すべての土地を国有化して、地方ソヴィエトの監視下に置くこと……ただちにすべての銀行を合併し、単一の国有銀行としてソヴィエトの監督下に置くこと……党綱領の変更……党名の変更……『社会主義インターナショナル』の再建[*3]」を求めた。

レーニンが大胆にも、情勢や計画をマルクス主義の図式に当てはめるのをやめたことに、党は衝撃を受け、分裂がさらに広がった。まず、レーニン以外のボリシェヴィキ指導者の大半が反対した。そのなかには、カーメネフやジノヴィエフのように十月蜂起の前夜まで、あるいはそのあとまで反対しつづけた者もいる。しかし、レーニンの主張は一般の党員、すなわち工場労働者や兵士には受けがよかった。彼らは知識人が理論的な問題にのみ気をとられていることをいらだたしく感じており、できるだけ早く権力を握ることを目指すレーニンの明確な方針に共感したのである。レーニンはこの目的がすぐに達成できるとは思っていなかった。各ソヴィエトで多数派の地位を確保する工作をしなければならないだろう。ただ、何をするにも、この唯一至上の目的を忘れず、その目的の達成を早められそうな機会はかならず利用できるよう、つねに準備していなければならなかった。

スターリンも他の者たちと変わるところなく、「四月テーゼ」は急進的すぎてついていけないというか、すぐには理解しがたいと思った。四月六日のボリシェヴィキ党ロシア・ビューローの会合ではこれに反対する発言をし、『プラウダ』（スターリンはいぜんとして共同編集委員をつとめていた）掲載にあたっては、これらのテーゼがレーニン個人の見解であって、党としての見解ではないという編集局の意見をつけ加えた。それでいながら、第七回ボリシェヴィキ党協議会*が開かれた四月二十四日以前にスターリンは態度を変え、レーニンの立場を受け入れるようになっている。この時期、スターリンは同じ仕事部屋でレーニンに協力しながら、『プラウダ』の編集にあたっていた。スターリンが進んでこの先輩の見解を理解し、吸収しようとする態度を見せたことで、一九一二年に築かれた両者の信頼関係は回復した。

八万の党員を擁するボリシェヴィキ党を代表して一五〇名の代議員が集まったこの協議会で、レーニンは最も反対が強かった二つの問題――「四月テーゼ」と民族問題――に関し、スターリンを選んで自分の立場を擁護させ、その信頼関係を人びとに知らしめた。スターリンのこの働きに報いるかたちで、レーニンは中央委員の選出にあえて関与し、彼を四人からなる運営委員会の委員に推薦した。

レーニンはまさに人材を集めていたのであり、スターリンもその一人だと見込んでいた。レーニンが魅力を感じた資質は、協議会への推薦状のなかで触れているように、「どんな責任あるどんな仕事についてもよく働く」点だった。政策立案者でもなけれ

＊　原注：一九一七年にペトログラードでひきもきらずに開かれた各種の協議会や大会は、当時の政治状況の混乱を反映して――また深めて――いた。ボリシェヴィキ党は党協議会を一回、党大会を三回開催している。これは「全ロシア・ソヴィエト協議会」や三回にわたる「全ロシア・ソヴィエト大会」とは無関係である。こちらには、ボリシェヴィキとともにメンシェヴィキやエス・エルの代表も参加していた。

ば知識人でもなく、トロツキーのように大衆を動かす天賦の才や、レーニンのように党を率いる指導力があるわけでもないが、与えられた仕事は確実にこなす男——粗野で、まだ経験も不足しているが学ぶ意欲（余人はともかくレーニンからは学ぼうとしており、レーニンとしてはそれだけで充分だった）と権力への嗅覚を備えた男——である、と。

スターリンが五月と六月に与えられた仕事は、この間の事情をよく物語っている。演説や『プラウダ』への寄稿はほとんどなく、レーニンがトロツキーとその一派を自分の党に引き入れるべくして行なった長い交渉でも出番はなかったが、緊張と混乱のつづくこの時期に、対立するさまざまなグループ間の組織づくりや折衝の舞台裏で非常に貴重な働きをしたのである。そのうちで最も重要な仕事の一つは、労働者と兵士による戦争反対のデモを組織することだった。

戦争はいぜんとして大きな問題だった。臨時政府内の多数派である国会のリベラルな議員たちは、ロシアが戦争を続行するつもりでいることを同盟諸国に伝えて信頼を回復しようとしていた。一九一七年五月、数人のメンシェヴィキが入閣したことによって政府は強化された。一方、陸海軍相に就任したエス・エルのケレンスキーは、フランス革命のときに革命軍を鼓舞したのと同じ愛国心を目覚めさせようとして東部戦線を巡回した。だが、ロシア軍の士気は鼓舞しようがないほど低下していた。下士官と兵卒を構成する農民にとって、革命とはすなわち土地を意味し、土地の分配で隣近所の農民に出し抜かれる危険をあえて冒そうとする者などほとんどいなかった。すでに一〇〇万を超す兵士が姿を消したと伝えられ、その数は軍隊がもとの農民集団に逆戻りするにつれて、着実に増えていった。ドイツ側は機敏にこの動きを見てとり、東部戦線では攻撃しないよう命令し、相手と和解するよう奨励した。

他の政党がいずれも分裂し迷走していたのとは対照的に、ボリシェヴィキ党はレーニンの路線を採択して、ロシア人民は戦争よりも革命を優先すべきだと訴えていた。スターリンが組織した六月十八日のデモでは数十万人が街頭に繰り出し、ボリシェヴィキのスローガンを掲げた旗が他を圧して多かった。これはボリシェヴィキ党のライバル政党にたいする勝利を意味していたから、各党はすかさず、レーニンはクーデタを企てていると非難した。

スターリンは「ボリシェヴィキ軍事組織」（ＭＯ）と関係をつけ、影響力を築いていた。ＭＯが首都で開催した全ロシア協議会には一〇〇人を超す精力的で経験豊かなアジテーターが参集し、ボリシェヴィキ党が六月デモを牛耳るのに大きく貢献した。それにつづいて、ＭＯの内部では臨時政府を倒して各ソヴィエトへの権力の委譲を要求しようとする気運が高まった。これは兵士たちにとっては大歓迎だった。戦争がつづけば前線への出動命令が下されることはわかっていたし、好戦的なクロンシュタットの水兵の武装蜂起という偶発的な支援もあったからだ。しかし、レーニンはいくらかためらったのち、クーデタを起こすことが敗北の危険につながりうると判断し、七月四日に、攻撃ではなく退却を命じた。折しも、臨時政府はペトログラード・ソヴィエト執行委員会のメンシェヴィキとエス・エルに後押しされて、ボリシェヴィキ主導の蜂起という脅威を押しつぶそうとして軍を動かした。ボリシェヴィキはこの段階でほぼ孤立し、レーニンはゆゆしい危機に直面した。

スターリンはこうした事態のただなかにあって、一方ではボリシェヴィキの兵士と水兵にたいする影響力をふるい、他方ではペトログラード・ソヴィエト執行委員と誼《よしみ》を通じながら、流血事件を避け、ボリシェヴィキの面目をできるかぎり保った。かつて主導権を失ったボリシェヴィキは、いままたその力量を問われていた。スターリンはレーニンに献身的に尽くし、ソヴィエト執行委員会を説得して、臨時政府が新聞紙上で展開していたレーニン非難のキャンペーンに同調しないという同意をとりつけた。臨時政府はレーニンがドイツ政府から資金援助を受け、ドイツのスパイとして行動していると非難していた。ドイツ軍の手配した封印列車でペトログラードに到着していただけに、レーニンがスパイだという主張にはかなりの信憑性があった。臨時政府がレーニンに逮捕状を出すと、またしてもスターリンは救いの手をさしのべ、アリルーエフの家にかくまったのち、変装させてフィンランドに脱出させた。こうして、スターリンが政治生命の危機に直面していた自分を救ってくれたことで、レーニンはスターリンの人となりと、その実務能力を心底から信頼するようになった。

七月初めのこうした事態によって、ボリシェヴィキが政権を獲得する希望は大幅に後退した。レーニンとジノヴィエフはすぐさま地下に潜伏し、トロツキーとカーメネフは投獄され、残されたスターリンとスヴェルドロフがボリシェヴィキを指揮した。しかし、早くも七月十日、レーニンは「最近の政治状勢」に関する記事を発表して、臨時政府がボリシェヴィキを攻撃し、それを各ソヴィエトが支持したことによって、状況が明らかになり、ボリシェヴィキがとるべき道筋は明確になったと主張した。平和的に権力を握る望みはいっさい絶たれたのである。レーニンはこう述べた。現在のロシアは、反革命派のブルジョワ政権による独裁が行なわれており、「革命を裏切った」メンシェヴィキとエス・エルがこの政権を支持している。ボリシェヴィキは「すべての権力をソヴィエトへ」というスローガンを掲げることをやめ、労働者と貧しい農民を支持基盤とする武装蜂起にとりかかるべきである、と。スターリンはまたしても、レーニンのこの思考の飛躍についていくのに時間がかかった。七月二十六日から八月三日にかけて開催された第六回ボリシェヴィキ党大会は、一九〇七年以来、初めて開かれたものだった。党員数は三倍の二四万人に達していた。しかし、レーニンはいぜんとして姿を隠しており、彼を補佐するスターリンが「すべての権力をソヴィエトへ」というスローガンを放棄せよとのレーニンの提案を擁護するよう求められた。演説を締めくくるにあたって、スターリンはきっぱりとレーニンの政策転換を支持し、新しい中央委員のメンバーに選出された。

だが、八月から九月にかけて、スターリンは表舞台から姿を消す。臨時政府の陸海軍相をつとめ、七月に首相になった若い弁護士のケレンスキーと、ケレンスキーから軍の最高司令官に任じられたラヴル・コルニーロフ将軍の対立の意味を理解するのに、スターリンはまたしても手間どったのである。コルニーロフは保守勢力から、革命を終結させ、秩序を回復するよう吹きこまれたのである。だが、コルニーロフの命令でペトログラードを目指して進撃していた軍隊は、首都に到着する前に敗走し、コルニーロフのクーデタは失敗に終わった。しかし、これをきっかけとしてメンシェヴィキは臨時政府を去り、連立政権は瓦解した。一方、明白な反革命の脅威にさらされた労働者階級の世論は大きく動いて、純粋な社会主義政権支持へと傾いた。レーニンは、こうした政治状況の変化が、ボリシェヴィキにとっては権力奪取の好機であることをただちに見てとった。十月十日までには、スターリンも中央委員会の多数派と同じく、武装蜂起に一票を投じる用意ができていた。ところが、無念なことに、その後に訪れた「十月の日々」では、彗星のように頭角を現わしたトロツキーの前にスターリンの存在はかすんでしまったのである。

ウクライナの草原地帯に植民してロシアに帰化したユダヤ人自営農民の息子である若きレフ・ブロンシテインは、オデッサで教育を受けていたころ、すでにその頭脳の明晰さと、文学および語学の才能の片鱗を見せていた。ロシアの革命家の大半がそうであったように、彼も学生時代から地下活動に入り、二十歳にもならないうちに投獄と流刑の宣告を受けている。偽造旅券を手にして脱走すると、トロツキーの変名を名乗り、国外にいるレーニンの『イスクラ』グループに加わった。一九〇五年にはペテルブルク・ソヴィエト議長として活躍し、革命の福音を説く活動家としての名声を勝ちえた。しかし、一九〇五年以降は、ロシア人亡命者のなかでも有名ではあるが孤立した存在にとどまり、独自の路線をとりながら、相手がメンシェヴィキであろうとレーニンであろうと、いつでも論争を受けて立つというぐあいで、かつて弁舌で見せていたのと同じ水際立った冴えを文筆の面でも発揮していた。

一九一七年五月、レーニンの説得が功を奏して、トロツキーはボリシェヴィキ党に加入し、中央委員と政治局員になるや、すぐにペトログラード・ソヴィエト軍事革命委員会をつくって、才気ばかりではなくオルガナイザーの才能も兼ね備えていることを示した。トロツキー配下のこの委員会は、蜂起を準備する中核となる。こうした準備に一役買う機会がたびたびあったにもかかわらず、スターリンは軍事革命委員会の重要性が認識できず、蜂起の最終指示が下された十月二十四日午前に開かれた中央委員会の会議にも姿を見せなかったため、翌二十五日の決定的な行動においては脇役に甘んじることとなった。

驚くべきことに、革命は四八時間足らずで完了し、流血もほとんどなかった。ボリシェヴィキが味方につけることのできた各軍のうち、最も頼りになるのは労働者を主体とする兵力約二万の「赤衛軍」と、クロンシュタット海軍基地およびバルチック艦隊の水兵たちであった。ペトログラード守備隊はどちらにつくかわからなかったが、トロツキーが守備隊に直接訴えてこれを味方に引き入れるのに成功したことにより、蜂起を鎮圧しようとするケレンスキーと臨時政府の望みは断たれた。

方針を打ち出したが、レーニンはその実行にはほとんど加わらなかった。最後の瞬間になって、彼は潜伏していた場所から姿を現わし、二十四日の深夜直前、スモーリヌイ貴族女学校におかれたトロツキーの司令本部に、変装した姿で到着した。二十五日午前二時、トロツキーが懐中時計を取り出して「始まりました」と言うと、レーニンは「逃亡中の身から最高権力の座へ、か。途方もないことだな」と答えた。二十六日午前三時には、カーメネフが第二回全ロシア・ソヴィエト大会にたいし、冬宮は陥落し、臨時政府の閣僚は逮捕されたと高らかに告げていた。

トロツキー自身、後日、こう告白している。「終幕はあまりにもあっけなく、あまりにも無味乾燥で——何だか、この事件の歴史的意義にそぐわないように見える」。だが、レーニンが新政府を紹介するためにソヴィエト大会に出席したとき、彼を迎えた人びとの熱狂はまぎれもなかった。この大会では初めて、ボリシェヴィキが多数派を占めていた。メンシェヴィキの全員と一部のエス・エルの代議員は、ボリシェヴィキの権力掌握に抗議して退場した。出ていく彼らに、トロツキーは言い放った。「諸君は、諸君の役割をはたし終えた。諸君にふさわしい場所へ行くがいい。そこは歴史のごみ捨て場だ」。居残った代議員たちはこのときの一回の審議で、即時停戦を求め、講和条約を締結し、地主および教会の所有地のすべてを無償で没収して農民に委譲、再分配するというボリシェヴィキの決意を表明する布告を次々と可決した。講和と土地こそ、まさに新政府が最大の支持を集めた二大争点だったのである。

2

これ以後のスターリンの心の動きを理解する鍵が一九一七年であることについては、三つの理由がある。第一は、かねてから夢みていた指導的な役割をはたせなかったために、のちのちまで残る深い精神的外傷《トラウマ》を負ったことである。それができるような立場につくが早いか、というのは一九二九年以降のことだが、スターリンはこのトラウマを癒すために異常な措置をとった。記録文書は改竄もしくは隠匿された。回想録は出版を差し止められたり検閲されたりした。編集者、歴史家、宮廷画家、映画製作者らは、ソ連史上最も重要な一連の事件の「改訂版」をつくる仕事を押しつけられた。

その例は、一つあげればこと足りるだろう。すでにペトログラードに戻っていたボリシェヴィキの幹部たちは、レーニンを出迎えようとして列車がフィンランド駅に着く前に当の列車に乗りこんだ。その歓迎を一蹴して、レーニンが彼らの路線を批判しはじめたのはそのときのことである。スターリンはどうやら、その場にいなかったらしい。彼がそこにいたかどうか、誰もおぼえていないのである。それが、一九四〇年に出版されたスターリンの公式の伝記では次のようになっている。

四月三日、スターリンはレーニンを出迎えるためにベロ・オストロフへ出向いた。革命の二大指導者、ボリシェヴィズムの二大指導者であるこの二人は、長い別離ののちの再会に大きな喜びを味わった。両者は闘争の渦中に身を投じようとしていた。それは労働者階級の独裁によって、ロシアの革命的人民の闘争を導くためのものであった。列車がペトログラードに着くまでのあいだ、スターリンは党の現状と革命の進行状況についてレーニンに報告した。[*4]

疑問の余地なく、レーニンに次ぐ大きな役割をはたし、そして実際の権力奪取においてはまさに主導的な役割をはたしたトロツキーの存在は抹消され、スターリンのそれに置き換えられた。レーニンは国外から帰還した偉大な指導者であった。そして、スターリンはいまや、一度もロシアを離れることのなかった指導者として、レーニンと肩を並べる地位に引き上げられたうえで、レーニンの帰国を出迎えているのである。

スターリンは謙遜を装って事実を隠そうとしているが、これらの変更はスターリンの指示がなければ決して行なわれなかったはずだ。これはスターリン崇拝の基礎固めを意図したものだった。第三帝国に「ヒトラー神話」が不可欠だったように、スターリン崇拝はスターリン体制に欠かせないものだったからである。ただし、このことはそれだけでは説明として単純すぎる。崇拝については、スターリン自身が否認することもあっただろうが、彼が一九一七年にレーニンと並んで支配的な役割をはたしたという「証拠」は、スターリンの公的肖像のみならず、自己イメージにとっても必要だった。政治的な必要性と同じくらいに心理的な必要性があったわけだ。スターリンの身近で仕事をする者は、「改訂版」に疑念をさしはさんだりしようものなら、あるいはその正しさを信じていると言わなかっただけでも、生命が脅かされることを思い知らされた。一九三〇年代の粛清で「消された」人びとに関する調査を見ると、一九一七年の革命の参加者のうち驚くほど多くの人びとが異なる思い出をもち、しかもその一部は回想録を出版していたことがわかる。

一九一七年の挫折が与えた二番目の影響は、スターリンがレーニンの革命に匹敵する彼自身の革命を——政策および政治・経済上の理由に加えて——心理的に必要としたことである。この欲求が、一九一七年以上に過激な一九二九年から三三年にいたる地殻変動へとつながり、ソ連の工業化と農民層の集団化が力ずくで押し進められていった。いわゆる「第二革命」である。スターリンは、これがなければ一九一七年の革命も未来をもたず、未完に終わっていただろうと主張できるようになったのだ。

以上二つの理由は、どちらも遠い先のことに関連している。一九一七年がスターリンにとって重要だった三番目の理由は、一九一七年から二一年までの時期に直接関わっている。といっても、それはいかなる意味でも決定的ではなかったスターリンの革命への貢献ではなく、革命がスターリンの成長にはたした決定的な貢献のことである。流刑の身をかこっていた空白の四年間ののち、スターリンは革命の歴史の偉大な挿話の一つに出会い、そのただなかで凝縮された経験から学びながら、近代の革命指導者のなかでもとくに傑出した人物の一人——最も傑出した人物と評する人も多いだろう——のそばで活動する機会に恵まれた。

ものごとを学びとるスターリンの能力は、トロツキーにはまねのできない長所だった。たとえば、レーニンの四月と七月の大胆な方針転換の意味をつかみ損ねたあと、いずれの場合も時間をかけて理解し、自分のものにできたのは、その一例である。こうした能力は、レーニンが高く評価し、利用できる資質だった。それだけで、スターリンは「人民委員会議《ソヴナルコム》」と名づけられた新政府の内閣に椅子を確保したうえ、ボリシエヴィキの三人（レーニン、トロツキー、スターリン）とエス・エル左派二人からなる閣内実力者グループの一角にまで食い込むことができた。つまり、レーニンのかたわらで働くことになったわけで、これは先の四月から七月の時期が示しているとおり、スターリンにとって最も意欲的に学びうる環境であった。

　スターリンはおそらく、レーニンから強い印象を受け、レーニンの指導者としての特別な才能は何だろうかと自問したに違いない。レーニンが党内で他の追随を許さぬ支配的地位を築いたのは、単に頭が切れ、議論に迫力があったためだけではない。また、事態の先を読む能力や的確な判断力によるものでないことも確かだ。レーニンはたびたび状況を読み誤ったのである。たとえば、一九一七年にロシアで革命が起きようとは予測していなかった。すっかり判断を誤って、ヨーロッパでの革命に望みをかけ、それがロシアを救うのではないかとあてにしていた。そのうえ、自分が革命を進めるのに用いた方法がロシアに、あるいは社会主義にどのような結果をもたらすかも把握しきれなかった。いや、スターリンが最も感銘を受けたレーニンの資質とは、その一意専心の集中力であり、逃さずに好機をとらえたあと、自らの失敗も含めて、目的のために強引に何ごとをも利用していく力であり、自分は正しいという揺るぎない自信に支えられた成功への意志、絶対に負けまいという決意であった。

一九一七年四月、フィンランド駅に着いたレーニンには、他の指導者が混乱し迷っていたのとは対照的に、そのような精神の明晰さと行動力、ひたむきに身を挺する意欲があった。それが党を動かし、万難を排して権力を奪取することを可能にした。しかしレーニンは、ロシアのような遅れた国の資本主義から社会主義への移行については、それまでほとんど考えてみたことがなかった。ナポレオンの格言「まず行動し、そのあとで考える」が、彼の口癖だった。反乱から一夜明けてソヴィエト大会に現われたレーニンは、計画を立てて法令を公布するだけのことだと言わんばかりに、「われわれはいま、社会主義の秩序の建設に着手する」と宣言した。

実際のところ、権力奪取は比較的容易だった。困難にぶつかりはじめたのは、ボリシェヴィキが政権についたときからである。勝算のない戦争をかかえ、社会的混乱はまだ収まらず、経済は事実上崩壊し、内戦のきざしが見えるという状況だった。

レーニンが優先したことは、革命前とまったく同じだった。革命前は権力の奪取が何よりも優先された。いまは、どんな代償を払おうとも、権力の保持が最優先されなければならなかった。「国家権力の問題は、あらゆる革命の根本問題である」。または、レーニンの言葉のなかで最も有名な「食うか食われるか」ということである。

マルクスは、資本主義から社会主義への移行は、プロレタリアートの独裁によってなされるだろうと予見していた。ただし、マルクスの見込みとしては、この独裁は長い工業化の過程の最後に確立されるのであり、そのころにはプロレタリアートは社会の最大多数を占める層になっているはずだった。ロシアでは、工業化は十九世紀末に始まったばかりで、プロレタリアートは国全体ではまだごく少数にすぎず、圧倒的多数を占めるのは彼らと利害の大きく異なる農民層だった。したがって、ロシアでのプロレタリアート独裁とは、マルクスが思い描いたような多数派支配ではなく、少数派が多数派に意思を押しつけることを意味した。

レーニンはこのような結論にもたじろがなかった。党は、革命を遂行したときと同じように、プロレタリアートの「名において」行動しなければならない。スターリンとトロツキーを含め、党の幹部の大半はレーニンを支持し、全員がボリシェヴィキからなる政府を要求した。エス・エル左派を少数派の代表としてしぶしぶ受け入れたときも、ボリシェヴィキが重要な地位の大半を占め、その綱領を実現できるようにするとの了解にもとづいてのことだった。一方、ジノヴィエフとカーメネフ、ルイコフを含む少数グループは、ソヴィエトを構成する各政党の代表をできるだけ多く参加させた政府をつくることが重要だと主張して、レーニンの見解に従うくらいなら人民委員を辞任するかまえだった。純粋にボリシェヴィキだけの政府が政権を維持するには政治的テロルによるしかなく、そうなればひいては革命を裏切り、崩壊させる恐れがあるので、ボリシェヴィキとエス・エル左派だけではなくメンシェヴィキとエス・エル右派も参加させるべきだというのである。

この異議申立てにたいし、レーニンはそのような多党連立政権では党は妥協するしかなく、結局、権力の座を明け渡すことになると主張して、反対を押し切った。反対派は説得されて政府にとどまったが、党が憲法制定会議を開くための選挙を認めるかどうかの決断を迫られるにおよんで、同じ問題が再び表面化する。ロシアの革命家は各世代を通じて、全国民による選挙で憲法制定会議が召集され、ロシアに新時代を開く号砲として憲法が制定されることを念願としてきた。臨時政府は、倒れる前に、憲法制定会議のための選挙を十一月に実施すると定めていたのである。

レーニンとしては、党が勝ちとったばかりの権力を敵対的な憲法制定会議に譲り渡す気などまったくなかったが、党の指導部の大半は、レーニンの言うように選挙を取りやめたり延期したりすることは、政治的に得策でないと考えた。しかし、レーニンが見越したとおり、ボリシェヴィキは全体の四分の一の票しか得られず、憲法制定会議が開会したとき（一九一八年一月五日）には、十月革命直後に第二回ソヴィエト大会で可決した布告が却下され、ボリシェヴィキではなく、エス・エル右派の綱領を議事日程に載せる提案が過半数に承認されるのをどうすることもできなかった。

レーニンは躊躇しなかった。ボリシェヴィキは全員、憲法制定会議から退席し、エス・エル左派もあとにつづいた。憲法制定会議はそれ以降、赤衛軍に阻まれて開会できなくなり、ボリシェヴィキの支配するソヴィエト中央執行委員会の布告で解散された。

このような行動を選んだことについて、自分の追随者の一部から問いただされたレーニンは、次のように警告した。

憲法制定会議の問題を考えるにあたって、階級闘争と内戦を無視し、通常のブルジョワ民主主義の枠組みのなかで形式的、法的にそれをとらえようとする試みは、直接と間接とを問わず、すべてプロレタリアートの大義にたいする裏切りであり、ブルジョワ的観点に従うことである。[*5]

その後まもなく、第三回ソヴィエト大会が自ら最高の権威をもつ機関であることを宣言し、憲法制定会議を解散させた政府の措置を是認して、政府が必要としていたとおりにそれを正当化した。憲法草案を作成する仕事は、一五名の委員のうちボリシェヴィキが一二名を数える委員会の手にゆだねられた。スターリンも委員の一人だったが、それは最高の立法権を形式上、ソヴィエト大会およびその中央執行委員会に置くことを求める同委員会の勧告が、この両組織と政府、すなわちソヴナルコムの三者にたいするボリシェヴィキ党の絶対的な支配を脅かすことのないよう目配りをするためだった。「全権力をソヴィエトへ」は憲法上のつくりごととして残されたが、その裏には、ジノヴィエフが一九一九年三月の第八回党大会で明言したように、「外交および内政上の基本問題はすべて、わが党の中央委員会によって決定されなければならない」との合意があった。

これより前、新体制側は自らの権威にたいするどんな挑戦にも対応できるようにするための措置を講じていた。公務員によるストライキの恐れがあるという事態に直面したソヴナルコムは、十二月七日の会議で、レーニンの全面的承認のもとに、ポーランド人ジェルジンスキーを長とする、反革命とサボタージュを取り締まる「非常委員会《チェーカー》」の創設を認可した。会議の席上、目の前にある国内の危険について論じたジェルジンスキーは、こう断言した。

われわれは革命を防衛するためなら何でもする覚悟のある、不退転の決意をもった献身的な同志をこの戦線に、最も危険かつ残酷なこの戦線に送る必要がある。私が求めているのは、革命の正義を司る組織ではない。いまのところ、正義はわれわれには必要がない。これは戦争である。最後まで戦い抜くべき白兵戦なのだ。生きるか死ぬかだ！[*6]

ジェルジンスキーの言葉は誇張ではなかった。危険は現実にあり、ソヴィエト政府の最初の政治警察組織である（そして二十世紀の警察国家の手本となった）チェーカーは不可欠だった。それが「歴史にひと押し食らわせ」たことにたいする代償であり、レーニンはそれに怯《ひる》まなかった。蜂起に先立つ一九一七年九月、レーニンは次のように書いている。

革命、すなわち真の、根底からの、マルクスの表現を用いるなら「人民の」革命とは、信じがたいほど複雑で苦痛に満ちた、旧秩序の死と新秩序の誕生の過程であり、数千万国民の生活様式の変化の過程である。革命とは、きわめて激烈な、猛々しい、死にものぐるいの階級闘争と内戦である。これまでに起きた歴史上の大革命のうち、内戦をともなわなかったものは一つもない。[*7]

スターリンとは違って、レーニンには個人的な残酷さを非難することができない。彼の場合は、より思弁的な残酷さ（ヴォルコゴーノフの言葉）であり、それは階級闘争の原則と革命が内戦を招来する必然性から生じたものであった。実際にそれが何を意味したかの一例は、一九一八年八月にペンザのボリシェヴィキに宛てて書かれ、のちにレーニン全集に収録された書簡に示されている。

同志諸君！　諸君の管轄する五つの地域で蜂起した富農《クラーク》は容赦なく粉砕しなければならない。革命全体の利益を守るにはそのことが要求されるのである。クラークとの最終的かつ決定的な戦いがいま、いたるところで繰りひろげられているからだ。見せしめとしなければならない。(1)名の知れた一〇〇人以上のクラークを、裕福な吸血鬼を吊せ（つまり、人民が視認できるように吊すのだ）。(2)彼らの名前を公表せよ。(3)彼らの穀物をことごとく没収せよ。(4)昨日電報で知らせたところに従って、彼らの根城を突きとめよ。これらを実行し、数百キロ四方の人民に見させ、恐れおののかせ、人の生き血を吸うクラークを殺していることを知らしめ、そう言わせるのだ。この指令を受け取ったこと、そのとおりに実行したことを電報で知らせよ。
敬具　レーニン。追伸　もっとタフな同志を見つけよ。

スターリンはチェーカーの行動範囲を大きく拡張したが、テロルを制度化し、チェーカーを国家の掣肘《せいちゅう》を受けず、政治局にのみ責任を負う機関にしたのはスターリンではなくレーニンであり、彼は国の他の組織とどんな軋轢が生じてもつねにチェーカーを支持した。一九二一年四月二十日、レーニン指導のもとに政治局は極北のウフタ地方に一万人から二万人が収容できる流刑者収容所の建設を承認した。それからまもなく、チェーカーはやはり北部のホルモゴリーに第二の収容所の建設を提案した。これらこそが収容所群島の始まりである。

それまでの四〇年の生涯のうち一一年間を獄中や流刑地で過ごしたジェルジンスキーは、まさにレーニンの探し求めていた人物だった。レーニン自身と同じほど革命に挺身した清廉なジェルジンスキーは、ボリシェヴィキ革命のフーキエ-タンヴィル役を演じる覚悟があった。フーキエ-タンヴィルはロベスピエールの革命裁判所の検察官をつとめ、一七九〇年代に何千人もの人びとをギロチン台へ送った人物である。レーニン自身、チェーカーの活動に積極的な関心を寄せ、この機関をつねに支持し、同時にこれを公然と擁護する用意があった。一九二〇年十一月に発表した論文「独裁制度という問題の歴史について」は、そのことを示す多くの例の一つである。

独裁政治は——しっかりと銘記されたい——法律ではなく力にもとづく無制限の権力を意味する。プロレタリアート独裁の名において容認される暴力は、革命の正義である。

やがてスターリンが育てることになるテロルのこの実行機関は、彼がレーニンの後継者として頭角を現わす以前に組織として充分に確立されていた。一九二四年初頭のレーニンの死にいたるまでの五年間にチェーカーが行なった処刑は、少なく見積もっても二〇万件とされる。これにたいし、一九一七年までの治世の最後の五〇年間に歴代ツァーリのもとで行なわれた処刑は一万四〇〇〇件だった。*8

しかし、一九一七年から一八年にかけての冬の最もさしせまった脅威は、内部の敵ではなく、ドイツ軍という外部の敵であった。レーニンの計算はすべて、ロシアの革命が引き金となって世界革命が、あるいは少なくともヨーロッパ革命が起こるだろうとの信念を基礎としていた。それがなければ、ロシア革命は生きのびられないと思っていたのである。ドイツとの和平交渉は、一九一七年十二月にブレスト＝リトフスクで始まり、交渉の席はトロツキーによって交戦国すべての国民にそれぞれの政府への反逆を呼びかける演壇と化した。だが、ドイツをはじめとするヨーロッパ各国での革命は実現せず、一方、ドイツの提示した和平の条件は、ロシア領ポーランドとバルト諸国およびウクライナの一部の割譲を要求するというものだった。トロツキーは外交の定石に縛られることを拒み、弁舌をふるって同盟国の代表たちの意表をつき、彼らを憤慨させた。しかし、二カ月あまりの引きのばし戦術ののち、トロツキーが駆け引きの締めくくりとして、ロシアは戦争から手を引くが、ドイツの要求には応じないと宣言すると、ドイツ軍はそれに応えてペトログラードへの進撃を再開した。中央ヨーロッパでの革命がドイツの脅威を取り除くまで何とか時間をかせごうとしたトロツキーの試みは、水泡に帰したのである。

その二カ月間、大きく意見の分かれたロシアの指導者たちは、何をなすべきかをめぐって議論を重ねた。ブハーリンを旗頭とし、エス・エル左派の支持を受けた多数派は「ドイツ帝国主義にたいする革命戦争」を主張した。ドイツの要求に応じることは、十六世紀以来ロシアが獲得してきた領土のすべてを明け渡すことを意味する。トロツキーは「不戦、不講和」で行くべきだと提唱したが、スターリンはこれを、方針と言えるような方針ではない、現実ではなく虚構の世界に属するものだとしてしりぞけた。ひとりレーニンは、ドイツ側の出した条件で講和を結ぶ以外に道はないと主張した。

スターリンは議論についていけず、ほとんど発言しないまま、態度を決めかねていた。「あるいは、条約に調印する必要はないのでは」と聞くと、レーニンは答えた。「調印しなければ、三週間と経たないうちにソヴィエト体制の死刑執行令状に署名することになるだろう。私には何の迷いもない。『革命的な言辞』を弄している場合ではないのだ」。レーニンの断固とした姿勢が、スターリンを納得させた。革命にたいする裏切りだという人びとには、こうやり返した。「西には革命運動はない。可能性があるだけで、革命運動の事実はない。われわれとしては単なる可能性に身をあずけることはできない[*9]」。しかし、レーニンがこれほどの反対にぶつかったことはなく、つづく党大会でも再び反対の声があがった。

ドイツ軍はロシア軍から何の抵抗も受けずに進撃した。ロシア兵は群れをなして投降した。数日のうちに、ドイツ軍は首都に入るだろう。ソヴィエト体制の存続が危うくなったこのときになってようやく、レーニン以外の一四名の中央委員のうちの六人が、レーニンの主張する、いまは空間を代価に時間を買い、後日を期して生きのびなければならない、割譲した領土は取り返すこともできるのだという意見を受け入れるにいたった。四人（ブハーリンを含む）が反対し、四人（トロツキーを含む）が棄権した。ここでもまた、いかなる犠牲を払おうとも考慮しなければならないことは、権力を失う危険を冒さないという一事だった。レーニンは、自分の主張が容《い》れられなければただちに辞任するとつけ加えた。

一九一八年三月三日（新暦）、ブレスト－リトフスクでついに調印されるまでの、条約をめぐるすさまじい論争は、それに加わった誰にとっても忘れられない体験となった。とくにスターリンは、二〇年後、再びドイツの脅威に直面して、このときのことをまざまざと思い出すことになる。敗北したロシアは、ウクライナ、ポーランドとバルト諸国とフィンランドの領土の割譲を要求された。結局、全部で一〇〇〇万平方キロメートルである。国の人口はわずか三分の一に減少した。経済的に見れば、損失はロシア帝国の耕作可能な土地の三二パーセント、鉄道の二七パーセント、工業の五四パーセント、鉱山の八九パーセントが失われたことになる。この講和条件は、前代未聞の厳しい条件だとドイツ人が非難したヴェルサイユ条約によってドイツに課された条件よりもはるかに過酷なものだった。

目下の重大事は、一つは政府の移転だった。いまやペトログラードまでわずか一三〇キロの距離に迫っているドイツ軍から逃れ、モスクワへ移るのである。もう一つは、連立政府の二重の分裂だった。党（このころには「共産党」と改称されていた）の内部では、ブハーリンの率いる左派が離反した。ブハーリンは、革命的社会主義の理想が一時の方便という名目で裏切られたことに憤慨していた。同時に、エス・エル左派が、ロシアをドイツに売った売国奴だとしてレーニンを弾劾し、政府を去った。

その後、党内の分裂は、第七回党大会と第四回ソヴィエト大会のどちらにおいてもレーニンの主張が圧倒的多数の支持を受けたことで収拾された。だが、エス・エル左派の反発はしだいに強まり、ついに一九一八年七月六日のドイツ大使ミルバッハ伯暗殺事件および失敗に終わったモスクワとペトログラードでの蜂起へと発展した。政府は、ひと握りの部隊しか信頼できる軍隊がないというきわめて不安定な立場にあり、クレムリンに呼び出されたヴァツェーチス司令官に向かって、レーニンは開口一番、こうたずねたほどだった。「同志、われわれは朝までもちこたえられるかね」

このときはエス・エル左派にたいする処置は比較的穏当だったが、八月末、共産党中央委員の一人のウリツキーが暗殺され、レーニンも重傷を負うと、反対分子の疑いがあるすべての者を対象とする集団テロルが公式に開始された。大量検挙が行なわれ、人質の連行や略式処刑も実行された。ペトログラード州だけでも、十一月までに行なわれた処刑の総数は一三〇〇件と見積もられている。*10 さらに深刻なことに、ロシアはこのころには全面的な内戦へ突入しており、そのうえ連合国による介入もあった。

3

ヒトラーとは異なり、スターリンは本当の革命の結果、権力の座についた。ただし、その革命を起こしたのも、革命を遂行した党を創設したのも、スターリンではない。どちらの点でも、中心人物はレーニンだった。スターリンは、ヒトラーにはなかった不利をこうむっていた。どんな後継者の影をも薄くせずにはおかぬ、偉業をなしとげた先人をもつという不利である。スターリンがこの問題にどう対処したかは、彼の経歴の最も興味深い要素の一つである。しかし、一九一八年から一九年にかけてのさしせまった問題は、レーニンを指導者に戴《いただ》くとはいえ、ボリシェヴィキが奪取した権力を保持するにはどこに活路を見出せばよいかということだった。

レーニンの答は、ドイツにおける革命と、それに呼応してボリシェヴィキが連帯して全ヨーロッパを革命化するというものだった。『共産党宣言』の書き出しの一行――「妖怪がヨーロッパを徘徊している――共産主義という妖怪が」――は、一八四八年のヨーロッパの記述としては誇張されていたが、一九一八年から二三年にかけてのヨーロッパについてはそうではない。ロシアでスターリンその他のボリシェヴィキ指導者を権力の座につかせた一連の事件と、ドイツでヒトラーに政界進出の機会を与えた情勢とをつなぐ環はこれである。ヒトラーはロシア革命がドイツの勝利に道を開くことを期待していた。一方で、ドイツの敗北はドイツにおける革命への道を開くかと思われた。

ドイツ軍当局の戦時独裁体制が唐突に崩壊し、皇帝の退位、ドイツ共和国樹立宣言とつづいた状況が、この印象を強めた。十一月十日付の『ベルリナー・ターゲブラット』紙は「あらゆる革命のなかで最も偉大な革命」がベルリンの市街で凱歌をあげ、通りにあふれて熱狂する群衆は、宮殿に赤旗が掲げられるのを見て歓声をあげたと伝えている。

兵士や労働者の「評議会」（しばしば「ソヴィエト」と呼ばれた）がドイツ全土に設立され、評議会の選出した執行部がベルリンに置かれた。この執行部は、自らを

「ペトログラード・ソヴィエト」の執行部に相当する組織と見なし、六名からなる「人民委員会議」（これもロシアから借りた名称）と権力を争った。人民委員会議とは、すなわち臨時政府で、二つの社会主義政党、「社会民主党多数派」とより急進的な「独立社会民主党」によって構成されていた。後者は戦争支持の問題をめぐり、戦争支持は社会主義の原則と相容れないとして社会民主党多数派から脱退した一派である。

現在から見れば、ドイツの君主制の瓦解が、ドイツ社会の勢力のバランスを実際に変えるような革命に転化される可能性はほとんどなかったことがよくわかる。ドイツの労働運動と社会民主党多数派が手本にしたロシアの革命は、十月革命ではなく二月革命だった。ドイツの左翼でボリシェヴィキの急進的な路線を支持する者は少数しかおらず、その少数にしても、権力奪取のためにすべてを従属させるレーニンの戦術を採用する覚悟があったわけではない。社会民主党多数派の目標は、戦争を終結させ、社会改革と本格的に取り組む立憲民主主義共和国を打ち建てることだった。ロシアを内戦へ導いた革命の大変動がドイツで再現されることは何としても避けたかったのである。

とはいえ、一九一九年一月から二〇年四月にかけて、ベルリンとドイツ各地の工業地帯ではストライキやデモが頻発し、しばしば武力衝突に発展した。一九二〇年春、ルール地方では武装した五万人の労働者が陸軍と義勇兵団《フライコール》（旧陸軍の将校、下士官、兵卒からなる不正規義勇軍）をルール地方から追い出したのをきっかけとして内戦の様相を呈し、多数の死傷者を出してようやく収束した。これらの自然発生的な暴発は、社会的な抗議の広範な力強いうねりが具体的なかたちをとったものだったが、それを組織して有力な政治勢力にすることのできる指導者は最後まで出なかった。もしレーニンが、ロシアといういちじるしく遅れた国、マルクス主義革命を発進させるのに最も有望でない国に生まれず、かわりにドイツ人として、ヨーロッパで最も工業化の進んでいたこの国、労働者階級の運動が最も大規模に見られたこの国に生まれていたらどうなっていたかを考えるのは、「ありえたかもしれない」歴史について人の想像を刺激する例の一つである。

社会民主党多数派の指導者らは、こうした暴発について、共和国体制をつくろうとしている自分たちの努力の妨害を目的とした過激派の工作だと見なした。譲歩するくらいなら、むしろドイツ国防軍の幹部に援助を仰ぎ、正規軍部隊にフライコールの兵力も加えて鎮圧してもらいたいと思っていたくらいである。フライコールは正規軍と密接なつながりを保ち、労働者評議会や兵士評議会の勢いをくじいて秩序を回復するうえで指導的役割をはたしただけではなく、バルト諸国とドイツ－ポーランド国境地帯でのポーランド軍、ソ連軍との戦闘でも力をふるった。ヒトラーと同じく権威主義的な精神構造と民族主義的な「前線兵士《フロントケンプファー》」の考え方をもったフライコールは、やがてナチ党をはじめとする過激派組織に多くの人材を送り込むこととなる。

社会民主党多数派のライバルである独立社会民主党や共産主義者のグループは、その革命的社会主義の綱領に大衆の支持をとりつける力をもった指導者を欠いていた。明確な目標の定まらないまま、彼らの運動は散発的なものにとどまった。ルールの炭鉱労働者が炭鉱の国有化を要求した「山猫」ストは、社会主義経済を目指す第一歩というよりは、鉱夫が直接的に感じていた具体的不満を解決するサンディカリズム(「労働者による管理」)的回答といえる。この争議を別にすれば、労働者がストライキを武器として戦った動機は、雇い主にたいする敵意、軍部にたいする憎しみ、労働者に軍隊を差し向けることも辞さない社会主義者の閣僚からなる政府への失望などであった。一九二〇年四月、ルールが「鎮静化」するとともにストライキとデモの波は収まり、あとに残されたのは敗北した急進左翼と決定的に分裂したドイツ労働者階級だった。

どんな革命も、ロシアの一九一七年の革命のように階級間の関係を根底から変える結果にならないかぎり革命の名に値しないとするマルクス主義的観点に立てば、一九一八年から二〇年にかけてのドイツ革命は、とても革命とは呼べないということになろう。よく言って、一八四八年から四九年までのドイツ革命と同じく、「革命もどき」であった。一八四八年から四九年の革命について述べたA・J・P・テイラーの言葉を借りるなら、一九一八年から二〇年においてもまた、ドイツの歴史は転回点を迎えていた。そして、転回し損なったのである。

以上は、現在から見て言えることである。当時は、とてもこのように見えるはずがなかった。ロシアで革命の結果がどうなったかという見本があり（その話は伝わるうちに尾鰭《おひれ》がついていった）、それが飛び火するのではないかという恐れが、戦後のヨーロッパ政界を色濃く支配していた。戦争に負けたわけではなく、一連のストライキ以上の深刻な事態を経験したわけでもないイギリスのような国でさえ、同じ恐れを抱いていた。中央ヨーロッパともなると、恐れははるかに切実だった。何しろ、戦争と敗北につづいて国境線の全面的変更、外国軍による占領、インフレ、いっこうに収まらない世情不安と抗争が重なっていたのである。ソヴィエトのプロパガンダは、ドイツでいまにも起ころうとしている革命は、世界革命へ向けての決定的な一歩だと位置づけていた。そのうえ、一九一九年春には、ハンガリーとバイエルンでソヴィエト共和国が樹立されたとの知らせが、そして一九二〇年夏には「赤軍」がポーランドに侵入したとの知らせが、人びとの恐怖を裏書きした。中部ドイツでは、一九二一年と二三年にも共産主義者の蜂起があり、一九二三年十月にはハンブルクでも蜂起があった。

こうした権力奪取の試みは、ことごとく失敗に終わり、しかもあっけなくつぶされたという事実があり、ポーランドも赤軍を自国の領土内から追い出すことに成功したという事実があったにもかかわらず、ドイツが一九一八年から二三年にかけて危うく革命に巻き込まれるところだったとの印象は拭い去られなかった。ドイツ共産党が全力をあげてこの印象を消すまいとしたのである。そのために、彼らが用いた論法は、もし労働者階級が分断されず、社会民主党多数派によって「裏切られ」なかったならば、革命は成功していただろう――もし労働者が独立社会民主党のもとに団結すれば、次回は成功するだろう――というものだった。

いま一歩のところで失敗したが、また再燃するかもしれないというこのマルクス主義革命の神話を生かしておくことは、急進左翼に利するのと同じく、急進右翼にとっても好都合で、ヨーロッパ全土でファシズム政党が興隆した主な要因となった。ドイツでは、他の二つの事情によって、急進右翼がこの神話で得た利益はさらに大きくなった。

その事情とは、第一に共和主義の臨時政府が、革命の脅威を抑えて敗戦後の国を一つにまとめていくのに、ドイツ軍将校や旧帝国官吏の助けを借りざるをえないと感じたことである。これは、旧支配体制のエリート層――将校、官僚、裁判官、専門職と管理職階級――が、新制度のもとで大幅に権力を保持する道を開いた。

第二に、なおも隠然たる勢力をもつ旧支配階級は、このような処遇を受けても共和政体と和解するどころではなく、かえってドイツがロシアと同じような体験をさせられることのないよう最善を尽くしていた臨時政府に非難を浴びせた。ドイツを敗北に導き、連合国が課した「カルタゴ的」な講和の条件を受け入れ、ドイツ人が慣れている強力な権威主義的統治のかわりにアナーキーな政府を樹立したというのである。そのような言説は真実の歪曲だったが、それでも敗戦の責任を議会制度になすりつけ、敗戦後の国家的屈辱に憤る世論にスケープゴートを与えることはできた。

一九一九年一月の選挙は、新共和国の憲法制定を付託される国民議会を選出するためのものだったが、労働者・兵士評議会の支配を免れる最善の安全策としてはそれしかなかったことがあるにしても、とにかく七六パーセントの票が議会制民主主義を支持する三政党に流れる結果となった（原注：社会民主党多数派、カトリックの中央党、自由主義的なドイツ民主党の三党。第4巻所収の付表Iは、一九一九年一月から三三年一月までにドイツで行なわれたすべての総選挙での票の内訳を示す）。この国民議会で制定された憲法（同議会が召集された町の名をとって「ワイマル憲法」と呼ばれる）により、ドイツの歴史が始まって以来初めて、正真正銘の議会制民主主義体制、「ワイマル共和国」（しばしば「ワイマル」と略称される）が樹立された。ところが、最初の国会を選出するために一九二〇年六月に行なわれた二度目の総選挙では、一九一九年の選挙で七六パーセントの票を集めた三政党が四七パーセントの少数派に転落した。新しい民主主義体制を支える与党の得票数は、一九一九年には一九〇〇万票あったのが、一九二〇年には一一〇〇万票に減り、二派の野党勢力がこれに対峙した。一九一九年にくらべて得票数を倍近くに伸ばした(五六〇万票から九〇〇万票以上に)右翼野党と、二〇〇万票あまりから五三〇万票へと倍以上の伸びを示した急進左翼である。

こうして、民主主義憲法発布から一〇カ月後、その制定者と支持者は少数派となり、二度と多数派に返り咲くことがなかった。その結果として、ワイマル共和国は守勢に立たされ、安定した民主主義政府の誕生はついに見られなかった。一九二〇年から三〇年のあいだに相次いで立った二〇の連立政権の平均寿命は八カ月半という短さで、そのうち最長の政権である一九二八年から三〇年の「大連立内閣」が倒れたあとは、事実上、憲法の停止となり、議会によらない大統領内閣がつづいた。

急進左翼野党の独立社会民主党と共産党は一貫して、ドイツ民主主義にたいする最大の脅威と見なされていたが、本当の危険は右派にあった。右翼グループはすべて共通の基盤をもっていた。民族主義と、一九一八年の「恥辱」をそそぎ、傷つけられた誇り、とりわけドイツ軍への誇りを回復したいという願望である。多くのドイツ人は、ドイツ軍が敗北したことをどうしても認めようとしなかった。

一九一八年の敗戦以前には、民族主義はドイツ社会を統合する役割をはたしており、分裂させる要素ではなかった。「社会帝国主義」という言葉は、社会的緊張を外へ向け、攻撃的な外交および軍事政策へと転ずる機能を表わすためにつくられたものであった。これはイギリスの対外強硬主義《ジンゴイズム》のように、他の国々でも見られた現象だが、ドイツではそれがとくに顕著だった。ドイツ人が母国にたいしてもつイメージとして最も一般的だったのは、列強のなかの「遅れてやってきた国」であり、精力的に「権利」を主張してこの遅れを取り戻さなければならないというものだった。戦後のドイツにおいては、民族主義の機能はこれと逆だった。右翼民族主義政党の攻撃性は内に向けられ、「共和国」すなわち祖国を裏切り、国辱に甘んじた「十一月の犯罪者たち」による政府がその対象となった。愛国主義が呼号されたが、それは一九一八年以前のように、国民の団結によって体制を支持するためではなく、団結によって体制を転覆するためであった。

一八七〇年代に統一されて以来、一九一四年の大戦勃発にいたるまでのドイツの経済的・社会的変化は、その速度と規模の大きさから、深刻な利害対立と社会的緊張を生み出した。これらは戦争のために一時棚上げされた状態にあったが、早くも戦争が終結する前に再び表面化し、民族主義の希望がくじかれたことと革命にたいする恐れによって激化した。一九一九年から二三年にいたる時期のドイツ社会は、根底から揺らいでいた。このことでとくに影響をこうむったのは、ドイツの広範な中産階級《ミッテルシュタント》であった。

二十世紀初頭のドイツでは、中産階級は上層（成功した専門職、裕福な企業家や大会社の重役、上級官吏など）と下層（小市民階級）に分かれ、上層中産階級がしだいに伝統的な上流階級への同化を強めていったのにたいし、下層をなしていたのが本来の中産階級であった。この中産階級はさらに旧中産階級《アルテ・ミッテルシュタント》と新中産階級《ノイエ・ミッテルシュタント》に分かれる。前者は、かぎられた規模で営業を行ない、家業を継いでいる場合が多い自営商店主や商人、実業家層および小・中規模農家――基本的に自主経営――であり、後者は事務員、企業のホワイトカラー従業員、公務員（教師を含む）など――基本的に月給に依存し、階級意識が強い――である。

一九一四年までの二五年間に、中産階級（近代化の過程における敗者と評されることが多い）は、上からは大規模企業による経済的圧力を受け、下からは組織された労働者による社会的圧力を受けた。すでにそのことが、彼らを右翼急進主義――好戦的、反ユダヤ的、民族主義的――へと押しやっていた。戦後のドイツは政治的不安定、武力抗争、インフレなどが重なり、中産階級は慣れ親しんできた目標や価値の通念が崩れ、先行きが不安なために、いっそう追いつめられた気持ちになった。

年長の世代の社会観や民族主義の特徴は、それが君主制を復活する願望と結びついていることだった。しかし、若い世代のあいだでは、国境を超えて広がった反乱の一端として、すでに戦前から思想の急進化が始まっていた。この反乱には、ドイツのみならずフランスやイタリアの著述家も広範な思想上の貢献をしており、戦後のファシズム運動にはそれらの思想が援用されることとなった。フランスの人種主義の唱道者ゴビノー伯が一八五三年から五五年にかけて『人種不平等論』を出版したとき、ド・トクヴィルはいつもの洞察力を示して、ゴビノーにこう書き送った。

私の思うに、貴兄の著書は外国から、なかんずくドイツからフランスに戻ってくる運命にありましょう。ヨーロッパのなかで、ひとりドイツ人のみが、抽象的真理と見るや、その現実問題としての意味をよく考えもせずに熱中してしまう特殊な才能を備えているのです。*11

これらの「真理」のなかには、人種優越論、反ユダヤ主義、社会ダーウィニズムなども含まれていた。新しい世紀の初めの「新しい波」は、実利主義と保守主義という市民階級の気風に対抗して、英雄的な理想と「危険な生き方」を称揚し、知性にたいして感情と直覚を、啓蒙主義的な合理性信仰にたいして非合理性崇拝を、分別にたいして行動をよしとした。

第一次大戦によって、ドイツの知識人のあいだでは西欧と切り離されたという思いが高まり、ドイツの民族主義には西ヨーロッパの価値観を否定する姿勢が加わった。「文化」対「文明」の図式であり、ドイツ文化の独創性にたいする民族的信仰を啓蒙主義の普遍性に対置させたのである。クルトゥア Kultur とフォルク Volk（およびその形容詞形フェルキッシュ völkisch）はどちらも、ドイツの右翼イデオロギーの鍵となる言葉で、その情緒的な含みは「文化《カルチャー》」とか「民衆《フォーク》」「人種《レイス》」といった訳語では適切に伝えられない。一九一八年から二二年にかけてドイツで『西洋の没落』を出版して強烈な衝撃を与えたオスワルト・シュペングラーによれば、「文化」には魂があるのにたいし、フランスの概念である「文明」は「人類がおちいりうる最も人工的で外面的な状態」を表わすという。ドイツ人がこの言葉を使うとき、そこにはドイツ文化の優越性にたいする確信がこめられていた。他のヨーロッパ文化には見られない熱情と理想主義を表現しているというのである。

同様に、「民族《フォルク》」と「民族的《フェルキッシュ》」は、自らを「人民《ピープル》」とか「国民《ネイション》」と称して満足している者には理解も共感も、せいぜい不完全にしかできない、きわめて包括的かつ情緒的な意味あいのこもったドイツ的体験と感じられるものを表わしていた。それが意味するところは、おのおのの個性と創造性の源となる共通の人種的アイデンティティによって一つに結ばれた一群の人びとの連合体である。「民族」は、ヒトラーが口を開くと決まって出てくる言葉の一つだった。民族は生まれた土地に「根づいて」おり、その「有機的」共同体（民族共同体《フォルクスゲマインシャフト》）は、そこに属する人びとを疎外感から守る。政治用語に置き換えれば、「民族的」イデオロギーは戦争と「破壊による刷新」を賞揚し、国際主義と平和主義をおとしめる。個人の自由よりも国力の高揚と民族の団結を、議会制民主主義と平等主義よりも権威主義的な国家とエリート主義をよしとするのである。

このような感情は、一九一八年の総崩れによって拭い去られるどころか、逆にいっそう強まった。平時の平凡な日常生活になかなか適応できなかった「前線兵士《フロントケンプファー》」にとって、戦争がドイツの敗北、西ヨーロッパの勝利というかたちで終わるのは耐えがたいことだった。こういう結果になったのは裏切り行為があったからだとして、ユダヤ人とマルクス主義者というスケープゴートを生み、復讐の希望を与えてくれる者があれば、一も二もなくその言葉に耳を傾けさせる下地が、前線帰りの兵士たちにはできていた。

その役割をはたすことになる男は、一九一八年十一月末に病院を退院し、変わりはてた国を通ってミュンヘンへと戻ってきた。自分の最も忌み嫌っている連中――社会民主党員、ボリシェヴィキ、ユダヤ人（この男にとって三者の区別はなかった）――が、ドイツの新しい支配者になって演じている見世物（と彼には見えた）は、ドイツの敗北に劣らない大きなショックだった。ミュンヘンでは、過去七〇〇年以上にわたってこの地を治めてきたウィッテルスバッハ王朝が、理想家肌のユダヤ人、左翼社会主義者のクルト・アイスナーに率いられた労働者と兵士の蜂起にあって王位を捨て、それにかわってバイエルン共和国なるものの樹立が宣言されていた。戻る職場も帰る家もないヒトラーは、軍服にしがみつき、自分の所属する連隊のミュンヘン兵営に出頭したが、行ってみると建物は不潔で、軍規はすべて無視され、兵士評議会が設置されているありさまだった。

ヒトラーはトラウンシュタインにある捕虜収容所の警備の任務を志願することでこの場を逃れ、一九一九年三月までミュンヘンに戻らなかった。当時、アイスナーが右翼将校のアルコ－ヴァレー伯に狙撃された事件で世情は騒然としていた。モスクワでは、一九カ国の代表が参加して「第三（共産主義）インターナショナル（コミンテルン）設立大会」が開かれ、万国の労働者は「労働者の祖国」ソ連を支持するために結集せよと呼びかけた。ハンガリーではベラ・クーンがソヴィエト共和国を樹立した。クーンはユダヤ人の共産主義者で、ドイツの新聞が報じたところでは、任命された三二名の人民委員のうちの二五名がユダヤ人だということだった。四月には、アイスナー暗殺のあとを受けてバイエルンの政権の座にあった中道社会民主党政府が、左翼クーデタによってミュンヘンからの退去を余儀なくされた。クーデタ側はソヴィエト共和国を宣言したが、その指導権は三人のロシア人亡命者が握り、そのうち二人はやはりユダヤ人だった。「赤の広場」で行なわれた「メーデー」の祝典で、レーニンは高らかに宣言した。「解放された労働者階級は、ソヴィエト・ロシアのみならず、ソヴィエト・ハンガリーでもソヴィエト・バイエルンでもこの記念日を祝っている」。この言葉は、しかし時期尚早だった。ミュンヘンとブダペストでは共産党員《レッズ》は武力で押しつぶされたのである。

ヒトラーは、ミュンヘンで共産党が政権を握ったところから、軍とフライコールが反撃に転じ、何百人もの犠牲者を出した一連の大量虐殺を経て、共産党政権の息の根を止めるまでをつぶさに目撃した。彼が表に出てきたのはこの争乱が終わってからのことで、ソヴィエト政権に関わっていた者を特定するために設けられた軍の委員会に出頭して証言したのである。その後、軍管区司令部に命じられてミュンヘン大学の「民族的な心情をもつ教授たち」の主宰する特別教育課程の授業を受けることになった。

教授たちの一人で歴史学者のK・A・フォン・ミュラーはある日、講堂から出ようとして、一群の人びとが通りをふさいでいるのに気づいた。

彼らは一人の男を囲んで魅入られたように立ち尽くしていた。その男は、彼らに向かい、ひどく耳ざわりな声で、息せききって、熱をこめながら何ごとかを演説していた。彼が自分のかきたてた人びとの興奮を貪りながら興奮をつのらせているのではないかという妙な感じを、私は抱いた。細面のその顔は青白く、髪は兵隊らしくなく額にたれさがり、短く整えた口ひげをたくわえている。淡青色の大きい目は、狂信的な冷たい光を帯びていた。*12

まだ軍の給与支払い名簿に名前を記載されていたヒトラーは、この講座を終了すると、帰還兵のためのレヒフェルト・キャンプに付属する「啓蒙部隊」に編入され、そこで説得力の才能を発揮しはじめた。上官のマイア大尉が提出を求められた「今日のわが国民にもたらすユダヤ民族の危険」に関する具申書をヒトラーが代筆したのは、この能力を買われてのことだった。これは、その後、彼が独自のかたちで自分のものにする問題を扱った現存する最初（一九一九年九月十六日付）の文章である。そのなかで、ヒトラーは重要な区別をしている。

純粋に感情的な理由からは、反ユダヤ主義はその究極の表現を組織的虐殺という形式に見出すことになろう。しかしながら、理性にもとづく反ユダヤ主義は、ユダヤ人のもつ特権にたいして計画的かつ法的に反対し、その廃絶を目指さなければならない。ただし、その究極の目標は、全ユダヤ人を排除すること以外の何ものでもない。これらをなしとげられるのは唯一、民族的な力をもつ政府のみであり、民族的に不能の政府のなしうるところでは決してない。[*13]

一九四五年、死の直前に、ベルリンの地下壕で口述筆記させた政治的遺言においても、ヒトラーの見解は変わっていない。その最後の一節は、彼の最も初期の強迫観念へと回帰している。

わが国の指導者たちとそのもとにある人びとに何よりも求めたいのは、人種の法則を遵守《じゅんしゅ》すること、すべての民族をあまねく毒する世界のユダヤ人にたいして容赦なく立ち向かうことである。[*14]

ヒトラーは、別の資格でもミュンヘンの軍管区司令部に雇われていた。バイエルンに急増していた種々雑多な右翼グループを調査する連絡員をつとめたのである。一九一九年九月十二日に、彼がそうしたグループの一つ、「ドイツ労働者党」を訪れたのはこの任務を帯びてのことだった。それは、ミュンヘンの鉄道工場出身の錠前師アントン・ドレクスラーとスポーツ記者のカール・ハーラーが設立した組織である。討論の途中、別の見学者がバイエルンを国から分離させてオーストリアに統合させようと提案した。ヒトラーはこれを黙って聞き流すことができず、議論に割って入って提案者を猛烈に攻撃した。ドレクスラーはヒトラーの弁舌に感心し、また来るようにとしきりに勧めたうえ、自分が書いた『わが政治的開眼』という小冊子をヒトラーの手に押しつけた。

ヒトラーの報告書は熱のこもったものではなかった。同グループは幅広く支持者を集める方法も知らなければ、集めようという気もあまりない、と。しかし、ヒトラーとしても、政治の世界に入るつもりならどこかに所属して、そこから出発しなければならない。既存の政党はどれも彼を満足させず、またそれらが名もない新参者に活躍の場を与えるはずもなかった。ところが、ここに一つの組織になりうる核があった。何か別のものに変えられるほど小規模で、世に知られていない。これを、ウィーンでカール・リューガーとその宿敵の社会民主党がともに採用した方法で大衆をひきつけるだけの力をもつ党（既存の右翼政党のなかにそのような力をもっている党は一つもなかった）に変えることができるのではないか。

そこで、二度目の訪問をして、今度は委員会の会合を見学し、さらに二日間ためらった（ヒトラーが何かを決心するときにはいつもこのように逡巡した）のち、ドイツ労働者党に加入しないかとの誘いを受け入れ、党員募集と宣伝活動を担当することになった。ヒトラーはただちに公開集会への勧誘文を書き、案内状を発送する仕事にとりかかった。一九一九年十月十六日に開かれたこの集会には、一〇〇人あまりの聴衆が集まった。ヒトラーは熱弁をふるって聴衆の感情に訴え、三〇〇マルクの寄付金を集めた。

私は三〇分間しゃべった。そして、つね日ごろ、心の底で感じていながら実際に試してみる機会のなかった資質が、ここで本当のものだとわかった。それは私には演説の才能があるということである。[*15]

これは重大な発見だった。

一九一九年十月の集会は規模が小さく、機会を与えられればヒトラーにどれほどの力がふるえるかを示す場とはならなかった。その機会は、一九二〇年二月二十四日にやってきた。このときは、二〇〇〇人近い聴衆が会場となったホーフブロイハウスの大広間を埋め尽くしていた。当日の首席弁士として予告されていたのはヒトラーではなく、彼が実際に演壇に立ったときには騒々しい反対の声があがり、喧嘩沙汰にまで発展した。ヒトラーはそれでも何とか騒ぎを鎮め、党名を「国家社会主義ドイツ労働者党」（ほどなく「ナチ」と略される）と改めることに同意をとりつけた。そして、二五カ条からなる「不変の」党綱領を提示することを主張し、聴衆に「賛成か反対か」の返答を迫った。

のちに回想して、ヒトラーはこの成功を誇示し、勝利だったと自賛しているが、当時の新聞報道にそれを裏づける記述はない。ただ、ヒトラーにとってこの体験が決定的だったことは確かである。政治に身を投じようという決意が現実のものとなったのは、このときだった。これ以後、ヒトラーは大衆集会で聴衆の感情をかきたてる才能に磨きをかけていき、それを自分の経歴の土台とした。これは彼の唯一の才能というわけではなかったが、ドイツの他の政治家が一人として太刀打ちできなかった才能であり、最後までこの才能を身につけられなかったスターリンとの明らかな違いを示すものであった。

4

ホーフブロイハウスでの演説（一九二〇年三月三十一日）ののちしばらくして、ヒトラーは陸軍を除隊した。もっとも、その後も軍とのつながりは保ちつづけた。二〇年前のスターリンと同じく、ヒトラーは党の専従のアジテーターとなり、できるかぎりの金銭的援助を確保しながら、あまり家具のない一部屋だけの下宿で暮らした。スターリンとは違って、公然と活動することができたし、頼るべき庇護者もいた。一九〇〇年代のスターリンと共通するところは、大衆を動かすという目標だった——スターリンの場合は革命のため、ヒトラーの場合はまだおぼろげにしか見えていないが、とにかく現体制を倒すところから始まる民族の復興のためである。

「指導者であるというのは」と、ヒトラーは書いている。「大衆を動かす力があるということだ」。彼は階級的偏見という障壁によって国民の大多数から切り離されたままでいる保守的な民族主義者を軽蔑しきっていた。また、自分の信念を後生大事にかかえ込み、話し相手――というか喧嘩相手――は同類だけという右翼「民族主義」グループも同じくらいばかにしていた。ヒトラーの目的は、ウィーンであれほど強い印象を受けた社会民主党という大衆政党に匹敵する民族主義政党をつくることだった。

ここで銘記しておかなければならないのは、この時代にはまだテレビもビデオもテープレコーダーも発明されておらず、ラジオと映画がようやく生まれたばかりだったということである。もしテレビが――またはラジオが、どちらにしてもヒトラーが権力を握る前に――使えたなら、ヒトラーは間違いなくそれを最大限に活用したことだろう。ヒトラーほど科学技術に熱中し、その情報に通じていた政治家はいなかった。ヒトラーが最新の技術を活用したことは、第二次大戦中に自らの映像をさかんに記録させた事実からも明らかだが、彼はそれ以前にも自動車に熱中し、あるいは飛行機を使って自分と党のイメージを高めるのに役立てている。しかし、政治家として頭角を現わしていったこの時期、ヒトラーが最も力を入れていた活動は、大衆集会だった。当初は週一回の割合で開かれたこのような集会は、たいていはミュンヘンでのものだったが、ときには近郊の都市に舞台が移されることもあった。ヒトラーはこうした集会の主催者として、また主要弁士として活動した。これは大衆の注目を集め、党員を募るうえで最良の方法だった。

ヒトラーは弁舌家として有名になり、彼の演説を聞いて聴衆が陶酔する様子がさかんに書きたてられた。ヒトラーの初期の演説は、その後の三〇年代の演説――凝った演出をほどこし、長年の経験から得た自信にあふれていた――にくらべると、粗削りなものだった。しかし、彼が築いていったスタイルは、最初からはっきりと現われている。

『わが闘争』のなかで繰り返し述べているように、ヒトラーの狙いは聴衆を論理で説得することではなく、聴衆の感情に訴えかけることだった。

力強く、妥協しないものにこそ、大衆の心は動かされる。大衆は女性に似ている。抽象的な理屈をいくら聞かされても感心しないが、力への漠然とした感情的渇望にとらわれやすい。それが自分の心を満たしてくれるからだ。弱者を支配しようとはしないが、強い男には服従するのである――つまり、大衆は懇願する者ではなく支配する者を好み、教義が提供する強烈な安心感に満たされることを好む。この教義を前にしては、大衆に選択肢を提供する自由主義の教えなど、ものの数ではない。

大衆はこうした選択肢のなかから何を選ぶべきかがわからず、途方に暮れてしまうのである。大衆は知性のなさを責められても別に恥ずかしいとは思わない……大衆が注目するのは、無慈悲な力と、その力がもたらす残忍な結果だけである。そして、彼らはいずれ、かならずこの力に屈服するのである。[*16]

こうした効果をあげるため、ヒトラーは自らの真摯な力強い感情で聴衆を感動させようとした。ニーチェは「人間は心の底から信じることができると思える真理をすべて信じる」[*17]と書いている。ヒトラーは自分の言葉によってわれを忘れてしまったかのような印象を与えることが多かったが、雄弁家や俳優の技巧を学んでいたので、支離滅裂になることはなく、聴衆におよぼす効果をいかようにもコントロールできた。臨機応変に、声の調子を落としたり、皮肉を飛ばしたりすることもあったし、ドイツを裏切った「犯罪者たち」を激しく糾弾するかと思えば、ドイツは自力で再興できるとの信念を滔々と吐露することもあった。

ヒトラーの演説は二時間以上もつづくことがよくあったが、彼は初めから終わりまで長広舌をふるいつづけて聞き手をうんざりさせるような誤りは犯さなかった。ものまねをして聴衆を笑わせもしたし、野次が飛べば、当意即妙にやり返して喝采されもした。また、何時間もかけて鏡の前で身振りや表情の練習をし、専属写真家のハインリヒ・ホフマンが写した多くの演説中の写真を見くらべ、とくに効果的なものだけを選び出してあとは廃棄するというようなこともした。

ヒトラーは『わが闘争』のなかで、宣伝活動を成功させるには単純化と繰り返しの組み合わせでいかなければならないと主張している。「少数の要点にしぼり、それを何度も繰り返さなければならない」。残っている初期の演説草稿を見ると、話題の順序を考えたり最も効果的な一句を探したりするなど、ヒトラーの工夫のあとがうかがえる。彼は集会の場所と時間にも注意を払った。

なかには、好意的な雰囲気が醸し出されることを頑として拒んでいるような会場もある……こうした場合には、人間の意志の自由に影響をおよぼすという問題に対処することになる……どうやら人間の意志の力は、朝から日中にかけて最も強いようで、他人の意志や意見を押しつけられると、猛烈に反発する。他方、夜間になると、より強い意志の力にやすやすと屈服するのである。[*18]

下準備をし、それに手を加えていくことのほかに、演説を補完するものとして、ヒトラーには聴衆の反応を敏感に察知する力があった。

演説者は自分の前にいる人びとから絶えず自分の手引きとなるものを受け取る……演説者はつねに、大衆によって運ばれながら先へ進む。聴衆の心に語りかけるために必要とする言葉が、まさに聞き手の生の感情から伝わってきて、彼の口にのぼるのである。たとえわずかでも誤りを犯せば、目の前にいる人びとの反応で、すぐにそれとわかる。[*19]

しばしばヒトラーの演説の前口上が長かったわけは、そのためだった。その場の聴衆の気分を測りながら、彼らの心をつかむ最善の方法に行きあたるまで手探りするのである。ヒトラーは個人を相手にしたときは人間関係を築くのに苦労することが多かったが、大勢の聴衆とのあいだに一体感をつくりあげることにかけては非凡だった。しかし、自然な心情を吐露するという印象がいかに強かろうと、あふれ出る言葉の奔流がいかに激しかろうと、ヒトラーをよく知る者から見れば、彼が決して自分の導き出した熱狂に押し流されたりしないこと、それどころか自分が何を言っているのか、どんな効果を狙っているのかを十二分にわきまえていることは確かだった。ヒトラーを危険な存在にしたのは、この、狂信と計算との結びつきだった。

バイエルンの（まず第一に）政界、そして一般社会からまともに取り上げられるためには、ヒトラーは自分を前面に押し出し、名前を知られなければならなかった。「世間がわれわれを嘲笑しようと罵ろうと、馬鹿と言おうと犯罪者と呼ぼうと、肝心なのは世間がわれわれに気がついたということだ」[*20]と『わが闘争』に記している。名前を広める手段を探していたヒトラーにとって大助かりだったのは、ミュンヘンの支援者の何人かが金を出しあって破産寸前の『フェルキッシャー・ベオバハター』紙を買収（一九二〇年十二月）してくれたことだった。同紙は党の機関紙に生まれ変わった。

ヒトラーにしてみれば、ドイツの敗北と革命はそれぞれ、自分の信じていたあらゆるものにたいする裏切りであり、攻撃であった。だが同時に、この二つは、一九一四年以前の挫折体験に根ざす彼自身の個人的な恨みと憎しみを一般化し、政治化して、同様の感情を分かちもつ聴衆の共感を呼びおこす機会を、ヒトラーに与えもした。ヒトラーの見るところ、ドイツ民族はこれまでにもまして内部の敵――社会主義者、共産党員、ユダヤ人――に脅かされていた。これら内部の敵は、「ヴェルサイユ条約」を押しつけて賠償金でドイツを貧困におとしいれたフランスとその同盟国や、「赤色テロル」によってドイツを威嚇するボリシェヴィキなど、外部の敵とぐるになっているというのである。バイエルンでは、ベルリンの共和政府に責めを負わせ、これら「十一月の犯罪者たち」は公職から追放するべきだと言うのはたやすかった。

当時のヨーロッパでは、陰謀説が大手を振ってまかりとおっていた。ドイツでは、一九二〇年代に『シオンの長老の議定書』が異様な関心を集めた。これは、一八九七年にバーゼルで開かれた第一回シオニスト大会の一連の会議で計画された、キリスト教文明を破壊してユダヤ教の世界国家を樹立する「ユダヤ人の世界的陰謀」の記録であるとされたものである。実際のところ、この『議定書』は帝政ロシアの秘密警察の手でまとめられた偽書で、初版は一九〇三年である。[*21] その後、各国語に翻訳されて反ユダヤ主義プロパガンダの古典となった。一九二〇年代初期の演説で反ユダヤ主義を中心の主題にしていたヒトラーは、さっそくこれにとびついた。しかし彼は、弾劾とあわせて、かならず民族の誇りにたいする感動的な訴えと祖国再興の呼びかけを行ない、聞き手の求めている希望の言葉を述べることを忘れなかったので、聴衆は暗い気持ちにならず、高揚した気分を味わうことになった。

ヒトラーはしだいに大衆集会を凝った儀式につくりあげ、ついには一九三〇年代の「ニュルンベルク党大会」に見られるような並み外れたスペクタクルに行きついた。何であれ、これだけの規模で行なうとなれば、国力を総動員し、それを方向づける独裁者が必要である。だが、こうしたたぐいの行事がまだ非常に珍しかった一九二〇年代の初めに、ヒトラーはすでにその基本的な要素をまとめあげていた。

その要素とは、巨大なポスターと党旗（左翼を挑発するためにヒトラーはわざと赤い色にした）であり、鉤十字の党章であり、「ハイル・ヒトラー！」の敬礼、軍隊式の大衆パレード、厳粛な党旗奉納であった。ヒトラーは党の公式のゴム印の図柄にしたいと思った鷲の図案を探して何時間も古い美術雑誌をあさったり、ミュンヘン州立図書館の紋章部門へ通ったりしているし、党の議長として初めて出した回状（一九二一年九月十七日）は、主として党の象徴に関する内容で、彼はそれらをことこまかに説明している。党員は常時党章を身につけていることを命じられた。[*22] 集会ではまず軍楽と愛国的な国歌が演奏され、選りすぐりの党員が足並みをそろえて行進しながら入場し、党旗を下げて敬礼するといったぐあいに緊迫感を盛り上げておいてから、ようやく待ちに待った総統《フューラー》の到着となるのである。

抗議する者や騒ぎを起こしにくる者は、腕っぷしの強い一団の男たちに叩きのめされ、放り出された。彼らはヒトラーが駆り集めた元義勇兵団員《フライコール》や前線兵士《フロントケンプファー》、あるいは軍管区司令部の命令でヒトラーのところにやってきた者たちだった。ヒトラーは暴力沙汰を歓迎した。それを収拾するだけの自信があったし、刺激を求めてやってくる連中の気をひくことになるとも思っていたからである。のちに、ヘルマン・ラウシュニングにこう語っている。「きみは気がつかなかったかね、集会で喧嘩騒ぎのあったあと、まっ先に党員に応募してくるのが叩きのめされた連中だってことに」[*23]

ホーフブロイハウスの集会から一年のあいだに、党はミュンヘンで四〇回以上の集会を開き、周辺の町々でもそれに近い数の集会を開いた。ヒトラーはそのほとんどで首席弁士をつとめた。自分の天職を見出したことで、ヒトラーのエネルギーは尽きることを知らなかった。聴衆の規模は二〇〇〇人を超えることもしばしばだった。一九二一年二月の集会では、ミュンヘンのクローネ・チルクスというサーカス場の巨大なテントにぎっしり詰まった六五〇〇人の聴衆が、「未来か破滅か」と題して連合国側の賠償要求を攻撃するヒトラーの演説に熱狂的な喝采を送った。

　ヒトラーが国家社会主義ドイツ労働者党（ナチ党）の事実上の指導権を握ったときの強引なやりかた、彼が押し進める急進的な方向、党の勝ちえた悪名の高さは、党の前身であるドイツ労働者党の元の党員にとってはまったく気に入らないものだった。その不満が高じて、彼らは一九二一年六月、ヒトラーの留守中に、別の民族主義グループの「ドイツ社会党」と接触し、両党の提携と、合同本部をミュンヘンではなくベルリンに置くことについて交渉を始めた。

　これにたいするヒトラーの回答は、即刻脱党するというものだった。ヒトラーなくしてはナチ党に未来がないということは、誰の目にも――ヒトラーを批判する者の目にも――明らかだったので、反対派は潰《つい》えた。ヒトラーはこの機に乗じて自分の立場を不動のものにした。「独裁的権限を有する議長の職」を要求し、認められたのである。彼はほかにもいくつかの変更を主張し、それによって書記局の規模を拡大するとともに、自分の元上官で特務曹長だったマックス・アマンを書記長に据え、自ら指示してフランツ・クサーヴァー・シュワルツを党の財務担当者にすることができた。ミュンヘンは永続的な活動拠点とされ、他のグループとの連合という考えは排除された。容認できるのは無条件の併合のみであり、交渉はすべてヒトラー個人にゆだねられることになった。

このように反撃することによって、ヒトラーは自分の支配的な立場を正式に認めさせると同時に、党の中央組織のありかたとして指導者原理《フューラープリンツィプ》を確立することに成功した。この原理は、ひとたび公認されるや、ヒトラーに任意の決定権を与えたばかりか、規則や先例や手続きを厳格に守る官僚組織や軍隊の階層構造に代えて、総統にたいする無条件の忠誠という概念をもちこんだ。ナチの活動全体（そして最終的にはナチ国家）がこの原則に従った。活動が拡大するにつれて、ドイツは大管区《ガウ》に分割され、ガウライターと呼ばれるその指導者は比較的自由な裁量権と主導権を与えられた。ただし、ヒトラーにたいする忠誠心に疑いの余地がなく、ヒトラー自身の決定と相反しないかぎりという条件つきである。結果として、党活動は個人的な人間関係のネットワークに依存するようになった。つまり、権力のあらゆるレベルで党の上層部と同じように親分子分のグループができ、たがいに対抗意識を燃やすということである。これは、偶発的な現象とか予期せぬなりゆきといったことではさらさらなく、自分が忌み嫌っている二つの政治制度にたいするヒトラーの権威主義的な回答だった。その二つの政治制度とは、官僚制、つまり役人による政治と、民主主義、つまり委員会による政治である。*24

指導者原理と並んで、ナチのもう一つの特色をなす概念はカンプフ、すなわち「闘争」であった。ヒトラーが自著の題に用い、その後、一九三三年以前の時期を示す用語のカンプフツァイト、すなわち「闘争時代」として用いた言葉である。新しい地位によって得た自由裁量権をふるって、ヒトラーは一九二一年夏にSAを創設し、指導者原理の場合と同じく、闘争の概念に制度上の形態を与えた。それまで「SA」といえばデパートなどのスポーツ用品売り場を意味する言葉の頭文字だったのが、いまや突撃隊《シュトウルムアプタイルング》の「SA」と変わり、後日、褐色シャツ隊と俗称されるナチの私設軍隊のような武装組織がここに誕生したのである。

その少し前、「バイエルン市民自警団」といくつかのとくに悪名高い義勇兵団（「オーバーラント兵団、エップ兵団やエーアハルト旅団など」）がベルリンの共和国政府の命令で解散させられていた。軍隊生活から市民生活への転身を迫られて自棄《やけ》になった団員の多くは、ナチの運動の「先兵」となって、政治に「前線の精神」をもち込むべく、戦争に行き損ねたと感じている若手党員らと手を結んだのである。ヒトラーは突撃隊の二重の機能について、突撃隊の『機関誌《ガゼッテ》』第一号で、これは「運動を守るための機関であるのみならず……第一に、国内戦線における来るべき自由のための闘争に備える訓練機関でもある」と述べている。

突撃隊が右翼の他の私設軍隊と異なるのは、まさに軍事目的よりも政治目的を重視する点であった。他の諸団体は、一九二三年以降、解散に追いこまれ、あるいは鉄兜団《シュタールヘルム》のような旧軍人の組織になっていく。突撃隊がその真価を試されたのは、一九二一年十一月四日にホーフブロイハウスで起きたいわゆる「大広間の戦い《ザールシュラハト》」のときである。このときヒトラーは、集会をぶちこわそうと大挙してやってきた近くの工場の社会主義を支持する労働者を前に、彼らを抑える者としては突撃隊員五〇名しかいないという状況におかれていた。ヒトラーの演説が半ばまで進んだところで騒ぎが始まると、突撃隊員はひどく痛めつけられながらも、この乱闘に勝った。それ以来ヒトラーは、ミュンヘン市街はナチ党のものだと揚言するようになる。

一年後の一九二二年十月（ムッソリーニが権力を掌握しようとしてローマで旗上げした月）に、ヒトラーはファシストの流儀にならい、イタリアの黒シャツ隊のような鳴りもの入りの行進を演出した。八〇〇人の突撃隊員を引き連れ（楽隊も忘れず）、社会民主党の拠点の一つ、コブルクで開かれる「ドイツ記念日」の祝典に出かけたのである。一行は、敵意をあらわにする群衆を蹴散らし、勝利者として市街を二度にわたって行進した。このときの参加者には特製のメダルが与えられる一方で、コブルクは信頼するに足るナチ党の支持基盤の一つとなった。組織された暴力はナチ党の政治活動の要をなすものであり、付随的な要素ではなかった。突撃隊は多くの仕事をまかされたが、そのほとんどは暴力に関わるもの、またはそれに劣らず重要な、暴力を楯にした恫喝をともなうものだった。暴力を軍事的にではなく、政治的に用いるのである。敵は左翼であり、労働者階級という左翼の砦に狙いを定めて、これを攻撃し、打ち負かし、追い払わなければならなかった。

とはいえ、ヒトラーはいたって率直に、左翼からも多くを学んだことを認めていた。しかし彼は、社会民主党と共産党をあくまでも区別せず、両者をひとからげにマルクス主義者と見なしていたため、ナチ党と共産党には共通するが社会民主党にはない一つの非常に重要な特徴を見落としていたように思われる。ヒトラーとレーニンは、大衆の支持を勝ちうることの重要性を主張しつつ、大衆が自らを組織する力をもたないと主張する点では同じだった。ナチ党にとっても共産党にとっても、大衆とは動員すべき資源であって、その利害を代表すべき存在ではなかったのだ。

レーニンは一九二一年の第一〇回党大会で次のように語っている。

プロレタリアートを団結させ、教育し、先兵として組織することができるのは共産党だけであり、全労働者大衆のうち、大衆につきものの小市民的な優柔不断におちいらずにすむのは、これら先兵のみである。

ヒトラーは一九二四年に、『わが闘争』のなかでこう書いている。

> 広範な大衆の政治的理解力は、彼らが独力で明確にして総合的な政治見解に到達できるほど、充分に発達しているとはとても言えない。[*25]

大衆を動員するには、献身的な党員を核とする党が必要だった。大衆集会を組織し、デモや党大会や街頭での乱闘にも参加し、党の要求を満たすために全力を尽くす党員を核とした党である。この点で、ナチ党も共産党も、他の政党とは一線を画していた。ヒトラーは、そのような要求が抵抗にあうどころか、それを受け入れた人びとをより緊密に党に結びつけるものだということを鋭く見抜いていた。そこからやがて、政治的というよりは宗教的な性格をもつ愛着、「軍隊の規律を兼ね備えた教会の信仰[*26]」が生まれる、と。一九二〇年代に入党した党員は、入党によって得られる情緒的満足感を求めた者が多かった。自分と同じような考えをもつ、同じように疎外された者たち、ワイマル共和国の民主主義的かつ多元的な価値観を拒否し、一方でその価値観を逆手にとって共和国の転覆を図る人びとの運動（党というかわりに好んでこの言葉が使われた）につらなる満足感である。入党した彼らは、戦時の前線での社会を模した、共和制とはまったく異なる社会のミニチュアをつくりだそうとつとめた。共和国を倒したあかつきには、そういう社会を実現する計画だった。

まず、各地の支部にはかなりの自律性が与えられていたが、そこには絶えず党の構想を実践に移せという圧力がかかっており、権限は上層部が握ったうえで、上からのどんな命令にも従わなければならないとされていた。まだ完成されていないこうした枠組みのなかで、ヒトラーの立場はすでに唯一無二のものとして受け入れられていた。そこから発展して一九二〇年代の半ばから末にかけて、ヒトラー神話（「ドイツ民族を苦境から救い出し、偉大な復興をとげさせるため、天佑によってつかわされた救世主」）がつくり出された。すなわち、おのれにたいしてのみ責任をもつカリスマ的な指導者という役割、運動とアドルフ・ヒトラー個人との同一視、および運動のイデオロギーとヒトラーの「世界観」との同一視、そしてしばしば中世の封建領主とその家臣の関係にもたとえられるヒトラーと大管区指導者《ガウライター》たちとの個人的な関係である。

5

一九三〇年まで、ナチ党はドイツ政界の周辺に位置する小政党にとどまっていた。この第一段階で入党したのはどういう人びとであり、また彼らをひきつけたものは何だったのだろうか。

一九二〇年六月に約一一〇〇人だった党員数は、二二年の初めには六〇〇〇人に増え、「ドイツ社会党」が自党を解散し、（ヒトラーの提示した条件で）ナチ党に加わることに決め、ナチ党に初めてバイエルン以外の地域の党員をもたらしたあとの二三年初めには、約二万人を数えた。一九二三年という危機の年に党員はさらに大幅に増えて、ミュンヘンでの十一月一揆のときには五万五〇〇〇人に達していた。ただし、この数字は当時のドイツの有権者総数三八〇〇万人に照らしあわせて考えなくてはいけない。

第一期（一九一九～二三年）の史料は断片的だが、綿密な研究の結果、ドイツの総人口の社会構成と比較しうる輪郭が浮かび上がった。[*27] ナチ党は、カトリックの中央党を別にして、ドイツのどの政党とも異なり、この早い時期にさえ党員が社会の全階級にまたがっていた。全体として、労働者階級の党員比率は平均以下だったが、そのなかで熟練労働者層、とくに職人層の党員比率は平均以上だった。

旧下層中産階級――親方職人、商店主、小実業家――の党員比率もまた平均以上で、とりわけドイツの南部では主要な力の源泉となっていた。しかし、農民層は一九二三年以前には見るべきほどの入党がない。新下層中産階級では、ホワイトカラー従業員層の党員比率はドイツ全体の数からしてほぼ平均、下級公務員（教師を含む）層は平均以上だった。

エリート層は、数のうえでは小さかった（全人口の三パーセントに満たない）が、党員比率はここでも平均以上だった。ここに含まれるのは管理職、起業家、学者、専門職、大学生（その多くは陸軍と義勇兵団の元将校）などである。この層で唯一、上級公務員グループだけは、党員比率が平均以下だった。

党の支配的風潮は、下層中産階級（熟練労働者層はこの階級に成り上がる野心をもっていた）のそれだった。がさつで、男性的色彩が濃く、ビール好きで、国粋主義、排外的、権威主義、反ユダヤ主義、知識人嫌い、解放思想嫌い、モダニズム嫌いだった。

一九二〇年初頭という早い時期に、ヒトラーとアントン・ドレクスラーが作成し、変更不可と宣言されたナチ党の綱領は、ユダヤ人を除くあらゆる人びとに何かを与えようとする努力のあとをうかがわせる。国家主義者にたいしては修正主義的かつ拡張主義的外交政策を約束し、ヴェルサイユ条約の破棄、全ドイツ人を統合した「大ドイツ国家」の実現を謳った。民族派のためには、ユダヤ人を外国人として扱い、公職につかせず、食糧不足のときは国外退去処分にするとの要求を盛りこんだ。労働者にたいしては不労所得と戦時利得の没収、大企業への利益分配制の導入を約束した。中産階級のためには、大型百貨店を公営化して小規模商人に賃貸すること、「利子奴隷制」

を廃し、病人と老人は国家が手厚く保護することが主張された。

個々の「一匹狼」的な労働者は、その後もつづいてナチ党に入党してきたが、労働者階級に訴えるというその掛け声とは裏腹に、このような綱領では、労働組合運動に参加している階級意識に目覚めたブルーカラー労働者をひきつけることは無理だった。ヒトラーは初めから党綱領のなかの反資本主義的条項にはあまり関心を示さず、政権の座についたときにも、それらを履行する努力はしなかった。しかし、そうした「国家主義的」な小市民版「社会主義」が中産階級に属する多くの支持者にとって強い魅力になっていることを知っていたから、最後までこれらの条項を削除しなかった。

実際のところ、ヒトラーは党綱領をそれほど真剣に考えていたわけではなく、大多数の条項は一度も実施されなかった。彼がそれを変更不可と宣言するよう強く主張したのは、党の方針に関する議論を阻むためだった。そのような議論は、彼が軽蔑する議会政党のおちいる誤りだ、と。ヒトラーの本能は正しかった。聴衆が彼の演説を聞きにくるのは、その内容ゆえではなく、陳腐な国家主義的右翼プロパガンダにすぎないものを、彼の競争相手の誰もが太刀打ちできないほどの力強さと迫力をもって語る才能ゆえだった。

ヒトラーはすでに自分に忠実な者を多く集め出しており、そのなかにはやがて「第三帝国」の要職につくことになる人物も何人か含まれていた。彼らの出身はさまざまだった。まず、元空軍のパイロット、ルドルフ・ヘスとヘルマン・ゲーリングがいる。ヘスは商人の息子としてアレクサンドリアで生まれ、ヒトラーよりも七歳年下だった。いまはミュンヘン大学の学生であり、まじめだが愚かで、ユーモアのかけらもない人間だった。彼はヒトラーに犬のような忠誠を捧げ、その秘書になる。ゲーリングは、勇名を馳せた「リヒトホーフェン戦闘機中隊」の最後の隊長で、最高の戦功勲章であるプロイセン勲功章の受勲者だった。その人柄は尊大で、スウェーデン人の資産家の男爵夫人と結婚してかなり派手な生活をしながら、大学で道楽半分の勉強をしていた。ヒトラーは彼を突撃隊の隊長にした。これを手はじめに、ゲーリングは要職を歴任し、一九三〇年代にはヒトラーその人に次ぐドイツで二番目の権力者にのしあがった。

ゴットフリート・フェーダーとディートリヒ・エッカートは、ヒトラーより前にドイツ労働者党に入党していた。二人とも教育があり、ミュンヘンではよく知られた存在だった。フェーダーは土木技師で、経済について変わった考えをもち、奇人の執拗さで「利子奴隷制」の廃止を唱えていた。彼は一時、ヒトラーに強い印象を与えたが、他の急進的なエコノミストと同じく、ヒトラーが権力の座に近づくにつれて影響力を失い、経済省次官の職に甘んじたのち、一九三四年末にこの職から追われた。

エッカートは、ヒトラーが運動の初期のこの時代に最も学ぶところの多かった人物である。派手な風采のボヘミアンのような人物だったエッカートは、ヒトラーよりも二十歳以上年長だった。博学で、イプセンの『ペール・ギュント』の翻訳者でもあったが、やがて『ざっくばらん《アウフ・グート・ドイッチュ》』と題する赤新聞を発刊して、国家主義的な主張や反民主主義的、反教会的言辞を弄するようになった。北欧の民話を熱愛し、ユダヤ人いじめの嗜好をもつ人種主義者のエッカートは、酔いがまわっているときでさえ能弁で、ミュンヘン中の人間を知っていた。彼はヒトラーに本を貸し与え、その言葉づかいや文章をなおし、同時にヒトラーを来るべきドイツの救い主として売り込んだ。ヒトラーのために多くの扉を明け、『フェルキッシャー・ベオバハター』紙買収の資金集めに尽力し、ヒトラーをオーバーザルツベルクへと案内した。ベルヒテスガーデンにほど近い、バイエルン‐オーストリア国境の山に囲まれたこの地域は、後年、ヒトラーの第二の故郷となる。エッカートはナチ党が政権をとるずっと前に死んだが、ヒトラーは『わが闘争』の末尾のページで賛辞を呈している。

ベヒシュタイン家は、ピアノの製造で名をなした資産家で、エッカートが子飼いのヒトラーを引きあわせたいくつかの家族のうちの一つだった。ヘレーネ・ベヒシュタイン夫人はヒトラーが非常に気に入り、パーティを開いてはこの新しい予言者を人びとに紹介した。ミュンヘンの有名な美術出版業者のブルックマン家もこの点では同じで、一家の人びとはヒトラーの終生の友人となった。社交の場ではまだ気おくれがしたヒトラーだが、自分のぎこちなさを逆に利用するだけの才覚はもっており、わざと大げさな身振りをしたり、人より遅くやってきたり早く辞去したりした。女主人への挨拶はオーストリア式に、手にキスして薔薇のブーケを差し出すというやりかただった。世間話の種をもちあわせていないので、黙って座っているだけだったが、何かの言葉に刺激されると「独身男子寮」にいたころそのままに、猛然とまくしたてるのであった。場合によっては三〇分も声を張り上げてしゃべりつづけたあげく、話しはじめたときと同じく、唐突に口をつぐむ。あとは女主人に向かって辞去の許しを乞い、手にキスして出ていくわけだが、他の同席者一同にはそっけない一礼で終わりだった。

以上は、一九二三年に開かれたあるパーティでヒトラーと同席した客の一人がコンラート・ハイデン（原注：一九二〇年代の当初から三〇年代にかけてのナチ運動のウォッチャーの一人）に語った話を要約したもので、そのパーティに招かれた者はみな、アドルフ・ヒトラーとの出会いが忘れられなかったという。[*28] ヒトラーを歓迎したもう一つの家は、彼にとって聖地とも言うべきワーンフリート荘である。ここはバイロイトのワーグナー一家の住居で、大作曲家の息子に嫁いだイギリス人女性のウィニフレッドは、ヒトラーの熱烈な崇拝者になった。ワーグナーの孫娘フリーデリントはヒトラーの若き日の姿を記憶にとどめている。

バイエルン風の革の半ズボンに厚手のウール地の短いソックス、赤と青の格子縞のシャツ、丈の短い青い上着といういでたちで、上着は骸骨のように痩せた身体に合わず、だぶだぶだった。青白くこけた頬に鋭くつき出した頬骨、その上には不自然なほどに明るく青い目。どこかひもじそうな顔つきだったが、それだけではなかった。ある種の狂信的な表情もそこにはあった。[*29]

これも美術出版業を営むハンフシュテングル家の一員で、アメリカ人の血をひき、ハーヴァード大学を卒業した一九三センチの大男、プッツィはピアノが達者で、演説を終えたヒトラーのためにワーグナーを弾いて疲れを癒してやることができたので、ヒトラーに気に入られ、次々と逸話を語ったり、不遜なせりふを吐いたりしてヒトラーを楽しませた。

謎めいた人物ながら有力な縁故をもつマックス・エルウィン・フォン・ショイプナー＝リヒターはロシアのバルト地方出身のドイツ人亡命者で、ヒトラーを反ボリシェヴィキ、反ユダヤ的傾向の強い白系ロシア人亡命者グループに引きあわせた。そのうちで最も重要な人物は、一九一八年にドイツがウクライナ総督に任じたスコロパツキー将軍だった。ショイプナー＝リヒターはドイツの国家主義者たちの戦時の英雄ルーデンドルフ将軍との連絡係をつとめ、一九二三年のミュンヘン一揆のとき、銃撃されてヒトラーのかたわらで死んだ。同じくバルト地方からのドイツ人亡命者であるアルフレート・ローゼンベルクもこのグループの一人で、モスクワで建築家としての訓練を受けたというその経歴がヒトラーに強い印象を与えた。ローゼンベルクは『フェルキッシャー・ベオバハター』の編集にたずさわるようになり、ナチ運動の思想的指導者を自任して『二十世紀の神話』と題する衒学的な労作で人種と文化を論じたが、誰も読む者はおらず、ゲッベルスは「イデオロギーのげっぷ」だと言って切り捨てた。

ヒトラーは「使用人溜り」で党内の粗暴な連中と一緒にいるほうがよほど居心地がよかった。自分の元上官だったマックス・アマン、ボディガードのウルリヒ・グラーフなどである。肉屋の徒弟でアマチュア・レスラーのグラーフは大の喧嘩好きで、クリスティアン・ウェーバーとは好一対だった。元馬喰《ばくろう》のウェーバーは怪力の持ち主で、あちこちのビアホールで用心棒をしていた男である。党の公式写真家ホフマンもまた土臭いバイエルン人で酒と冗談に目がなかった。何人もの情婦を食いものにし、ユダヤ人がらみのスキャンダルをかぎつけることを専門にしていたヘルマン・エッサーは、ヒトラー自らならず者と評していた人物だが、野次馬をあおる天性の弁舌の才を買われて、いつまでもお気に入りの一人だった。ヒトラーを別にすれば、その面で（またポルノグラフィー作家として）ただ一人エッサーのライバルだったのは、ニュルンベルク出身の元教師、ユリウス・シュトライヒャーである。人前ではかならず鞭を手にしていたシュトライヒャーは、数ある反ユダヤ主義の刊行物のなかで最も悪名高い『デア・シュテュルマー』（突撃隊員）紙を創刊し、ありもしないユダヤ人の殺人儀礼や性犯罪を書きたてた。ヒトラーはいつもこうした芳しからぬ連中を追い払うよう求められていたにもかかわらず、エッサーやシュトライヒャーを身近にとめおいて「第三帝国」がつづくあいだ、最後までバイエルンで党の仕事にあたらせ、その忠誠心を理由に二人を弁護した。

一九四〇年代に、当時を振り返り、ヒトラーはこの初期の日々に自分の運動がどういう種類の人間を引き寄せたかについて何の幻想も抱いていないことを明らかにしているが、同時に彼らの価値を弁護してもいる。

こうした連中は平時には使いようがないが、不穏な時代にあっては事情はまったく異なる……市民を五〇人集めても、この連中の一人分の値打ちもなかっただろう。彼らは何という盲目的信頼をもって私に従ったことか！　基本的には、彼らは大きな子供にすぎなかった……戦争中は銃剣で戦ったり手榴弾を投げていたりした連中である。根は単純で、みな同じタイプの人間だった。祖国が、敗戦の産物であるごくつぶしどもに売り渡されるのを見過ごすわけにはいかないと、彼らは思っていた。党をつくるなら、こうした分子を集める以外にはないことが、私には最初からわかっていた。*30

　ヒトラーの成功の鍵になった人物としては、エルンスト・レームがいた。生まれながらの職業軍人で、ドイツ国防軍ミュンヘン軍管区司令部、バイエルンに雨後の筍のように現われた反共和制を唱える国家主義組織、および公式に解散させられたあとバイエルンで地下にもぐった義勇兵団グループの三者をつなぐ謎めいた関係の糸を操る参謀将校だった。国防軍の秘密基金から出た諜報活動の補助金をヒトラーに与えたのはレームである。上級将校たちにヒトラーを推薦し紹介したのも、ヒトラーが国防軍の好意を得ていることを周知させたのも、突撃隊に隊員候補者を差し向けたのも、レームである。突撃隊の創設にあたっては、ヒトラーを含めて他の誰よりも力を尽くしている。

　同じく、ヒトラーにとって重要だったのは、警察および検察当局内部の有力者を友人にすることだった。公序良俗に反するとしてヒトラーを告発する動きがあったとき、それを差し止めるだけの力をもった人びとである。一九一八年以後のバイエルンは、ドイツで最も反政府的な土地であり、右翼のドイツ国家主義者とバイエルン自主独立派とが、少なくともベルリンの共和政府を忌み嫌うという点では意見の一致を見る一種の安全地帯だった。バイエルンの官憲は、「決行の日」に備えて進められる陰謀やデモや軍事教練にも見て見ぬふりをして、内心ではそれらの動きに共感している者も多かった。ミュンヘン警察署長エルンスト・ペーナーとその政治顧問ウィルヘルム・

フリック、それにバイエルン州法務大臣フランツ・ギュルトナーも、ヒトラーを擁護するのにやぶさかではなかった。一九二三年十一月のミュンヘン一揆のあとに開かれたヒトラーの裁判で、ペーナーとフリックは彼らがナチ党を規制する措置を取らなかった理由を率直に述べている。

われわれがあえて何もしなかったのは、この党のなかにドイツ再興の萌芽を見たからであり、この運動こそ、マルクス主義という疾病に感染した労働者のあいだに根をおろし、彼らを国家主義陣営に連れ戻すものと確信していたからです。われわれがナチ党およびヒトラー氏に保護の手をさしのべたのは、そういう理由からです。*31

フリックとギュルトナーの両者は入党し、ヒトラーが首相に就任したとき、大臣の地位を与えられた。

草創期のナチ党は資金不足が深刻だった。ヒトラーがミュンヘンの資産家サークルに出入りする切符を手に入れたことは、社会的のみならず財政的にも利点があった。ディートリヒ・エッカート、ベヒシュタイン家、ブルックマン家、プッツィ・ハンフシュテングルらから献金を受け、とくにハンフシュテングル家が所有するニューヨークの画廊からあがるドル収入は、最悪のインフレ期には貴重な支えとなった。ヒトラーはバイエルンの実業家サークルでも何度か講演をしたが、さほどの成果はあがらなかった。それよりも、ベルリンの有力団体「国民クラブ」に紹介されたことのほうが重要だった。紹介の労をとったのは、ディートリヒ・エッカートの友人のエミール・ガンサーである。一九二二年に二度、ヒトラーはこのクラブに招かれて講演した。会員は主に軍の将校と上級公務員で、実業家も何人かいた。ヒトラーはナチ党の綱領にある反資本主義条項に触れることは避け、反マルクス主義を強調して、上々の首尾だったらしい。少なくとも、ドイツの最も著名な産業資本家の一人で、かつてはドイツを代表する有名な機械製造工場の経営者だったエルンスト・フォン・ボルジッヒの関心を強くかきたてたことは確かである。ボルジッヒはナチ党に献金することはしたが、他の産業資本家に働きかけてヒトラーがベルリンに党の地区本部を設置できるだけの資金を集めることには失敗した。ルール地方でも何度か、産業資本家の支援をとりつける試みがなされたが、ドイツ最大の資本家フーゴー・シュティンネスが党の支援者になるという噂がしつこく流れていたにもかかわらず、やはり成果はなく、噂は根も葉もないことがわかった。

有力な献金者のうちで名前がわかっている例としては、フリッツ・テュッセンがあげられる。八十歳を超えてなおドイツ有数の製鉄会社の社主の地位にある父親をもつ欲求不満の跡取り息子で、後年、ゴーストライターに書かせて『私はヒトラーに金を出した』と題する世間を驚かす本を出版し、ミュンヘン一揆の直前にあたる一九二三年十月に金貨で一〇万マルクをナチ党に与えたと主張した。しかし、同じ本のなかの別の一節で、テュッセンは、金をヒトラーではなくルーデンドルフ将軍に渡したと明言している。戦時中、最高司令部でヒンデンブルクに仕えたルーデンドルフは、このとき右翼グループを束ねる領袖の立場にあり、渡された金の全額ではなく、その一部をナチ党に分け与え、残りは他のグループに分配したと考えられる。ヒトラーがレームのおかげで国防軍の基金から金を引き出せたことは疑いないし、おそらく「汎ドイツ連盟」などの右翼団体からも援助が寄せられたことだろう。だが、ヒトラーがドイツの大企業から得ていたと伝えられる多額の献金については、これまでのところ確証となる史料は見つかっていない。[*32]

真相はどうやら、党が初めから党員に過大な要求を押しつけていたということらしい。各地の事務所をあずかる者は、何時間もの無給労働を求められ（大管区指導者も一九二九年になってやっと党の給与支払い名簿に名前を記載された）、経費も支給されず、集会を組織して参加するだけでなく、資金集めまでするようにと絶えず圧力をかけられていた。ナチ党は、党員から定期的に党費を徴収するという点でも、社会民主党の慣行を踏襲していた。また、党員と支持者は党に無利子の貸付を行なうこと、集会や党大会では入場料を支払い、ヒトラーの演説後には率先して寄付することなどをしつこく求められた。つましい暮らしをしている人びとが党のために差し出した金額は「信じがたい数字にのぼる」という官憲の報告も伝えられている。[*33]

それまで、ドイツの右翼政党でこれに類したことを試みたところは皆無だった。ナチ党は大衆の追従を得る潜在的な力をもった真の民衆運動だとするヒトラーの主張は、これにより実体が与えられた。そして、この主張が、援助できる立場にある人びとの関心をひいた。すなわち、アジテーターないしオルガナイザーとしてのおのれの才能を利用して、ヒトラーは（彼自身が使った言葉によれば）「ドイツ主義の鼓手」の役割をはたしえたのである。

だが、これらの活動全体の目的は何であったのか。また、どんな方法で政治的成果をあげるのか。ヒトラーは演説をするたびにかならずと言ってもいいほど、議会制にのっとった手続きにたいする侮蔑の念を表明し、武力行使を支持していることをほのめかした。ただし、武力をどのように行使するのかという問いにたいしては、漠然とした答に終始した。一九二二年十月末にムッソリーニが「ローマ進軍」を行ない、それによって独裁的権力を確保したことは、考えられる一つの答を示唆していた。というのも、そこには「進軍」という脅威だけしかなかったからである。実際に起こったことといえば、ムッソリーニが定期運行の夜行列車でローマに到着し、王に召されて政府をつくるよう勅命を受けたあと、凱旋行進をしたということでしかない。そのとき政権の座にあったのが強い政府だったら、あるいはイタリア国王にその危険を冒す気があったら、正規軍はどんなクーデタの試みをもつぶすに足る充分な兵力を首都に配備したことだろう。結局、その命令は出なかった。権威者は誰も責任をとろうとしない。抵抗運動は崩壊し、フィレンツェとペルージアをはじめ各地方の拠点都市のいくつかがファシスト民兵に占領されるといった状況では、武力による威嚇だけでムッソリーニを合法的な政権の座に押し上げることができたのも当然であった。

ムッソリーニの成功は、ドイツの国家主義的野党勢力に大きな感銘を与えた。とりわけ、バイエルンでは「ベルリン進軍」がさかんに論じられ、明けて一九二三年に入ると、ムッソリーニの試みを可能にした最も重要な条件である中央政府の権威と抵抗力の低下が、ドイツでも始まるのではないかという情勢になってきた。

6

一九一八年から二〇年にかけての社会不安と暴力の再燃を突如としてもたらした新たな要因は、連合国側の戦争にたいする賠償要求とドイツ側の支払い不能宣言であった。ドイツの言い逃れに終止符を打とうと意を決したフランスが、一九二三年一月にルール地方を占領すると、ドイツは政府が主導し、全政党が支持する消極的な抵抗を国民に呼びかけて、これに対処した。

一九二二年六月に、外務大臣ワルター・ラーテナウが右翼のテロリストに暗殺されたことから、ドイツ政府は「共和国防衛法」なるものを通過させていた。しかし、この法は実効をあげるにいたらず、政府に活動を禁止されていた国家主義者と共産主義者の擬似軍事組織はフランスにたいする抵抗運動の呼びかけに乗じて、再び公の場に姿を現わし、何ら咎められることなく暴力行為を再開することができた。バイエルンでは、かつて帝国統治下でバイエルンが所有していた独立主権と君主制を失った恨みがいぜんとして消えず、ミュンヘンの州政府は新しい法の施行を拒否していた。

ルール占領とドイツ政府の抵抗の呼びかけによって生じた政治不安をさらに強めたのが、マルクの崩壊によって生じた経済不安である。問題の根は、戦時の政府が戦費を公債でまかなうという短絡的な方法に頼ったことにある。その結果、共和国は巨額にふくれあがった国庫の負債と過大な量の通貨をかかえることになった。一九二二年までに、マルクは一九二〇年当時の一〇分の一の価値に下落していた。そして一九二三年には何の価値ももたなくなってしまうのである。七月一日には一ドルが一六万マルク、八月一日には一〇〇万マルクとなった。一九二三年十一月十五日現在で、一九一四年当時の一マルクに相当する購買力を得るには一兆マルクを要した。

十一月に通貨の安定措置が講じられた。それは支障なく外国からの援助もなしに行なわれたが、同年のもっと早い時期に実施していれば、これほどひどくはならなかったと思われるほど状況は悪化していた。実は、十一月になるまで、ドイツの専門家は通貨の安定は不可能だと断言し、すべてを連合国側の賠償要求のせいにして満足していたのである。一部のドイツ人、なかでも借金の始末を終えたり、国立銀行の貸付金を価値の下がったマルクで返済することを許された土地所有者や産業資本家は、インフレを利用して財産を増やした。しかし、大多数のドイツ国民は莫大な損害をこうむった。中産階級のほとんどは貯蓄をすべて失ったも同然で、多くの者が貧困におちいった。労働者階級は賃金ではろくにものが買えず、食べ物や住まいにもこと欠く者が多かった。この衝撃は、ドイツ社会にいつまでも消えない爪痕を残し、直接の政治不安ばかりでなく、長期にわたる心理的不安をもたらした。

週を追うごとに抵抗政策の費用はかさみ、ドイツ全土で「これではやっていけない」という声が高まり、事態の張本人は政府であるとして非難する人の数が増えていった。これこそヒトラーとナチ党にとっておあつらえむきの状況だった。ヒトラーはきわめて明確にこの機会を見てとった。問題は、それをどうやって自らの利益にするかだった。何といっても、彼はまだバイエルンにひしめくおびただしい右翼グループの一つの指導者であるにすぎない。独力で何かをなしとげられるほど強くなってはいないし、同盟者として組まざるをえない人びととのあいだには、活動の目標をめぐって意見の相違があった。この意見の相違が、その後の混乱した工作、惨澹たる失敗に終わった十一月のミュンヘン一揆を解く鍵である。

一九二〇年代のドイツの政局を理解するには、ワイマル共和国がその前のドイツ帝国と同じく連邦制だったことを思い出す必要がある。共和国を構成する一七の州《ラント》は、人口三八〇〇万——総人口の三分の二——のプロイセンから四万八〇〇〇のシャウムブルク・リッペまで、その大きさがまちまちだった。中央政府——徴税、外交政策、防衛の責任を負う——と国民議会《ライヒスターク》とは別に、それぞれの州に政府——たとえば警察、教育などの責任を負う——と議会《ラントターク》があった。そのうちで最も重要な存在は、ベルリンに置かれたプロイセン州政府で、その多大な人口と資源を考えれば、同じくベルリンに居をかまえる共和国政府の敵手と見ることは容易だった。

ところが、一九二三年にヒトラーが目を向けたのは、ベルリンの共和国政府とミュンヘンの保守的なバイエルン州政府（バイエルンはプロイセンに次ぐ二番目に大きな州だった）との対立だった。この対立には、三つの問題がからんでいた。第一は、バイエルン自主独立論で、バイエルンをできるだけ自治国に近づけ、完全な独立とは言わないまでも、せめて戦前の地位を回復し、ヴィッテルスバッハ家による君主制を再興するという保守派政治家が念願していた夢である。第二は、レームを含む多くの国防軍将校の最大の関心事、ヴェルサイユ条約によって兵力を一〇万に制限されたドイツ軍のために、突撃隊と義勇兵団の部隊からなる秘密予備軍を組織することである。

第三は、フランスの侵攻とルール占領という事態に促された国家主義的感情の高まりで、ドイツ国民をベルリンの共和国政治のもとに結集し、ワイマル体制を強化しようとする動きである。

ヒトラーはその三つのどれにも反対だった。バイエルンについては、「ベルリン進軍」を始動させるためのスプリング・ボードとしてしか見ていなかった。その「進軍」をもって、現在の連邦政府を倒し、そのあとにバイエルン人のみならずオーストリア人をも含む全ドイツ民族を統合した強い民族国家を打ち建てたいと考えていたのである。

突撃隊については、何よりも党に所属する私設軍として政治上の目的に利用するつもりであり、予備軍の一部とは考えていなかった。ドイツの軍事力を再建する道は、バイエルンの森のなかで戦争ごっこをしたり、ルールでフランス軍相手にゲリラ戦を展開したりすることではなく、政治力を回復し、それによって再軍備への扉を開くことにあると信じていたからである。

国民団結の呼びかけについては、ヒトラーはあえて潮流に逆行し、ドイツ国民の真の敵はフランスではなく、ヴェルサイユの講和条件を受け入れ、いまなおベルリンで政権の座にある「十一月の犯罪者たち」の政府だと主張した。ヒトラーには、レーニンと同じく、揺るぎない判断があった。肝心なことはただ一つ、権力を握ることである。そのことが成れば、あとはすべて自然についてくる、と。とはいえ、このように徹底した方針を公然と打ち出していたら、ヒトラーは孤立したことだろう。ヒトラーとしては孤立するわけにいかなかった。バイエルンで演じられていた政治ゲームにとどまるために、彼は風向きを読みながら妥協せざるをえなかったが、ゲームの相手にたいする不信感を最後まで拭いきれなかった。その相手となる側は、ヒトラーがもたらした援軍（一九二三年二月から十一月までに党員数は約三万五〇〇〇人増加し、突撃隊の隊員は一万五〇〇〇人増加した）を喜びはしたが、ヒトラーを対等の仲間として受け入れるつもりはなかったし、いわんや彼に主導権をゆだねる気などさらさらなかった。

他の好戦的な国家主義グループとともに「戦闘同盟《カンプフブント》」が結成され、ヒトラーは一九二三年のメーデー当日に大規模なデモを展開する計画を立てた。これは伝統的な左翼の祝典を阻止するか、または解散させることが狙いだった。バイエルン州政府は大衆集会とパレードは許可したものの、街頭行進は禁じた。ヒトラーは禁止を無視し、かえって一挙に計画を拡大することに決めた。突撃隊員はレームの助けにより、軍管区の国防軍司令官オットー・フォン・ロッソ将軍の直接の制止をふりきって兵営へ行き、かねて愛国団体が備蓄しておいた機関銃などの兵器を入手した。パレードのために集まった突撃隊は、ヒトラーがいつも言っていた革命的な行動に参加するときがいよいよ到来したのだと確信した。そこに現われたヒトラーは、鉄兜をかぶり、「鉄十字章」をつけていた。だが、フォン・ロッソはごり押しに負けるような人間ではなかった。彼は、正規軍将校の身分にあるレームが責任をもって、盗まれた兵器の回収にあたらなければならないと主張し、命令が確実に実行されるよう兵士と警察官の警護をつけてレームを送り出した。「戦闘同盟」の指導者のなかには、国防軍も自分たちに呼応して動くだろうと信じて、即時決起の立場をとる者もいたが、ヒトラーは危険を冒すつもりはなかった。彼は突撃隊に兵器を兵営に返すよう命じた。クローネ・チルクスでの演説では弁明につとめたが、このなりゆきは誰からもヒトラーの重大な失態と受け取られた。自らそれを認めて、ヒトラーはミュンヘンから姿を消し、オーバーザルツベルクに数週間身をひそめた。自信がぐらつき（まだオーストリア国籍のままだったので）、バイエルンから追放されるのではないかとの不安に駆られたのである。

八月、九月と、ドイツの危機的状況はいっそう深刻さを増し、ヒトラーはそれを見て、もう一度運を試す気になった。ルール地方で消極的な抵抗のキャンペーンを始めたウィルヘルム・クーノの政府は、そのキャンペーンがフランス側の態度を軟化させるにいたらなかったことを公に認めて、八月十一日に総辞職した。いまや国は、経済的にも政治的にも分裂の危険にさらされているように見えた。経済では通貨の決定的な崩壊があり、政治ではフランスが後押しするラインラントの分離主義の動きや、共産党主導のストライキと騒動、バイエルンで再浮上してきたベルリンからの分離独立の論議などがあった。八月に、シュトレーゼマンが組閣した新政府に残された唯一の打開策は、フランスにたいする抵抗のキャンペーンを中止することだったが、そのような指令を出せば「祖国にたいする裏切り者」として政府が攻撃される格好の材料になることは目に見えていた。ニュルンベルクで行なわれた、一八七〇年九月二日のセダンにおけるフランス軍の敗北を記念する大規模な祝典デモに際して、ヒトラーは演説をし、その翌日、「戦闘同盟」が再結成された。

かつての勢いを取り戻したヒトラーは、一日に五回ないし六回の演説をこなすようになる。ヒトラーは九月十二日の集会で次のように聴衆に語りかけた。

十一月〔一九一八年〕体制は終わりに近づいている。その屋台骨はぐらつき、柱はきしんでいる。いまや、われわれの前には二つの選択肢しかない。鉤十字かソ連の赤い星か、「インターナショナル」による世界支配かドイツ国民による「神聖帝国」か。世直しの第一歩は、ベルリンへの進軍と国家主義による独裁制の導入でなければならない。[*34]

誰がその独裁者になるのかという問題については、何も決まっていなかった。よみがえった「戦闘同盟」の盟主に収まったルーデンドルフ将軍は、自分が独裁者になるのだと思っていた。ヒトラーがこのときすでに自分を「鼓手」以上の存在、独裁者の役割をはたすべき存在と見ていたのかどうかは明らかでない。[*35] 一方、ヒトラーには相変わらず基本的な問題が残っていた。「戦闘同盟」を味方につけるだけでは足りない、それに加えてバイエルン州政府の支持と、国防軍の支持、もしくは少なくとも黙認がなければならないという問題である。バイエルン州政府は、「戦闘同盟」の行動の自由には限界があることを明確に示すべく、九月二十六日に非常事態宣言を発し、右翼政治家のグスタフ・リッター・フォン・カールを州総監に任命して独裁的な権限をもたせた。フォン・カールはただちにその権限を行使して、ヒトラーが自分の運動を展開しようと新たに計画した一四回の大衆集会に禁止命令を出した。

しかし、決定的な問題は国防軍がどう出るかだった。九月二十六日、バイエルンに非常事態宣言が出されたとの知らせがベルリンに届くと、エーベルト大統領と政府の閣僚はその日のうちに軍の最高司令官ハンス・フォン・ゼークト将軍と会見し、国防軍の立場をただした。将軍の答――「大統領閣下、国防軍は私のうしろに立っております」――は、いわば共和国の統一を見守る究極的な守護者は軍であって政府ではない、そして軍はその指導者が国の統一を保つために適切だと判断した行動をとると言明したに等しい。しかし、内閣としてはフォン・ゼークトと論争できる立場にはなく、このたびは国防軍が内乱の脅威に抗して政府を支える用意があるとわかっただけでもありがたかった。これを受けて、政府側では国家非常事態宣言を発することができ、行政機能は名目上は国防大臣の手に、実際には最高司令官フォン・ゼークトの手にゆだねられることになった。

その後六カ月にわたり、軍は七つの軍管区の司令官を通じて（戦時中と同様）物価、通貨の規制、労働条件を含むすべてを統制した。右翼の「黒い国防軍」による蜂起の企てが発覚すると、軍はただちに彼らとの関係を否認し、ザクセンの左翼政府が赤色民兵とともに反乱を画策すると、武力でこれを抑えた。ハンブルクとチューリンゲンで起こった同様の事件も同じように処理された。

バイエルンの場合は対処するのが難しく、ミュンヘンとベルリンとのあいだに公然たる亀裂が生じはじめ、それがヒトラーにつけいる機会を与えた。フォン・カールが共和国政府の権威を認めようとしなかったにとどまらず、バイエルンの軍管区司令官フォン・ロッソ将軍までがフォン・ゼークトの指令に従おうとせず、激しい反ベルリン・キャンペーンを繰りひろげていたナチ党の『フェルキッシャー・ベオバハター』紙を発禁処分にする命令も、バイエルンの主だった国家主義者を逮捕する命令も無視した。フォン・ゼークトがフォン・ロッソを解任すると、フォン・カールは後任者の受け入れを拒否し、フォン・ロッソをバイエルンの国防軍部隊の司令官に任命した。

フォン・ゼークトはフォン・ロッソとその指揮下にある部隊にたいし、命令服従の宣誓をしたではないかとつめよったが、フォン・カールとフォン・ロッソはバイエルン州警察長官ハンス・リッター・フォン・ザイサー大佐に支持されて自分の地位を守った。

この三者が何をするつもりでいたのかは明らかでない。考えられるのは、それを決める前に情勢がどう展開するかを見きわめようとしたのだろう。フォン・カールは表向き、ベルリン進軍に自ら関与し、十月二十四日にはフォン・ロッソが進軍の作戦計画を話しあう会議を招集した。しかし、ヒトラーと突撃隊にたいしては意図的に会議出席の要請がなされなかったことから、ヒトラーは三者が自分抜きで行動するつもりか、またはフォン・ゼークトを引き入れて国家主義による独裁制を企てているのではないかとの疑いを抱いた。もしそうなら、バイエルン人はヒトラー支持に馳せ参じ、バイエルンの利益が守られるようにことを運ぶだろう。

ヒトラーと「戦闘同盟」はすでに独自の準備を整えており、進軍の延期にいらだちをつのらせていた。ヒトラーとしては、五月一日の大失敗を繰り返すわけにはいかなかった。時間がどんどん過ぎていくこと、ベルリンの政府がいまにも危機を乗り切るかもしれないことが、彼にはわかっていた（その点では三者側も同じだった）。十一月六日、「戦闘同盟」は自分たちだけで決行することに決めた。フォン・カールとフォン・ロッソに既成事実を突きつけ、彼らにかわって背水の陣を敷いてやろうというのである。フォン・カールが十一月八日の夜に大集会を開く予定で、そこにはバイエルンの名士がこぞって出席するはずだとの情報を得たヒトラーは、この機会をとらえる以外に道はないと決意した。それは「ヒトラー一揆」と言うよりは、「ともに陰謀を企てていた仲間から見捨てられるのではないかと恐れた男の一か八かの最後の賭け[*36]」と言うべきものだった。

集会の当夜には二〇〇〇人もの人びとがバイエルンの指導者たちの演説を聞こうとビュルガーブロイ・ビアホールの会場につめかけた。会が始まるとすぐ、ヒトラーは会場に押し入り、銃をもって演壇に駆け上がるなり、国民革命が始まったと叫んだ。フォン・カール、フォン・ロッソ、フォン・ザイサーの三人を別室に押しこんだあと、再び会場に戻ると、彼は臨時国民政府が結成されたと宣言し、彼自身が政策を指示すること、ルーデンドルフがドイツ軍最高司令官となること、フォン・カールら三人にはそれぞれ役職を与えることを告げた。そのあと、ルーデンドルフの手を借りて別室の三人が演壇に連れ戻され、三人は忠誠を約束してヒトラーと握手し、この和解劇は盛大な拍手で締めくくられた——三人はその後、ヒトラーが他のことに気をとられている隙に、そそくさと別れを告げて夜の闇のなかに姿を消した。

ヒトラーはそれまで、決定的行動と武力行使こそ自らの目標であると繰り返し表明してきたというのに、いざそのときになると、奇妙なほどに無能ぶりをさらけ出した。何一つ満足に計画されていなかった。ついに、フォン・ロッソとフォン・カールが再び行動の自由を得て蜂起鎮圧のために動きはじめていることを認めざるをえなくなるにおよんで、ヒトラーは神経衰弱におちいり、刻々と気分が移り変わった――怒り、絶望、無関心、新たな希望、ためらい。実は、ヒトラーが自らをふるいたたせて外に出て、群衆に語りかけることさえしていれば――彼はこの役目をシュトライヒャーに押しつけた――民衆の支持をとりつけて、ベルリン進軍を実現させる可能性がまだあることを知ったはずなのである。反対に、彼はビアホールに閉じこもり、自分がつねに力の源としてきた群衆から離れたまま、あえてデモを実行すべきか否か、心を決めかねていた。ヒトラーにかわって決断を下したのは、ルーデンドルフだった。翌日の正午、ヒトラーらナチ党幹部を先頭に数千人が隊列を組んでイーザル川を渡り、市街の中心部へ向かって行進しはじめた。

目撃者の話からすると、ヒトラーはこのときすでに、こうした行動への信念をまったく失っていた可能性が強い。オデオン広場に張られていた警察の非常線から発砲を受けると、隊列は崩れ、行進していた一四名と警察官三名が死亡したほか、多くの負傷者が出た。ルーデンドルフが進みつづけて非常線を突破したのにたいし、ヒトラーは地面に引き倒され、片腕を脱臼したあと、何とか立ち上がってその場を逃れ、最後はミュンヘン郊外のウフィングへ逃げのびた。二日後、ヒトラーは逮捕され、すっかり意気消沈した状態で投獄された。今回の悲惨な事態から、自分は二度と立ちなおれまいし、どのみち銃殺されることになるだろうと思い込んでいたのである。

現実には、これがヒトラーの終わりとはならなかった。反逆罪の容疑で裁判にかけられ、有罪判決を受けたけれども、彼が実際に服役した期間は一年にも満たなかった。とはいえ、一九二四年末に出所したときには、ヒトラーは自分の地位をほとんど一から築きなおす必要に迫られていた。一九二三年のドイツで、その前年のムッソリーニの「ローマ進軍」にくらべられるようなクーデタが成功する確率は、わずかなものでしかなかった。たとえ成功したとしても、ヒトラーがそのあとでなすべきことは山ほど残っていただろう。ただ、少なくともゲームの一翼を担う者と認められていたには違いない。それがゲームの現場に戻るだけでも五年を要するという事態になったのである。

これと同じ時期にスターリンが渦中にあった出来事の歴史的重要性およびその規模にくらべれば、ヒトラーの政治歴の始まりとミュンヘン一揆はまったく取るに足りないものと見えることは否めない。ミュンヘン一揆は各国の新聞では一段くらいの小さい記事が出たにすぎなかった。にもかかわらず、ヒトラーの一九二三年の経験、とくにそれを中断させたみじめな失敗は、スターリンの一九一七年以前の徒弟時代と同じく、最終的に権力の座にいたる道を切り開くうえで、彼に決定的な影響をおよぼすことになったのである。

第4章 書記長

スターリン　一九一八―一九二四（三八―四四歳）

1

一九一七年の「ロシア革命」は、二十世紀の歴史のなかで最も影響力の大きい、しかも最も特異な出来事の一つである。ボリシェヴィキ党はロシアの社会主義政党のうちで最小の勢力だった。一九一七年の初めには二万五〇〇〇人ほどの党員しかおらず、この年の大半を反主流派として政治的に孤立したまま過ごしていた。ところが、その年が終わる前に、ボリシェヴィキの指導者たちは一夜にしてと言いたいほどにわかに、世界最初の社会主義政権として姿を現わし、一億五〇〇〇万の人口をかかえる巨大な国を背負って立つこととなった。政権について一年経った一九一八年秋には、彼らはすでに戦争を終結させ、ロシアの労働者と農民を代表すると謳う単一政党による独裁制を確立していた。しかし、その権威を国全体に浸透させえたかとなると、まだ確実ではなかった。それればかりでなく、政府として存続できるかどうかさえ危ぶまれる状態で、綱領に掲げた経済革命と社会革命に着手するどころではなかった。レーニンとトロツキーはともに、革命の成功には不可欠の要件として、ヨーロッパで、なかんずくドイツで同時に革命が起こることを前提としていたが、その前提はもろくも崩れ去った。各国の友好的な社会主義政権から支援を受けるあてが外れ、それどころかロシア国内の反革命勢力を後押しする連合国の干渉にさらされたのである。

第一次大戦の最後の年にドイツ軍に占領されたウクライナとポーランドおよびバルト諸国は、大戦が終わったとき、それぞれの独立政権を樹立した。ロシアではアントン・デニーキン、ニコライ・ユデーニチ、ピョートル・ウランゲリら帝政時代の将軍とコルチャーク提督のもとに白軍（すなわち反赤軍）が結成されていた。一九一八年には、捕虜で構成されたチェコスロヴァキア軍団も加わって、白軍はシベリア、ウラル山脈、ヴォルガ川中流域の主要な産業の拠点と戦略地点のすべてを占領していた。

南では、ピョートル・クラスノフ将軍のコサック部隊が、カザンで他の白軍部隊と合流してツァリーツィン（訳注：のちにスターリングラードと改称、現在のヴォルゴグラード）とモスクワを結ぶ鉄道を分断しようと、北に向けて進軍していた。北カフカースでたった一つ残されている、首都と穀倉地帯との連絡を断とうというのである。モスクワとペトログラードの労働者にたいするパンの配給は、一日三〇グラム弱にまで減らされていた。カフカース自体は地元の二つの政権が分けて統治していた。この二つの政権は、白軍と赤軍の両方と戦う一方で、おたがいのあいだでも断続的に争っていた。

西では、ポーランドがかつてポーランド−リトアニア領だったウクライナと白ロシアの領土を併合しようと、機会をうかがっていた。極東のシベリアでは、日本が軍隊を送り込み、アメリカもそれにつづいて出兵した。オデッサはフランス軍に占領されていた。北のアルハンゲリスクと南のバクーはイギリスが占領していた。一時期、レーニンの率いる政府が支配していた領土は、十五世紀のモスクワ大公国ほどの広さしかなかった。

この事態を収拾するという途方もない仕事に直面していた党首脳部は、有能な人間にこと欠かなかったものの、政府を運営したり、経済を管理した経験がある人間は一人もいなかった。彼らは理論ばかりに通じていて、経験がなかっただけではなかった。ツァーリによる独裁や西欧流のブルジョワ支配といった、伝統的な統治形態に強い不信感を抱いていたのである。さらに、彼らは資本主義の手法で経済を運営することもしりぞけた。党の首脳部は経験がなかっただけでなく、従来の統治形態に代わるモデルや青写真ももたなかった。つまり、すべてを場当たり的に考え出す必要があったのだ。

だが、レーニンもトロツキーも――レーニンはまだ五十歳にならず、トロツキーは四十歳になっていなかった――自分たちが直面している事態に怯《ひる》まなかった。権力を獲得するという生涯の目的を達成したレーニンは、自信を強めただけでなく、権威を大いに高めていた。一九二一年の第一〇回党大会の開催まで、党内ではいぜんとして政策をめぐる議論が活発に交わされ、自由に意見の交換や批判が行なわれていた。しかし、レーニンが党内の多数派の反対を押し切って四月テーゼを承認させ、十月革命、ブレスト＝リトフスクの和平交渉を成功に――いずれもその後のなりゆきによって正当化された――導くと、レーニンの指導力は絶対視されるようになった。

一九一七年八月に入党したトロツキーは、古参のボリシェヴィキからつねによそ者と見られていたし、その尊大な指導者ぶりはスターリンその他の党員たちの反感を買っていた。しかし、一九〇五年と一七年のペトログラード・ソヴィエトにおけるめざましい働きや、権力を奪取したときの水際立った采配ぶりを見れば、トロツキーが革命の指導者たるにふさわしい力量を備えた人物であることには疑問の余地がなかった。

この点に関しては、四十歳のジノヴィエフのほうが力不足で、党内の指導者で彼をよく言う者はほとんどいなかった。一九一七年の政権獲得をめぐる決断で、レーニンに反対の立場をとったジノヴィエフは、連立政権入りを拒否したレーニンの目の前で中央委員を辞任していた。こうした意見の食い違いがあったにもかかわらず、レーニンはジノヴィエフを許し、ジノヴィエフは一九一九年に政治局員候補（つまり見習い）となり、一九二一年には政治局員に昇格したほか、コミンテルンの設立当初からの議長となり、重要なペトログラード・ソヴィエトの議長を兼ねた。しかし、ジノヴィエフが現在の地位を得たのは、レーニンが一九〇八年から一七年までの亡命生活で彼をあてにすることに慣れてしまい、その後もそれがつづいているおかげだ――レーニン自身、「あの男は私の欠点をそっくりまねている」と言っている――というのが、もっぱらの見方だった。ジノヴィエフは弁舌さわやかで、大衆を教化する才能には恵まれていたが、その知識人気取りは鼻もちならないとされ、その言葉はまともに受け取られなかった。レーニンが、あいつは危険が去ったときだけ大胆になる、と言ったとも伝えられている。「パニックの化身」というのが、スヴェルドロフのジノヴィエフ評であり、虚栄心の強さは知らない者がいなかった。だがジノヴィエフは、頂点に登りつめたからには何としてもそこにとどまっていようと決心しており、少なくとも（彼が憎んでいたトロツキーとは違って）そのためには戦うことを辞さなかった。

ジノヴィエフに有利に働いた一つの要因は、レフ・カーメネフと手を結んでいたことである。カーメネフはジノヴィエフと同じく一八八三年の生まれで、両親がユダヤ人だという点でも同じだった。カーメネフは地下活動ののち、一九〇八年から一四年まで国外で暮らし、レーニンの側近としてジノヴィエフに次ぐ存在となった。スターリンと同じ時期にシベリアで流刑生活を送り、一九一七年に一緒に帰還したあと、再びジノヴィエフと協力関係を結んだ。この関係は、スターリンが一九三六年に二人を裁判にかけ、処刑するまでつづいた。個人的な野心はほとんどもたず、友人のジノヴィエフに従って行動していたカーメネフは、一九一七年から一八年には妥協的な態度に終始してレーニンの怒りを買った。しかし、彼もまた許され、レーニンがあてにできると感じていたもう一人の親しい存在として中央委員会と政治局に再び迎え入れられた。レーニンはこれより前、彼をモスクワ・ソヴィエトの議長に任命していた。カーメネフはジノヴィエフより堅実な人柄で、ジノヴィエフに追従する癖があったにもかかわらず、彼よりは好かれ、明晰な文章を書き、明晰に話せる人物として、またとくに議長としての采配ぶりによって尊敬されていた。

革命以前の経歴はロシア国内での活動が中心でほとんど国外に出たことのない人物が、スターリンのほかに二人いた。どちらも党内では右派に属していたが、二人ともレーニンが高く評価する実践的な経験を積んでいた。ミハイル・トムスキーはボリシェヴィキ幹部のなかでただ一人、産業労働者の前歴があった。職業は石版工で、入党したのは二十四歳と遅かった。トムスキーの大きな長所は、全労働組合を束ねる議長職を引き継げることだった。アレクセイ・ルイコフの場合は、農民出身であって、民族的にはロシア人だというところが買われた。これは、レーニンに次いで重要な地位の三つまでをユダヤ人――トロツキー、ジノヴィエフ、カーメネフ――が占め、四つ目はグルジア人が占めていたことを考えれば、一つの利点ではあった。反ユダヤ主義はロシアでいぜんとして力をもっており、のちにヒトラーは飽くことなく、「モスクワ」を「シオニストの世界的陰謀」と結びつけつづけた。ルイコフは工業管理者の地位を引き継いで、一九一八年二月には最高国民経済会議議長に就任し、一九二一年にはトムスキーとともに党中央委員会組織局員《オルグビユロー》に、一九二二年には政治局員となった。

党幹部のなかで、レーニンとトロツキーのほかにたった一人、まぎれもない知識人と言えるのが、ニコライ・ブハーリンである。一八八八年に教師を父として生まれたブハーリンは、ルイコフと同じく民族的にはロシア人で、カーメネフのように短期間モスクワ大学で学んだのち、革命活動に専念するようになり、一九一一年には国外に出た。ブハーリンは経済理論に熱中し、『帝国主義と世界経済』と題する本を書いた。これは、同じテーマを扱ったレーニンの著書に影響を与えたものである。一九一七年にロシアに戻ると、ブハーリンは党内左派のリーダーとなり、革命戦争を主張してブレスト－リトフスク和平交渉に反対した。戦時共産主義の手法を理論的に正当化したその著書『過渡期の経済学』は、「革命の代価」を見積もり、それを弁護しようとした大胆な試みである。彼はトロツキーと同じように明敏な頭脳の持ち主だったが、トロツキーとは違って、才能だけではなく人間的魅力にも富んでいたことから人気があり、とくに若手の党員たちから慕われていた――レーニンは彼を党の「寵児」と呼んだ。しかし、レーニンはブハーリンを、定見がなく、「蠟のように軟弱」だとも見ており、おそらくそれが理由だろうが、ブハーリンは一九一九年に政治局員候補になりながら、レーニンの死後の一九二四年まで政治局員に昇格していない。彼は党内と政府とを問わず主要な行政上の地位についたことが一度もなく、政治家としては他の幹部と肩を並べるほどの器量がなかった。だが知的な面では、彼らよりも独自性があり、理論上の問題ではしばしばレーニンに反対した。ブハーリンは途中から新経済政策《ネップ》支持に転じ、永続的な進路変更としてこれを先頭に立って唱道した。また、「赤色教授学会」に属する若手経済学者の一群を自分のまわりに集めた。彼らがブハーリンの思想の宣伝につとめる一方で、ブハーリン自身も『プラウダ』編集長、中央委員会の新雑誌『ボリシェヴィキ』の編集長という立場から、自分の考えを広めることができた。

以上のような顔ぶれが、一九二〇年代初頭にスターリンともどもソ連の最高指導者層を形成して、レーニンの死後、後継者の地位をスターリンと争った主な人びとである。

共産党にとって幸運なことに、白軍のロシア人のあいだに内輪もめがあり、列強間では干渉の進め方について何の合意もなかったため、当時の状況は一見それと見えるほど絶望的ではなかった。だが、それも彼らが国の中枢にあるという立場を生かして指揮系統を一本化し、有効な戦力をつくり出せればの話である。敗北を喫したロシア軍、しかも共産党が力を尽くして士気を低下させていたロシア軍の現状を考えると、これは容易ならざる事業だった。しかし、一九一八年三月に軍事人民委員に就任したトロツキーは、誰にも有無を言わさぬすぐれた軍事オルガナイザーの才能を発揮した。徴兵制が導入され、一九一八年末までに八〇万人が赤軍に身を投じた。一九二〇年の最盛期には、兵員は二五〇万人を数えたという。だが、赤軍はポーランド侵攻を試みて失敗し、レーニンが再び胸にあたためていた、赤軍を使って革命をヨーロッパ全土に広める構想はあっけなく潰《つい》えた。だが、赤軍は白軍を破り、あわよくばロシアの革命政権を倒せるのではないかと干渉に乗り出した列強の思惑を打ち砕いた。一九二二年までに、赤軍の力によって、ソ連政府の権威は、ロシアの戦前の領土のうち、西部で失ったベッサラビア（訳注：現在のモルドヴァ共和国）、ロシア領ポーランド、バルト諸国、フィンランドを除く大部分の地域におよぶこととなった。

一九一八年から二一年までのスターリン個人の運命には、以上のような背景があった。これと同時期のヒトラーの課題は、一つの運動をつくり出し、それを社会からまともに相手にされるものに築き上げることだった。それができれば、運動の指導者としての地位を維持できる自信が、ヒトラーにはあった。スターリンの課題はそれと正反対だった。共産党は結成されており、すでに政府をつくっている。スターリンはそのどちらでもある程度の役割をはたしはしたが、後年に描かれたようなレーニンの右腕としての肖像に見合うほどのことはしていない。この段階では、ボリシェヴィキの指導者のうち誰一人としてスターリンをレーニンの後継者たりうる人物とは見ていなかったし、スターリン自身がいつごろからそのような野心を抱いたかは、われわれにも知るよしがない。レーニン（一九二〇年当時は五十歳）は、スターリンより九歳年長でしかなかった。スターリンとしては、自分の指導者が一九二二年五月に最初の卒中に見舞われ、その後何度か発作を起こして一九二四年一月下旬に五十三歳で死ぬことになろうとは、予想もしなかっただろう。ただ、一九二三年の夏以降、彼が胸のうちで自分を後継者候補と考えていたことは確かである。問題は、どうやって上層部内で立場を強化し、自分の野心が人からまともに取り上げられるところまでもっていけるかだった。

人民委員会議のなかでのスターリンの役職は、民族人民委員である。役職を生かして業績をあげようにも、機会はかぎられていた。一九一七年、ボリシェヴィキによるクーデタの三週間後、スターリンはフィンランド社会民主党大会に出席してフィンランド人の民族的独立の権利を宣言した。これを承認する布告は、レーニンとスターリンによって署名されており、スターリンの一九一三年の論文『マルクス主義と民族問題』に述べられた民族自決の原則と一致していた。この政策は、ロシアとロシア革命を犠牲にして、少数民族のブルジョワ民族主義に「身売り」するものだとして、マルトフなどのメンシェヴィキだけでなく、ブハーリンやジェルジンスキーのようなボリシェヴィキにまで批判された。帝政ロシア政府が転覆したあとの全体的な分解現象のなかで、あらゆる辺境地域に民族主義運動が勃興し、ロシアからの完全な分離独立を目指す反ボリシェヴィキ的な新政府が誕生した。ポーランドやバルト諸国にとどまらず、カフカースでも中央アジアでも、さらにはウクライナでも同じことが起こっていたのである。

一方、民族自決の原則を真っ向から否定すれば、これらの民族をソ連邦に引きとめておく望みはなくなり、支援を求めて反ボリシェヴィキの陣営へ走らせることにもなる。スターリンは自決権を「社会主義の闘争における一つの手段であり、社会主義の原則に従っている」と解釈することで、この難題を切り抜けようとした。言い換えれば、民族自治は共産党統治下で実施される場合にのみ容認されるということである。

一九一八年五月、タタール－バシキール自治ソヴィエト共和国樹立に関する予備会談の冒頭演説で、スターリンは自分の意図を明確にした。

　自治は一つの形態である。問題はひとえに、どのような階級統制がその形態に盛りこまれるかにある。ソ連政府は自治を支持する。ただし、それは全権力が労働者と農民の手にゆだねられている自治、どの民族であれブルジョワ階級が権力を剝奪されているのみならず、選挙によって統治機関に参加する権利をも剝奪されている自治でなければならない。[*1]

スターリンはもとの論文で表明した見解からさらに考えを改めて、この新しい自治の概念を受け入れやすいものにした。一九一八年のソ連憲法の草案を作成するために設けられた委員会で、前に自分が提唱していた中央集権的な国家をつくる構想を取り下げ、民族および領土という単位にもとづく連邦制という形態を支持したのである。ミハイル・レイスネルはスターリンのこの勧告に反対して、それは「連邦制とは名ばかりの隠れた中央集権制」にほかならないと論じた。[*2] 実際にそのとおりだった。だが、スターリンは（レーニンに支持されて）勝ちを収めた。

これらの変更は、将来、重要な意味をもつことになるのだが、共産主義体制の存続という問題が片づくまでは、意思表示の域を出なかった。レーニンがモスクワですべての糸を操り、トロツキーが軍事人民委員として異常なほどの権勢をふるっているあいだ、他の指導者たちは各地で危機が生じるたびに特別任務を帯びて現地へ派遣された。レーニンは一九一七年のときと同様、スターリンの紛争解決能力に信頼をおき、とくに危機的ないくつかの状況の処理にあたらせた。彼の信頼は間違っていなかった。一九一八年から一九年にかけての混沌とした状況にあっても、スターリンは怖気づくことなく指導力を発揮し、裁判なしの即決処刑を含む荒っぽいやりかたであったにせよ、とにかく任務をはたしたのである。第一次大戦における前線兵士《フロントケンプファー》としてのヒトラーの体験とは異なり、内戦でのスターリンの体験は、政治委員や特使としてのもので、「前線」ではなく、司令部レベルに属していた。しかし、こうした初期の戦争体験は、二人がのちに第二次大戦で最高司令官の役割をはたすうえでそれぞれに影響をおよぼしている。

スターリンの最初の任務は、ヴォルガ河畔の重要な場所に位置するツァリーツィンへおもむいて新旧首都の食糧供給が断たれないよう何らかの手を打つことであった。一九一八年六月六日、ツァリーツィンに到着したスターリンは、その二四時間後、食品価格を固定させ、配給制を導入することによって「不当利得者の無礼講」を収拾したと報告した。社会革命党《エス・エル》のクーデタ未遂事件（原注：第3章2節参照）の翌日、七月七日にはレーニンを安心させるため、次のように書き送っている。

> 当地で起こる可能性のある突発事件を防ぐため、あらゆる措置を講じます。われわれの手はふるえていませんからご安心ください。私は、必要とあれば誰でも追いかけ、どなりつけてやります。われわれは仲間であろうと他人であろうと容赦しません。とにかく、食糧はそちらにお送りします。[*3]

スターリンが初めてトロツキーと真っ向から対立したのは、このツァリーツィンにいたときである。争点は、軍事人民委員のトロツキーが赤軍を組織するにあたって元帝政ロシア軍の将校を採用し、その一方で共産党員の政治委員を配属して彼らが信頼できるかどうかを見守らせる決定を下したことだった。レーニンを含め、そのような政策が賢明かどうかを疑問視する共産党員は多かった。レーニンが反対を取り下げたのは、これらの「軍事専門家」(彼らはそう呼ばれていた)が赤軍に四万人以上も雇用されており、彼らなくしては、またその下にいる二〇万人以上の元帝政ロシア軍下士官なくしては、赤軍は瓦解の危険にさらされることになるとトロツキーから知らされたためである。いかにやむをえないとはいえ、この措置が円滑に機能するわけはなかった。内戦中、反逆事件が頻発し、赤色ゲリラ隊の隊長の多くが、また左派共産党員も、強い反対の意向を表明しつづけた。前者は、保守的な元帝政ロシア軍将校に従属させられることに反発し、後者はレーニンとトロツキーが以前にした約束、常備軍(と政治警察)を廃止してそのかわりに人民軍を創設するという約束をもち出した。

ほどなく、北カフカース軍管区はトロツキーの政策にたいする反対派の拠点となり、バクーのかつてのボリシェヴィキ委員会と同じく、スターリンが後日頼りにできそうな人材を発掘する場となった。スターリンと緊密に手を結んでいたクリメント・ヴォロシーロフは古参のボリシェヴィキで、一九〇六年にストックホルムで開催された第一回党大会にスターリンが出席したときには同じ部屋に寝泊まりしていた。ヴォロシーロフは石油労働者組合のオルガナイザーとバクー委員会の委員をつとめ、大戦中は帝政ロシア軍の下士官だったが、スターリンのおかげで第一〇軍の司令官に就任していた。第一〇軍の政治委員は、これもバクー時代以来の盟友、セルゴ・オルジョニキーゼだった。一九一二年にスターリンを党中央委員に抜擢するようレーニンを説得したのが、このオルジョニキーゼである。ヴォロシーロフとオルジョニキーゼは、こうして、いわゆるスターリン・マフィアの一員となったのだが、そこにもう一人加わったのがセミョーン・ブジョンヌイである。もと帝政ロシア軍の騎兵隊軍曹で、のちにゲリラ指導者として実力を発揮して、チモシェンコとともに第一騎兵団の指揮官に任命されている。トロツキーは彼らを「下士官グループ」と呼んで軽蔑したが、三人はいずれも、スターリンに従って権力の座についている。ヴォロシーロフはトロツキーのあとを襲って軍事人民委員となった。オルジョニキーゼはスターリンの工業化計画で主導的な役割を演じ、政治局員になった。ブジョンヌイ、ヴォロシーロフ、チモシエンコはのちに元帥に任命されることになる。一九一八年の北カフカース戦線でツァリーツィン・グループは中央からの指令を無視し、元帝政ロシア軍の特務将校と一緒に仕事をすることを拒み、トロツキーと最高軍事会議から繰り返し命令不服従を非難された。

さきに引用した七月七日付のレーニン宛の書簡のなかで、スターリンは文官としての権限に加えて、軍事上の権限も与えてもらいたいと強く要請していた。その三日後、スターリンはさらに次のような書簡を送った。

大義のために、私はぜひとも軍事上の権限をもたなければならないのです……ところが、回答はまだ得ておりません。けっこうです。そういうことであれば、私は正規の手続きを経ずに自分の一存で、事態をこじらせている軍司令官や政治委員を更迭いたします。それこそ大義に照らしての利害が私に命じることであり、当然ながらトロツキーの出す一片の紙きれがないからといって私を止められるものではありません。*4

トロツキーの同意により、スターリンは要請した権限を与えられ、北カフカース軍事会議議長に就任した。ただし、レーニンが最高軍事会議の権威を支持していることは、スターリンにもはっきりわかっていた。だが、それをものともせず、スターリンは現地の司令官らに上からの命令は気にするなとけしかけ、モスクワからの支持に挑むかのように、トロツキーが南部戦線司令官に任命した元帝政ロシア軍の将軍スイチンの命令を無効とし、あくまでスイチンの権限を認めようとしなかった。

今度は、トロツキーも無条件でスターリンの召還を主張し、ヴォロシーロフにたいしては、命令を遂行しなければ軍法会議にかけると威嚇した。レーニンはトロツキーの要求を呑んだが、召還の打撃を和らげるために、自分の側近の一人で党中央委員会書記のヤーコフ・スヴェルドロフを送って特別列車でスターリンを迎えるという礼を尽くしたうえ、(改称された)革命軍事会議および一九一八年末に国の兵力を動員する目的で創設された労農国防会議の委員に任命した。

レーニンはトロツキーとスターリンの両者に、たがいの不和に目をつぶって協力するよう訴えた。スターリンは努力していくつかの演説でトロツキーの役割を高く評価した。だが、トロツキーのほうは優越感を隠しきれなかった。彼は自伝に書いている。

ずっとあとになって初めて、私はスターリンがある種の親しい関係を築こうとしていたことに気がついた。しかし私は、彼の強みとなった資質そのものが不快だった……関心の狭さ、神経の粗雑さ、地方人に特有の冷笑癖。マルクス主義のおかげで偏見はもたなくなったが、それに代わる、よく考え抜かれたものの見方は身についていない。*5

スターリンの側でも、トロツキーとの衝突には政策や戦術以上のものがからんでいた。左派エス・エルとの連立が壊れる前、ボリシェヴィキの閣内実力者グループはレーニン、トロツキー、そしてスターリンの三人だった。その後、スターリンがこのなかから落ち、うだつのあがらない日々を送っているあいだに、誰もがソ連政府はレーニンとトロツキーの政府だと見るようになり、党についても同じだった。スターリンは一貫してレーニンの指導権を認めてきたが、レーニンは九歳年長であるだけに、それも容易だった。だが、トロツキーはスターリンと同じ年齢の同輩である。そのトロツキーが知的天分と雄弁家の評判に加えて、いまや赤軍の創設者という名声までも獲得しつつあり、ついには内戦の「勝利の立役者」とまで言われるようになった。スターリンほどの野心家で、しかも劣等感というしこりをかかえた男にとって、トロツキーの栄達は耐えがたいものであり、トロツキーのほうがスターリンをまともにライバル扱いしようとしなかったことで、その耐えがたさはいっそうつのった。

レーニンは二人のあいだの確執を収めようとして最善を尽くした。二人を異なる価値基準で計っていたにせよ、どちらも高く評価していたのである。スターリンがレーニンの信頼を失っていなかったことは、彼が内戦の残りの期間、さらに別の使命を帯びて前線に派遣されたことからもわかる。一九一九年一月には、ペルミの壊滅的な陥落を伝えるために東部戦線に派遣された。五月には、白軍の攻撃にたいしてペトログラードの防衛を固め、クロンシュタットの海軍士官六七名を忠誠に欠けるとして処刑した。同年、白軍のデニーキン将軍がオリョールを攻略したあとモスクワに向けて進軍を開始すると、これを阻止すべく南部戦線にとってかえしている。

一九一九年という年を経て、スターリンの評判は毀誉褒貶あい半ばしていた。確かに有能であり、頼りになる男ではある。だが、どんな状況をも個人的に考えようとし、ともに仕事をするにはやりにくい相手だった。自分の業績は声高に吹聴し、他人にたいしてはずけずけと批判する。他の人間なら非能率で混乱していると考えるところを、裏切りだの陰謀だのと言う。嫉妬深くて、敵を打ち破るのと同じくらいのエネルギーを費やして自分がライバルと見なす同僚にたいし、執念深く敵意を燃やす。トロツキーによれば、政治局が一九一九年秋のペトログラード救出にはたしたトロツキーの役割を称えて、赤旗勲章を授与することを決定したとき、カーメネフがいささかばつが悪そうにしながら同じ勲章をスターリンにも授与してはどうかと提案した。「何の功績で」とカリーニンが問いただすと、ブハーリンが彼を片隅に連れていってこう言った。「わからないのか。これはレーニンの考えなんだよ。スターリンは誰か別の人間がもっているものは自分ももっていないと生きていけない。これがもらえなかったら絶対にそのことを根にもつだろう」[*6]

内戦中のスターリンにまつわる最後のエピソードにも、批判された彼の欠点が表われている。一九二〇年五月、ポーランド軍がウクライナに侵攻し、キエフを占領した。ポーランド軍はソ連軍の反攻で撃退され、ソ連軍はブーク川に達した。ソ連軍はこのまま渡河してまぎれもないポーランド領内に進軍し、ワルシャワ攻略を目指すべきか。スターリンもトロツキーもそのような冒険には反対だった。ところが、レーニンは違う見方をした。彼はいぜんとして外国での革命がソ連の助けになるのではないかとの望みをもっていた。一九一九年、一八カ国の代表がモスクワに集合して「共産主義インターナショナル」（通例「コミンテルン」と略称）の設立総会を開いた。一八六四年から六七年までつづいた国際労働者協会（第一インターナショナル）は、マルクスが指導者だった。一八八九年に設立された第二インターナショナルは議会制民主主義に徹し、一九一四年にメンバーが対立する二派に分裂したことにより解体した。レーニンは機会を逃さず、ソ連主導のもとに世界革命を旗印としたいわゆる第三インターナショナルを設立し、本部をモスクワに置いたのである。一九二〇年の第二回コミンテルン大会には三七カ国から代表が参加し、レーニンが制定した「二一カ条」の加盟資格を承認している。レーニンがポーランド侵攻という考えにとらわれたのは、コミンテルン大会に参加したドイツ共産党代表団の一員、クララ・ツェトキンが言ったように、彼がぜひとも「赤軍の銃剣でヨーロッパに探りを入れ」たいと望み、なお不安定な情勢下にあるドイツと連携しようとしていたからである。トロツキーと二人のポーランド人、ジェルジンスキーおよびカール・ラデックは反対しつづけたが、スターリンは途中からレーニンにつき、政治局の多数派とともにワルシャワ進撃に賛成票を投じた。

スターリンは主な攻撃には加わらなかった。これを指揮したのは、元帝政ロシア軍の中尉で内戦中にめざましい戦功をあげた二十七歳のトゥハチェフスキーである。スターリンは政治局代表として南西軍グループと一緒にいた。クリミアのウランゲリ軍と、干渉に乗り出すかもしれないルーマニアの動きを監視し、対ポーランド戦線南部区域を統轄するのが任務だった。彼は戦線の再編成をめぐってレーニンおよび政治局と辛辣な応酬をした。「戦線分割に関するあなたの覚書を落手しました」とレーニン宛に電報を打って、彼は言った。「政治局はこのような些事にかかずらうべきではありません」。にもかかわらず、スターリンと南西戦線の軍司令官イェゴロフは、トゥハチェフスキーの率いるワルシャワ進撃軍の左翼を支えるために主力部隊を北へ派遣するよう命じられた。スターリンは初め、ぐずぐずして部隊の派遣を遅らせ、次にこれを拒否して、ブジョンヌイ麾下の第一騎兵団による単独作戦を続行した。この作戦の目標は、ポーランド南部の都市、リヴォフを占領することにあった。八月十六日、ポーランド軍がトゥハチェフスキーにたいして反攻に転じると、ソ連軍は決定的な敗北を喫した。この戦闘では、ソ連軍の左翼の戦列が固まっていないところを、ポーランド軍がすかさず利用したことが大きくものを言った。その後、敗北の責任問題をめぐる論争は何年もつづき、スターリンとトゥハチェフスキーの一九三〇年代の関係にも影響した。

スターリンはモスクワに召還され、第九回党協議会でレーニンに譴責《けんせき》された。したがって、彼は南部でウランゲリ軍を相手に展開された内戦の最後の作戦には参加していない。それでも、上層部におけるスターリンの地位には傷がつかなかった。一九一九年三月に開催された第八回党大会で、各代議員に配布された中央委員の候補者名簿に記された六人のなかには、スターリンの名前も入っていた。また、同大会で創設された政治局と組織局という中央委員会直属の二つの小委員会のどちらにも委員として任命されたほか、民族人民委員部に加えて二つ目の人民委員部、政府の各部局にたいする監査を行ない、ロシア語で「ラプクリン」と略称される労農監督人民委員部の人民委員の地位をもゆだねられていた。この華々しい数々の役職のうち、彼がポーランドでの敗走に責任の一端を負うことや、その後に軍務をしりぞいたことによって地位が危うくなったものは一つもない。

その主な理由は、明らかに、スターリンが閣内実力者グループの一員として余人をもって代えがたい有用かつ勤勉な人間であることを自ら実証したことである。トロツキーは、南部戦線軍事会議でスターリンと任務を分掌した中央委員のセレブリャコーフに向かって、本当に中央委員は二人必要なのか、スターリンなしでセレブリャコーフ一人で対応できないのかと聞いたときのことを、こう回想している。「少し考えてから、セレブリャコーフは答えた。『ええ、私はスターリンのようには人に圧力をかけることができません』。圧力をかける才能は、レーニンがスターリンの資質として最も高く評価していたものである」[*7]。何ごともレーニンの態度で決まる。それにレーニンは、どんな仕事でもやってのけることだけでなく、そのやりかたが手荒いという点でもスターリンを買っていたようだ。この性向は、レーニンがいわゆる「遺書」（一九二三年一月四日）の追伸のなかで粗暴《グルーボスチ》として非難し、スターリンを書記長職から解任すべきだという強い要請の根拠としたところにほかならない。一九二〇年代初めには、レーニンはまだこの粗暴さを「実務家」のプロレタリア的率直さだと見ていた。レーニンが最初にスターリンに関心をもったのは、この資質ゆえであり、自分と同じくブルジョワ出身の知識人が大勢を占める党指導部にあっては貴重な要素だと考えていたのである。スターリンは自分がそのためにレーニンの眼鏡にかなったことをすみやかに察知し、それを十二分に利用したのである。

2

内戦に勝利を収めたことで、ソヴィエト体制存続の問題は片づいたものの、その代価は将来にわたって体制の運営に重大な影響をおよぼしつづけた。最も明白だったのは、膨大な人命の損失だった。その数字は、本書に示された多くの数字の、ほとんど信じがたいけれども充分な確証のある数字の最初の例である。子供を含む推定一〇〇〇万人の男女が、一九一七年から二一年にかけての内戦で生命を落とした。第一次大戦で死んだ軍人と民間人を加えれば、一二〇〇万の人命が失われたのである。人口統計学者によれば、一九二三年のソ連の人口は、それ以前の数値にもとづいて予測される数字を三〇〇〇万単位で下まわっているという。物質的損失と国土の荒廃も、これに劣らず深刻だった。一九二〇年の工業生産高は一九一三年の七分の一にしか達しなかった。通貨の価値は下落し、労働者は賃金のかわりに現物給与を受け、物々交換が取引の唯一の手段となった。

一八六一年の農奴解放以来、ロシアが営々として築き上げてきた社会的・経済的利益を帳消しにしたにも等しいこうした逆行現象は、どんな政府にも、何らかの刺激策によって戦前の水準を回復しようとするうえで大きな困難を突きつけたであろう。その政府が、急進的な変革計画の成否を工業部門と都市部に依存しているとあってはなおさらである。一九一四年以前は、都市部は全体で総人口の一〇パーセント以下（そのほとんどが地方の小都市である）にとどまり、製造業と機械工業の分野で働く雇用者の数は、同時代のアメリカ合衆国では総人口の一一パーセントを上まわるのにたいし、ロシアではわずか二パーセントだった。内戦による被害が最も大きかったのはこの部門、とくに各都市であり、その深刻さは国土の大部分を占める農村部の比ではなかった。都市人口は総人口の一九パーセントを下まわる程度だったのが、一五パーセントにまで下落した。モスクワは人口の半分を失い、ペトログラードは三分の二を失った。死と国外移住によって、国の中産階級に属し、行政、管理、学問にたずさわる人材は激減した。ソヴィエト体制の基盤である労働者階級の多くが赤軍に加わって戦死し、さらに多く（推定八〇〇万人）が生まれ故郷の農村に帰ったため、半減した。

最もよく生き残ったのは、農村部と農民層である。都市部が打撃を受けたことによって人口比では農村部の人口が総人口の五分の四を上まわるまでに上昇し、雇用者人口の八六パーセント強に達した。農民層はまた階級としての社会的な力をもたくわえた。一九一七年から二一年にかけて、ソ連では農村革命が起こった。農民の支持を勝ちとり、それを維持するためもあって、スターリンが予言していたとおり、共産党は土地の国有化や農業の集団化といった考えを捨てざるをえず、農民が地主を追い払って土地を自分たちのあいだで分配するのを許すしかなかった（共産党がそれを止めようとしたところで無理だっただろう)。その結果、私有地の規模の平準化が進み、それに応じて「中」農《セレドニャーク》の数が増大した。一方では、貧農や小作農が減り、他方では富農が減ったのである。これによって富農が市場に供給する余剰生産物の量が減少するというかたちで重大な経済的影響が生じ、都市と赤軍への食糧供給に深刻な支障をきたした。

社会的影響はこれよりもさらに大きかった。共産党が近代化の担い手と見ていた都市‐工業部門が弱体化したのにひきかえ、昔ながらの非常に保守的な固有の文化に根ざした地方‐農業部門はより強くなって、戦前の趨勢が逆転したからである。農民の目から見れば、土地の分配はもともと自分たちのものだと信じていて、地主に盗まれていたものが戻ってきたということであり、昔からの不正が正され、一八六一年の農奴解放——これにより農奴制は廃止されたが、土地は農民の手からくすねられた——が完結したにすぎない。彼らの手から再び土地を取り上げ、農業を集団化しようとする政府は、どんな政府であれ、激しい抵抗にぶつかることになる。

内戦は、このように社会勢力の均衡に転換をもたらしたほか、共産党の性格にも大きな影響をおよぼした。党の歴史におけるこの局面を表わすのに用いられる「戦時共産主義」という言葉は、党が軍事作戦に関わることを指しているだけでなく、それ以外の党活動のすべての面が「軍事化」されることをも意味しているのである。内戦の凄惨さを伝えるには、『戦争の惨禍』を描いたゴヤのような天才をもつロシア人を必要としただろう。拷問、残虐行為、村落の焼討ち、捕虜の銃殺は日常茶飯で、それらに無頓着な空気が赤軍側にも白軍側にも広がっていった。命令を下し、武力の行使ばかりかテロをも習慣とするにいたった共産党指導部は、強制というやりかたを、扱いにくい経済問題と社会問題を解決する手段と見なすようになった。カール・ラデック*はこの時期を、「階級のない社会を目指してライフルを片手に力ずくで近道をとろうとしていた」時期と性格づけた。非常事態を宣言した一九一八年九月二日の布告のなかで、政府はソヴィエト共和国は「軍営」であるとし、以後、これに類する軍事用語による比喩が産業、労働、供給などの問題を扱う政策を解説するときの常套句となった。

荒廃して混乱状態にあるこの国で、焦眉の問題は食糧の供給だった。レーニンは農業の集団化を先送りすることを不承不承認めたとしても、穀物の自由取引の存続を許す気は毛頭なく、それを許すことは資本主義の復活に等しいと言明した。戦時共産主

＊　原注：ポーランド生まれのカール・ラデックはすぐれた政治ジャーナリストで、一九二〇年代初めのコミンテルンで主要な役割を演じた。トロツキストであるとして党を追放されたのち、ラデックは自分の意見を改め、スターリンに取り入ろうとした。しかし、それも功を奏さず、逮捕され、一九三六年から三八年にかけての大粛清の際に処刑された。

義の重要な特色の一つは、武装した「食糧分遣隊」を組織して、農民から余剰（もしくは分遣隊が余剰と宣告した）穀物を徴発したことである。各地で抵抗があった。農民は収穫物を隠したり生産を縮小したりし、その結果、市場に出まわる食糧は前にもまして少なくなった。レーニンが後日自ら認めているように、これは破壊的な政策[*8]であり、放棄するほかなかった。だが、一九一八年から二〇年にいたる時期には、レーニンはこれを「資本主義と社会主義とのまさに根幹に関わる戦い」であるとして、農民層の離反という結果を斟酌《しんしゃく》せず、容赦なくそれを推進すべきだと主張した。

　工業労働者の処遇についても、これと同じことが見られた。一九一七年十一月、革命直後の熱気のなかで、労働者による産業の管理が布告された。しかし、その結果は惨澹たるものだった。工業生産は崩壊に瀕し、レーニンは技術および管理に関して必要な助言をブルジョワの専門家に仰ぐこと、生産性を上げるよう労働組合に圧力をかけることを余儀なくされた。政府はすでに軍隊を労働力として使いはじめていた。まず、軍隊を動員して樹木の伐採や食糧および燃料の輸送といった仕事につかせた。次に、トロツキーの主導により、彼らを「労働軍」に再編成した。第三段階は、徴集した産業労働者に兵士と同じ労働をさせることで、これは新しく運輸人民委員に就任したトロツキーが労働規律をあらためて導入する手段としてとった措置である。

　一九二〇年、トロツキーは戦時共産主義の原則をきわめて端的に述べた『テロリズムの擁護』を発表した。議会制民主主義、法の前の平等、公民権については、それをブルジョワ的欺瞞であるとして一蹴し、階級闘争を戦いぬいて勝利に導くことができるのは武力のみであって、投票ではないと主張した。テロを拒絶することは、社会主義を拒絶することである。目的を決めた者は手段をも決めなければならない。「戦時には戦時らしく」――レーニンのお気に入りの警句である――と。そして、国家は労働者大衆の利益のために組織された。しかし、

このことは、あらゆる意味における強制の要素を排除するものではない。強制労働の原則は、生産手段の社会化が資本主義的私有財産に取って代わったように、まさしく根元的かつ恒久的に、自由雇用の原則に取って代わったのである。[*9]

しかし、ひとたび内戦終結のめどがつくと、軍隊を労働力として使うことも徴用も、一九二一年春のレーニンの唐突な政策転換とともに、沙汰やみとせざるをえなかった。戦時共産主義は一時的局面にすぎず、内戦という例外的状況の終息にともなって終わりを告げたが、あとで見るように、党員はレーニンの一九二一年の路線変更を受け入れながらも、内心それに承服しかねる気持ちがあり、その後も内戦および戦時共産主義を党の歴史における英雄的な時代として誇らしく思いつづけていた。どんな代償を

払おうとも、過去を断ち切って新しい秩序を社会に課するという革命の意志が、妥協によって妨げられることなく、敗北を勝利に転じて、一見不可能と思われたことをなしとげた時代だったというのだ。したがって、この体験を共有するスターリンが、一九二〇年代末、革命を一気呵成に完結させる試みにあらためてとりかかろうと決心したときには、先例として戦時共産主義の伝統に訴えることができ、新たに革命のエネルギーを引き出そうとするうえで大きな利点となった。

しかし、一九二〇年代初めの段階では、流れは逆の方向へ向かいはじめており、スターリンはレーニンの動きを見て、自分もその流れに乗った。

内戦がつづいていたあいだは、赤軍が敗北すると旧秩序が復活し、旧地主層が土地の返還を要求するのではないかとの恐れがあって、共産党にたいする抵抗の動きにも、行き過ぎを自重しようという抑制が働いていた。だが、赤軍の勝利が確実となったいま、この抑制は取り除かれた。帰還兵や脱走兵の存在が村々の抵抗をよりかたくなにした。一九二〇年から二一年にかけての冬には、数千人規模の農民蜂起が発生し、タンボフをはじめとする地方では、ゲリラ戦の様相を呈するにいたった。同時に、モスクワやペトログラードなど、産業の拠点となる都市では、労働者のあいだに不穏な空気が高まり、とくに政府がパンの配給を三分の一に減らすとの布告を出したあとは、ストライキやデモが頻発した。

共産党の軍事色が強まるにつれ、党内でもレーニンと指導部の政策にたいする反発が表面化してきた。一九二〇年三月の第九回党大会では、「民主的中央集権派」を自称する一派が、しだいに進む権力の集中と指導部の権威主義的な姿勢に抗議した。同派のリーダーのT・V・サプローノフは、中央委員会を「ひと握りの党内独裁者の集団」と呼んだ。一九二〇年の夏から秋にかけて批判の的になったのは、工業部門における産業民主主義の問題である。党内にも、労働組合や労働者のなかにも、労働者による工場管理という信念は放棄できないとする意見が根強くあった。この信念は、レーニンが経営の専門家を再び迎え入れ、組合にたいしては産業の規律と生産性の向上を優先するよう圧力をかけたとき、ユートピア的な幻想として放棄したものである。アレクサンドラ・コロンタイとアレクサンドル・シリャープニコフ（もと金属細工職人で初代の労働人民委員）に率いられ、平党員の強い支持を受けた「労働者反対派」は、政策決定においてプロレタリアートをもっと信任すること、労働組合の自治を認めること、および産業経営の面で組合に支配的な役割を与えることを要求した。

一九二一年三月の第一〇回党大会にいたる六カ月のあいだに、党の上層部で、中央集権化と権力の軍事化に抗議する論争が公然と起こり、党の指導者と彼らが自分たちこそその代表であると自任するプロレタリアートとのあいだに溝が生じた。レーニンは労働組合に具体的な譲歩をするという点ではトロツキーよりも柔軟性があったが、党はプロレタリアートの前衛、つまり権威ある指導者であるとする自らの根本原則については一歩も譲らない覚悟だった。一九〇二年に、レーニンは『何をなすべきか』のなかで書いている。「労働者大衆が独力でイデオロギーを確立することなど云々する余地はない」[*10]。その後の経験は、この見解を確証したのみだった。プロレタリアートの独裁は、それを遂行する党なくしては意味をなさないのである。この期におよんで、労働者の民主主義を求める左派によって党の団結が壊されるのを座視するつもりもなかった。レーニンは自分の無比の権威をもって情勢を動かし、指導部のもてるすべての力を使って選挙による支持をとりつけ、一九二一年三月八日に始まる予定の党大会に出席する代議員の圧倒的多数を味方に引き入れることに成功した。

ところが、閉会の六日前、党は土台まで揺るがされた。クロンシュタット海軍基地の水兵と守備隊が反乱を起こしたのである。この基地は、一九一七年にはボリシェヴィキの拠点だったが、いまでは「十月」の名において、共産党の圧制、「人民委員体制」を倒す第三の革命を呼びかけていた。「これは閃光だった」と、レーニンはのちに認めている。「それが何よりも明らかに現実を照らし出し」、党の直面する危機がいかに重大であるかを如実に示したのだ、と。

レーニンの対応はすみやかだった。まず、蜂起を鎮圧しなければならない。「クロンシュタット臨時革命委員会」が共産党指導部に反旗をひるがえし、ボリシェヴィキが革命の初期に掲げた要求やスローガンを援用して自分たちの行動の正当性を訴えたことは、このさい問題ではなかった。レーニンの目から見ればこれは反革命であり、考慮すべき唯一の事柄は、「食うか食われるか」であった。赤軍兵士が水兵や労働者への発砲を渋ると、約束と威嚇と嘘をとりまぜて、これを押し切った。トロツキーがモスクワから指令を発し、トゥハチェフスキーが指揮をとる赤軍によってクロンシュタット要塞は激しく攻撃され、要塞にたてこもった人びとのうち数百人、ことによると数千人が裁判にかけられもせずに銃殺された。

レーニンはこの機に乗じて、自分に批判的な左派の論客を、クロンシュタットで狼煙《のろし》を上げた「反革命勢力」であると断定した。党大会の冒頭演説で、彼は革命の安全を脅かす存在だとして労働者反対派を公然と非難した。同派は「無政府的な労働組合主義の逸脱」を示す、「革命の背後に隠れた小市民的無政府主義分子」である、と。

しかし、レーニンは反乱を鎮圧し、労働者反対派に逆ねじを食わせるだけでは満足しなかった。ここでも、口に苦い結論を引き出して、その結論にもとづいて断固として行動するというもちまえの非凡な能力を発揮し、さらに踏み込んで問題の根元を攻撃した。そのことについて、彼はのちにこう書いている。

われわれは先へ進みすぎていた……基礎を充分に固めていなかった……大衆は、われわれがそのときにはまだはっきりと意識せず公式化できていなかったことを感じとっていたのだ……すなわち、純粋に社会主義的な形態へ直接移行することは、われわれの力にあまるということ、そしてわれわれが一歩後退して自らの任務をより簡単なものに限定するだけの力があることを実証しないかぎり、われわれは破綻に直面するだろうということである。*11

レーニンは、ブレスト－リトフスク条約を受け入れたときと同じ原則にのっとって、権力保持のためなら他のすべてを犠牲にすることも辞さない姿勢を示したが、これは彼の個人的な野心から出たことではなく、究極において目標を達成するためであった。決定的な譲歩（独立不羈《どくりつふき》のリャザーノフはこれを「農民のブレスト－リトフスク」と呼んだ）は、穀物と食糧の徴発をただちにとりやめ、そのかわりに通常の徴税制とし、初めは現物納入、将来は金銭納入とすると決めたことで、そうなれば農民は余剰生産物を自由に売れるようになる。これが党大会を通過するやいなや、二〇〇名あまりの代議員が、そのころ拳銃を突きつけられていやいや氷の上を進軍していた赤軍兵士にクロンシュタットの守備隊を攻撃せよと鼓舞するために出発した。ある政治委員によれば、徴発が廃止されることになったと告げられると、「農民兵たちの雰囲気はがらっと変わった」[12]という。

レーニンが党を説得して採用させたこの措置には、一時しのぎの予防策以上の意図もあった。これにつづく改革で、中小規模の商工業の分野で私企業の再導入が認められたほか、外国資本のロシアへの投資再開の門戸が大規模な産業の分野にも開かれて、ルーブルが通貨として安定した。事実上、戦時共産主義にかわって混合経済と大幅な自由貿易がロシアに復活したわけであり、まさに大きな戦略転換であった。

この「新経済政策《ネップ》」によって、レーニンは国内を麻痺させていたモノ不足を解消し、順調に機能する経済の再建ができると見込んでいた。彼は党大会での演説で次のように語った。

　われわれは通商と産業を国有化する道を先へ進みすぎた……諸外国で革命が勃発するまでは、ロシアの社会主義革命を救いうるのは農民層との合意のみであることを、われわれは知っている。[13]

一方、長期的には、国家は大規模な工業、対外貿易、輸送の所有権ならびに経済全体の統制権を国家だけのものとして留保し、社会主義が優勢になり、着実に拡大していくなかで、民営部門は縮小してゆくとの確信のもとに、官営部門と民営部門が商業ベースで競争することを許そうというのである。

クロンシュタット蜂起の衝撃が影響して、レーニンの提案はほとんど討論もなしに党大会を通過した。だが問題は残されたままだった。レーニンがこれを戦術的な後退とし、その後に戦時共産主義の行き方（結局はスターリンがそれを実行した）に逆転させるのか、あるいは政策を永久に変更したのかどうか、という問題である。レーニン自身はそれを決断するいとまもなく一九二二年五月二六日に最初の発作に見舞われ、脳に深刻な損傷を受けた。クロンシュタットの蜂起のあとわずか一四週間後のことである。しかし、当時明らかだったのは、一九二一年三月に導入された新経済政策がこれほど根本的かつ唐突に逆転された以上、危機が去ったあと、これが党の内部分裂をさらに深める危険性があることだった。レーニンは、経済面でより大きな自由を認めるかわりに、政治面で中央による統制をより厳しくするというやりかたでこの危険に備えようとした。スターリンの経歴に一九二一年の危機が重要な意味をもちはじめるのは、このときからである。

大会の討議の場でレーニンは、内戦の終結とともに軍隊方式の中央集権化は打ち切られ、党内民主主義が復活するというブハーリンの約束に保証を与えた。しかし、これはレーニンの本当の目的からすれば前置きでしかなかった。「いまや反対論に終止符を打ち、蓋をするときが到来した。反対論はもうたくさんだ！」と彼は言明した。

大会の最終日、レーニンは突然、二つの新しい決議案を提出した。「わが党の内部の労働組合主義的・無政府主義的逸脱」および「党の団結」に関する決議案である。前者は労働者反対派の掲げる労働組合による経済運営という主張を「党員であることと矛盾する」労働組合主義的異端の復活として公式に断罪する決議案であった。同派の考え方は、マルクス主義にもとるということだが、その文言が如実に示すとおり、本当のところはマルクス主義ではなく、以下に引用するレーニン自身の主張にもとるとされているのである。

労働者大衆に不可避のプチブル的な迷い……および労働組合的な狭量さと偏見への退行に対抗できるプロレタリアートと労働者大衆の先兵を結集し、教育し、組織できるのは、唯一、労働者階級の政党、すなわち共産党のみである。[*14]

第二の決議は、労働者反対派や民主的中央集権派など、独自の見解をもつグループを、それらに属する者は即時に党籍から除くという措置をとることによって、すべて解体させるものだった。さらに、一九二四年一月まで公表されなかった条項（第七項）では、中央委員会にたいし「規律違反または分派主義の復活ないしそれを容認する動きがあった場合は、除名を含む党の罰則全般を適用する」権限を与えており、しかも罰則は当の中央委員会のメンバーにも適用されることになっていた。
両決議は圧倒的多数の賛成により採択された。カール・ラデックの次の言葉は、このときの大会の雰囲気を端的に表わしているが、ラデック自身を含む多くの人びとのその後の運命を考えると、どことなく予言めいてもいる。

この決議案に賛成票を投じるにあたって、私はこれがわれわれに向けられる刃になりうることを感じるが、それでもなお、私はこれを支持する……いざというとき、中央委員会が必要と認めるなら、相手がわが党の最良の同志であろうと、中央委員会は最も厳しい措置をとるがいい……あえて言うなら、中央委員会が過ちを犯したところでかまわない！　いまここに見られる迷いにくらべれば、そのほうが危険は小さい。[*15]

第一〇回党大会が閉会すると、レーニンはすぐさま、批判派を迎えうつ格好の武器とした労働組合および党内民主主義に関する決議を少しも重視していないことを明らかにした。だが、党内部の「分派主義」を禁じた条項については、あくまでもこれを実施する決意であり、その決意の固さはクロンシュタット蜂起の鎮圧に武力を行使したときと同じだった。そのあとの一九二一年から二二年にかけて行なわれた粛清で、全体の三分の一にのぼる党員が除名されたり脱党したりした。労働者反対派の指導者たちは、自派の見解を保持する権利を放棄することを拒否し、コミンテルンに訴えることまでしたが、それも徒労に終わり、結局、一九二二年三月の第十一回党大会で再びレーニンと大会から弾劾され、その「分派」の指導者のうち二名はその後、党を追放された。

3

党を二分した一九二一年から二二年の論争では、スターリンはまったく目立たない存在だった。戦時共産主義の時期は、レーニンの路線に従い、レーニンが急転換してネップを推進すると、それについていっただけである。ところが、スターリンほどこの展開から利益をこうむった者はいなかった。それは二つの理由による。まず長期的には、レーニンが「分派主義」を排斥したことで、スターリンは後年それを一歩進め、党を一枚岩の構造に変える大義名分を得た。これは、レーニンがチェーカーのテロルを認めたことでスターリンが後年、チェーカーを政府の一機関に昇格させる大義名分を得たのと同じである。

第二の理由からは、より直接的な結果が生じたが、当時は誰もそのことを予測しえなかった。もしレーニンが本気で反対派を根こそぎにして党を分派主義から守るつもりであれば、討論に勝って党大会で決議を通す以上のこと、つまりその目的で組織的に日々の党運営をすることが必要だった。政府と党の双方で自他ともに認める最高指導者であるレーニンには、とうていそのような仕事にあたる時間がない。また、他の政治局員のうち、トロツキー、カーメネフ、ジノヴィエフの三人は、このような仕事にたいする志向も才能ももちあわせていない。しかし、五人目の政治局員であるスターリンにとって、この仕事は一九一七年以来こなしてきた役割をそのまま延長したものだった。彼はその役割を通じてレーニンの信頼を得たのである。それは、中央および党の役員と新旧の首都以外のところにいる党員との橋渡しをする役割であり、地方の党員にとっては、トロツキーやジノヴィエフやブハーリンのようにかつて国外へ亡命していた知識人よりも、スターリンのように自分たちと同じ地方出身者のほうが話しやすかった。

スターリンがすでに得ていた行政上の役職についても同じことが言える。民族人民委員の仕事は、内戦の終結にともなって再び重要性を増した。その民族人民委員であるスターリンは、ウクライナ、カフカース、中央アジアのような地域の実力者たちが交渉相手としなければならない政治局および中央委員会の代表として、ロシア帝国の再建にも等しい事業にあたったのである。スターリンの二つ目の閣僚の地位は、彼が一九一九年初頭にウラルを視察したことに由来する。この視察でわかったことは、ヴャートカのソヴィエト公務員四七六六名のほとんど全員がかつてのロシア帝国官吏であること、行政府は汚職がはびこって非能率きわまること、中央の指令が実施されているかどうかを中央政府が確かめるための有効な通信手段がないことであった。スターリンは労働者と農民の混成チームを実働部隊とする「統制監査委員会」の創設を提案した。レーニンは、この計画が気に入った。こうして、スターリンは労農監督人民委員部すなわちラブクリンをあずかる人民委員に任命されたのである。

一九二〇年十月、ラブクリンの職員を前にして演説し、スターリンはやがて再三にわたって繰り返すテーマを打ち出した。

官僚制度は粉砕されたが、官僚は残っている。いまや自らをソヴィエトの公吏として装い、彼らは国家機関に入り込んでいる。そして、権力をもったばかりの労働者や農民の経験不足につけ込み、古くさい陰謀をめぐらして国家の資産を簒奪し、かつてのブルジョワ的な考え方を導入しようとしているのである。（原注：R・C・タッカー『革命家としてのスターリン　一八七九―一九二九』）

政府の役人の新しい世代を教育する端緒は開かれたものの、ラブクリンは解決策とはなりえなかった。真の問題は、はるかに深いところにあった。党が政権を握ったあとの党の役割について、レーニンが真剣に考えはじめたのは、十月革命が終わってからのことだった。一九二〇年に書いた『左翼小児病』のなかで、彼はプロレタリアート独裁を次のように位置づけていた。

旧社会の権力と伝統……何百万、何千万という人びとの習慣の力にたいするねばり強い戦いだ。

闘争のなかで鍛えられた鋼鉄のごとき党なくしては、この階級に属するすべての誠実な人びとの信頼を勝ちえた党なくしては、大衆の動向を見守り、これに影響をおよぼす力のある党なくしては、そのような闘争を首尾よくなしとげることは不可能である。[*16]

レーニンは原則についてはは明確な考えをもっていたが、党が現実にどのようなかたちでこの役割をはたしていくかということや、非合法政党の時代が終わって政権党となった以上、当然必要とされる変革がいかなるものであるかについては、正しく認識しているというにはほど遠かった。

答は、ソ連における形式上の権力配分と実質上の権力配分との関係にあった。新しいロシア国家は、憲法上は「ソヴィエト共和国」を謳っていた。その政府である人民《ソヴ》委員会議《ナルコム》は、形式的には全ロシア・ソヴィエト大会の執行機関であり、人民委員は一つまたは複数の政府省庁を管掌する。ところが、実権はひきつづき、一九一八年の憲法でも一九二四年の憲法でも触れられていない団体である共産党の手に握られていた。人民政策を決定するのは、ソヴィエト大会でもなければ人民委員会議でもなかった。人民委員会議は憲法に規定されるようなソヴィエト大会の執行機関ではなく、共産党中央委員会および政治局の執行機関でしかなかった。政策の決定はここで行なわれ、それにたずさわる人びとは人民委員会議の一員ではあっても、ここでは共産党幹部という別の資格で参集していたのである。政策が決定されると、彼らは人民委員の立場に戻り、党の政策を実施するべく国の機関、すなわち自らが責任者である政府の各部門を通じて命令を発するのである。

だが、その政策を現実に実施するのは誰か。革命の五年後、レーニンは第四回コミンテルン大会で演説してこう語る。

皇帝のもとから、そしてブルジョワ社会から、われわれのところに移ってきた旧官吏が何十万とおり、ときには意識的に、ときには無意識のうちに、われわれにたいして不利益を働いている。この機構を改善し、改革して、新しい力を注入するためには、多年にわたる労苦を必要とするだろう。*17

国の行政や、いまでは国有化されている各産業の運営を党が担当することはとうてい無理だった。党員にはそれに必要な専門知識が欠けていた。新政権としては、訓練された新しい世代が登場するまで、革命以前の時代からの生き残りである行政官や経営者に（赤軍の場合と同様）頼らざるをえなかった。この時期の党の仕事は、国の公的機関を活性化させるために監督し、あるいは活性化を図るための役割をはたすことであった。党はすでに、政治委員のネットワークを通じて軍を統制し、村議会から「最高ソヴィエト」にいたる全ソヴィエトの選挙と討論を指導してきた。一九二〇年代に入ると、党はさらに影響力を強めて、政府組織の全階層に浸透し、連邦内の各共和国（ウクライナ共和国など）の行政府、ペトログラードやモスクワのような大都市の官庁と国営産業や労働組合の管理部門にまで力をおよぼしていく。

そのような政策を実施するには、党書記局による系統的かつ綿密な作業が必要であり、まずは党組織そのものを根底から再編成することが必要だった。その最初の試みがなされたのは一九一九年三月のことで、わずか一五名の部下を使い、すべてを自分の頭ひとつに収めて党の総務を担当していたヤーコフ・スヴェルドロフの死去にともなうものだった。政策を決定する政治局が公式に認知され、その執行と党組織をつかさどる組織局が設置されたのはこのときである。しかし、スヴェルドロフが死去したのちに行なわれた組織の整備は不充分なものであることがわかり、同時に、中央の各部署の業務に忙殺されずにすむよう、仕事を組織化する必要性がますます明らかになった。第一〇回党大会（一九二一年三月）ののち、スターリンが各書記の仕事を統轄する責任者となったのは当然のなりゆきだった。彼はレーニンが安心して仕事をまかせられる人間であり、中央委員のなかでただ一人、党の人事を担当する組織局の一員であるとともに、党の政策決定機関たる政治局の一員でもあったからだ。正式の任命は第一一回党大会のあとの一九二二年四月四日に行なわれたが、これはスターリンがすでに行使していた事実上の権限を追認したにすぎず、新聞報道も型どおりの扱いをしただけだった。しかし振り返ってみれば、これは注目すべき事実である。何しろ、スターリンが近代国家では他に例を見ないほど恣意的な個人的権力をともなう地位を築き上げたのは党の書記長としてであり、このあと一九四一年五月（原注：スターリンはドイツ軍の侵入を六週間後に控えたこのとき、自ら人民委員会議議長に就任した）まで他の役職にはついていないのである。ただしスターリン自身、当時はこの新しい職務をどこまで発展させうるものか、わかっていなかったと見てほぼ間違いない。

レーニンをはじめとする他の政治局員たちは、なぜこれほど大きな権力が一人の人間に集中することを許したのか。当時、スターリンの野心がどれほどのものかを知っていた者は一人もおらず、彼が次々と役職を兼務していくことを、誰もそのような観点からはとらえていなかった。なすべき仕事があり、他の幹部たちは気乗りがせず、スターリンは引き受ける気があるというぐあいで、レーニンやカーメネフやジノヴィエフ、ときにはトロツキーまでが喜んでスターリンに仕事を差し出したのである。その危険性を前もって見抜くことができたのではないかと思われる唯一の人間はレーニンだが、通常は鋭いレーニンの政治的感性は、これは大至急にやらなければならないと思う仕事を担当できる人材を探す必要が先に立っていたこと、また党幹部のなかでそれらの仕事をまかせられる人間がスターリンしかいないという気持ちがあったために、鈍らされていた。

元党書記のエヴゲーニー・プレオブラジェンスキーが第一一回党大会（一九二二年三月）で、スターリンであれ他の誰であれ、書記長という党内の責務と二つの委員部を統括する仕事を兼ねることがどうしてできるのかと質問したのにたいし、レーニンは次のように答えた。

この点で同罪でない者がわれわれのなかにいるだろうか。同時にいくつかの職を兼ねたことのない者がいるだろうか。また、そうせざるをえなかったのではないか。民族人民委員部の現状を維持しながら、トルキスタンやカフカースなどの問題を解決するために、いまわれわれはどうすればよいのか……われわれに必要なのは、どの民族の代表でも気軽に会って問題をくわしく話せる人間である。そういう人間をどこで見つけられるだろう。プレオブラジェンスキーにしても、スターリン以外の候補者の名前をあげることはできないはずだ。ラプクリンについても同じことが言える。実に大きな仕事だ。だが、監察の職務をこなすためには、その長として権威ある人物を据えなければならない。さもないと、われわれはけちな陰謀の泥沼にはまって溺れてしまうだろう。[*18]

レーニンには、スターリンの欠点が見えていないわけではなかった。トロツキーによれば、書記長候補としてスターリンの名前が最初にあがったとき、レーニンは「あのコックは胡椒のきいた料理しかつくらないだろう」[*19]と漏らしたという。しかし、レーニンは対立候補の名前をあげることはしなかった。以前からスターリンの「実務」能力に感心していたし、スターリンを御していく自信もあった。レーニンが自分の地位を脅かされる恐れがあると感じていなかったのは確かである――スターリンが書記長に就任した翌月の一九二二年五月に最初の発作を起こして、仕事ができなくなるまでは。

スヴェルドロフの死去からスターリンが後任となるまでの三年間に、多くのことがすでに行なわれていた。書記局の人員は三〇名だったのが、スターリンが引き継ぐ前年には六〇〇名までふくれあがり、業務は区分けされて、それぞれ個別の部や課が担当していた。書記長に就任したスターリンは、ツァリーツィンでしたのと同じように、自分の周囲に腹心の部下を集めた。スターリンの経歴に自らを託し、彼と一緒にのしあがってきた男たちだ。その筆頭格はV・M・モロトフ、スターリンの影武者で、正真正銘のソヴィエト官僚である。スクリャービンというのが本名で、有名な作曲家スクリャービンの従兄弟《いとこ》にあたり、一九〇六年に入党したときはまだ学生で、モロトフ（ロシア語で金槌の意味）という名前を使うようになった。二月革命当時、モロトフは二十七歳で、ひどい吃音と鼻眼鏡と、何を考えているのかわからない「ポーカーフェイス」ぶりは、このころもその後も同じだった。一九二〇年に中央委員候補になり、一九二一年には中央委員に昇格するとともに、書記局と組織局に入った。一九二五年には政治局員に選出されている。その後も、スターリンの側近中の側近として人民委員会議議長になったが、ソ連外相として独ソ不可侵条約をまとめたことで名声を得た。

ラーザリ・カガノーヴィチは改宗したユダヤ人で、ソ連最高の行政官という評判をとったほどに勤勉で疲れを知らぬ、情容赦のない「筋金入りの共産党員」だった。ウクライナの村の貧しい家に育ち、ほとんど教育を受けず、何としても貧困からはい上がろうと決意していたカガノーヴィチは、モロトフと同じく、初期の段階でスターリンにすべてを賭けることに決め、献身的に仕えた。彼はスターリンの工業化計画に深く関わり、「モスクワの地下鉄」の建設をやりとげた人物として名をあげた。カガノーヴィチは、粛清が行なわれていた当時、忠誠心のテストに合格した。あるとき彼は、スターリンから不意にこう問われた。「ラーザリ、君の弟のミハイル〔このとき航空機生産人民委員〕は右派と親しくつきあっている。それには確たる証拠があるんだ」。カガノーヴィチは信じられない思いだったが、こう答えた。「でしたら、法に従って処置しなければなりません」。彼がやったのは弟に連絡することだった。ミハイルは逮捕されるのを待たず、その日のうちに自殺した。モロトフの場合は、呼びつけられて妻の強制労働収容所送りを承服させられただけだった。

スターリンの死後、モロトフとカガノーヴィチは中央委員会から追放された。一九五七年に、フルシチョフがいわゆる「反党グループ」に勝ったときである。しかし、二人は九十代の半ばまで生きのびており、年金によってひっそりと暮らしていた。一八九〇年生まれのモロトフは一九八六年十一月に世を去り、一八九三年生まれのカガノーヴィチは一九九一年七月に死んだ。

しかし、政治的な保身ということになれば、アルメニア人のアナスタス・ミコヤンの右に出る者はいない。ミコヤンは一九二〇年代に党中央委員、政治局員候補に選出された。その後、外国貿易人民委員となり、スターリン時代の生き残りの誰よりも変わり身の早いところを見せて、一九六六年まで政治局（のちに幹部会）の一員として地位を保ったのち、政界から引退した。

スターリンは、スターラヤ・プローシチャチ（旧広場）に面した大きい建物を占める中央委員会書記局のなかに自らの直属機関、いわゆる「機密部」を新設した。彼の上席個人補佐官イワン・トフシュチューハは背が高くて痩せた知識人で、シベリア流刑ののち亡命してフランスで暮らしたことがあった（一時期、機密部で働いていたボリス・バジャーノフによれば、スターリンはあるとき、トフシュチューハに「うちのお袋はきみにそっくりの雄山羊を飼っていたよ。そいつは鼻眼鏡はかけていなかったがね」と言ったという）。彼の任務の一つは、「特務課」をつくり、OGPU（原注：秘密警察「チェーカー」は一九二二年二月以降は「GPU」（ゲー・ペー・ウー）と称されるようになり、さらに一九二三年七月、「OGPU」（オー・ゲー・ペー・ウー）となった）と連絡を保つと同時にその動静を監視し、スターリンに自分で集めた個人的な情報を提供して、レーニン死後の権力闘争で優位に立たせることだった。スターリンはまた、トフシュチューハをソ連においてヴァチカンの検邪聖省にあたるレーニン研究所――のちにマルクス－エンゲルス－レーニン研究所――の副所長にし、その機関をコントロールすると同時に、マルクス－レーニン主義のイデオロギーの「純粋さ」を維持させた。

ボリス・バジャーノフは、スターリンの秘書として一九二三年から二五年まで、政治局のさまざまな問題を担当した。一九二八年に西側に逃れたバジャーノフは、外からはうかがい知れぬ機密部の活動に関する貴重な情報源である。レフ・メフリスはスターリンの個人秘書をつとめ、のちに赤軍の粛清に際して不吉な役割を演じた。グリーシャ・カネルは隠密作戦の保安と輸送の責任を負っていた。その資格で、彼は自動電話システムの設置を監督したが、そこにはスターリンのデスクに設置された「コントロール・ポスト」も含まれ、それによってスターリンは他のすべての者の会話をひそかに聞くことができたが、これはトップに登りつめるための権力闘争における貴重な道具となった。そして、この仕事をしたチェコ人の技術者は、スターリンの命令により、スパイとして銃殺された。

一時期、機密部でスターリンの個人的なアシスタントをつとめ、のちに名前を知られるようになったその他の者のなかには、ゲオルギー・マレンコフとニコライ・エジョーフがいる。また、最も長くスターリンに仕えた者は、最も驚くべき人物だった。アレクサンドル・ポスクリョブイシェフが引き抜かれたのは、中央委員会の包装部で働いていたときであり、それはスターリンの書記局には肉体労働者が一人もいなかったからである。彼はいつもこのうえなく粗野な言葉づかいでぼそぼそと話し、まったく無教養だという印象を与えると書かれている。それでも彼は抜擢されて、スターリンの秘書の一人となり、一九三〇年代の初めにはトフシュチューハにかわってスターリンの首席秘書になり、「特務課」の長となった。驚異的な記憶力をもつポスクリョブイシェフは、奴隷のごとくスターリンに仕え、命じられたことについては何も質問することなく、一日に一六時間働いた。スターリンの秘密を彼以上に知る者はなく、その秘密を守るためにはどうすればよいかを彼以上に知る者もいなかった。彼はスターリンの面会の取り次ぎを一手に掌握しており、それはヒトラーにたいするボルマンがそうであったのと同じだった。そのために、彼はクレムリンで最も力をもつ人間の一人になったが、ボルマンとは違い、彼はその立場を利用して自分の利益を図るようなことをしなかった。ポスクリョブイシェフは粛清をすべてくぐり抜けて生きのびたが、スターリンの最晩年にこの独裁者の底知れぬ猜疑心の犠牲となって唐突に解任された。

中央委員会書記局にはいくつかの部局ができ、なかには報道に加えて、思想や文化を扱う扇動と宣伝のセクション「アギトプロープ」もあった。だが、書記局の最も重要な機能は、何といってもモスクワとペトログラードという新旧首都のかなたの広大な後背地に遍在する党の常勤職員の実態を把握し、再編成して、必要とあれば配置転換や粛清を行なうことだった。

内戦後、多くの地域では州や地区の党委員会や実力者が独自の判断で活動することに慣れてしまい、モスクワとはあるかなきかのつながりしか保っていない状態にあった。もっと悪いのは、彼らが革命以前からの技術者、エコノミスト、公務員、および海外の専門家など、専門技能をもつきわめて多くの管理者に依存していたことであり、彼らがいなければ工業も鉱山も通信も金融も機能しなくなることだった。ところが、共産主義政権にたいする彼らの誠意は疑わしく、彼らはいともやすやすと堕落し、容易に買収され、あるいは党の幹部を欺くのであった。スターリンは内戦時に労農監督人民委員として、そういう状況にどう対応するべきかを経験から学んでいた。書記局はすでに、党の権威を回復し、通信線を復興するという困難で厄介な課題と取り組んでいた。書記局がそれまでに収集した最新の情報をもとに、スターリンは就任後一年目にして過去二カ月間に決定された一万人以上の党員人事を報告することができた。翌年、新たに一万人の党員に関する人事が承認され、四二におよぶ地方支部の党書記のポストが決定された。一九二五年、スターリンがラーザリ・カガノーヴィチを七六七名の常任スタッフをもつ書記局に迎えたのは、これらの人事を管理させるためであった。

スターリンは党機構をつくったわけではなかったが、それを組織するという仕事をやってのけた。一九二三年には、組織局と書記局は四八万五〇〇〇人の党員の詳細を把握し、信頼のおける党員を党組織内のあらゆる部署につかせることができるようになった。スターリンはもちろんのこと、レーニンをはじめとする共産党の指導者たちまでが、ヒトラーと同じように、首脳陣は下にたいして独裁的に振る舞うべきだと考え、下部組織の人びとは上からの指示に従って「正しい方針」を実行すべきだと信じていた。スターリンは、党を運営する仕組みをつくったのは自分だと自負していた。「幹部《カードル》がすべてを決める」という言葉は、スターリンの気に入りの決まり文句になった。「正しい方針が決定されたあと、その方針が成功するかどうかは組織の働きと……人民が正しい選択をするかどうかにかかっている」*20

問題は残ったが、スターリンの努力のおかげで点検された。これは党が成功するうえでの大きな貢献となったが、これによってスターリンが最大の利益をこうむったことも事実だった。実際に、数千人もの党幹部はモスクワとペトログラードを含めて地方ごとに選出されなくなり、地方支部の運営の責任は、地方の党員の手から奪われた。地方支部の人事は中央からの「推薦」によって行なわれ、一体化した官僚機構に組み込まれた地方の党員の人事と昇進は、党書記長の手にゆだねられた。「アパラーチキ」と呼ばれるこれらの地方党員は、その大半が内戦を生きのびたしたたかな新世代に属していて（フルシチョフなどもその一人である）、党内での栄達を目指して独自の集団を形成し、既得権と特権を守ることに専念した。まもなく、アパラーチキは現実を理解するようになった。自分たちの栄達はスターリンに気に入られることだけではなく、上層部で強大になりつつある彼の権力によっても左右されるということである。また、スターリンのほうでも、自分の地位がアパラーチキとの相互依存関係にあることをすぐさま理解し、今後展開される権力闘争において、アパラーチキとの協力が自分にとって最大の武器になることに気がついた。

政治局の人間で、スターリン以上に、モスクワやペトログラードはもちろんのこと、シベリア、ウクライナ、カフカースの事情に明るい人物はいなかった。スターリン以上に新世代の党員の多くと顔見知りの人間はいなかった。スターリンの一存で、これらの党員が党大会や委員会の代表に「選出」されるのを保証することができたし、中央委員の候補として推薦することもできた。ローマ史の用語を借りれば、スターリンほど多くの隷属平民《クライアント》を従えた人間はいなかった。その並み外れた記憶力のおかげで、スターリンは人の名前を実によくおぼえていた。しかも、スターリンは党首脳部の政敵の誰にもまして、党の書記たちが抵抗なく一体感をおぼえることのできる人物だった。彼は一度も外国に亡命することなく、国内で生まれ育った人間であり、書記たちがかかえる問題と考え方を理解できる、彼らと同じ「実務家」であって、慇懃無礼に彼らの庇護者のような顔をする知識人ではなかったのである。スターリンは同僚からすれば厄介な人間だったが、問題をかかえて地方からやってきた党員にたいしては、かならず時間を割いて辛抱強く彼らの話を聞き、助言を与えて帰すのがつねで、そのたびにまた一人隷属平民が増えるのであった。

レーニンが一九二二年の最初の発作から回復しかけたころには、スターリンはすでに自らの権力の基盤をつくりあげていた。そこには目を見張るようなものは何もなかった。トロツキーは派手な身振りが好きだった（そのために、階級的な対立のバランスをとって漁夫の利を占めようとするボナパルティズムの疑いと恐れをかきたてた）から、いかにもこの冴えない凡人に似つかわしいとたかをくくっていた。スターリンのうちに凡庸さしか見ていなかったのである。だが、この基盤は有効だった。レーニンの発病で新たに開けた展望のなかで、スターリンは今後、後継者争いの決着がつけられる舞台となるべき中央の政策決定機関——党大会、中央委員会および政治局——にたいし、自分が全国の党組織内に築き上げた影響力を集中的に働かせることのできる立場についていた。

4

これまでのところ、スターリンの昇進はレーニンの変わらぬ信頼と支援に負うものだった。一九二二年から二三年にこの頼みの綱が切れ、スターリンはその経歴における最大の危機に直面した。局面を一変させた予期せぬ出来事は、一九二二年五月に起こったレーニンの脳卒中の発作である。このときレーニンはまだ五十二歳であり、どうにか回復して同年の後半には何カ月か仕事に復帰した。しかし、後継者問題がすぐに生じた。レーニンの権威の低下は避けられなかった。そして、レーニン自身、スターリンをはじめとする同僚を、それまでとはまったく違った目で見はじめた。レーニンが自在に動かせる右腕としてのスターリンならばよい。だが、一九二三年のうちにすでに独立した地位を要求しはじめた後継者としてのスターリンとなると、話はまったく別だった。

レーニンの態度を急変させた原因は、スターリンが党内で権力をたくわえたことではなく、一九一四年以前にレーニンが初めてスターリンに関心をもつきっかけとなった問題、すなわちスターリンによる民族問題の扱い方にあった。内戦が終結し、共産党がロシア帝国の領土の大部分を抑えるにおよんで、民族問題は焦眉の急となった。これは総人口一億四〇〇〇万人の半分近い六五〇〇万人の、スラヴ系ではあっても大ロシア人ではないウクライナ人に関わる問題であった。政権についたいま、共産党はかねて約束していた民族自決をどこまで履行する用意があるのか。

レーニンはもちろん、共産党指導部の誰一人として、単一政党による支配のもとに権力を集中させることについて疑問を投げかける者はいなかった。しかし、レーニンはこのことと、すべての非ロシア人を劣等民族扱いする「大ロシア・ショーヴィニズム」とをはっきりと区別し、後者については帝政ロシア体制とその傲岸不遜な役人根性の遺物だとして攻撃していた。ロシア語のみを教える画一的な学校制度を求める共産党員を批判して、彼は言った。「私に言わせれば、そのような共産党員は実は大ロシア・ショーヴィニストなのだ。われわれは多くの党員の心にひそんでいるそれと戦わなければならない」。しかし、グルジア出身であることを否認してロシア人としてのアイデンティティを自ら選びとったスターリンにとって、これは非現実的な区別だった。彼はボリシェヴィキ革命とレーニン主義を「ロシア文化の最高の到達点」と見なしており、民族‐文化的自治を要求してこれを脅かすウクライナ人やカフカース人の「ブルジョワ民族主義」にたいするいらだちをつのらせていた。

発病する前、レーニンは自分とスターリンとの意見の相違を力点のおき方の問題、または戦術上の問題ととらえていたようである。彼が二人の考え方の違いには深刻なものがあると確信するようになった——レーニンは最初の発作以後、自分のスターリンにたいする支配力に前ほど自信がもてなくなっていたのかもしれない——のは、スターリンがグルジア対策で示した態度をめぐってのことだった。その背景にあったのは、広大なロシア共和国（それ自体が連合で、バシキール族のように「自治」を認められている多くの少数民族からなっていた）と歴史的な民族——ウクライナ、白ロシア、そしてカフカースの三つの共和国（グルジア、アゼルバイジャン、アルメニア）——との関係に再検討を加える必要があったことである。民族人民委員として、スターリンは一九二二年にある委員会の委員長に任命され、すぐにその答を見出した。スターリンの解決策は、歴史的な民族を既存の「自治」共和国と同じ資格でロシア連邦共和国に組み入れるというものであり、モスクワのロシア連邦共和国の最高機関はすべてを統轄する中心的な権威をもつというものだった。グルジアとカフカースのその他の共和国は個別にロシア連邦に入るのではなく、新たに形成されるカフカース連合の一員になるのであった。

内務、法務、教育、農務については、少なくとも名目上は、各共和国政府が管轄する。財務、経済、食糧、労働については、モスクワから調整を受ける。外交政策、軍事、安全保障、対外貿易、運輸、通信については中央政府が全責任を負う。グルジア周辺の共和国は、このスターリンの計画を知らされてもあまり熱心に支持しなかった。唯一、グルジア共産党の中央委員会だけが、この計画にはっきりと反対した。

メンシェヴィキが政権を握っていたグルジア共和国は、内戦のさなかに独立を達成していた。一九二一年二月、赤軍は短期間ですんだものの、おびただしい流血の末、カフカースの各共和国のなかで最後まで抵抗したこのグルジアを占領した。グルジア人の怒りの強さを承知していたグルジアのボリシェヴィキは、懐柔策をとりたかった。だが、スターリンは故国を訪れて無礼なあしらいを受けたあとだけに、こうした要請をにべもなくはねつけた。スターリンは同じグルジア出身のオルジョニキーゼを中央委員会のザカフカース執行官として派遣し、連合併合に反対するグルジアのボリシェヴィキを追放させた。同時に、この計画にたいするレーニンの意見をたださずに、単独で中央委員会にこの計画を承認させた。このとき、グルジア代表のブドゥ・ムジヴァニだけは投票を棄権した。

レーニンはいぜんとしてゴーリキー市で療養生活を送っていたが、スターリンのこうした動きにはすぐさま反応した。この併合問題は非常に重要なことだと述べて、レーニンは政治局に自分の復帰を待つよう要請し、「スターリンはことを急ぎすぎる傾向がある」[*21]とつけ加えた。レーニンはスターリンの計画をあまりにも中央集権的だとしてしりぞけ、新たにソヴィエト社会主義共和国連邦を設立することを提案した。この連邦においては、ロシア共和国も他の共和国と同じ地位におかれ、同じ権利を有することになる。レーニンはこう主張した。この新たな連邦の最高機関としてロシア連邦共和国の中央執行委員会をつくるのではなく、新たに連邦執行委員会を創設すべきである。そうすることで「各共和国が平等の立場から、新しい次元で連邦を結成する」という概念に実体を与えることができるというのである。この構想を聞いて、スターリンは露骨にいらだちを示した。レーニンが提案した五つの変更点に関して、スターリンはこう述べた。「第一の変更は認められる。第二点は絶対に受け入れられない。三番目は編集上の技術に関するものであり、五番目の変更は不必要だ」。第四の変更に関しては、スターリンは同志レーニンが「いささかことを急ぎすぎている」と述べて、レーニンからの批判をそっくり返上し、皮肉めかしてこうつけ加えている。

「同志レーニンのこうした性急さが、『独立を主張する勢力を勢いづかせる』ことは間違いなく、ひいてはリベラルな考え方で民族問題に対処するという同志レーニンの評判を落とすことになる*22」

それでも、ゴーリキー市でレーニンと三時間にわたって会談したあと、スターリンはレーニンの目標に従って併合計画を見直し、結局、一九二四年にソヴィエト社会主義共和国連邦の成立を正式に宣言することになるのである。だが、中央委員会は付帯条件をつけ、ザカフカースの各共和国は個別の共和国としてではなく、スターリンが構想したカフカース連合の一部として連邦に加入すべきだと述べた。グルジアの中央委員会は、グルジアが新たに成立したソ連に直接参加することを認めてほしいと要請した。レーニンはこの要請を聞いて激怒した。レーニンは中央委員会の決定を支持し、オルジョニキーゼのグルジア処理にたいして不服を唱えるグルジア人を非難した。オルジョニキーゼは、スターリンにけしかけられて、グルジアのボリシェヴィキを粛清し、連合併合に反対する主導者を公職から追放した。

だが、それでもグルジアのボリシェヴィキが抗議しつづけたために、政治局員もレーニンも、調査する必要があることを認めた。レーニンは執務を再開し、自分の療養中に変化が起こったことを感じていた。その変化の最も顕著な現われは、スターリンに問い合わせなければ現状がわからない問題の数が多くなったことである。些細な出来事がきっかけとなって、レーニンは書記長スターリンへの疑惑を深めていくことになる。チフリスのオルジョニキーゼのアパートで、ルイコフがグルジアの反対派指導者の一人と話していたところ、二人のグルジア人のあいだで口論になり、オルジョニキーゼが相手に平手打ちを食わせたという報告がルイコフから入ったのである。レーニンから見れば、オルジョニキーゼの振る舞いは言語道断だった。帝政ロシア時代といえども、高官が下位の者に手を上げることなどなかった。ロシア人に同化しようとするうちに、オルジョニキーゼとスターリンはロシア官吏の最悪の陋習《ろうしゅう》——鈍感と野卑のまじりあった「ハムストヴォ」——を身につけてしまったのである。

レーニンは、スターリンらに落度はないとする報告を信用せず、国家政治保安部(GPU)の創設者であり長官であるジェルジンスキーに指示し、グルジアに戻ってオルジョニキーゼのアパートでの喧嘩について、さらにくわしく調べるよう命じた。その四日後、レーニンはまた病気になり、一九二二年十二月二十二日から二十三日にかけての夜、二度目の発作に襲われた。

それにつづいて何が起こったかは、長い年月を経てようやく知られるようになったが、その多くはスターリンの死後、明らかになったものである。かつて目をかけていたスターリンにたいするレーニンの態度が、このころにはあからさまな不信に変わっていたことは疑いの余地がない。この不信感は、政治局が状況に対処するためにとった措置によって、さらに強まった。スターリン、カーメネフ、ブハーリンと医師団が、十二月二十四日に協議した結果、次のような取り決めがなされたのである。

ウラジーミル・イリイチは、毎日五分ないし一〇分間、口述筆記を行なう権利を有するが、これは往復書簡の性格をもつものではなく、ウラジーミル・イリイチは回答が得られることを期待してはならない。客の訪問は禁じる。友人や周囲の者は彼に政治の話をしてはならない。*23

こうした措置を正当化する理由として、レーニンが、たとえまた職務につくことはほぼ確実に不可能だとはいえ、身体は半ば麻痺したまま何年も生きつづけて、政治に口を出すことがありうるかもしれないという予想があった。それにたいするレーニンの反応は、何が何でもこれらの指令から身をかわそうとの決意であり、政治局が指令遂行の監督役にスターリンを選んだことから、その決意はますます固くなった。

協力者を物色して、レーニンはトロツキーに目をつけた。彼はトロツキーにたいし、一九二二年のうちに二度も、人民委員会議副議長の地位につくよう強く求めていたが、トロツキーは二度とも拒絶した。レーニンが、自分の副官の筆頭という政治的地位を確立する機会を与えようとしていることが、トロツキーにはわからなかったのだ。しかし十二月に、レーニンが政府の対外貿易独占を緩和するスターリンの提議に反対したとき、レーニンにとって嬉しいことに、トロツキーはレーニンの見解を中央委員会に伝達することを承知し、さらに嬉しいことに、中央委員会はこれを受け入れて当初の決定をひるがえした。「われわれは戦わずして地歩を固めた」とレーニンは書いている。「ここで足踏みすることなく、攻勢に出ようではないか」。トロツキーとの私的会談で、レーニンは再び副議長の地位につくよう申し入れ、国家と党の双方にはびこる官僚主義と戦う陣営を組む心づもりのあることを明言した。ところが、その数日後、レーニンは二度目の発作に見舞われ、スターリンの将来に影響をおよぼしたかもしれないこの提案は、それ以上進展しなかったのである。[*24]

クレムリンの居室に閉じこめられたかたちのレーニンにとって、外界との窓口は妻のクループスカヤ、姉マリヤ、それに秘書たちだけとなった。だが、かつての策士(という地位にいまや事実上落ちぶれてしまったのだが)は、闘志を失ってはいなかった。ハンガーストライキをする、医師団の治療に協力しない、と脅しをかけて、毎日数分間以上「日記」と称するものを書く権利を確保した。実はこれは日記でも何でもなく、党大会に宛てた最後のメッセージであった。レーニンは死と向きあいながら、十二月二十三日から翌一九二三年一月四日にかけて、ときおりひそかに口述をした。

これが、のちにレーニンの「遺書」と呼ばれるようになった文書である。[*25]

レーニンは、党と国家がこのまま官僚主義化していくと、労働者と農民の利益に奉仕すべき党と国家はどちらも当の労働者と農民から乖離することになると危惧し、中央委員会の定数を拡大するよう強く主張した。当時、中央委員会は中央委員一六名、中央委員候補八名という小規模な構成で、そのなかにはレーニン以下、すべての政治局員が含まれていた。レーニンはこれを五〇名から一〇〇名に増員することを求めた。さらに、これも一〇〇名程度の委員からなる拡大された中央統制委員会が、政府と党の双方を管理する責任を負い、政治的に党の最高の権威となる中央委員会総会にも参加すべきであるとした。どちらの場合についても、レーニンは新しいメンバーを労働者および農民から選ぶよう主張した。

　できれば、ソヴィエト組織で長く勤務してきた者は除外するのが望ましい。そのような人びとは、打破すべき慣習や偏見をすでに身につけてしまっているからである……新しいメンバーは、平党員の労働者や農民に近い存在でなければならない。

レーニンの希望は、これら新しいメンバーが中央委員会と政治局の定例会議に毎回出席し、すべての文書に目を通すことにより、「第一に委員会自体を安定させ、第二に国家機構の刷新と改善に寄与することができるだろう」ということであった。安定というのは、分裂の回避という意味だとレーニンは注記し、分裂こそがスターリンとトロツキーの関係から生じる最大の危険であるとした。

書記長となった同志スターリンは、無制限の権力を自らの手に集中させた。彼がこの権力を、つねに充分な慎重さをもって行使するかどうか、私には確信がもてない。一方、同志トロツキーは非凡な能力（現在の中央委員会にあって最も有能な人物と言えるかもしれない）をもっている。ただ、彼は自信をもちすぎており、とかくものごとの純行政的な側面にあまりにも熱中するきらいがある。

レーニンは二人のどちらをも、後継者として指名しなかった。彼の頭のなかにあったのは、「二人の抜きんでた中央委員」の資質が、いつしか党を分裂に導くことになりかねないという懸念だった。その危険を避ける最善の方法は、委員会の規模を大きくすることだ、とレーニンは信じたのである。

ジノヴィエフとカーメネフについてもレーニンは触れてはいるが、スターリンおよびトロツキーと同等のレベルの人物とは見ていない。中央委員会内の若手組であるブハーリンとグリゴーリ・ピャタコーフについても同様で、非凡な才能をもってはいるが、それが開花するにはまだ時間がかかると評している。
九日後、レーニンは追伸を書いた。

スターリンはあまりにも粗暴である。この欠点は、われわれ共産党員同士の関係では容認することもできようが、書記長の職にある者の欠点としては容認しうるものではない。それゆえ、私は同志諸君にたいし、何らかの方法を講じてスターリンを書記長の地位から更迭し、スターリンよりも寛容で、忠誠心に篤く、礼儀正しく、同志にたいする思いやりの深い、気まぐれでない別の人物を任命するよう提案する。このことは、あまり大きな意味をもたない些事と見えるかもしれないが、上に記したスターリンとトロツキーの関係に照らして考えれば、些事ではない、というか、決定的意味をもちうる些事である。一九二三年一月四日。[*26]

この覚書が書き上げられると、数通の写しが作成され、「機密、V・I・レーニンおよび、その死後はナジェージダ・クループスカヤ以外、何人も開封せざること」と上書きした封筒に入れて封印された。
覚書の宛先は、第一二回党大会（この年の春に開催されることになっていた）だった。レーニンは出席できるかもしれないという望みをまだ捨てていなかったのである。

従来、この覚書は、レーニンが一九二四年一月に死去したのにともなって、その年の五月に妻クループスカヤから第一三回党大会の準備について話しあう中央委員会総会に提出されるまで、ソ連の指導者たちはその存在について誰も知らなかったとされてきた。ところが、一九八八年二月に『プラウダ』に掲載された、考証のゆきとどいた記事が示唆するところでは、レーニンの秘書リジヤ・フォチエワが、当時（一九二二年十二月）、スターリンほか数名の政治局員にたいし、追伸に記されたことについてではないが、レーニンが六人の政治局員について行なった評価の内容を語っていたらしい。しかし、この覚書に関しては、一九二三年の党大会ではひとことも触れられなかった。

トロツキーは後日、順序として自分が人民委員会議議長のポストを引き継ぐことのできる役職を新設する意図がレーニンにあったと主張する。実際、レーニンがトロツキーに副議長就任を強く求めた裏には、そういう思惑があったかもしれない。その機会を、トロツキーは——スターリンと書記長のポストの場合とは異なり——つかみ損ねたのである。だがレーニンは、党大会に宛てた覚書（いわゆる「遺書」）のなかでは自分の後継者として誰かの名前をあげることを意識的に避けている。このことは、自分のあげた六人の全員が中央委員会と中央統制委員会の厳格な監督のもとで一緒に仕事をする集団指導体制を考えていたことを示唆する。

党大会に宛てた覚書を口述するかたわら、レーニンは一九二二年十二月三十日―三十一日という日付のある覚書のなかで、再び民族問題を取り上げた。レーニンは、スターリンとオルジョニキーゼが灼熱した鉄で民族主義的感傷を焼きほろぼすと公言しているとの報告に怒り、先の平手打ち事件を評して「われわれが泥沼に着地してしまった」ことの表われだと断じた。大ロシアが少数民族に対応するうえでのこのような「粗暴さ《グルーボスチ》」（レーニンがスターリンを形容して使った言葉）は何としても避けなければならない。オルジョニキーゼは懲戒処分に値する。だが、真に責められるべきはスターリンであり、がむしゃらな性急さ、グルジア人の民族感情にたいする悪意、行政にたいする過度な熱意、独裁的なやりかたである。スターリンの構想は欺瞞である。それは非ロシア系民族を「この典型的ロシア人、大ロシア・ショーヴィニスト、元来、威圧的な悪党の性根をもつ、ロシア官吏の古典的タイプ」のような人物による権利侵害から守るものではない。スターリンも（事件の調査を行なった）ジェルジンスキーもロシア人とは言えないという事実は、問題をさらに悪化させる要因にしかならない。「周知のとおり、ロシアに帰化した外国人は、自分がおのれの選択による正真正銘のロシア人であることを示そうとするときは、何をするにも度を過ごすのがつねである」*27

レーニンは、このグルジア問題に関する覚書を第一二回党大会で使うためにとっておく一方で、『プラウダ』掲載用として二つの論文を一九二三年の一月と二月に口述した。そのテーマは、ソヴィエト（つまり政府の）行政と党内行政に見られる官僚主義の肥大を規制するためにより適切な措置を講じる必要があるということだった。二番目の論文で、レーニンがとくに批判の対象としたのは労農監督人民委員部《ラプクリン》である。ラプクリンはスターリンが書記長になるまで統轄していた組織で、官僚主義の悪弊を根絶するために設置されたものでありながら、自らその悪弊に染まっているとして、レーニンはラプクリンを痛烈に批判する。スターリンの名前こそあげていないが、官僚主義にたいするレーニンの仮借ない攻撃ぶりからして、その標的がスターリンであることは疑いようがない。「これほど組織の不備な機関はどこにもないこと、現在の条件下ではこの人民委員部から何も期待できないことは誰でも知っている」。さらに、党内でラプクリンにあたる役割を担った機関で、これもスターリンが長をつとめる中央統制委員会を横目でにらみつつ、レーニンはつけ加える。「ここで参考までに言うと、官僚主義がはびこっているのは、何もソヴィエトの機関だけではない。党機関においてもまたしかりである」。問題の根元には、文明人としての作法の欠如（ここでも不満の種は同じだ）がある。

人びとはプロレタリア文化について……くだくだとしゃべりすぎる。初めは真のブルジョワ文化で満足しよう。粗暴な前ブルジョワ文化、すなわち官僚主義的な農奴文化がなくなれば、それでひとまずよしとしよう。こと文化に関するかぎり、性急さやそれを一掃するような措置は、およそ考えられる最悪の対応である。

第一の論文は一九二三年一月二十五日付『プラウダ』に掲載されたが、編集長のブハーリンは、第一論文よりもはるかに批判的な調子の強い、具体的改革案を盛りこんだ第二論文については掲載をためらった。クループスカヤが助力を依頼したのに応えてトロツキーが召集を求めた政治局の特別会議では、過半数が掲載に反対した（ヴァレリアン・クイブイシェフは、レーニンを満足させるため、この論文を掲載した号外を出してはどうかとまで提案した）。しかし、結局、レーニンの書いた論文を党にたいして隠しておくことはできないという見方が大勢を占め、「少ないにこしたことはない、だがよりよいものを」と題して、三月四日付の『プラウダ』に掲載された。[*28]

おそらく何か予感に促されたのだろう、レーニンは衰えゆく身体に鞭打って、スターリンに対抗する最後の行動を起こした。三月五日、トロツキー宛に、中央委員会でグルジア人を弁護する論陣を張るよう依頼する書簡を口述し、民族問題を論じた十二月の覚書を添えて発送した。翌日には、グルジア人の指導者ブドゥ・ムジヴァニとその支持者に宛てて電報を打ち、「諸君の一件を誠意をもって見守って」おり、いつでも支援するつもりでいることを伝えた。[29] ところが、トロツキーは体調が悪いことを理由に動こうとしなかったため、スターリンはグルジア共産党の会議に自分の息のかかった人間を多数送り込んで、グルジアの主導グループたるムジヴァニ派をことごとく公職から追放することができた。

レーニンはトロツキーに手紙を出すと同時にスターリンにも手紙を書き、前年十二月下旬のある出来事について申し入れをした。その出来事とは、対外貿易独占をめぐる論争にレーニンが介入したことを怒ったスターリンが、レーニンの医療体制を監督する責任をまかされているのをいいことに、クループスカヤに電話をかけ、医師団の命令が守られていないのを放置しておいたと言って彼女を荒々しくなじったうえ、中央委員会に召喚すると脅したことである。クループスカヤはそのときレーニンには何も言わず、冷静な手紙をカーメネフに送り、カーメネフとジノヴィエフに保護を依頼するだけで満足した。しかし、三月初めになって、レーニンはこのことを聞きつけ、「同志スターリン殿」で始まる次のような手紙を出したのである。

貴殿は粗暴《グルーボスチ》［またしてもこの語である］にも、私の妻を電話口に呼びつけて暴言を吐いたとのこと。妻は貴殿の暴言を忘れてもいいとしているものの、この一件はすでに妻を通じて、ジノヴィエフとカーメネフの知るところとなっています。

私としては、私に敵対する行動をそうやすやすと忘れるつもりはなく、言うまでもないことながら、妻にたいしてなされたことは、すなわち私にたいしてなされたものと見なします。したがって、貴殿は前言を取り消して謝罪することを承諾するか、それともわれわれの関係を壊すことを選ぶか、よくお考えいただきたい。／敬具／レーニン[*30]

最近、レーニンのこの手紙にたいするスターリンの返事が公文書館で発見され、そこにはこう書かれていた。「前言を取り消すのが、私のなすべきことであるとあなたがお考えなら、取り消してもかまいませんが、何が問題なのか、私がどんな悪いことをしたのか、私には理解しかねます[*31]」。レーニンは病状が重くて、スターリンの返信を読むことができなかったと伝えられている。また、謝罪らしいものも、クループスカヤのもとに届いたといわれるが、レーニンとスターリンの不和は最後まで修復されずじまいだった。三月六日、レーニンの容態は悪化する。三月十日にまたも発作を起こして言語障害と右半身不随におちいり、以後、政治に関わることができなくなった。一九二三年の夏から秋にかけて、レーニンは少し歩けるまでに回復し、ひそかにモスクワを訪れて同志たちに別れを告げることもできた。そのとき、党の幹部や政府の高官たちが挨拶に訪れたが、スターリンは姿を見せず、二人が再び会うことはなかった。

5

スターリンにしてみれば、自分が誰よりも敬愛していた人物、自分を信頼して昇進の道を開いてくれた人物が敵になったと知ったことはショックだったに違いない。彼はレーニンの最後の手紙を生涯、保存していた。スターリンが死んだとき、この手紙が書きもの机の引き出しのなかにあるのが見つかり、一九五六年の党大会におけるフルシチョフの非公開演説のなかで初めて読み上げられたのである。一九二三年当時、スターリンはレーニンがどこまでやる気でいるか知らなかったし、スターリンを書記長のポストから更迭すべきだとの提案をするつもりでいることも知らなかった。だが、次の党大会（第一二回）に向けて何かが計画されつつあることには気づいていたから、もうレーニン本人を目の前にしないですむとわかって大いに安堵した。

レーニン不在のあいだ、党の政策を決定し、日常の業務を取り仕切っていたのは、ジノヴィエフ、カーメネフ、スターリンの三人組であった。三人は別に仲がいいわけではなく、ただトロツキーにたいする不信感からたがいに手を結んだのである。肩書きからすると、三人の地位はいかにも強力に見える。カーメネフはレーニン不在中の政治局議長代行であり、人民委員会議の二名の副議長の一人であって、モスクワ・ソヴィエトの議長でもあった。ジノヴィエフはもう一つの大都市組織、レニングラード・ソヴィエトの議長であり、第三インターナショナル、すなわちコミンテルンの議長でもあった。スターリンは民族人民委員をつとめるかたわら、党書記長の要職にあった。ところが、トロツキーにはこれとまったく異質の要素が備わっていた。肩書きのもつ重みではなく、存在感とカリスマ性である。いわば、レーニンと共有する革命指導者としての威信、彼が党大会に現われるやおのずと熱狂的な拍手が沸かずにはいない威信である。このころになっても、党員のほとんどは――そしてトロツキー本人も――いざというときレーニンのあとを継ぐ者はトロツキーをおいてほかにいないと思っていた。

トロツキーが後継者の名乗りをあげるとすれば、自分に有利に展開できる争点は三つあった。すでにこれらは、党の現指導体制にたいする批判のうねりを引き起こしていたのである。第一は官僚主義と脅かされつつある党内民主主義、第二は経済政策、第三は民族問題と新しい憲法である。このいずれに関しても、レーニンはスターリンに背を向け、トロツキーに接近する気配を見せていた。

官僚主義の肥大とそれにたいする反応については、これまで述べてきたとおりである。経済政策が再び論点として浮上したのは、新経済政策《ネップ》が所期の目標を達成したあとのことだった。一九二三年の春ごろには、経済は内戦の後遺症からどうにか立ち直り、将来の方針をめぐる議論や意見の対立に道を開くまでになった。その底流にある問題は、いわゆる「鋏状価格差」、農産物価格の下落と工業製品価格の上昇にどう対処するかということだった。ジノヴィエフ、カーメネフ、スターリンの三人組が掲げ、党指導部の過半数に支持された用心深い右寄りの解答は、経済における農業部門の回復を最優先し、農民の繁栄と購買力の増大を促して、そこから工業を発展させるための財源をまかなうというものである。その主旨は、農民の生活が豊かになって購買力が高まれば、市場主導による小規模工業の消費財生産が増大し、それが今度は重工業の資本財生産の拡大を促すというものだった。ネップの延長線上にある政策として、税制緩和を打ち出して農民層を懐柔する一方、信用規制を強化して通貨を安定させ、たとえ失業率の上昇を招くことになろうとも、産業界が最も効率的な企業に生産を集中するようしむけるというわけである。

　トロツキーの掲げる左寄りの反対案は、工業の発展と工業労働者の利益を最優先すべきだとし、これこそ社会主義の綱領の核心でなければならないと主張していた。トロツキーが第一二回党大会のために準備した「工業に関するテーゼ」は「工業の発展のみがプロレタリア独裁の不動の基盤をつくり出す」と断言する。トロツキーはレーニンの支持を得て、国家計画委員会《ゴスプラン》の権限拡大と包括的経済計画の必要性を説き、計画の長期目標達成のために国の資本割当を使って工業、とりわけ重工業に助成金を交付することを主張した。

党大会の段取りを打ち合わせる政治局の会議で、スターリンはトロツキーがレーニンの代役として基調演説を行なってはどうかと提案した。トロツキーは、レーニンが死んでもいないうちから指導者の地位をうかがっていると思われるのを恐れてこれを断わり、逆にスターリンがそうしてはどうかと提案した。しかし、スターリンも断わり、結局、虚栄心の強いジノヴィエフがこの役目を引き受けた。トロツキーはさらに気まずい思いをさせられた。レーニンがトロツキーにグルジア人の大義を支援するよう依頼し、スターリン批判を含む衝撃的な「民族問題に関する覚書」の写しを送ったことを、カーメネフが中央委員会で明らかにしたのである。トロツキーはこの件については同僚に何も言わず、一カ月あまり自分の胸に秘めていた。スターリンは冷ややかに、トロツキーのやりかたは邪道であり、党を欺くものであると非難した。中央委員会はスターリンの公平無私ぶりに感心し、覚書は公表せず代議員だけにその内容を伝えることに決めた。

一九二三年四月十七日に開幕した党大会で、トロツキーはもう一つ誤りを犯した。民族問題をめぐる政策論争に加わらず、スターリンがレーニンの批判に同調して民族自決の原則を繰り返し、大ロシア・ショーヴィニズムを単刀直入に弾劾して、またしても点数をかせぐのをみすみす許してしまったのである。グルジア人からの批判に答えて、スターリンはさらにつけ加えた。この病気は中央だけにかぎられているわけではない。地方でもグルジア・ショーヴィニズムというかたちで現われており、同地で優勢な共産党グループはアルメニア人のようなグルジアの少数民族を圧迫している。大ロシア・ショーヴィニズムを粉砕しなければならないのは、一つにはそうすれば「個々の共和国に残存する、もしくは生まれつつあるその種の民族主義を十分の九まで打倒すること」になるからである、と。

大会に向けての準備段階で、スターリンは党内の自分の人脈を利用して、過半数の代議員を味方に引き入れることに成功した。投票権をもつ代議員の五五パーセントが専従の党職員であり、わずか二年前の第一〇回党大会での比率から倍以上に増加していた。スターリンは欠席している党指導者レーニンと自分とのあいだに生じた緊張を無視して、レーニンを「恩師」と呼び、自分たちが間違った方向へ踏み出したときにはかならずそれを指摘してくれる唯一無二の指導者と称えたうえで、いかにもスターリンらしい言葉をつけ加えた。「本大会ほどよく団結し意欲にあふれた党大会を見るのは久しぶりのことである。同志レーニンがこの場にいないのが惜しまれる」[*32]

もしレーニンがその場にいたら、同志スターリンはまず書記長の座を守りつづけられなかっただろう。しかしレーニンはいなかったから、スターリンははばかることなくレーニン自身の言葉を「少ないにこしたことはない、だがよりよいものを」から借用して、ソヴィエトおよび党内の官僚主義の肥大を非難することができた。中央統制委員会を拡大してそこにラプクリンを統合し、この組織にソヴィエトと党の堕落を抑止する責任を負わせるというレーニンのプランについても、すでにスターリンにはこれを受け入れる用意ができていた。彼はこのプランとあわせて、レーニンのもう一つの提案を自分なりに解釈し、中央委員会の規模を拡大して政治局をこれに従属させるという計画を提案した。スターリンが中央でのそうした権力のバランスの変化を自分にとって有利に向けることができると見抜くのに、時間はかからなかったのだ。政治局内の多数派工作に成功したという自信は――いまのところ、まだ――なかったが、他の二つの組織については、スターリンはすでに選挙を牛耳れる立場にあった。

スターリンの二つの提案は、当然、旧「労働者反対派」の党員からの抗議にあったが、文句なしの多数で採択された。旧「労働者反対派」のなかには、指導部に新しい血を導入しようとのスターリンの呼びかけに好感をもって、賛成にまわった者さえいた。表面的には、スターリンはいかにも党内に広がる官僚主義にたいするレーニンの批判と党の構造改革の提唱を受け入れたように見せながら、その実、レーニンの提案を二つとも裏返しにしてしまったのである。中央委員会と中央統制委員会は、レーニンが強く求めたとおりに規模が拡大されたが、新しく補充される委員は党の職員でなく平党員の労働者および農民にすべきだとのレーニンの要請については、その後、何の手も打たれなかった。スターリンの手品によって、変革の結果はレーニンの意図とは正反対に、中央集権的統制の緩和どころか、強化となった。

つづいて行なわれた選挙は、スターリンの計算が正しかったことを明らかにした。政治局の人員構成が事実上変化なしだった（新たに政治局員候補となったヤン・ルズタークはスターリン派だった）のにたいし、新たに加わった一四名の中央委員候補は（ラーザリ・カガノーヴィチをはじめとして）全員が、一九二〇年代を通じてスターリンがあてにできる追随者たちだったのである。定員五人から五〇人に拡大され、権限も大幅に増大した中央統制委員会は、中央委員会の総会に出席する権限を与えられた九名の常任幹部会がとりしきるかたちであった。この新しい統制委員会が党と国家を官僚主義の悪弊から守るためにどういう態度でのぞんだかは、幹部会のメンバーの一人、S・I・グーセフが一九二四年一月に発表した同委員会の任務に関する論文に明らかである。

中央委員会は党の路線を確立し、中央統制委員会は何人《なんぴと》もその路線を逸脱することのないよう監視する……権威は活動によってのみならず、恐怖によっても得られる。そしていま、中央統制委員会と労農監督人民委員部は、すでにこの恐怖を醸し出すことに成功した。この点で、両組織の権威は増大しつつある。[*33]

スターリンは新統制委員会の委員長に、これも自分の配下のヴァレリアン・クイブイシェフを任命した。クイブイシェフはまず書記局でその力を試され、次いで統制委員会委員長を一九二六年までつとめたのち、スターリンの指名を受けて最高国民経済会議議長に転じた。クイブイシェフの後任はオルジョニキーゼだった。カガノーヴィチと同様、クイブイシェフもオルジョニキーゼも（こちらはより短期間ながら）政治局員であり、二人とも、一九三〇年代初めにスターリンの工業化計画を推進するうえで指導的な役割をはたした。しかし、二人はカガノーヴィチとは違って、スターリンに反対するだけの自主性を失わなかった。その結果として、どちらも粛清を生きのびることができなかった。

党の機構にたいする支配力を強めたスターリンは、基本的な優先事項として計画的な工業の振興を重視するトロツキーのテーゼに即した経済政策の決議を、党大会が採択するにまかせる余裕があった。政治局の多数派としては、大会終了後、この決議の執行に必要な措置がいっさいとられないよう図り、決議が空文となるのを見きわめればそれで充分だった。五年後、反対派のなかの左派のみならず右派までも壊滅させられたときになって初めて、スターリンはトロツキーと左派の計画を実施する気になったのである。

のちに、トロツキー本人も自分が好機を逸したことを悟った。彼は自伝にこう書いている。

もし私が、第一二回党大会の前夜に、スターリンの官僚主義に対抗するレーニン－トロツキー陣営という心がまえで積極的に行動していたら、きっと勝利を収めていたに違いない……一九二二年から二三年のころにはまだ、ボリシェヴィズム亜流の……分派に正面攻撃をしかけて、支配的地位を奪い取ることが可能だった。

政治的な意志の力が足りなかったのである。「私が独自に行動すれば……党と国政の両面で、レーニンの後釜に座ろうとして個人的な戦いをしていると受け取られたことだろう。そのことを考えるだけで、私は身震いがした[*34]」

スターリンはこの種の潔癖さとは無縁だったが、トロツキーの立場の潜在的な強さを見抜いていたから、この段階ではあえて真っ向から挑戦することは控え、いまだにトロツキーがクーデタを起こすのではないかとの不安を抱いている党指導者たちの危惧を利用するだけで満足した。一方、スターリンが党大会の前と会期中に行なった選挙工作も、人に知られずにはすまなかった。ジノヴィエフは何人かの同僚に呼びかけて、休日に非公式の会合を開き、スターリンの権力を殺ぐ計画に同意をとりつけた。会合の場所はカフカース地方の温泉地キスロヴォーツクの近くの洞窟という、いかにも陰謀めいた道具だてだった。

ジノヴィエフらの提案を記した手紙を受け取ったスターリンは、その返事として自らキスロヴォーツクに乗り込み、政治局からはジノヴィエフ、トロツキー、ブハーリンに組織局の椅子を与えることにし、内側から「スターリン機関」を見てもらえばよいと逆に提案した。同時に、彼は辞職を申し出た。「同志諸君があくまでも諸君の計画にこだわるつもりなら、私はじたばたせずに手を引く覚悟だ。公開だろうが非公開だろうが、討論会などは無用だ」[*35]。ところが、ジノヴィエフがスターリンの申し出に沿って組織局の会議に出席したのは一、二回にとどまったし、トロツキーとブハーリンにいたってはまったく姿を見せなかった。辞意表明については、スターリンは、実際に自分が辞職すればトロツキーがレーニンの後継者として名乗りをあげるのに何の支障もなくなること、それを思えば、ジノヴィエフ一派はそれ以上スターリンとの意見の相違を言いたてなくなることを充分に承知していたのである。

ソ連経済は一九二三年夏に入って新たな危機にぶつかった。これにたいし、政府は操業を縮小し、最も効率の高い工場に生産を集中して立て直しを図るよう産業界に指令する措置をとった。失業率が上昇し、賃金の引き下げが実施されたため、ストライキの気運が高まり、地下にもぐった反対派グループは、この機会を利用しようとした。

GPU《ゲー・ペー・ウー》による検挙が行なわれ、党籍除名がそれにつづいた。このとき、ジェルジンスキー（GPU長官）を長とする中央委員会小委員会が、全党員は地下分派活動に関わっている者を知っていたら、かならずGPUにその者を告発すべしとの勧告を出すにおよんで、トロツキーはついに優柔不断に終止符を打ち、戦う意志を固めて自分のテントから出てきた。

トロツキーの決心を促した要因は、ほかに二つあった。一つは、三人組がトロツキーを軍事人民委員部の砦から追い出そうと画策して、革命軍事会議の規模を拡大したうえ、そこに内戦時代以来のトロツキーの旧敵、ヴォロシーロフとM・M・ラシェーヴィチを新加入させたことである。トロツキーが説明を求めたのにたいし、中央統制委員会委員長のクイブイシェフはこう言ってのけた。「われわれは、あなたと戦いを始める必要があると考えているのですが、われわれとしてはあなたをおおっぴらに敵呼ばわりすることができません。それで、こうした手段に頼らざるをえないのです[*36]」

第二は、深刻化するドイツの危機だった。ルール占領と天井知らずのインフレがもたらしたこの危機は、ソ連の指導者たちに（コミンテルンの支配的地位にある立場から）ドイツ共産党にたいして権力奪取を試みるよう勧告するべきか否かの決断を突きつけた。指導者たちの意見は二つに分かれた。今回は、ジノヴィエフとブハーリンを味方につけたトロツキーは勧告することを強く主張した。スターリンとカール・ラデック（コミンテルンのドイツ問題専門家）は勧告しないことを、これまた強く主張した。この意見の対立が仇となって、事態はその後、手のつけられない混迷状態におちいる。一斉蜂起が始まったと信じて反乱の火の手をあげたハンブルクの共産党は流血のうちに鎮圧された。一方、最後の瞬間に蜂起が中止されたザクセンとチューリンゲンでは、国防軍が共産主義者と社会主義者の連立政権を追放した。バイエルンでヒトラーが失敗に終わったミュンヘン一揆を起こす二週間前、ドイツで共産主義革命の火の手があがるという、ロシア人の胸によみがえった希望は、これを最後として粉々に打ち砕かれ、あとに残ったのは苦々しい責任のなすりあいであった。

一九二三年十月八日、こうした状況を背景として、トロツキーは中央委員会宛の公開書簡を発表した。そのなかで彼は、指導部の「経済政策のまぎれもない根本的な誤り」がこの夏の危機をもたらしたと糾弾し、党内部の状態が悪化しつつあるのは、スターリンの書記局が選挙を牛耳るために使った手段によって議論する自由が封殺されているからだと非難した。

書記の位階制度こそが党の意見と党の決定をつくり出す機構だとでも思っているかのように、自分の意見を完全に捨て去った、あるいは少なくともそれを口に出すことをやめてしまった党職員が大量に生まれている。この党職員層の下には……党内の膨大な大衆層があり、彼らにとって、すべての決定は召喚または命令のかたちで下される。党の土台をなすこの大衆のうちには、尋常ならざる不満があり……党組織に大衆の影響力を行使する（党の各委員や書記の選挙を通じて）という方法でその不満を表明することができないため、それがひそかに積み重なって、心理的なストレスとなる。[*37]

政治局は、トロツキーの批判は産業および軍事面で無制限の権力を得ようとの個人的野心が動機だと反論した。しかし、十月十五日に政治局に提出された一通の秘密声明文は、それほど簡単にあしらうわけにはいかなかった。その声明文には、内戦終結以来、反指導部の立場を貫いてきた主な党員四六名の署名があった。まもなく外部に知られるところとなったこの「四六人綱領」でも、批判の矛先はトロツキーと同じ二点だった。すなわち、深刻な経済危機を招く恐れのある「中央委員会の場当たり的で思慮の足りない政策決定」と「まったく容認できない党内体制[*38]」である。

中央委員会（トロツキーはこのときも病気ということで欠席していた）は、これら二者からの攻撃をひとまとめに扱い、分派主義および党を分断させるとしてトロツキーと四六人を公式に非難する一方で、民主主義の原則を再確認するとともに、その誠意の証として『プラウダ』に新しく欄を設けて改革案を練り上げるための全党的な討論の場にするとした。

その議論の口火を切って、ジノヴィエフは十一月七日付『プラウダ』にさわやかさを感じさせる虚心坦懐な一文を寄せた。「われわれにとって重大な問題は、ほとんどすべての重要案件があらかじめ決定ずみで、上意下達のかたちをとる場合が多いということだ」。これをきっかけとして、各地の党組織で活発に議論が交わされ、それが『プラウダ』の紙面に反映するという状況が十一月いっぱいつづいた。月末にかけて、応酬はしだいに激しくなっていった。スターリンが「プロレタリアートの戦闘部隊たる党が討論クラブに堕することのないようにすること」が必要だと主張すると、ジノヴィエフはこう断言した。「革命の利益――これこそ最高の法だ。[*39]革命家なら誰でも言う。『純粋民主主義』の『神聖な』原則など悪魔にくれてやる、と」

団結しているという体裁をとりつくろうために、政治局は何とか議論に決着をつける決議案をまとめられないものかと、病後の回復期にあったトロツキーのアパートで長時間にわたって会談した。トロツキーが原案を拒絶すると、スターリンとカーメネフはその場で原案に手を入れ、トロツキーが満足するような改訂案の作成にとりかかった。党幹部の厳正な選挙、新しい党職員の登用、「官僚主義的な堕落」を抑止するために統制委員会が新たに努力するなどの改革を盛りこんだ長大な決議文ができあがった。その見返りとして、トロツキーは第一〇回党大会で可決された分派主義禁止の条項を受け入れることになった。政治局はこの決議を十二月五日に発表し、ついに真の改革について合意がなったと大々的に宣言した。

しかし、どちらの側も相手を信用していなかった。トロツキーは、一方では熱っぽく決議を支持しながら、十二月八日の公開書簡では、この決議が実効性をもつのは四〇万の党員がそれを実効あるものにする場合のみだと主張した。官僚が「新路線に留意する、つまりそれを官僚主義的に無効にする」のにまかせておくだけでは充分ではない、と。

何よりもまず、ひとことでも批判や異議をはさまれたり抗議にあったりすると、すぐに懲罰の剣を振りかざす輩《やから》を、指導的な地位から一掃しなければならない。「新路線」は、その第一歩として、これからは誰であろうと党を恐怖政治によって支配することができないと全員が感じられるようにすることから始めなければならない。*40

トロツキーの書簡と、「モスクワ党組織」の大衆集会で指導部の代表が野次り倒されるという出来事をきっかけに、以前の論争に輪をかけた激しさで議論が再燃した。トロツキーが若手党員に呼びかけ、古参のボリシェヴィキを堕落の淵から救おうではないかと訴えると、スターリンは、遅れて入党したトロツキーを古参ボリシェヴィキの一員だなどと考える間違いを犯す者はいないとやり返した。彼はさらに、追い討ちの質問をして、トロツキーと反対派を守勢に立たせた。レーニンが自ら定めた規則、一九二一年春の第一〇回党大会でトロツキーも支持を表明した党内の分派活動を禁じた規則を棚上げせよと要求しているのか？　イエスかノーか？

指導部内の対立が表面化したこの決定的瞬間に、トロツキーは不意に身を引いてしまう。表向きの理由は病気の再発ということだが、要するに政治的な無力感におちいったのだろう。反対派を指導者不在の状態に追いやったまま、療養すると称してモスクワから黒海沿岸へ退却してしまったのである。スターリン、ジノヴィエフ、ブハーリンに率いられた政治局員たちは反対派の息の根を止めるための手を打った。出版を統制し、党規約を適用して、反対派と平党員との連絡を断ったのである。

この問題を一挙に片づけようと、中央委員会は党協議会を召集することに決めた。選挙にもとづく党大会ではない。各地方支部を代表して協議会に出席するのは、選挙ではなく書記局によって任命される書記と委員である。スターリンはこの代議員の選任に上々の首尾を収め、投票権をもつ代議員一二八名のうち、反対派に属する者はわずか三名だった。

第一三回党協議会は一九二四年一月に開かれた。今回はトロツキーの欠席をよいことに、スターリンは彼を直接攻撃し、六つの大きな誤りを列挙した。*41 党を導くべき者は誰か、と彼は問いかけた——中央委員会か、それとも自分を超人だと思い込んでいて今日は中央委員会に賛成したかと思うと次の日は攻撃に転じるある人物か？　スターリンは次のように断定した。

これは分派を、とりわけトロツキーの分派を合法化しようという企てである……無節操に民主主義を扇動する反対派……は、プチブル分子を野放しにしつつある……反対派の分派工作は、わが党の敵たちに格好の餌を与えているのである。

四六人綱領の署名者の一人、プレオブラジェンスキーが、「民族問題に関する覚書」のなかでレーニンがスターリンを批判していることを指摘すると、スターリンは彼に噛みついた。諸君はいま、レーニンを天才と称えている、だが——

質問させていただきたい。同志プレオブラジェンスキー、なぜきみはブレスト＝リトフスク条約の問題で、あの「天才」に反対したのか。なぜきみはあのような危急存亡のときにあの「天才」を見捨てて、彼にそむいたのか。あのとき、きみはどこに、誰の陣営にいたのか。

「きみは党を恐怖政治で支配している！」とプレオブラジェンスキーは怒鳴り返した。いや、とスターリンは言い返した。ただ、平党員の足並みを乱そうとする者に警告を発しているだけだ。スターリンはさらに言葉を継いで、レーニンが起草した一九二一年決議のうち、分派主義にたいする処罰として党籍除名を規定した秘密条項を初めて公表した。また、機密文書を回覧する者にたいしては厳罰をもってのぞむと威嚇したが、これはあるいはレーニンの「遺書」とスターリンを書記長から更迭することを提案したその「追伸」を念頭においてのことだったかもしれない。スターリンの発言に応じて、会議はわずか三票の反対票を残して、トロツキーと四六人の反対派にたいする譴責処分を可決した。その罪状は、単に「分派行動、レーニン主義からの直接的離反のみならず、明白なプチブル的逸脱」であった。

6

一九二四年一月の第一三回党協議会は、ソ連共産党の歴史における重要な転機となっている。このときにいたるまでは、党協議会と党大会は、反対意見が出されるだけでなく、誰もがそれに注意深く耳を傾けるまともなものだった。反対意見が支持される場合も多く、代議員たちは何の恐れもなく自らの意思を表明したのである。通例、指導部が主張を通したとはいえ、それは指導部がその立場について弁明し、率直な討論を経て、過半数の賛成を勝ちえたうえでのことだった。議事進行が演出され、前もって決定がなされたのは、一九二四年の党協議会が最初であり、以後、それはあらゆる機会に踏襲される前例となった。スターリンは独自にではなく、政治局の多数派の一員として行動していたから、自分はトロツキーとの妥協を図るために努力したと主張することができた。だが、自ら書記局の組織のなかにつくりあげた政治機関のおかげで、行動する力、決議や威嚇を現実のものとする力をもっていたのは、スターリンだったのである。第一三回党協議会は、その力が何者にも抗しがたいものとして示された最初の機会であり、この力が党の性格を変えてしまうかもしれないという懸念は、もはや懸念ではなく事実であることが初めて実感された場であった。

しかし、スターリンがこれで完全に党内の反対派を抑え込むことができると思ってもおかしくなかったこのとき、状況が一変した。レーニンが死んだのである。レーニンはその人生の最後の九カ月間、悲劇的な境遇にあった。自分のつくった党が危機に瀕していることに気づいていながら、身体は完全に麻痺し、動くことも話すこともできず、この危機にたいして何もできない指導者という境遇である。『プラウダ』が第一三回党協議会の記事を掲載すると、クループスカヤはそれをレーニンに読んで聞かせた。レーニンは気持をたかぶらせたようだったが、自分の思いを伝えることはできなかった。その翌朝、一九二四年一月二十一日、また発作に襲われ、レーニンは夜を待たずに死んだ。

後継者の問題は、決して公然と口に出されはしなかったが、いまや反対派との闘争および分派抗争の新たな焦点となった。以後、各派のリーダーは議場ではなく、決定的に分裂した政治局を舞台として戦うことになる。しかし、スターリンは事態のこうした展開に落胆するどころか、(当時、政治局担当の秘書だったバジャーノフによれば)「上機嫌だった。レーニンが死んだあとの日々ほど嬉しそうなスターリンを見たことがない。彼は喜色満面で執務室を歩きまわっていた[*42]」。

これは驚くにはあたらない。レーニンが生きていて、なお回復する可能性があるかぎり、スターリンは危険にさらされていた。この一年、彼は内心の不安を隠すために平然とかまえ、図太い神経により人心を操作してきた。その甲斐があって、試練をくぐりぬけたときには、指導者のなかで誰よりも大きな勢力を擁していたのである。そのスターリンはやがて、レーニンが「遺書」に記した非難というさらなる試練に直面することになる。だが、スターリンはさらに生きのびる能力を発揮したばかりではない。レーニンが死ぬとすぐ、レーニン伝説を自分のために利用し、自分を破滅させたかもしれない人物をどのようにして逆用するか、初めてその徴候を示したのである。

レーニンが死んだとき、トロツキーはモスクワを離れてグルジアにいたが、ただちに電報を打って、葬儀に出たいと伝えた。それにたいして、スターリンは答えた。「葬儀は土曜日に執り行なわれる。貴下は間にあうまい。政治局は、貴下の病状からして、むしろスフミにおもむくべきであろう、と考える」。葬儀は、実際には日曜日に挙行され、トロツキーは死の間際までスターリンが故意に欺いて、重要かつ感情に訴え、政治的にもきわめて重大なこの行事に自分が出席できないようにしたのだと確信していた。「まるで遠い昔のようでした」と、詩人マンデリシュタームの妻ナジェージダは書いている。

マンデリシュタームはこの壮観に驚嘆していました。それは君主を弔いにしえのモスクワ公国でした……モスクワの住民が一人残らず通りに出てきて、自分の意志で葬列に加わるのを見たのは、後にも先にもこのときだけです。[*43]

これもその場に居あわせた一人、フランスの新聞の特派員ロランはこう書いた。「何という機会を逃したことか！　アキレスが自陣にひきこもってふてくされているとは[*44]……モスクワに来ていたなら、トロツキーはこの舞台をさらうことができただろうに」

トロツキーの自伝にはこう書かれている。「ただ、一人にしておいてほしいという願いしかなかった。ペンを持ち上げるのさえ億劫だった」

スターリンはトロツキーのような誤りを犯さなかった。他の指導者にまじって「控え目な態度で目立つようにしながら」[*45]レーニンの棺をかつぎ、クレムリンの城壁近くの地下墓所へ運んだのである。ここは一時的な安置所で、遺体は防腐処置をほどこして「赤の広場」に特別に建てた廟に安置することになっていた――スターリンが提案したと言われるこの措置に、クループスカヤは反対していた。その前夜、黒一色に包まれたボリショイ劇場で追悼式が執り行なわれた。ソ連ののちの公式記録では、このときに演説したのはスターリンだけだったように書かれている。実際には、スターリンは演説をした十数名のうちの一人にすぎなかった。しかし、彼の神学校育ちを思い出させる教義問答形式で誓いの言葉をつらねたその弔辞は、他の人びとのものとはまったく異質だったため、たちまち関心を集めた。

スターリンはこの演説を「同志諸君、われわれ共産党員は特別な存在である」という宣言で始め、次いで祈禱文もどきの陳述と応答を全部で六回繰り返す。

　この世を去るにあたって、同志レーニンはわれわれが共産党員という偉大な称号を高く掲げ、それを汚すことのないよう命じた。われわれはあなたに誓う、同志レーニンよ、あなたのこの戒めを立派に守り抜くことを。

この世を去るにあたって、同志レーニンはわれわれがわが党の団結を己が瞳のごとく守護するように命じた。われわれはあなたに誓う、同志レーニンよ、あなたのこの戒めをも立派に守り抜くことを。[*46]

クループスカヤと古参ボリシェヴィキは、彼らから見れば悪趣味の最たるものとしか思えないこの演説、レーニン本人が聞いたら軽蔑しきって拒絶したに違いないこの演説を聞いて憤激した。バジャーノフは、スターリンがひそかにその死を喜んでいた指導者に公然と忠誠を誓うのは偽善以外の何ものでもないと感じた。

クループスカヤの怒りも、バジャーノフの感想ももっともである。だが、計算ずくの殊勝めかした演技の陰で、スターリンが心の平安を得ていたことは大いに考えられる。それは、再びレーニンとの親密な関係を築くことができたからである。過去一年半というもの、レーニンの病気と敵意によって断たれていたこの関係は、スターリンにとって政治的にも心情的にも必要なものだった――自らその後継者たるべく定められていると信じていた指導者との一体感が必要だったのである。[*47]そう信じた裏には、野心と並んで確信があった。スターリンは自分を、レーニンの思想を具現するのに必要な措置をとる意志と覚悟をもった唯一の人間と見なしはじめていた。レーニン自身でさえ、発病後はその思想から後退してしまったし、ジノヴィエフやトロツキーのような主だった人びとにはそれをやりとげる資質がない、と。

スターリンは正しかったのだろうか。もし共産党員が社会主義社会の創造という試みを放棄するつもりでなかったのであれば、「スターリン主義」はロシア革命の、不可避ではないにせよ、少なくとも論理的な帰結だったのだろうか。あるいは、これに代わるものがあったのだろうか。

これらはあとで再び立ち戻るべき問題である。ここでは、偶然が演じた役割に留意すればそれで充分だろう。すなわち、スターリンによる権力の掌握を阻むことがまだ可能だった時期に、終始そのための権威をもちつづけ、最終的にはその意向をもつにいたった人物を、予期せぬ病気が襲い、まず彼の執務能力を奪ったあと、ついに五十三歳の若さで死にいたらしめたという偶然である。

第5章 ナチ党の創設

ヒトラー 一九二四―一九三〇（三五―四一歳）

1

一九二四年二月二十六日、スターリンがボリショイ劇場で誓いの演説をしてからちょうど一カ月後、ヒトラーをはじめとするミュンヘンでの十一月一揆の首謀者たちについて、その反逆罪を問う裁判がミュンヘンで始まった。裁判が公開で行なわれると知らされて、ヒトラーは逮捕されたときの絶望感からすっかり立ちなおった。演説する自分の能力には自信があったから、いざ行動というときに失敗した情ない印象を拭い去り、十一月の大失態を勝利に転化する絶好の機会と見たのである。

ヒトラーが凝らした工夫は単純だったが、その効果は絶大だった。公判は被告であるヒトラーとルーデンドルフをはじめとする「戦闘同盟」の指導者たちと、検察側の主な証人フォン・カール、フォン・ロッソ、フォン・ザイサーの三人組が対峙するかたちとなった。ところが、ヒトラーは立場を逆転させてしまった。国家反逆罪の容疑を否認せずに受け入れる一方で、検察側証人も被告と同じくらい深く関与していたのに、勇気がなくてそのことを正直に認められないのだと逆に告発して、事実上、検察側証人を被告席に立たせたのである。「われわれのやったことが国家反逆罪にあたるとすれば」と、ヒトラーは冒頭弁論で語った。「ロッソ、カール、ザイサーもまた、われわれとともに国家反逆罪を犯したことになる。なぜなら、この何週間というもの、われわれが話しあっていたことといえば、いまここで告発されている計画の話ばかりだったのだから……」。これが本当であることは、ミュンヘンの誰もが知っていたから、ヒトラーはすぐさまイニシアティブを取り戻すことができた。彼はつづける。「責任は、私一人が負う。しかし、だからといって、私は犯罪者ではない。今日、ここに立っている私が革命家だとするなら、それは先の革命に反対する革命家だということだ。一九一八年の裏切り者にたいする反逆罪などは存在しない……[*1]」。結論として「私は自分が反逆者だとは思わない。反逆者ではなく、ドイツ民族のために最善を尽くそうとした一人のドイツ人だと思っている」と述べて、ヒトラーは法廷につめかけた傍聴人から大喝采を受けた。

フォン・カールとフォン・ザイサーはこの弁舌さわやかな相手にとても太刀打ちできなかった。だが、フォン・ロッソは、十一月の事件以後、出世の道を閉ざされたうえ、いま公衆の面前で卑怯者呼ばわりされ、とても黙ってはいられなかった。その陳述には、国防軍を牛耳ろうとした身のほど知らずの伍長にたいする将校団の侮蔑の念がありありとにじみでていた。「彼は自分ではドイツのムッソリーニかガンベッタ気取りでいたし、追随者は彼をドイツの救世主と見ていた」。だが、ヒトラーにつとまる役どころはせいぜい政界の太鼓叩きといったところだ、とフォン・ロッソは言った。「ヒトラー氏の名高い雄弁に、私も強い感銘を受けた。だが、その感銘は、彼の演説を聞くにつれて薄れていった」。演説の題目はいつも同じであり、その主張はドイツの国家主義者なら誰でも口にすることで、ヒトラーに現実感が欠けていることをよく示している、と。ヒトラーは嘘をついていると、フォン・ロッソは繰り返し非難し、ヒトラーを評して「気が利かず、退屈で、野蛮な面もあれば感傷的な面もある、まぎれもなく低劣な」人間であると述べた。

しかし、ヒトラーも負けてはいなかった。怒りのこもった反対尋問で、将軍に自制心を失わせ、ヒトラーに同情的な裁判長（法務大臣ギュルトナーの意を受けていたに違いない）の許しを得て行なった最終弁論で、まさに離れわざを演じてみせた。

器量の小さい人間は考えることも小さい……そもそも、第一日目から私の念頭にあったのは、大臣の椅子を狙うなどという小事より何倍も重要なことだ。私はマルクス主義を打倒する人間になろうと思っていたのだ……「鼓手」になると言ったの

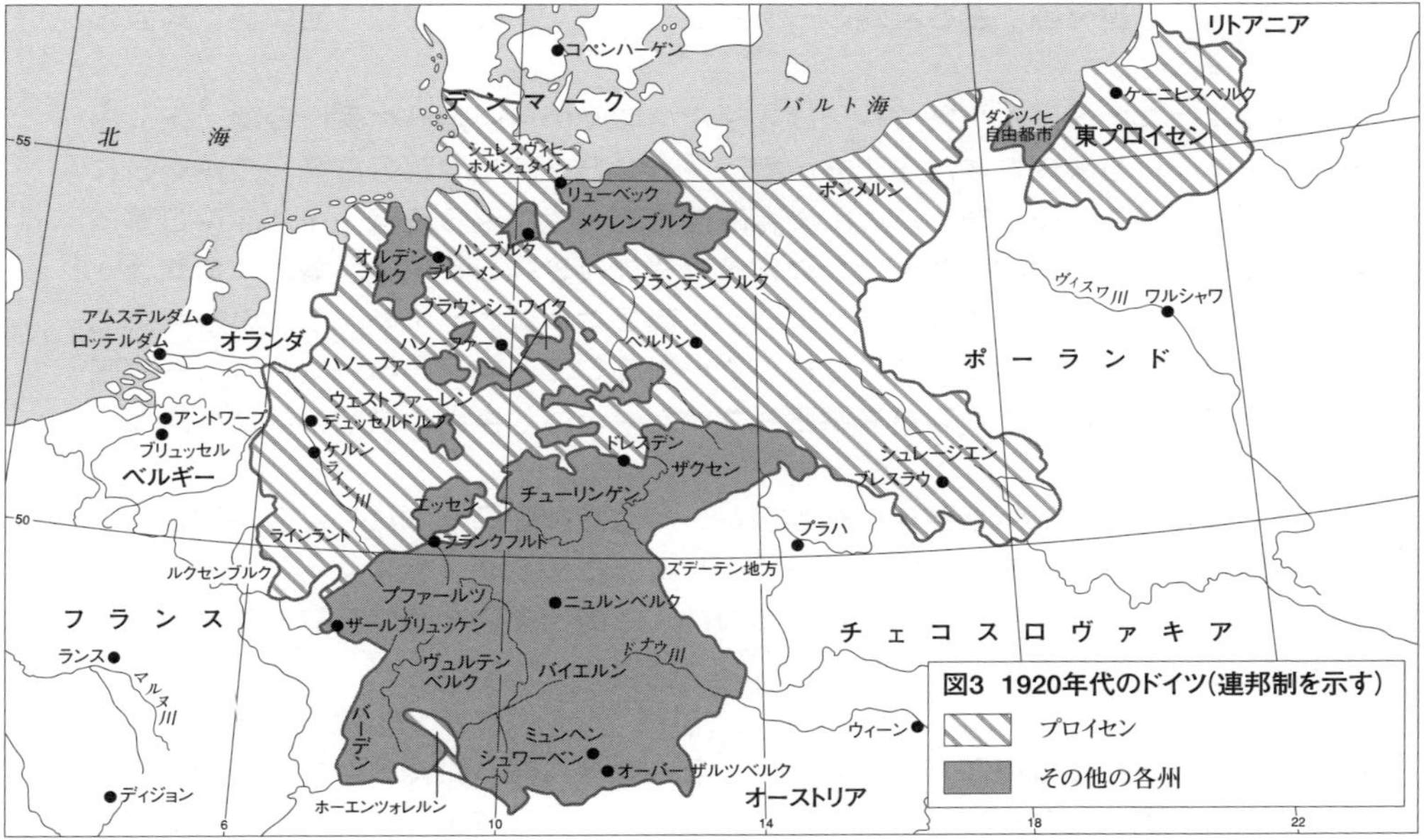

北海
バルト海
デンマーク
コペンハーゲン
リトアニア
ケーニヒスベルク
ダンツィヒ自由都市
東プロイセン
シュレスヴィヒ-ホルシュタイン
リューベック
ポンメルン
メクレンブルク
ハンブルク
オルデンブルク
ブレーメン
ブランデンブルク
ヴィスワ川
ワルシャワ
アムステルダム
ロッテルダム
オランダ
ブラウンシュワイク
ハノーファー
ハノーファー
ベルリン
ポーランド
ウェストファーレン
アントワープ
デュッセルドルフ
ブリュッセル
ケルン
ベルギー
ライン川
ドレスデン
ザクセン
シュレージエン
ブレスラウ
エッセン
チューリンゲン
プラハ
ラインラント
フランクフルト
ルクセンブルク
ズデーテン地方
プファールツ
ニュルンベルク
フランス
ザールブリュッケン
チェコスロヴァキア
ランス
マルヌ川
ドナウ川
ヴュルテンベルク
バイエルン
バーデン
ミュンヘン
ウィーン
シュワーベン
オーバー
ザルツベルク
ディジョン
オーストリア
ホーエンツォレルン
55
50
6
10
14
18
22
図3 1920年代のドイツ(連邦制を示す)
プロイセン
その他の各州

も、謙虚さから出たことではない……独裁者になるべく生まれた人間は、人から強制されない。自らの意志で選びとる。押しやられて前に出るのではなく、自分を駆りたてて進むのだ。

ヒトラーは英雄的行動とはほど遠かった自分の振る舞いを棚に上げて、一九二三年十一月の失敗は、フォン・ロッソやフォン・カールのような個々の人間の失敗であり、ドイツの制度のなかで最も堅固な組織である国防軍とは関わりがないと断言した。

発砲したのは警察だと知ったとき、それが国防軍ではなかったことが嬉しかった。国防軍にはこれまでと同様、何の汚点もついていないのだ。いつの日にか国防軍が将校および兵卒ともどもわれわれの側に立つ日がくるだろう……

われわれに審判を下すのはあなたがたではない。それを行なうのは、歴史という不滅の法廷だ……歴史の法廷が、国家反逆罪を犯したか否かをわれわれに問うことはあるまい。歴史の法廷が裁くのは……同胞と祖国のために最善のことを求めたドイツ人、身命を賭して戦うことを辞さなかったドイツ人としてのわれわれであろう。

公判は二四日間つづき、連日、ドイツのすべての新聞の第一面を飾った。ヒトラーは初めて、その声を全国に届かせたのである。公判が終了するころには、ミュンヘン一揆の失敗に真っ向から立ち向かい、自分の威信を回復するという目標は達成されていた。民族感情に訴えるヒトラーの言葉は、何度も傍聴人のさかんな拍手を浴びた。歴然とした証拠があったにもかかわらず、ルーデンドルフは無罪となり、ヒトラーは禁固五年という最も軽い刑を申し渡されただけだった。

法廷での独演の甲斐があって、刑務所を出たときには、ヒトラーは民族派《フェルキッシュ》グループ間の主導権争いで優位に立っていた。あえて蜂起を試みた唯一の男、「裏切られ」てもあくまで責任逃れをせず、憎むべき共和国を相手に戦いつづけると断言した男として自分を打ち出すことができたのである。うまくいかなかった蜂起を忘れようとするかわりに、これをナチ運動の長く語り伝えられる伝説にしおおせた事実は、ヒトラーの宣伝の才を何よりもよく示している。毎年、その日がめぐってくると、ヒトラーはビュルガーブロイケラーとオデオン広場へ足を運び、一九二三年十一月にそこで起こったことについての記憶を新たにするとともに、事件で生命を落とした者たちの勇気に敬意を表した。

歴史家はこれまで、一九二三年十一月が転換点だったとするヒトラーの主張に従って、これを境にヒトラーは武力による体制転覆という考えを捨て、憲法の枠内での活動に切り換えたと見る傾向にあった。革命の意図を「合法性」尊重の仮装で隠し、政治的手段で権力を握ろうと画策するようになったというのである。確かに、ヒトラーがのちに「生涯で最大の幸運」と言った一九二三年の敗北のために、ヒトラーはいやおうなしに自分の考えを整理せざるをえなくなり、語義が曖昧なのを幸い絶えず口にしてきた「権力奪取」「ベルリン進軍」という言葉の意味を明確にするようになった。以後、ヒトラーは、ムッソリーニのいわゆる「ローマ進軍」の例にならって、あらかじめ出迎えの手配をし、党員たちよりもひと足先に夜行の寝台車で現地に到着することになる。だが、ヒトラーが「新たな決心」と言っているのは誇張である。ヒトラーと親しかったショイプナー‐リヒターは、一九二三年九月二十四日付の覚書にこう記している。「国家社会主義革命は、政権獲得に先行してはならない。むしろ、国の警察組織の掌握こそ、国家社会主義革命に不可欠の前提条件である」[*2]

　ショイプナー‐リヒターはこの明察をなおざりにした代償として、その生命を失った。十一月九日、ヒトラーと腕を組んで最前列で行進していたとき、警察官の銃弾に倒れたのである。しかし、ヒトラーはつねに、政権転覆を企てる前提として、バイエルン当局と国防軍がその企てに加わるか、少なくとも彼らから黙許されることが必要だと考えていた――反ヒトラー派はこれを「大統領閣下の許可を得た革命」と揶揄した。みすみす機会を逃すことになるのではないかとの焦りと不安に駆られて、ヒトラーは一か八かフォン・カールとフォン・ロッソを抱きこもうとした。だが、二人に裏切られ、計画が挫折したことを悟り、彼は絶望する。それは勇気がなかったからではなく(そのことは戦歴を見ればよくわかる)、「戦闘同盟」のみでは成功がおぼつかないこと、その存在意義がもはや失われてしまったことを確信したからだった。一九二三年十一月の失敗が転期を画した理由は、いぜんとして実力行使による権力奪取を夢みている批判者を論破するうえで、ヒトラーの立場を強くしたことにある。

あの晩、そしてあの日〔十一月八―九日〕のおかげで、われわれはその後一〇年にわたって合法的手段による戦いをつづけることができた。あのときに行動しなかったら、革命運動に挺身しながら合法性を堅持しつづけることなどできなかったに違いない。「口数が多いと、それだけ行動がともなわなくなる」という言葉はあたっている。[*3]

蜂起以後、私は以前には言えなかったようなことを、党員に言えるようになった。私を批判する者には、「これで私の望むとおりに戦いを進められる。その逆ではない」と答えた。[*4]

公判廷におけるヒトラーの最終弁論は、そのわずか二カ月前にスターリンが行なったレーニンを称える演説といちじるしい対照をなしている。そこには、気質や語り口の違い以上のものがある。運命の人としての自分の役割を声高に言いたてるヒトラーには、自我の強さのみならず、ドイツの政界で認められることをあらためて求める必死の思いがにじみでていた。自我の強さではスターリンもひけをとらず、運命の人の役割を演じる意気ごみにかけても劣るものではなかったが、ヒトラーの場合と同じほど重大なつまずきになりかねなかった危機を経て、スターリンの立場は逆に強化され、評価を築きなおす必要がないどころか、むしろ自分のその野心を人に気づかれないようにしなければならなかった。レーニンを祭り上げ、自分はその足もとにもおよばない（ということは、他の政治局員もみなおよばないことを言外に意味する）とするレーニン崇拝の陰に、野心を隠しておく必要があったのだ。

一九二〇年代のヒトラーとスターリンの立場の違いにもかかわらず、両者に共通するところが一つある。それは、どちらも武力による権力奪取を考えていなかったことである。ロシアでは、革命はすでにレーニンの手で成就していた。スターリンはレーニンの跡目を継ぐ意欲をもっていたが、クーデタによるのではなく――それこそ有害な野心として彼がトロツキーになすりつけた罪である――党の合意を得て、合法的に行なわれるべきものだった。単にライバルたちを排除するだけでなく、すべては党役員の過半数をいかに説得して、革命――とその受益者たる党役員たち――のもたらした矛盾を克服するには他のどの指導者よりもスターリンに指揮をとらせるのがよいと思わせるかにかかっていた。

　ドイツでは革命はまだこれからの課題であり、それも（ショイプナー＝リヒターが唱えたように）ナチ党が政権の座について初めて可能になるはずだった。この場合、ヒトラーは一方で支持者の熱意を冷まさないようにしながら、他方では自分が権力を握る手助けをしてくれそうな人びと――既存体制を支える保守的な人びと、他の国家主義政党、そして何よりも国防軍――にたいする説得工作をしなければならなかった。自分はそれらの人びとにとって信頼のおける味方であり、それらの人びとの目から見て自分の大きな財産である大衆の支持をとりつけるために過激な発言こそするが、いったんパートナーとして受け入れられれば、分別をわきまえて職務を遂行する扱いやすい人間になることがわかるだろう、と。

　どちらの場合も、「上からの革命」（スターリンの言葉）に乗り出したのは、少なくとも表面上は合法的に権力を掌握したのちのことだった。スターリンは一九三〇年の初めに、ヒトラーはその三年後である。具体的には、スターリンの場合、ロシアの農業の強制的集団化と急激な工業化であり、ヒトラーの場合はドイツ国家制度の「同質化《グライヒシャルトゥング》」であった。

　ヒトラーの支持者の多くは、こうした未来図を遠い先の話と考えていたに違いない。

ミュンヘン裁判がかきたてた熱狂も鎮静し、ヒトラーはいまやランツベルク刑務所で刑に服していたからである。とはいえ、ヒトラー自身は、ナチ党が活動禁止処分を受け、党の指導者が散りぢりになって、自分自身も釈放後は一からやりなおさなければならないという現実にもかかわらず、いつかはかならず権力を奪取するという自信が揺らいだ素振りを少しも見せなかった。

ヒトラーは他の四〇人ほどの国家社会主義者とともに服役しており、その刑務所暮らしは安楽なものだった。食事は上等、面会人との面談も自由で、多くの時間を所内の庭園で過ごしていた。エミール・モーリスがヒトラーの世話係と秘書を兼務していたが、のちにこの仕事は、服役という運命を師と分かちあおうと自分の意志でオーストリアから戻ってきたルドルフ・ヘスが引き継いだ。

並みの囚人ではないというので、獄吏たちはヒトラーに敬意を払った。裁判後まもなくやってきたヒトラー三十五歳の誕生日には、五つか六つの部屋を埋め尽くすほど多くの小包みや花が届いた。面会人と会うほかにも、彼はさかんに手紙をやりとりし、新聞や書物の差し入れも望むがままだった。昼食の食卓ではつねに主人役をつとめ、党主として当然のように重んじられた。しかし、七月以後は自室にこもって、入所後に着手した『わが闘争』の口述をした。筆記したのはエミール・モーリスとヘスである。

ヒトラーは一九二四年から二八年のあいだに三冊の本を著している。一冊目は一九二四年に刑務所内で口述筆記され、二五年に出版された『わが闘争』第一巻、二冊目はオーバーザルツベルクの山荘で口述筆記され、二六年暮れに出版された『わが闘争』第二巻、そして三冊目は二八年に出版業者マックス・アマンに口述したいわゆる『第二の書』である。『第二の書』が出版されたのは一九六一年であり、五八年にタイプ原稿が発見されるまではその存在さえ知られていなかった。

ヒトラーの怠け癖や、話すことにくらべて書くことを軽んじる傾向を考えれば、刑務所に入れられ、釈放後も公の発言を禁止されていることがなかったら、彼は最後まで著作に手を染めずに終わったかもしれない。だが、少なくとも三つの理由から、その努力はするだけの価値があった。第一に、出所したあと、国家社会主義運動を再興し指導するとのヒトラーの主張を裏づける一助となりえたことである。このことは、党が一九三〇年に大きく飛躍するまで『わが闘争』の売れゆきが党員のあいだでさえあまり芳しくなかった（二九年までに第一巻は二万三〇〇〇部、第二巻は一万三〇〇〇部売れただけだった）うえ、買った人もその難解さに辟易して終わりまで読み通せなかった事実と矛盾しない。しかし、一九三三年にヒトラーが首相になるまでに売れた部数は二八万七〇〇〇部にのぼり、一九四五年には一〇〇〇万部に達していた。ほかにさまざまな利益があったが、『わが闘争』の印税は八〇〇万マルク以上をもたらし、ヒトラーを裕福な人間にしていた。

第二の理由は、ヒトラー神話の土台を築きはじめる好機を与えてくれたことである。この神話、すなわち総統のイメージは、やがて何百万というドイツ人から支持され、彼らを帰依させる有力な要因の一つ――最大の要因だったと言えるかもしれない――となる。第三に、これを機に、ヒトラーは自分の考えを整理し、世界観を発展させることができた。効果的な政治行動を起こすための土台となる理念を補強することができたのである。

知識人をばかにしながら、同時に自分の知的権威を確立しようと腐心する点では、ヒトラーもスターリンと同じだった。スターリンは『レーニン主義の基礎』(ヒトラーが『わが闘争』を書いていた年に出版された)でそれをなしとげようとし、自分は独創的な思想家ではなく、マルクス－レーニン主義の伝統を継承し、正しく伝える者であると主張した。表向きはあくまでも伝統を遵守するふりをし、決まり文句を繰り返すことで、自分が現に行なっている革新と伝統からの逸脱をおおい隠すことができたのである。それにひきかえ、ヒトラーはその思想の源泉を決して明らかにせず(「過去何百年の知識のかけらの寄せ集め」とトレヴァー－ローパーは評した)、いつでも自分の独創性を吹聴した。彼の世界観なるものは、どの部分をとっても容易に十九世紀から二十世紀初頭にかけて世に現われた書物に出典をたどることができる。ただ、それらをヒトラーのようなやりかたで一つにまとめた者はそれまでにいなかった。さらに重要なのは、彼なりの思想体系をつくったあと、ヒトラーがそれを最後まで変えなかったことである。『わが闘争』のなかでそのエッセンスとなるものを考えはじめ、『第二の書』を口述した一九二八年にはすでにそれを仕上げていた。ヒトラーが一九二〇年代に語った思想、四〇年代の「食卓談話」、そして四五年四月に自殺する直前、掩蔽壕《えんぺいごう》のなかで口述した政治遺書のあいだには明らかな連続性が見てとれる。

このように述べると誤解を招くかもしれない。というのも、ヒトラーは主要な理念については並み外れた一貫性を保つと同時に、綱領や戦術や手法に関しては、これまた驚くべき柔軟性をもっていたからである。彼は政治思想家と政治家のあいだに明確な一線を画し、後者をより重く見た。しかし、『わが闘争』の有名な一節ではこうも書いている。「人類の長い歴史のなかで、ときには政治思想家と政治家が一つになることがあるのかもしれない」[*5]。ヒトラーは明らかに自分がそうした例であると信じていた。この信念には多少の真実が含まれている。すなわち、自分の世界観をあくまでも字義通りに実現しようとした点で、ヒトラーは世の政治指導者のなかで唯一無二とは言えないまでも、稀有な存在だったからである。

『わが闘争』は、使われている言葉や全体の調子、そして何よりもその内容がおぞましいことにかけて、ほとんど他に並ぶもののない本だが、その価値はヒトラーのなかの政治思想家と政治家の両面についてうかがい知る手がかりを与えてくれることである。すなわち、一方ではヒトラーの精神と世界観を、他方では政治運動を組織していく手法を、そして両者を結びつけるものとしてのヒトラー神話の創造の秘密を理解する手がかりとなる。

2

ヒトラーの信念の基盤は、粗雑な社会ダーウィニズムだった。「人は闘争を通じて大きくなってきた……人が到達したゴールは、何であれ人の独創性に野性を加味した資質によって到達可能となったのである……すべての生物は、三つの命題に包摂される。すなわち、闘争は万物の父であること、徳は血のうちにあること、指導者の地位は根源的かつ決定的であること」[*6]。さらに『わが闘争』のなかで、彼はこう書いている。「生きたいと思う者は戦わなければならない。永遠の闘争が生きるための法則であるこの世界では、戦いたくない者には生きる権利がない」[*7]

十九世紀末にはダーウィニズムは、知的に大きな役割をはたしていた。自然淘汰、遺伝、生存競争、適者生存というような概念は、歴史とは自然における闘争のように絶えざる異人種間の衝突の過程であるという見解に「科学的な」根拠を提供するものであった。この闘争において、ヒトラーの考えではアーリア人種たるドイツ人は最もふさわしい実例であり、その優位性を示すには、スラヴ人のような人間以下《ウンターメンシェン》の存在を支配し使役するのに、ただ力をふるうだけで足りるとした。外交および軍事政策は、新たな生活圏《レーベンスラウム》を征服する必要から生まれるものだが、それは生物学的措置——断種、安楽死、そして究極には絶滅という、いずれもナチ政権が実行した手段——と結びつけてドイツ人の血の純潔と文化を守ることを目指さなければならず、そのために精神的、肉体的に障害をもつ人間を、同性愛者やジプシーのような社会的逸脱者ともども容赦なく排除する必要があるのだった。

　ヒトラーは歴史に熱中しており、オスワルト・シュペングラーのように、歴史を人類の各時代の連続としてとらえていた。そして、各時代は相互に関連しあう観念や制度が織りなす独特の文化に象徴されるのである。古代世界はギリシア－ローマ文化である。ヒトラーはギリシア－ローマ文化の賛美者をもって自任していたが、それほど知識があったようには見えない。中世は「ゲルマン」文化であるとヒトラーは言い、ルネサンス期に西欧の近代資本主義社会によって影の世界に追いやられたのだとする。ここでも、シュペングラーと同じく、西欧は病んで衰退期にある、とヒトラーは信じていた。このような文化を創造する能力は「アーリア」人種にかぎられているというのだが、「アーリア」人種という概念について、ヒトラーは一度も明確な定義をしていない。「いま、人類を三つのカテゴリー——文化の創造者、文化の担い手、文化の破壊者——に分けるなら、第一のカテゴリーを代表すると考えられるのは、ひとりアーリア人のみである（原注：ヒトラーは第二のカテゴリーの例として日本人をあげ、第三はユダヤ人によって代表されるとしている）。人類の文化におけるあらゆる偉大な構築物の土台を築き、壁を建設したのは、アーリア人だった」[*8]

どんな文化や帝国も、それが衰退していった理由は同じだった。雑婚が、生命の法則である闘争を持続する力を弱め、やがて滅ぼしたのである。「過去の偉大な文明はすべて、元来創造的な人種が血の汚染の結果、死に絶えたために退廃したのである」[*9]。ヒトラーは、西欧文明は退廃しており、それに取って代わることがドイツ民族の将来の運命だと信じていた。それはあたかも、ゲルマン人の諸部族がすでに自衛能力を失っていたローマ帝国に取って代わり、そこに活力ある新たな文化をつくり出したごとくである、と。

これを成就するために、ドイツ人は新しいドイツ帝国を打ち建て、ヨーロッパ大陸を制覇しなければならない。それは、とりもなおさずヴェルサイユ条約改正の要求をはるかに超える外交政策を意味する。条約の改正は、かつてヒトラーが扇動家としての活動を始めたときに掲げた要求だった。新しい外交政策については、『わが闘争』の第一巻では概略が述べられているにすぎないが、第二巻ではロシアの犠牲のうえに東欧地域の「生活圏《レーベンスラウム》」を獲得するという政策が全面的に展開されている。一九一四年当時のドイツ国境を再確立するためにまた戦争をするというのは、犯罪に等しい。そのような行為を正当化することができるのは、「本来ドイツ民族のために割り当てられている土地と領域を確保する」という目的だけである。

そこで、われわれ国家社会主義者は、意識的に、戦前期の外交政策とは一線を画する。われわれは、六〇〇年前に中断したところから再び始める。南と西へ向かうドイツのはてしない動きを止め、東の地に目を転じる。待ちに待って、いまようやく戦前期の植民政策と商業重視政策へと移行するのだ。

そしてヨーロッパの領土というとき、われわれが念頭におくのは、ロシアとその属国たる国境沿いの諸国しかありえない。*10

ボリシェヴィキ革命のおかげでこれは比較的簡単な仕事になるだろうと、ヒトラーは『第二の書』で述べている。「東方の巨大帝国は、いつ崩壊してもおかしくない状態にある」。スラヴ人大衆は自分で国家を打ち建てる力をもっておらず、これまで彼らの上に立っていたドイツ系支配者層はいまやユダヤ系ボリシェヴィキ指導者らに取って代わられた。そのボリシェヴィキは、後述する理由から、国家を組織することも維持することもできないだろう。以前、ヒトラーが国境線の見直しのために必要だと考えていた対フランス戦争はここにきて、ソ連に効果的な攻撃を加えるという第一義的な目標のための予備対策となった（一九四〇〜四一年にそれが実行される）。もう一つの必要条件は、（ドイツが南チロルの割譲を覚悟すべき）ムッソリーニのイタリアおよび英国と同盟を結ぶことである。英国については、ドイツは皇帝の命取りとなった同国との海外における覇権争いを何としても避けなければならない。

このような考え方に隙があることは明らかだ。たとえば、現実にはドイツは人口過剰に悩んでいるどころか、軍が占領した東方の領土を開発するのに必要な人員すらもたなかった。しかし、そうしたことは、ヒトラーが一九二〇年代に打ち出した目標と一九四〇年代に達成しようとした目標との照応ぶりにくらべればさほど重要ではない。ドイツには国内政策よりも対外政策を重視するのをよしとする伝統があり、ヒトラーも全面的にこの見方に立っていた。彼は憲法および法制、あるいは社会経済政策それ自体には何の関心もなく、一九二〇年代のこの時期には、それらを主として政治ゲームのなかで支持を獲得して足場を確保するための手段と見なしていた。そして、この見解を国家そのものにまで当てはめている。「国家は目的のための手段にすぎない。その目的とは、人種の存続を図ることである……国家はただの器であり、その中味は人種なのである」[*11]。国家の形態に関するかぎり、ヒトラーは指導者原理《フューラープリンツィプ》をすべての基礎とした。この原理によれば、権力は一人の指導者の手に集中され、憲法もしくは議会によるいかなる制限も受けることがない。国家に指示して対外政策と再軍備を優先させる権限を備えているから、東方を征服し、新たな生活圏を勝ちとれと命じることもできるのである。

ウィーンを去ったあとで重ねてきた経験とランツベルク刑務所で思いめぐらしたことに照らして、ヒトラーは一九二八年に、政治の要諦は「民族の生存闘争を遂行すること」だと総括し、外交や内政はいずれもこの目的に従うとした。

対外政策とは、民族がそのときどきに必要とする生活圏を質量ともに保障する技術である。国内政策とは、このことに必要な力を人種の価値と人数のかたちで保持する技術である。[*12]

「人種の価値」については説明する必要がある。「民族の総力の源は、武器を所有することや軍隊を組織することにあるのではなく、民族の内的価値、つまり人種の価値にある」[*13]とヒトラーは言う。これを保持するには、国家が国民を三つの害毒から守ることが肝要である。三つの害毒はいずれも、ユダヤ人と同義であった。一つは国際主義。外国の事物にたいする偏愛であり、自らの文化的価値を過小評価することから発して雑婚へと向かう。第二に平等主義、民主主義、多数決原理。これらは人類のあらゆる進歩の起源である個人の創造力と指導力を敵視する。最後に、平和主義。民族の健全かつ自然な本能である自己保存の本能を破壊する。一九二七年七月二十二日にニュルンベルクで行なった演説のなかで、ヒトラーは次のように断言した。

民族は、自らのうちにこれら三つの悪徳を取り込むやいなや、その内的価値を失った。人種の価値を度外視して国際主義を説き、独立不羈を捨ててそのかわりに多数決原理、すなわち衆愚制を導入し、人類の兄弟愛にうつつを抜かすようになるやいなや、民族は内的価値を失ったのである。[*14]

ヒトラーの思想の最も際立った特色である反ユダヤ主義をあえて最後にまわしたのは、彼の人種政策《ラッセンポリティーク》全体の枠組みのなかにこれを位置づけるためである。とはいえ、ヒトラーの世界観のなかではユダヤ人について特異な位置づけがなされていたことは疑いない。そのユダヤ人憎悪の激しさを説明する手がかりとなるようなヒトラーの個人的体験は、いまのところ知られていない。ただ、ヒトラーがこのことについて書き、あるいは語るとき、習慣のように用いた卑猥な言葉づかいからして、性的起源をもつのではないかとする伝記作者も一部にある。六〇〇万人のユダヤ人を死にいたらしめたこの男が、実際にユダヤ人と話をした、または会った最後の機会がいつだったのかということとは、考えてみればゆゆしい問題である。だが、『わが闘争』やヒトラーの妄言のなかに出てくる「ユダヤ人」は、現実の血の通ったユダヤ系の人びとと似たところはまったくない。このユダヤ人はヒトラーの強迫観念から生まれた幻想の産物であり、悪魔じみた生きものである。これが何を表わしているかといえば、それはもっぱら自分の攻撃性と憎悪の感情の捌け口とする対象をつくり出したいというヒトラーの欲求である。

ヒトラーはこうした感情を合理化するため、ユダヤ人が他の人種と異なるところは自らの領土を保有していないこと、したがってヒトラーの言う歴史の基本型としての、生活圏をめぐる闘争に参加できないことであると公言した。領土をもたないことから、ユダヤ人は国家を建設することができず、寄生虫（ヒトラーが偏執的に用いた隠喩）となって、他の国民の創造的な活動によってわが身を肥やすしかなかったというのである。

ユダヤ人の生存闘争の最終目標は、積極的な生産活動をしている人びとを奴隷化することにある……その手段として、他民族を無国籍化し、混血により雑種化して高等民族の人種水準を引き下げるとともに、このように雑種化された民族を支配するため、その民族《フェルキッシュ》のインテリゲンチャを絶滅させ、そのかわりに自分たちの仲間を入りこませるのである。[*15]

国際関係の面では、ユダヤ人資本家は自分たちの真の狙いを知られまいとして、各国の国民の目をそらすために彼らを戦争へ駆りたてようと画策し、金と宣伝の力にものを言わせて、徐々に各国にたいする支配を確立しつつある。同時に国際的な共産主義革命のユダヤ人指導者は、モスクワに世界本部を設け、そこを拠点に各国のマルクス主義政党を動かしてそれぞれ国内工作をさせ、国際主義と平等主義と平和主義を広めている。ヒトラーはこれらの思想をユダヤ人と同一視し、アーリア人の人種的価値への脅威と見なしていた。

この主張を裏返せば、反ユダヤ主義はヒトラーの主張する対外政策を正当化するのに役立った。ヒトラーがつねに「ユダヤ人の世界的陰謀」と結びつけていたボリシェヴィキ・ロシアを叩いて、ドイツの生活圏をさらに東へ拡大するという政策である。これによって、ドイツ民族の人種的特性が強化されるのみか、国際的なユダヤ人組織の本拠を滅ぼし、マルクス主義なる毒草を根こそぎにすることにもなる。

ヒトラーの歪んだ宇宙像においては、ユダヤ人はアーリア人の永遠の敵だった。アーリア人とは創造の力をもった人種であり、ユダヤ人とは邪悪の体現者、文明を次々に蚕食し滅ぼしてきた人種汚染の張本人ということになる。

もしユダヤ人がそのマルクス主義の信条に力を借りて世界各国を征服するようなことになれば、ユダヤ人の王冠は人類の弔いの花輪となろう。そして、再び人類のいなくなったこの惑星は、何百万年も前と同じ姿で天空のなかを自らの軌道に沿って回りつづけることだろう[*16]……

ユダヤ人の危険を「取り除く」と言うとき、ヒトラーが具体的に何を指しているのかは明らかにされないままだったが、ボヘミア出身のあるドイツ国家社会主義者が服役中のヒトラーに面会したとき、ユダヤ人について考え方を変えたのかとたずねたのにたいし、ヒトラーは次のように答えた。

そう、まったくそのとおりだ。私はユダヤ人と戦う方法について考え方を変えた。いままでの考え方が生ぬるすぎたことに気づいたのだ。著作を始めてからわかったのだが、将来、われわれが勝利を収めるには、最も厳しい方法によらなければなるまい。これは間違いなく、ひとりわが民族のみならず、すべての民族の死活問題だ。ユダヤ主義は世界の疫病なのだから[*17]。

ヒトラーの世界観の双頭をなす信念、ユダヤ人を「根こそぎにする」(これがどういう意味であったにせよ)決意と、東ヨーロッパを征服して生活圏を獲得する決意は、変わらなかったどころか、権力を手中にする何年も前に『わが闘争』や演説や会見のなかで何度も繰り返し述べられている。

しかし、ヒトラーが一九二〇年代に何千という人びとをナチ党に加入させ、三〇年代初めに何百万もの人びとをナチ党に投票させたほど人の支持を集める力をもっていた理由を解き明かそうとして、彼の個人的な思想のなかにその鍵を求めると、判断を誤ることになる。事情は逆で、反ユダヤ主義はドイツ人の権利という共通理念の一部として、当然のごとくナチ思想に組みこまれていたが、ヒトラーがその重要性を強調した——一九二〇年代後半には前半とくらべてずっと重きがおかれなくなった——にもかかわらず、ヒトラーと同じくらい真剣にこの問題を重視した少数の党員(たとえばヒムラー)を除き、とくに人びとの関心をひくところとはならなかった。これは、ヒトラーが自ら『わが闘争』のなかでつけた区別、すなわち、運動にたずさわる者は「その政治的教義を信じるという簡単な努力だけで足りる」多数と、「理念を体現し、理念のために戦う[*18]」少数とに分かれるという見方と一致する。それと同じことが、ドイツが東方に拡張するという夢、すなわち「生活圏」についても言えるようである。

ヒトラーが一九二〇年代に行なった対外政策に関する演説の売りものは、これとはまったく異なり、修正主義によるヴェルサイユ条約撤廃と一九一四年当時のドイツ国境の回復だった。必要とあれば戦争も辞さないというのだが、その相手はソ連ではなく、フランスだった。

党が権力を握る前のこの形成期には、ヒトラーのほかに多くの論客が国家社会主義思想に貢献していた。その顔ぶれは、メラー・ヴァン・デン・ブルックのような新保守主義の論客からゴットフリート・フェーダー、グレゴールとオットーのシュトラッサー兄弟、ワルター・ダレなどのようなナチ党の指導者までさまざまだった。このころ、ヒトラーはまだ自分の個人的な思想を党に押しつけるにいたっていない。たがいに競合する（たとえば経済政策において）傾向が、一九三〇年代半ばまでつづき、ヒトラー自身、聴衆や状況の違いに応じて驚くべき柔軟性を示した。

だが、ヒトラーが柔軟でありえたのは、『わが闘争』で述べているように「この時期、私のなかで一つの世界像と哲学がかたちをなし、のちの私の全行動の堅固な礎となった。以来、このとき生み出したものにつけ加えて学ぶべきことはないに等しく、何も変更する必要はなかった」[*19]からである。ヒトラーはこの時期を、一九一四年以前のウィーン時代としているが、それは正しくない。その形成過程の始まりがウィーン時代にあったとしても、一九二〇年代半ばに文章にするまでは未完成だったのである。

ただし、そのあとのことについて、ヒトラーがこの世界観は堅固な礎となり、その後、何一つつけ足さなかったと言っているのは、まさにそのとおりである。ヒトラーの精神は反論や疑念を受けつけず、閉ざされたままだった。そういう精神をもち、自分は歴史を解く鍵を握っているからそれで未来の扉を開くことができると信じきっていたからこそ、戦術的な好機であれば何でも利用できるし、それによって本来の目標を見失う恐れはないという自信が生まれたのである。彼は自分の時代がかならず到来すると信じ、その機をうかがっていた。そのあかつきには『わが闘争』で文字にしたときと少しも変わらぬ野蛮で残忍な計画にドイツ民族を参加させることができるというのである。この自信が有利に働いたことは、一九三〇年までの何年かを見れば歴然としている。当時の情勢は、ヒトラーに不利で、党の外ではほとんど相手にされなかったにもかかわらず、彼は状況が自分に有利に転じたときのために備えていた。予見できたわけではないが、いずれそのときが到来すると確信していたからだ。

とはいえ「闘争時代《カンプフツァイト》」（権力掌握以前の時期）全体を通じて、ヒトラーの演説は大勢の聴衆を集めた。それは演説の内容に新味があったからではない。大部分は国家社会主義者の常套句であり、右翼思想のプロパガンダでしかなかった。ただ、その論じ方にかけては、ヒトラーには他の追随を許さない天賦の才があり、人びとはそれにひかれて集まったのである。ヒトラーを少しも買っていなかったオットー・シュトラッサーでさえ、次のように言っている。

自分の主張を補強しようとして、よく理解しているわけでもない理論や書物から引用するとき、ヒトラーは凡庸の域を出ない。だが、松葉杖を投げ捨て、内からつき動かされるままに語り出すや、たちまち別人となり、今世紀最大の雄弁家の一人に変身するのである……アドルフ・ヒトラーが演壇に登る。空気をかぎ、足もとを探り、雰囲気を感じとる。そして、にわかに言葉がほとばしり出る。それらの言葉は、矢のように標的を射る。ヒトラーは各人の心に秘められた生傷に触れ、無意識の部分を解放し、より奥深い願望をあばき、彼らの最も聞きたがっていることを口にする。[*20]

この能力については、ヒトラー本人も充分に承知していた。彼は『わが闘争』のなかで、聴衆の情緒的抵抗に打ち勝つ方法について述べている。「この問題では、それらの隠れた力に訴えることしか効果はないだろう。それをなしとげる見込みがあるのは、真の雄弁家のみである」[*21]。ヒトラーには、これに劣らぬ重要な才能があった。弁舌の才を利用していることを隠し、熱狂した演説ぶりは真摯な心の証だと聴衆に信じこませる才能である。

これがヒトラーの説得力の核心だった。この二つの才能を駆使して、論理や綱領や主義主張よりも、不可能を可能にする超人的な力に恵まれた稀有のカリスマ的指導者としての彼個人を信じる心理を、聴衆の心のなかに醸し出すことができたのである。ナチの平党員が「わが党の綱領は二語――『アドルフ・ヒトラー』に尽きる」と公言したのは、まさにこのことをさしている。

3

後年の研究により、『わが闘争』の自伝的部分はとても信用できるものではないことが明らかになった。自らを神話化するのに必要な第一歩として、ヒトラーはその無気力で放縦な青年時代を脚色して、貧困と苦悩と孤独の時期としなければならなかった。その年月に鍛えられて、未来の指導者にふさわしい決意と自信が生まれたというのである。出版者の期待とは裏腹に、ヒトラーは一九二三年のミュンヘン一揆の失敗にまつわる政治的秘話を語ることは避け、たびたび本題からそれては、そのとき心に浮かんだ話題に何ページも費やした。そこには、後年の「食卓談話」で見せたのと同じ、充分な教育を受けなかった人間に特有の増上慢の無知があからさまに出ている。例外は、大衆運動を起こす方法、プロパガンダの有用性、暴力の魅力などについて語っている部分で、これらは要するに、主義主張を唱える者が自分の信念を実行に移すときに必要な政治的技術なのである。

驚くのは、聴衆の操縦法や大衆の愚かさ、人びとの心情につけいること、基本的な論点を人びとの頭に叩き込むためのスローガンやポスターの使用などについてのヒトラーのあけすけな書き方である。いまでこそ陳腐になっているが、一九二〇年代にこうしたことに着目したところにヒトラーの独創性がある。

どんな種類のプロパガンダにおいても、まず第一に必要な条件は、首尾一貫した一方的な態度〔である〕……プロパガンダでは客観的に真理を追求してはならない……自分の側に好都合な真理の一面だけを示さなければならない。*22

またこうも言う。

国民の大多数にとっては……思考と行動を規定するものは、分別よりも情である。しかし、この情というのは……細かく分かれてはおらず、愛と憎しみ、正と邪、真実と虚偽といった肯定と否定の二面しかない。一部はあれで一部はこれ、というようなことはありえない。*23

話題が政治的な組織づくりにおよんだときにも、ヒトラーには同様の説得力があった。一九一八年の敗北以降のマルクス主義とマルクス主義政党の勢力の拡大を抑止できなかった原因を分析して、彼は次のように書いている。

いわゆる国家主義政党が影響力をもたなかったのは、いずれも街頭で効果的に示威行動ができるほどの勢力をもっていなかったことによる……ドイツ戦闘同盟は絶大な力をもち、街頭の覇者でもあったが、政治理念を欠き、何よりも具体的な政治目標をもっていなかった。

マルクス主義が成功を収めたのは、政治目的と非情な実力行使との完璧な協調があったからだ。ドイツが国家として発展するための具体的成算を欠いたのは、的確に選んだ政治目標と暴力との堅固な結びつきがなかったからである。[*24]

この二つは手をたずさえなければならない。フランス革命、ロシア革命、イタリアのファシスト運動の成功がそれを証明している、とヒトラーは主張する。

何かを新たにつくりかえる偉大な理念が欠如しているところではいつも、戦う力に限界があった。どんなに野蛮な武器でも使用する権利があるという確信は、世界を革命的に変革することが必要だという熱烈な信念とつねに結びついているのである。[*25]

ブルジョワ政党にはそれができず、彼らは過去を復活させることしか考えなかった。そのため、ヒトラーは彼らと手を組もうとせず、ナチ党が自力でやっていくことを選んだ。一方、突撃隊は政治目的を超えて、隠れた軍事目的をもった戦闘集団にしてはならないとも主張しつづけた。突撃隊の任務は、コブルクでの例に見るとおり、党を護衛し、党が街頭で自由に行動できるようにすることである、と。

右に引用した文章の多くは『わが闘争』第二巻からのものだが、ヒトラーがこの第二巻を口述していたころ、公職にある友人たちはすでに、ヒトラーの釈放の許可をとりつけることに成功しており、ヒトラーは自由にナチ党再建に取り組めることになった。戦後の極右運動の波に乗ってきたヒトラーだが、その波はすでに引いていた。一九二四年五月に行なわれた総選挙では、急進右派はなお投票総数の六・五パーセントを集めて三二議席を獲得することができたが、同年十二月の選挙では得票数がその半分以下となり、議席は一四に減った。極左運動も同様に後退し、ドイツ共産党は議席の三分の一を失った。一九二四年から二八年にかけては、ワイマル体制下の社会情勢が最も正常に近づいた時期である。通貨が安定し、経済が回復した。賠償問題が決着し(ドーズ案)、アメリカ合衆国からの大きな借款も得られた。さらにシュトレーゼマンはロカルノ条約を締結し、ドイツの国際連盟への加盟を承認させることができた。

これは、ヒトラーがその政治的経歴のなかで自分が時流に逆行していると感じた唯一の時期であり、またバイエルン当局から受けていた庇護を失った唯一の時期でもあった。一九二五年の初めに一度、集会を開いただけで、あとはバイエルンでの公の発言を禁じられたのである。この禁止令は、すぐさまプロイセンをはじめとするドイツの各州にもおよんだ。その期限は、バイエルンでは二七年五月まで、プロイセンでは二八年九月までだった。これはヒトラーの最大の強みを直撃するもので、ヒトラーは非公開の党員集会でしか発言できなくなった。出所してからもしばらくのあいだは仮釈放の身であり、ドイツの市民権をもっていなかった(一九三二年まで)ことから、いつオーストリアへ強制送還されるかわからないという不安がつきまとっていた。

一九二三年のミュンヘン一揆のあとでナチ党はただちに非合法化され、党の機関紙『フェルキッシャー・ベオバハター』は発禁処分になっていた。服役しているあいだ、自分にかわって運動を率いる者として、ヒトラーはローゼンベルクを指名していた。ところが、ローゼンベルクはとても指導者の器でないことが明らかになった。だからこそ彼が選ばれたのではないかという疑いが、根強くあった。現場に復帰したヒトラーのライバルになる可能性が最も低い人間だから、というわけだ。そのローゼンベルクが——ヒトラーのよく知られた議会政治反対の立場にもかかわらず——民族主義政党の一つ、ドイツ民族自由党と選挙で同盟を結ぶことに同意したと知って、ヒトラーが喜ぶはずはなかった。一九二四年五月の国会選挙で、この同盟が——ヒトラー抜きで——意外にも二〇〇万近い票を集めたときには、ヒトラーの不快感はさらにつのった。

しかし、この民族派の合同劇は長つづきせず、ほどなく内部分裂して、いくつかの対立グループに分かれた。ナチ運動の内部で起きた最大の分裂は、一八九〇年以前に生まれた指導者たちの率いるバイエルン派と、北ドイツに地盤をもつ若手グループとの分裂だった。後者は国家社会主義自由党を結成した。前者は、数名のナチ幹部——エッサー、シュトライヒャー、シュワルツ、アマン——を擁していたが、ミュンヘン、ニュルンベルク、バンベルクの三都市以外ではほとんど勢力をもたなかった。ゲッベルスがばかにして「開拓派」と名づけたこの一派は、ディートリヒ・オルロフによれば、下層中産階級の生活体験に根ざしたものの見方を特徴とする。商店主や小役人などの層からなるこの階級の人びとは、戦前からすでに自分たちの社会的地位が危うくなりつつあるのを目のあたりにしており、工業化には反対で、気に入らないことはすべてユダヤ人のせいにしていた。一方、若手グループの考え方のもとになっていたのは「前線世代」の体験だった。彼らは民族主義的な綱領を「前線社会主義」の立場(大企業・金融資本の力と敵対する)でとらえ、これは社会的な反動ではなく革命であり、中産階級よりもむしろ労働大衆への訴えであるとした。二派はどちらも議会制民主主義を拒否して独裁制をよしとし、反ユダヤ主義を奉じ、いぜんとしてヒトラーを自派の指導者として仰いでいた。

獄中のヒトラーは、対立する両派の言い分や非難合戦に耳を傾けはしたが、そのあいだに入って仲裁したり、どちらか一方に与《くみ》したりしなかった。一九二四年七月、彼は党首の地位をしりぞき、どちらかの派が支配的勢力を握るよりも現状のままのほうが好都合だと思っているのだろうとの批判にも動じなかった。側近の一人、クルト・リューデッケは書いている。「彼は事態を収拾する力をもった唯一の人間だった。にもかかわらず、小指を動かすほどのこともせず、ひとことも発言しなかった[*26]」。ヒトラーの戦術は功を奏した。一九二四年十二月、前よりも安定した社会情勢のなかで行なわれた二度目の国会選挙の結果、民族主義政党の得票数は半減し、彼らは再びドイツ政界の末端に追いやられた。その二週間後、ヒトラーが出所したときには、ナチの運動は四分五裂の状態にあり、これを再統一できそうな人物はヒトラーをおいてほかに存在しなかったのである。

支持者たちの尽力により、ヒトラーは五年の刑期のうち九カ月足らずを服役しただけですみ、クリスマスには自宅に戻っていた。自由の身になったからといって、自分の節を曲げて融通を利かせるどころか、ヒトラーはもう一度国家主義の他のグループと連携するようしきりに求める人びとにいっさい譲歩しなかった。その傲岸不遜な態度で、バイエルン州議会の民族派議員を敵にまわし、一九二三年にはヒトラーよりも存在感があったルーデンドルフに喧嘩を売り、北ドイツの国家社会主義自由党の指導者たちを小者扱いした。ヒトラーはかろうじてバイエルン州内での党活動と『フェルキッシャー・ベオバハター』発行の解禁にこぎつけたが、それも古くからの後援者であるギュルトナーの口添えがあってのことだった。年が明けても態度を明らかにしないまま、支持者と批判者の双方を二カ月も待たせたのち、彼は急にミュンヘン一揆の舞台となったビュルガーブロイケラーで二月二十七日に演説をすると発表した。発表したのは、その前日である。三〇〇〇人の熱烈な支持者が入場したところで、会場は超満員となり、残る二〇〇〇人を追い帰して扉を閉めなければならなかった。ヒトラーが登場したとたん、嵐のような歓呼の声が沸きあがった。他の右翼指導者ではおよそありえないことだった。ヒトラーは二時間にわたって演説し、それが終わるとバイエルン派と若手グループとの感情のこもった和解劇が演じられた。そのさなかに、マックス・アマンは「いさかいはもうやめだ。全員がヒトラーを支持する！」と叫んだが、ヒトラーはその前に次のように言って、自分の立場をはっきりさせていた。

誰かが私のところにやってきてあれこれ条件をつけたら、私はこう言う。「きみ、私が出す条件を聞くまで待っていたまえ。知ってのとおり、私は大衆に媚びるつもりはないんだ」。わが党の同志諸君、一年経ってから判定してほしい。私が正しく行動しなかったということであれば、その時点でこの職務を諸君の手にお返しする。しかし、それまでは、私が、私一人が運動を率いるのであって、私が個人的に責任者の地位にあるあいだは、誰も私に条件をつけてはならない。これは鉄則だ。そのかわり、運動のなかで何が起きようとも、私がすべての責任をとる。*27

聴衆を魅了する力を失っていないことを内外に知らしめたこの演説会の結果、ヒトラーはそれ以後、公の集会での演説を再び禁じられた。これが一九二三年だったら、そのような障害にぶつかって絶望していただろうが、ヒトラーはこのとき、びくともしなかった。禁止令により入場料収入がなくなるという個人的な損害にも平然としていた。このことは、当時、彼の周囲にいた人びとが一致して抱いていた印象を裏づけることになった。敗北と獄中生活を体験したヒトラーは、鍛えられた人間になったばかりでなく、使命をもった人間として自らの役割に揺るぎない自信をもち、挫折した弱小政党の党首にすぎなかったこの時代にも堂々としていたという印象である。

出所する前、ヒトラーはルドルフ・ヘスにこう言っていた。「運動をもう一度最高潮にもっていくのに、五年を要するだろう」――その後の展開からして、みごとなほど正確な予測である。ただし、ヒトラーは独自の手法で取り組むつもりだった。一九二五年四月には、初期のころにあれほど恩義を受けたレームとも袂を分かつ覚悟をしていた。突撃隊の新しい役割をめぐって、妥協するよりはそのほうがいいと判断したのである。レームはあくまでも突撃隊を政治と切り離し、地下組織の「前線軍《フロントバン》」に組み入れる意向だった。この軍隊組織は、ヴェルサイユ条約でドイツの軍隊に課せられた兵員制限の抜け道として考えられたものである。ヒトラーは、突撃隊が自分の政治指導権に従属し、党の防衛機関として党に奉仕しなければならないと主張して譲らなかった。レームが辞任すると、ヒトラーはレームの手紙に返事も出さず、二人の個人的な友情まで断ち切らないでほしいとのレームの訴えにも応じなかった。

エッサーとシュトライヒャーの助けを借りて、ヒトラーは南ドイツのナチ運動の支配権を取り戻した。しかし、南よりもはるかに大きな潜在党員層をかかえる北ドイツなくしては、バイエルンはもはや全国運動の基地としてふさわしいとは言えなかった。北でいったん旗上げした国家社会主義自由党は解体していたが、急進的な若手グループは相変わらず南の「開拓派」にたいして敵意をもち、バイエルン以外の地方グループを傘下に置こうとするナチ党ミュンヘン本部の画策に抵抗して、その意志を明らかにしていた。

北で最も精力的に活動していたのはグレゴール・シュトラッサーだった。シュトラッサーはバイエルン州ランツフート出身の前線兵士《フロントケンプファー》で、一九二三年には早くも低地バイエルンで総勢九〇〇名の突撃隊連隊をつくりあげていた。そしてヒトラーの服役中に、国家社会主義自由党のウェストファーレン選挙区選出の議員として国会に議席を獲得していた。国家社会主義自由党が解体し、ナチ党が再建されると、ヒトラーは白紙委任のかたちでシュトラッサーに北での組織づくりにあたらせた。そこでは、シュトラッサーの熱意と組織能力がすでに相当の重みをもっていたのである。シュトラッサーは同時に、出身地である低地バイエルンの大管区指導者《ガウライター》に任命され、かつての秘書ハインリヒ・ヒムラーがその副官となった。

つづく一年のあいだ、シュトラッサーは主として北および中部ドイツの工業地帯で一〇〇回近い演説会を開いた。この時期、ヒトラーは『わが闘争』第二巻を執筆するためにオーバーザルツベルクで多くの時間を過ごしている。シュトラッサーは弟のオットーをはじめ、当時二十七歳のヨーゼフ・ゲッベルス、のちに大管区指導者となるカール・カウフマン、エーリヒ・コッホ、ヨーゼフ・テルボーフェンらの若手活動家を自分のまわりに集めていた。彼らは同じ国家社会主義でもエッサーやシュトライヒャーなどのバイエルン派よりもいちだんと急進的な立場を打ち出していた。これは若手層に食い込むことを狙いとしたもので、党綱領のなかから反資本主義的なテーマを拾ってスローガンとしていた。具体的には、不労所得と地代と土地投機の廃止、「利子奴隷制」と金融資本と大手百貨店への攻撃、重工業の国有化と利益の分配および土地改革の要求などである。これらの主張は、「ドイツ」民族的、つまり理想的な社会主義として掲げられ、マルクス主義者の説く国際的、唯物的、平等主義の階級闘争に代わるものとされた。若手活動家たちはこのような綱領を挺子に、社会民主党と共産党の牙城であるルールなどの工業地帯で「左翼への突破口」を開き、民族的な労働組合運動を起こそうと思っていたのである。シュトラッサーはまた、「国家ボリシェヴィズム」にも魅力を感じていた。これは、第一次大戦でともに貧乏くじを引いた二つの国、ドイツとロシアが同盟して、資本主義と帝国主義の西ヨーロッパ、ユダヤ人に乗っ取られた西ヨーロッパに対抗しようという提案である。

ヒトラーの反応は謎めいていた。ヒトラーはその気質からして急進的であり、自分に都合がいいと見れば反資本主義的言辞を弄することも平気だった。要するに、そのような綱領で自分の手を縛る気はないが、北を失うわけにはいかないので、立場を明確にすることを避けて時間をかせいでいたのである。失望した北の指導者たちは、自分たちだけで先へ進むことにし、一九二五年八月から九月にかけて、バイエルン派の勢力に対抗すべく「共働団《アルバイツゲマインシャフト》」なる組織を結成した。ヒトラーをバイエルン派の影響力から解放し、自分たちの陣営に引き入れられるのではないかとあてこんだのである。

シュトラッサーは、党綱領を改訂して、一九二〇年版よりも反資本主義色の濃いものにしようと試みたが、これは挫折した。北の指導者たちのライバル意識と、党綱領そのものに内在する矛盾に阻まれたのである。シュトラッサーがさらに進んで、ヒトラーを党首の座から追い落とそうと考えていたかどうかはさだかではない。ナチの他の指導者たちにくらべれば、シュトラッサーは人格といい実力といい党首になりうる器だったが、なるとしてもヒトラーとはまったくタイプの異なる党首である。ヒトラーよりもずっと率直な性格の持ち主で、有能なオルガナイザーであり、演説も巧みだったが、ヒトラーのようなカリスマ性はもちあわせていなかった。そのまわりに神話がつくられる素材ではなく、その点ではヒトラーのほうがすぐれていることは、シュトラッサー本人も知っていた。だからこそ、彼は再三の機会にも自重したのである。だが、シュトラッサーがヒトラーのライバルになりうることは、両者ともに意識していたに違いない。ヒトラーが意識していたことは確実である。

それまで介入を控えていたヒトラーだが、一九二五年から二六年にかけての冬に起こった一連の出来事により、ついに腰を上げることになる。まず、旧王侯の所領を収用するという提案が左翼陣営から出され、所有権をめぐって全国的に論争の嵐が巻きおこった。ヒトラーは収用に反対し、シュトラッサー派は賛成にまわった。次に、シュトラッサーが起草した党綱領草案は、もとの綱領の二五項目は変更不可とするとのヒトラーの宣言に真っ向から挑戦するものだった。また、独立した出版機関「カンプフフェアラーク」を新設し、『デア・ナツィオナーレ・ゾツィアリスト』紙を許可を得ずに発行すると決定したことも同様である。そのあげく、シュトラッサーは党にたいして、弱気な合法活動路線を廃して「カタストロフの政治」を追求するよう呼びかけた。だが、これもまた、武力による政権奪取をもう一度企てることは断じて容認しないとするヒトラーと真っ向からぶつかる動きだった。

ヒトラーは自ら乗り出す決心をし、断固たる態度で、しかも巧妙に行動した。まず、ごく短い予告のもとに、党幹部の集会をバンベルクに召集した。シュトラッサーの勢力圏にあるバンベルクでヒトラーの実力と威信を見せつけ、北ドイツ側を感服させようというのである。長々と車をつらねてバンベルク入りしたのも、その効果を狙ってのことだった。

ヒトラーは四時間にわたって演説をし、シュトラッサーの綱領案を項目ごとに粉砕していった。「一九二〇年の綱領はわが党の信条の原点であり、イデオロギーの根幹である。それに手を加えるのは、わが党の理念を信じて〔ミュンヘン一揆で〕死んだ仲間にたいする裏切り行為である[*28]」。実を言えば、ヒトラーは党綱領の解釈をめぐって対立する見解のどちらか一方を選択することを避け、かわりに「自分個人を神格化して綱領とした」[*29]のである。シュトラッサーは反論しようとしたがうまくいかず、支持する者もいなかった。ヒトラーがとっておきの切札を使ったからである。党首ヒトラーなくしては運動が成り立たないということで、聴衆もそれを承知していた。勝ったヒトラーは、柄にもなく鷹揚なところを見せて、それ以上シュトラッサーに屈辱を味わわせず、大げさな身振りでシュトラッサーに歩み寄ると、いかにも同志らしく肩を抱いた。シュトラッサー本人はいざ知らず、聴衆はヒトラーの態度に感銘を受けた。

ヒトラーはこれをただのお芝居として終わらせず、グレゴール・シュトラッサーに党宣伝局長の地位を提供した。[*30]シュトラッサーを補佐していた者のなかで最も才能豊かなゲッベルスには、ミュンヘンを訪れるよう招待し、滞在中にすっかり自分の味方に引き入れた。そして、一九二六年十一月にはベルリンの大管区指導者に任命している。当時二十七歳のゲッベルスは、小柄で湾足の、挫折した知識人で、虚栄心と不安感のかたまりだったが、したたかで攻撃的な指導者として、まず共産党と社会民主党の拠点の一つ、ベルリンで頭角を現わした。その後、活躍の場をほとんど与えられないまま、挑発的な弁舌と文筆の才に磨きをかけ、プロパガンダの才能にかけてはヒトラーに次ぐ存在となった。

この二人の任命は、ヒトラーが行なった最良の人事に数えられる。不毛な党綱領論議に熱中すれば溝が深くなるばかりだと見て、二人の関心を宣伝と組織づくりという現実の課題に向けさせたのである。バンベルクで、ヒトラーは『わが闘争』第二巻に書きつつあった持論を展開し、ナチ党は討論クラブでもなければ知識人の政党でもないと断言した——レーニンが一九二一年の第一〇回ロシア共産党大会で表明したのと同じ見解である。党の本務は、党に力をつけ、権力確保の意志をより堅固にすることにあるというその目標も、レーニンが宣言したものと同じだった。ヒトラーは言う。「かかる闘争に必要な武器は『知性』ではなく熱狂である」[*31]

こうして党の分裂を回避したヒトラーは、一九二六年五月、ミュンヘンで党員総会を召集し、連合規約を改正した。これにより、ミュンヘンの国家社会主義ドイツ労働者連合は運動の唯一の「担い手」となった。ミュンヘン地区グループのメンバーが選出した役員が自動的に党全体の指導部を構成するのである。ドイツの法律では、第一議長を選出することが定められていたが、選出された議長には、大管区指導者をはじめ、各種委員会の委員長、地方役員などの任免権があった。また、運営役員会や各委員会の多数決による決定とは別に、党を指導する権限ももっていた。結局、現実には役員会は一度も組織されなかった。党員名簿を管掌する書記と会計を別にして、個々の職務は、ヒトラーが任命しヒトラーにのみ責任を負う中央の各局長（宣伝局長に任命されたシュトラッサーはその一例）にゆだねられた。

一九二六年七月初頭、機が熟したと見て、ヒトラーはミュンヘン一揆以後の最初の党大会をチューリンゲンのワイマルで開いた。チューリンゲンはヒトラーがなお自由に演説できた数少ない州の一つだった。大会では、第一議長ヒトラーからあらかじめ承認されている動議だけが取り上げられ、以後、これが慣例となった。演説には厳しい制限が設けられ（ヒトラーだけは例外）、裁決は行なわれなかった。ヒトラーは「際限のない討議は打ち切りにする」意向を明らかにした。国立劇場（ここで一九一九年にワイマル共和国憲法が採択された）での本会議ののち、ヒトラーは五〇〇〇人からなる党員と突撃隊員の行進を観閲し、このとき初めて、イタリアのファシスト党のやりかたをまねて腕をまっすぐに伸ばす答礼をした。

4

こうしてヒトラーは、ナチ党内での自分の地位を再び確立することに成功した。しかし、党そのものは相変わらず、国内政界の周辺的地位を脱する道を探れずにいた。一九二六年当時の党員総数は三万五〇〇〇人で、この数字を王侯の所領収用に関する国民投票に足を運んだドイツ人一五六〇万人とくらべれば、その前途多難さがわかるというものだ。

現政権の安定化政策が成果をあげつづけるかぎり、党がこれ以上勢力を伸ばす見込みは薄い。安定化政策の成果は、ドイツの国際的地位の向上となって現われたほか、経済の分野でも明らかだった。アメリカからの借款のおかげで、ドイツの産業は近代化され、一九二三年から二八年の生産性上昇率は経済の全部門について欧州各国でいちばんの伸びを示した。戦後の領土割譲にもかかわらず、一九二八年の国民所得は一九一三年よりも一二パーセント増大し、登録された失業者数は五〇万人以下に減少した。ドイツを救えるのは自分だけだと、ヒトラーがいくら主張したところで、ドイツが窮地におちいっていない以上、一般社会から相手にされない自称救世主にすぎないのである。

党の弱点は、活動方針、組織、党員募集、財政など、あらゆる面に現われていた。蜂起という手段をとらないのであれば、ヒトラーはどのようにして権力を掌握するつもりなのか。選挙戦での勝利によるのか、それとも（ヒトラーが大いに買っていた「ローマ進軍」のひそみにならって）革命の脅しによるのか。どちらの方法によるにせよ、大衆の支持をとりつけることが不可欠となる。だが、その大衆とはどの層を主体とするのか。労働者か。農民か。中産階級か。また、支持をとりつけるというが、それはどんな政策にたいする支持なのか。

これらの疑問に答えるのに、一般の政党なら党綱領に盛りこまれた一連の政策をもってするところである。だが、ナチ党は一般の政党とは異なる。どんな政策を打ち出すにせよ、それらは委員会の決定や多数決の結果ではなく、指導者間の合意によるものでさえない。バンベルク会議が明らかにしたように、ナチ党は個々の案件に関する個々の党員の意見に関わりなく、唯一の指導者アドルフ・ヒトラーにたいする党員の忠誠心によって一つに結ばれた運動組織だった。そしてヒトラーは、そうした役割を演じおおせるには、個々の政策論議からできるだけ距離をおき、一つの派閥を利するような決定は避けなければならないことを理解していた。

ヒトラーのイデオロギーは、それに与しない者から見れば粗雑で説得力に欠けるとしても、ヒトラー自身にとっては、マルクス主義が共産党の指導者に与えたような確信を抱かせる一つの歴史観だった。ヒトラーも、レーニンやスターリンと同じく、政策と戦術を原則の問題としてではなく、方便としてとらえた。その目的は、支持を集め、権力を勝ちとることである。両者の違いは、レーニンらが、党の路線を一夜にして変更することも辞さず、路線転換は「客観情勢」の変化によるとして正当化したのにたいし、ヒトラーのほうはつねに自分の選択の幅を大きくしておいたところにある。ヒトラーは「体制」の弊害とか、国家の再生、民族共同体《フォルクスゲマインシャフト》（ドイツ人の人種共同体意識の強化）といった漠然とした言葉を好んで使い、そのときどきの経済および社会政策上の問題についてはできるだけ関わらないようにしていた。そうした問題は、いずれにせよ二義的なことでしかないと見なしていたのである。

こうした姿勢を貫いたため、ヒトラーは批判にさらされ、政策をもたない党であるナチ党などはまともに相手にするに足りないと評された。しかし、ヒトラーにしてみれば、党の内外を問わず、大きく意見の異なる人びとが自分に共鳴する余地を残しておくほうがはるかに有利だった。この当時には、ドイツ国民のどの層から広い支持が得られることになるか、ヒトラーにもわかっていなかったはずである。一九二六年から三〇年にかけてのヒトラーの態度をこのようにとらえることが妥当だと思われるのは、次に見るとおり、組織の問題と取り組む彼の姿勢が、政策の問題にたいする姿勢とは対照的だからである。

バンベルク会議の召集を決断させたほどに意見の食い違いがあったにもかかわらず、ヒトラーはそのあとも一九二七年末まで、シュトラッサーとその一派がいわゆる「都市計画」を推進することを容認した。この計画の主眼は、反資本主義的な「国家」社会主義にたいする支持を集めること、ルール、ハンブルク、ザクセン－チューリンゲン、ベルリンといった工業の中心地における党活動に努力を集中することにあった。一九二七年に、グレゴール・シュトラッサーは党の定期刊行物のなかでこう主張している。「われわれ国家社会主義者は、経済的弱者からの搾取をこととする現資本主義体制の敵、不倶戴天の敵である……われわれは、何としてもこの体制を打倒せずにはおくまいと決意した」[*32]。ゲッベルスも、ベルリンの大管区指導者としてこの路線に従い、共産主義者の拠点の一つであるベルリンで、当の共産主義に対抗する一方、宣伝家の才能を駆使して「資本制民主主義の金《かね》の亡者ども」[*33]を攻撃した。

このように労働者階級の支持を訴えた甲斐があって、ナチ党の党員数は一九二六年から二七年にはいくらか増えた。ただし、新たな入党者は主として、（たとえばルール地方などの）小都市や村に住んで大都市に通勤する労働者だったようである。工業都市はいぜんとして共産党や社会民主党の地盤であり、ナチ党員のうち肉体労働者の占める割合は、一九二七年の最大値――推計二一〜二六パーセント――でも、有給勤労者総数にたいする肉体労働者の比率を大きく下まわる[*34]。党員のうち、この計画にとくに熱心な者たちは、党が独自の民族主義的労働組合の結成を認め、明確にストライキ支持の立場を打ち出していれば、もっと大きな成果があがったはずだと信じていた。

ヒトラーが労働組合の結成もストライキも禁じたのは、マルクス主義者の戦術をまねするにしても度が過ぎるという理由からだった。その一方で、優先事項が「都市計画」から、中産階級や農民など、労働者以外の社会層を動員することに移っても、初期の戦術が否定されたわけではなく、党内急進派は労働者の支持を得る努力に水を差されたわけではなかった。たとえば、一九二七年から三〇年までの時期に、国会内の少数会派であるナチ党議員は株式売買の利益と戦時利得の没収を求める法案を（通過する見込みはないと知りつつ）提出したばかりか、いくつかの重要な議案で、共産党のあからさまな反資本主義路線を支持した唯一の党派でもあった。[35] ヒトラーはさらに、左派活動家が労働組合禁止令の抜け穴として工場に細胞を置くことを黙認しさえした。これらの細胞はそれぞれ工場でナチ党の宣伝活動を行なったり労働者評議会の選挙に立候補したりして、社会民主党と共産党の独占的な支配に挑戦した。一九三一年一月、「ナチ工場細胞組織」は党の正規の機関として認められた。

　ヒトラーはこのことに頓着せず、何度か実業界の支持をとりつけようとした。そのとき、党の綱領にいぜんとして含まれている急進的な経済政策の条項や党内急進派の反資本主義キャンペーンのことをおくびにも出さなかったのはもちろん、自分の政見の核心である反ユダヤ主義や東方の生活圏、国家が経済に介入する無制限の権利といった持論についても主張を控え目にした。そのどれもが、聞き手に反感を抱かせかねないとわかっていたからである。[36] ヒトラーは実業界の聴衆にたいしては、ナチ党の目標はドイツからマルクス主義を一掃し、世界に冠たるドイツの偉大さを復興することにあると語った。この試みは、小企業経営者や中間管理層についてはある程度の成功を収めたが、ルールであれどこであれ、大企業ではまったく成果があがらなかった。唯一の例外は、八十歳になる反骨の士、エミール・キルドルフである。かって「石炭業界のビスマルク」の異名をとったキルドルフは、ヒトラーに感服して一度に一〇万マルクの寄付をしたうえ、工業界に働きかけて、ヒトラー支持の気運を盛り上げようとした。しかし、一年あまり経った一九二八年八月、キルドルフは離党してしまう。自分が先頭に立って築いた石炭カルテルをナチ党が攻撃したことに愛想を尽かしたのである。

ヒトラーはこれとは別の社会層にも接近を試み、一九二六年十月にワイマルを訪れて、右翼の在郷軍人団、なかでも鉄兜団《シュタールヘルム》にナチ党との連携を説いた。これが成功していれば、ヒトラーは一〇〇万を超す票田と、のどから手が出るほど欲しい、将来の指導者となりうる人材を確保できたはずである。その人材の多くは、義勇兵団に所属した経験をもつ人びとだった。ヒトラーがこのときに失敗した理由は、政策をめぐる意見の相違ではなく、在郷軍人団の指導者がヒトラーを唯一無二の総統として受け入れるのに難色を示したことだった。話しあいは物別れに終わって非難の応酬となり、これ以後、ヒトラーはナチ党と他の国家主義グループとの交流を禁じた。これにより、ナチ党は本来、盟友であるはずの人びとからも孤立してしまった。

残された道は、突撃隊を拡充し、一〇万人規模の組織にすることだった。一九二六年の党再建の一環として、ヒトラーはレームの後任の突撃隊最高司令官に元義勇兵団の指揮官フランツ・フォン・プフェッファーを据えた。フォン・プフェッファーに宛てた手紙のなかで、ヒトラーは「突撃隊の訓練は軍事的観点によってではなく、党の要請にもとづいて行なうものとする」と強調している。党内の若手活動家の大半は同時に突撃隊員でもあったが、党の戦闘機関である突撃隊を統括する、主として元国軍将校からなる司令部、ミュンヘンに置かれた党の全国政治指導部、および各地の大管区指導者の三者間に古くからある嫉妬や対抗意識は、フォン・プフェッファーが就任したからといって解消したわけではない。一九二七年、あらためて蜂起を敢行するための準備を「解禁」してほしいとの要求を拒否され、業を煮やしたミュンヘン突撃隊が、突撃隊本部に反旗をひるがえし、ヒトラー自身の介入によってようやく収まるという事件があった。ベルリンでは共産党員と市街戦を演じた突撃隊の暴力が世論の反発を買い、警察当局が首都におけるナチ党員の組織活動の禁止令を発動する事態になった。突撃隊をめぐるいざこざは、ヒトラーがフォン・プフェッファーを解任して自ら最高司令官に就任した一九三〇年以降もつづくことになる。

一九二四年から二八年にかけて、ヒトラーとナチ党が支持者を獲得するために行なったこれらのさまざまな活動は、全体として見栄えのしない支離滅裂の様相を呈している。世間の風向きが変わって、彼らの訴えに耳を貸す人びとが多数現われてくるまでは、ヒトラーやゲッベルスのような練達の宣伝家といえども話を聞いてもらうのさえままならなかったことがよくわかる。

しかし、ヒトラーが党組織の整備に力を入れたことには、別の意味も含まれている。社会情勢が有利に変化すると確信して、その日のために準備していたという事実である。ミュンヘンに全国本部を創設する第一歩として、バンベルク会議に先立ち、地味ながら有能な実務家である二人の人物、フィリップ・ボウラーと元ミュンヘン市役所会計係のフランツ・クサーヴァー・シュワルツが、それぞれ執行書記と会計に任命された。バンベルクは第二段階への道を開いた。独自の路線をとることに慣れ、ミュンヘンからの指令をあまり重んじない各地方組織のゆるやかな連合に替えて、中央官僚機構を導入したのである。大管区指導者と各地方組織は、ともにヒトラー個人への忠誠心だけでは不充分であることを認めさせられた。それぞれが全国組織の一部であり、本部にたいし、またヒトラー直属の全国指導部にたいして責任を負うことも受け入れなければならなかったのである。これには抵抗があり、時間がかかったが、党の財務と入党手続きの中央管理を押し進めることによって規律の強化が図られた。

今後、大量の入党者を見込むならば、党としては多くの人数を扱える運営機構を整備しなければならないことを、ヒトラーは明確に理解していた。早くも一九二六年に、党本部の人員と施設を拡張すること、最新の事務用品を買い入れること、それらの投資に見合う規模の人数を受け入れられるよう前もって党員名簿の管理体制を整備することの必要性を、彼は力説している。この主張とは裏腹に、ヒトラー自身の仕事ぶりは不規則で、頻繁にオーバーザルツベルクやどこかの隠れ家へ数日、ときには数週間もひきこもった。こうした態度は、生まれつき事務の仕事が嫌いだったことだけに由来するものではなかった。ヒトラーの持論からすれば、指導者はその種の活動には手を出さず、こまごまとした運営事務は非人格的な官僚機構にまかせることが肝要だった。その機構を統括する者たち――ボウラー、シュワルツ、のちにヘス――が充分に心得ていたとおり、決定はすべてヒトラー一人が下すが、決定事項を実施するにあたっては制度の力を利用し、総統という存在とその支持者とをへだてる距離を保つことが大事だった。

同様に、ヒトラーは「調査・仲裁委員会*37」を設けて、地方の指導者が党の決定に疑問を抱いたり定められた路線から逸脱したりする気配がないかどうか、日々の取り締りにあたらせたが、ここでも周到に、自分ではなく他の信頼できる人物を委員長の座に据えた。「委員会は、その決定が党員の不満を引き起こした場合、自らがその矢面に立ち、委員会の生みの親であり操縦者であるヒトラーの指導者像に傷がつかないようにすることで、生きた神話としてのヒトラーの地位を効果的に守った*38」

一九二七年のニュルンベルクにおける党大会を経て、ヒトラーは組織の再編成が受け入れられ、次の段階へ移行する機が熟したとの自信を得た。移行の必要性を痛切に感じさせた要因は、「都市計画」の失敗だった。ベルリンで党活動を禁じられたことで、失敗は誰の目にも明らかとなり、党員募集の成果をさらに飛躍させるつもりであれば、党としては新たな戦略を考え出すしかないとの認識が広がった。このことから、次の二点について暗黙の承認が求められた。

第一は、今後、実際の蜂起によって体制を転覆することはないということである。蜂起を脅しの道具としてヒトラーがドイツ版ムッソリーニになることはもちろん、選挙に参加して得票数を増やしていくことがたがって、どんなに不本意であろうと、選挙に参加して得票数を増やしていくことが政権に近づく唯一の道だということになる。第二は、得票数を増やすには中産階級に訴えるのが最も成算が高いということである。中産階級はデモや街頭での闘争に加わったりすることはめったにないが、演説を聞いてナチ党に投票することはある。

新しい任命が、全国指導部——たとえばグレゴール・シュトラッサーは全国組織指導者に任命された——と大管区指導者を対象として行なわれた。大管区指導者には党の支部長として選挙運動を指揮するという新たな役割をこなせるだけの教育程度と能力がますます求められるようになり、党の候補者名簿に載る可能性も出てきた。突撃隊にすれば、党は官僚的な形式主義でがんじがらめになりかかっているとの不満もあるだろう——ミュンヘン突撃隊による二度目の反乱があり、またしてもヒトラーがそれを鎮静させなければならなかった——が、全国指導部は総力をあげて、一九二八年五月の新しい国会選挙に向けての準備を整え、全国三五の選挙区のすべてに候補者を立てて、のべ一万回の選挙演説会を開いた。

選挙の結果は、まったく予想だにしない敗北だった。一九二四年十二月の得票数より一〇万票も少なく、投票総数三〇七五万票のうち八一万票しか獲得できなかったのである。しかし、いったん衝撃から立ちなおると、ナチの指導部はすぐにこの経験から学んだ。得票の結果を見ると、都市部では惨敗だったのにたいし、農村部では一部の地域で――北部（シュレスウィヒ＝ホルシュタイン、ハノーファー）でも南部（フランケン）でも――予想以上に善戦している。ヒトラーが飛びついたのはこの事実だった。

一九二八年八月、全国党大会のかわりとして（党は選挙後、大きな負債をかかえており、党大会を開く余裕がなかった）、ヒトラーは全国指導者会議をミュンヘンに召集した。その席上、ヒトラーは都市部重視から農村部重視への方針転換と、党の活動を地域ごとにまとめる大管区の境界線を変更する提案をした。農村部の選挙区は人口の稠密な都市部とは違って区域が広いため、活動を全域に行き渡らせるにはたいへんな労力を要し、実際のところ一年を通じて選挙運動をしているようなものだったのである。

新路線を打ち出したヒトラーは、その具体化をシュワルツとシュトラッサーにまかせたまま、さっさとベルヒテスガーデンへ出かけ、友人である富豪のブルックマン家に数週間滞在した。一九二九年一月に二回目の会議が開かれ、二年前のバンベルク会議のあとで進められてきた組織の再編成はこれをもって完了した。その二つの大きな特色は、大管区指導者の役割の新たな位置づけと、党内の各階層をそれぞれ一つ上の階層に直属させる垂直構造を確立したことである。

もちろん、実態としては党組織の合理化はなかなか進まず、とても組織図どおりにならなかった。この体制の弱点は、日常業務を除くすべての決定を一人の人間に仰いでいることにあった。日常業務の範囲かそうでないかの判断まで、その手にゆだねられていたのである。ヒトラーの執務ぶりは論争の調停から手紙の返事にいたるまで、およそ几帳面ではなかったから、党の運営はいちばん上でとどこおることになった。とどこおりがようやく緩和されたのは、ヒトラーの個人秘書ルドルフ・ヘスが非公式の代理をつとめるようになってからである。ヘスならば、ヒトラーの名前で権力を行使してもその立場を悪用する恐れがなかったし、ヒトラー神話を心から信じていたので、それを汚すようなことをするはずがなかった。

ヒトラーはつねに組織を重視していたが、それはあくまでも目的のための手段としてである。党の実力をはかる試金石はただ一つ、選挙で票を集められるかどうかであった。

5

ヒトラーは慎重を期して、党内の急進派を公然と切り捨てるようなことはしなかったが、彼らがしきりに唱えていた社会革命の戦略は、その明確な意味づけもできないうちに背後に押しやられていった。おりから、シュレスウィヒ－ホルシュタインでは、一九二九年の大恐慌の前触れとなる価格下落、増税、破産などで、かつては豊かだった畜産農家のあいだに不満が高まっており、ヒトラーは好機と見て、彼らの不満に呼応した。一九二七年十二月に公務員給与の引き上げが発表されると、激しい抗議運動が起こり、オルデンブルク、ニーダーザクセン、ポンメルン（訳注：現ポーランド領ポモジェ）、東プロイセンなど、プロテスタントの居住する農業地帯に急速に広がっていった。年も押しつまったところで、農産物価格の世界的下落が始まった。ドイツは自国の工業製品をポーランドその他へ輸出する見返りとして、それらの国々からの農産物の輸入を拡大するという貿易協定を結んでいたため、事態はさらに悪化した。その結果、農村を襲った不況は、農家だけでなく、農業に依存する農村部の職人や小商人にも打撃を与えた。

一九二七年十二月に、ヒトラーはシュレスウィヒ－ホルシュタインへ出向いて抗議する人びとを対象として演説をした。そのとき、農村票獲得の手ごたえをつかんで、彼は「変更不可」の党綱領に手を加えることにした。一九二八年四月に、私有財産の収用を謳った綱領第一七条はユダヤ人の私有財産のみを対象にすると宣言したのである。一九二八年の選挙の大勢を左右するにはいたらなかったが、抗議運動が最もさかんだった北西部の農村地域で、ナチスの得票数は投票総数の一〇パーセントを超え、全国平均の二・六パーセントを大きく上まわった。これをきっかけに、ナチの選挙運動は大きな成功を収めるようになっていく。成功の秘訣は、広い地域に散在する小都市と村落の選挙区の政治状況に見合った巧みな選挙戦を展開したことにあった。

大恐慌による打撃を最初に受けたことでは、農村部のみならず工業地帯の中産階級に属する職人や小商店主も同じだった。これは、経済の力のバランスが大企業と組織労働者にとって有利に傾き、農業と旧中産階級が不利な立場に立たされたためである。その原因は、一九二〇年代に行なわれたドイツ産業の合理化にあり、これによって小企業には太刀打ちのできない大型トラストやカルテルの形成へと向かう歴史の流れが加速された。一方、労働組合と社会民主党は賃上げと福祉制度の改善を勝ちとった。その一例は、一九二七年末に公務員給与の引き上げと軌を一にして導入された新しい失業保険制度である。この新制度は、増税に加えて雇用主の負担額が増大することを意味した。

このような経済状況の悪化にともなって、まず旧中産階級有権者の支持基盤が分裂し、特殊利益団体が急増した。だが、いずれも長くはつづかず、ナチ党は小商店の憎悪の的である百貨店や消費者生活協同組合にたいする攻撃をいちだんと強めた努力が実って、一九二九年から三三年にかけて勢力を大きく伸ばした。

そのかたわら、党指導部は傘下の団体の新たな結成や再編成に力を注いだ。ナチ法律家同盟、ナチ医師同盟、ナチ教師同盟、ナチ学生同盟といったこれらの団体はすべて中産階級の支持を集めるためにつくられたものだった。

対外政策もなおざりにはされなかった。ヒトラーは、外務大臣シュトレーゼマンの条約履行政策（ヴェルサイユ条約の条件を受諾する政策）がドイツの国益に反するものだとして弾劾し、声高な反対運動を展開して、階級を問わず「国を思う」人びとにナチ党の主張を訴えた。一九二九年夏、アメリカの銀行家オーウェン・D・ヤングを委員長とする国際的な専門家委員会が賠償問題の解決案を提示した。これによれば、ドイツはほぼ六〇年後の一九八八年まで年賦で賠償を払いつづけることになる。ヒトラーにしてみれば、ヤング案はドイツ人の怒りをよみがえらせる格好の材料だった。一九一八年の敗戦にたいして、ヴェルサイユ条約が課した領土割譲にたいして、そして第一次大戦の責任がすべてドイツにあると断定して賠償要求の根拠とした悪名高い同条約第二三一条にたいしてドイツ人が感じた怒りである。ヒトラーはヤング案のおかげで、連合国とそのお先棒をかついだワイマル体制への反感をあおることができた。

のみならず、一九二六年以来ナチ党と絶縁状態にあった鉄兜団をはじめとする右翼国家主義グループとのあいだで進みつつある関係修復の動きも、これに刺激を受けて加速した。

ヤング案の影響はそれだけではない。保守勢力の筆頭であるドイツ国家人民党の指導権が、偏屈な野心家で高圧的な新聞王アルフレート・フーゲンベルクの手に落ちたのは、一九二八年秋のことだった。フーゲンベルクはインフレでひと財産つくり、メディア王国を築いた人物で、そのグループには新聞社や通信社のほか、ドイツ最大の映画会社ウーファも含まれていた。フーゲンベルクは、これらのメディアを使って自分の反動思想を人びとに押しつけることに金儲け以上の熱意をもっていた。彼は、労働組合の力を打破し、下からの階級闘争に対抗する上からの階級闘争をもって「社会主義共和国」の打倒を標榜していた。この目的に必要な多額の資金は、大企業をあてにすることができた。国家人民党の保守的な党員の相当数がフーゲンベルクの政策に反対して党を離脱したが、フーゲンベルクは大衆の支持を得ることのほうが大事だと考え、それができる人物としてヒトラーに白羽の矢を立てた。

ヒトラーはこの好機を生かしてうまく立ちまわった。フーゲンベルクとの会見の席で、ヒトラーは共同でヤング案反対運動を進めようという相手の提案を積極的に受け入れる素振りを見せなかった。ナチ党内の急進派が反対するのは間違いないという事情もあったが、忠実な党員のなかにも、ヒトラーがフーゲンベルクのような、組織労働力はもとより、国家のいかなる介入ないし改革にも激しく反対する人物と接触をもつことに不安をおぼえる者が多いのを知っていたからである。フーゲンベルクの提案に同意するとしても、それはヒトラーの出す条件が認められた場合にかぎられる。運動を展開するうえでナチ党は完全な独立を保ち、使える財源のかなり多くをナチ党の運動資金にまわしてもらうことである。この条件が認められると、ヒトラーは仕上げの一筆として、ナチ党指導者のなかで反資本主義の名うての論客グレゴール・シュトラッサーを自分の代理人に任命して合同財政委員会に送りこんだ。ヒトラーが結んだこの協定をよしとするナチ党指導者はほとんどいなかったが、ヒトラーは結果を待てと言って、彼らを納得させた。辞職する者もいなければ、公然と異議を唱える者もいなかった。

一九二九年八月三日から四日にかけて、ヒトラーはこれまでで最も盛大な党大会をニュルンベルクで開催した。ドイツ全土から党員と支持者あわせて二〇万人が三〇本の特別列車で乗り込み、制服姿の突撃隊員六万人の大行進が総統の前で三時間半にわたって繰りひろげられた。大会につづいて行なわれたヤング案に反対する宣伝作戦は、ナチ党の新たな自信をより色濃く反映していた。ヒトラーは何年も前から、大衆を味方につけることに失敗した伝統的右翼に嘲笑を浴びせてきた。それがいま、党のそれまでの財力以上の規模で、どうすれば大衆を味方につけられるかのお手本を示すことができるのである。ヒトラーをはじめとするナチ党の指導者が六カ月のあいだに行なった演説は一つ残らず、フーゲンベルクの新聞に麗々しく掲載された。ヒトラーが、その名前すら聞いたことのない何百万というドイツ人にとってなじみ深い存在となったのは、フーゲンベルクが集めた資金でまかなわれた広報作戦のおかげだった。

作戦は、表向きの目的に関しては、失敗に終わった。つまり、ヤング案を拒否する法律として「ドイツ国民の奴隷化に反対する法律」を通過させるよう国会に要求する国民投票で過半数を確保するという目的である。フーゲンベルクとヒトラーは過半数どころか、国民投票を制するのに必要な最低票数が二一〇〇万票であるのにたいして六〇〇万票足らずの得票にとどまった。しかし、フーゲンベルクの作戦とその「ドイツ人解放自由法」の敗北は、ヒトラーの敗北ではない。ヒトラーはただちにフーゲンベルクおよび国家人民党と訣別し、失敗の原因はひとえに同党の支援が及び腰だったことにあるとして敗北の責任を押しつけた。実際、国家人民党はフーゲンベルクの戦術をめぐって割れていただけに、この批判はいっそう重みを増した。だが、ヒトラーにとって何よりも肝腎なことは、長い年月を経てようやく自分も党も国政の場に乗り出したという事実だった。翌六月に行なわれた、伝統的に左翼の地盤であるザクセンの州《ラント》選挙で、ナチ党の得票率はほぼ一五パーセントに達した。一年前の同州の選挙では三パーセントに満たなかったのである。得票率と並んで、党員数も急増した。一九二八年十月から二九年九月までの一年間で、一〇万人から一五万人に増え、三〇年代半ばには、ほぼ二〇万人に達した。

一九二九年に行なわれた国政選挙と地方選挙では、グレゴール・シュトラッサーが選挙参謀として各地の大管区指導者を動かした。一方、急速に増えつづける本部要員を収容するためもあって、三〇年春にミュンヘンのバーロウ館を買い、新たに堂々たる党本部が誕生した。以後、ここは「褐色の家」の名で呼ばれることになる。中央に集められたさまざまな機能のなかでも、とくに活動のガイドラインづくりや、ポスターやリーフレットなどの作成については、入念な下準備をしたうえでヒトラーとヘスの承認を得ることとなった。

しかし、こうした成功の鍵は、中央の機能と企画がそれに見合った現場の組織と結びついて初めて有効になるという事実に、ナチ党が気づいたことにある。この事実からすれば、地域の特性を把握し、その特性を活用する指導力と財力を備えたその土地生え抜きの活動家を町村レベルで確保する必要があった。ナチ党は、地元の消息通や名士を党に勧誘してドイツ全域におよぶ組織網を築き上げることにより、全国数千の自治体の大半に浸透しえたのである。

このように、中央と地方を結ぶ仕組みのうちで最もよく知られている例は、アルゼンチン生まれのワルター・ダレが立てた計画である。ダレは、雑誌『血と土《ブルート・ウント・ボーデン》』の創刊者で発行人のA・G・ケンストラーの思想をもとに「シュレスウィヒ－ホルシュタインの活力あふれる国家革命的農業運動を推進し全国に拡大する」[*39]ことを掲げた。ダレは党の農業問題顧問に任命され、一九三〇年八月に二通の覚書を全国指導部に提出した。一通はドイツの来るべき権力闘争における農業の重要性を詳細に論じたもの、もう一通は「全国農業組織網整備計画の概要」を述べたものであった。

ダレが創設した「ナチ農業政策機構」がとくに狙いをつけたのは、農業協同組合である。一九三〇年十一月に作成した指針のなかで、ダレは次のように主張している。

農場、私有地、村、農業協同組合、農業関連産業、全国土地同盟《ライヒスラントブント》の地方組織などのいずれにおいても、その機構の政治生命を一撃で完全に麻痺させうるだけの人数を、わが党の秘密要員として配置していないところが一つでもあってはならない。[*40]

この目標は、一九三〇年代初頭におおむね達成され、農業協同組合は次々に攻略されていった。しかし、ダレの組織網による宣伝活動は農業問題の分野にとどまらず、その農村部運動のなかから、最も成功した三つの大きなテーマが生まれた。反ユダヤ主義、反自由主義・反ワイマル共和国闘争、反ボリシェヴィズムである。

各地域で、とくに農村部で開く地区大会や党員集会で演説する弁士の数が不足し、それを補うために、大管区指導者の一人であるフリッツ・ラインハルトが始めた学校を接収して党員の養成機関とし、そこで弁論術の初歩や各種の演説例、聴衆の質問にたいする想定問答などを教えることが行なわれた。これは、地方の村々に党の主張を広める手段としては、農民が地方都市に出かけてくるのをあてにするよりも効果的だった。またナチ党映画部も大成功で、映画が珍しかった農村部ではとりわけ好評だったため、かならず映写機を備えておくよう全国の支部に命令が出されたほどである。

全国指導部の宣伝局は一九二八年十二月、その二年前のゲッベルスの進言に従って集中的な「教宣活動」の実施計画を策定した。これは、選挙運動期間中だけでなく、一年を通じて大管区を一つずつ集中的な教宣活動の対象にするという計画だった。一つの大管区で七日から一〇日かけて七〇回から二〇〇回の集会を開くことになっていた。自動車を使った突撃隊の行進が組織され、場合によってはヒトラーを含む党指導者たちの演説会が行なわれる。そのあとにつづくのは、既定の形式による演説の夕べ《シュプレヒアーベンデ》で、ここでは地元の主だった弁士が演説に立ち、大きな集会で論じられた問題を聴衆に繰り返し叩き込むのである。こうした「活動」にあたって、各地からの報告にもとづいて地域の選定をしたり日程を組んだりする作業は、ヒムラー（まだ宣伝局長の地位にあった)、ヒトラー、ヘスの監督のもとで細心に進められた。一例として、一九二九年六月の州選挙の前に行なわれたザクセンでの教宣活動があげられる。党の扇動家たちは、ナチ党の拠点である二つの町、ホーフとプラウエンを手はじめにザクセン全域へと散り、選挙運動期間中に合計一三〇〇回の集会を組織している。その半数以上が、零細農民や家内労働者の多いエルツ山地の一帯で開かれたものだった。

この活動を支える資金はどこから出ていたのだろうか。ヒトラーが政権につく前はドイツの大企業からの献金がナチ党の主な財源であったとする見方は、これまでの史料研究で否定されている。一九三〇年から三二年にかけて主要企業が行なった献金は、ナチ党よりもむしろそのライバルである、より保守的な人民党や国家人民党、国家人民党の分裂後は保守人民党といった右翼政党に流れている。この事実は、ナチ党は資金の大部分を自力で調達しており、その活動は無数の小口献金や現物寄付、熱心な党員の無料奉仕に支えられているという、当時のプロイセン政治警察当局の見解を裏づけるものである。ナチ党は数多い集会で一マルクないし二マルクの入場料を徴収し、これが相当な収入になった。また、ヒトラーが演説する大きな集会では、数千マルクの収益が上がる。警察当局の報告書には、こうした事柄に加えて、既成の各政党が同地域の選挙運動全体に投じた費用は二万二〇〇〇マルクから三万マルクにとどまるとも記されている。[*41]

ナチ党がつくりあげた地域組織網は、実際のところ、選挙運動を組織する責任だけでなく、運動費の相当額を負担する責任も負っていた。きめこまかく徴収されて記録される党費、特別賦課金（たとえばミュンヘンの「褐色の家」の購入に際して党員一人当たり二マルクが徴収された）のほかにも、党はいくつか巧妙な方法を考え出して資金を調達している。保険の強制加入制度や裕福な個人や企業の名を記載した後援者名簿などである。これらの「後援者」は、入党することは避けたいが、折りに触れて匿名で献金することはいとわない人びとであった。

この種の努力は、驚くべき熱意に支えられていた。一九三〇年の初めに、党の指導者グループに属する者の多くは、ヒトラーと行動をともにするようになって七年から一〇年といった人びとだった。彼らのヒトラーにたいする信頼は、一九二三年のミュンヘン一揆の失敗にも揺るがず、ワイマル体制打倒の見込みがしだいに遠のいていった、その後の長い雌伏の年月にも失われることはなかった。一九二六年から二八年にかけての党再編成につづく二八年五月の選挙では、大敗を喫した。ヤング案反対運動は、確かに党が初めて国政レベルで一つの役割を演じた機会ではあったが、現実には運動は失敗に終わり、政権を握る見込みは再び先送りとなった。ときには、当のヒトラーでさえ、「わが党の理念が勝利を得るまでに」二、三〇年かかるかもしれないと語りもした。にもかかわらず、若手党員の出入りはあったものの、運動の核となる党員は忠誠を貫いた。党の要請に応えて身銭を切り、時間を割く覚悟にかけては、ドイツのどの政党の党員よりも上だったのである。

以上は、ヒトラーが一九二〇年代になしとげたことの一つである。この時代は、党首の地位も、ドイツを救うべく神の摂理で選ばれた男というヒトラー神話も、その支えとなる輝かしい成功がまだ皆無という時期だった。もう一つは、党組織の再編成である。これは一九二九年から三〇年のあいだにほぼ達成され、したがって一九三〇年代初頭に政治情勢が劇的な変化をとげたときにはそれに乗ずる態勢が整っていたし、最も楽観的な予測をも上まわる党員数と得票数の急増にも対処することができた。このような機構を、それを運用して成果が期待できる――したがってその整備に投資したことが正当化される――状況が生まれる前につくりあげた事実こそ、党の政策上の曲折や矛盾などよりもはるかに重要なことだった。

その後、ナチ党が州選挙や地方選挙で全国的に成功を収めたという事実は、ワイマル政党制度の解体、世界大恐慌の衝撃へと向かう状況の変化がすでに始まっていたことを示唆する。

6

立憲政体を確立したいわゆるワイマル連立政権は、社会民主党、自由主義的なドイツ民主党、カトリックの中央党の三党から成り立っていた。三党は、一九二〇年の総選挙で過半数を失い、共和国政府は不安定な連立政権が誕生しては消えるという事態におちいった。一九二〇年から二八年までの八年間に一二の連立政権が成立し、最後の四政権では社会民主党を排除した右翼および中道の連立政権がドイツの統治にあった。

ドイツ社会は、早くも一九一四年以前から全ヨーロッパ的現象となっていた社会主義と労働組合の拡大に対処しあぐねていた。ビスマルクは、一八七八年から九〇年まで、社会民主主義のすべての運動を禁止する措置を講じてこれを抑圧しようとしたが、何ら効果が上がらなかった。一九一三年ごろには、社会民主党は帝国議会内の最大政党にのしあがり、やすやすと第二（社会主義）インターナショナルにおける最も有力な社会主義政党になった。社会民主党の隆盛は、組織化された労働者の力を既成秩序にたいする脅威と見ていた支配階級や雇用主からも、労働者は自分たちよりも社会的にいちだん劣った存在だと見下していた中産階級からも疎まれた。

そうした感情をさらに悪化させたのが、一九一八年から二三年にかけて起こった一連の事件である。一九一七年のロシア革命がドイツに与えた衝撃をきっかけに、一八年一月には大規模なストライキが次々と発生し、一八年から二〇年にいたる革命的な暴動へと発展した。このような事態になったのは戦争に負けたこと、そして君主制にかわって、「社会主義」色を拭いきれない共和制が敷かれたことが原因だとされた。社会民主党は共和国政府から閉め出されたあとも、ドイツ最大の州であるプロイセンの連立州政府の第一党の地位にあった。労働組合はヨーロッパで最も進んだ社会立法と産業立法を勝ちとるだけの力をもっていたし、一九二八年の総選挙における「マルクス主義」政党の得票率は社会民主党（二九・八パーセント）と共産党（一〇・六パーセント）を合わせて、四〇パーセントを超えていた（得票数にして一二四二万票）。

　この総選挙の成功で、社会民主党は共和国政府に復帰し、党の指導者の一人ヘルマン・ミュラーが首相の座についた。だが、最初のワイマル連立政府*を復活させる試みは、すぐさま暗礁に乗り上げた。社会民主党と連立を組んだ政党は軒なみ議席を減らし、左翼票の増大に不安を抱いた。その結果、彼らは右寄りの動きを見せはじめたのだが、一方で当の社会民主党は共産党との競争が激しくなったことに圧力を感じて、左寄りの姿勢をとりはじめたのである。ミュラー政権にとっては統一を保って合意を得ることがしだいに難しくなり、共和国の生んだ逸材、シュトレーゼマン外相が一九二九年十月に死去したあとは、ますます困難の度合が深まっていった。

　社会民主党のかかえる難題はこれにとどまらなかった。一九二八年は、モスクワを本拠とする第三（共産主義）インターナショナル（コミンテルン）がスターリンの圧力のもと、今後ドイツ（当時、ドイツ共産党の得票数は三二〇万票を超えていた）における共産党の活動は「社会ファシスト」たる社会民主党との闘争を第一にすることという指令を出した年である。この指令はひとえに、ソ連共産党内のスターリン派の利害に発するものであり、ドイツの労働者階級の利害やドイツ共産党自体の利害は考慮の外であった。労働者階級とドイツ共産党をともども弱体化させたこの指令は、大恐慌の打撃を受けても、ナチ党が躍進しても、さらにはナチ党の政権奪取後にも撤回されず、ドイツ共産党を崩壊へと導いた。ナチ党がこのことからどれほどの利益を得たかはわからない。だが、二つの労働者階級政党が対立し、社会民主党を攻撃した共産党が一九三二年の選挙で得票数を六〇〇万票近くまで伸ばしたことは、ナチズムの勃興にたいする抵抗力を弱め、社会民主党と労働組合の指導者層の士気を低下させた最大の要因であることは疑いない。スターリンは、この政策を変えさせようとするいかなる説得にも耳を貸さなかった。この政策が、ドイツ民主主義の敗退を導き、中道社会主義の敗退へとつながるなら、それにこしたことはない。ナチ党の勝利につづい

＊ 原注：ミュラーの「大連立政権」は、シュトレーゼマンの党、ドイツ人民党（右翼的な自由主義政党）が加わっていた点で、最初のワイマル連立政府――社会民主党、ドイツ民主党（進歩的な自由主義政党）、カトリックの中央党からなる連立政権――とは異なっていた。ミュラー政権が国会で過半数の議席を確保したのは、このドイツ人民党の参加による。ワイマル期のドイツの各政党とその選挙時の支持率の詳細については第4巻所収の付表Ⅰを参照。

て、労働者階級の反乱が起こり、ソヴィエト・ドイツが誕生するというコミンテルンの公式路線に変更はなかった。

一九二八年から三〇年にかけて、ドイツの政局が不安定になり分極化の一途をたどるのを見て、ヒトラーは新たな好機が訪れたことを目ざとく悟った。共産党が社会民主党を労働者階級の裏切り者と非難する一方で、ナチ党はその共産党と社会民主党をひとまとめにして、革命の脅威を振りかざす「赤」として、社会民主党にたいする攻撃をいちだんと強めることができた。非社会主義政党について見れば、各党が票を失ったことは、それまで保守的な国家人民党（その支持率は二〇パーセントから一四パーセントに落ちていた）や二つの自由主義政党（ドイツ民主党、ドイツ人民党）、あるいはカトリックの中央党に投票していた中産階級有権者の多くが、支持するに足る新たな政党を見出しえないまま既成政党への信頼をなくすか弱めるかしていることのまぎれもないしるしだった。その理由が、多くの人びとが見るとおり、ドイツ政治の右傾化にあったとすれば、ナチ党はどの反社会主義政党にもましてこの状況を活用できる立場に、幻滅した既成政党支持者の心をつかむうえで有利な立場にあった。

さかんに論じられた「ブルジョワ政党の危機」をいっそう深刻にしたのが、もう一つの新しい要因、大恐慌の影響である。農家をはじめ、農業に依存する各業種はすでに打撃を受けていた。影響は、一九二九年のうちに経済の他の領域にも広がっていった。四〇万人に減少していた失業者数は初めて三〇〇万の大台を超えた。ドイツがとくに被害を受けやすかったのは、経済復興のための費用の大半を外国からの借款でまかなっていたためである。借款はほとんどが短期貸付で、ちょうど返済期にさしかかっていた。世界貿易が沈滞し、一九二九年十月にニューヨーク株式市場で株価が暴落したのにつづいて、ドイツでも同様の暴落が起こり、抵当流れ、信用制限、破産、不動産や農地の競売、工場閉鎖などが続出した。さしあたって被害を免れていた人びとも、やがては自分の番がくるだろうと考えて、不安に押しつぶされそうになっていた。

それというのも、ドイツ国民は経済的のみならず、心理的にも弱っていたからである。株価暴落は、戦争による損害に始まって一九一八年の敗戦、旧体制の崩壊、革命と内戦の脅威、インフレとそれに劣らず過酷だった安定化政策とつづいた一連の精神的打撃に最後のとどめを刺すものだった。一九二〇年代半ばにおける何年かの繁栄も、新たな危機の到来とともに突如として終わりを告げ、前にもまさる大きな不安を醸し出しただけだった。絶望感があらゆる階級の人びとの心をおおいはじめた。労働者階級は失業を恐れ、失業後の窮乏を恐れた。中産階級の多くは社会的地位を失って生活水準が維持できなくなったり生き残れなくなったりすることを恐れた。若者は将来への展望と機会が閉ざされたことに反発した。誰もが非難の矛先を現体制と連立政府の閣僚に向けた。ドイツは繰り返し災難に見舞われているというのに、政府は手をこまねくばかりで、国を救うためにどんな手を打つべきかについて合意に達することさえできないでいる、と。

政治家たちがうろたえるなかで、ヒトラーだけは小躍りしていた。彼の黙示的な政治のスタイルからして、災厄に見舞われるという見通しほど好都合なものはなかった。災厄の不安があるときには、肥大化した恐怖や非合理な信念が容易にまかり通る。危機が深刻化するにつれて、人びとはしだいに、経済計画や社会改革を公約する指導者には耳を貸さなくなり、精神的変革や国家の再生を約束して、祖国の歴史的運命にたいするドイツ人の誇りに訴え、意志と信念によってすべての困難は克服できると熱っぽく語る指導者の話に耳を傾ける人が増えることを、ヒトラーは本能的に知っていた。

現「体制」を容赦なく非難し、歴史は自分たちの側にあると教条的に主張することにかけては、共産党もナチ党に劣らなかった。しかし、共産党は歴史の挺子としての階級闘争に固執することから人びとに訴える力に限界があり、労働者階級のあいだですら人気を博するよりも反発を買った。それにひきかえ、ヒトラーは特定の階級に語りかけるようなことをしなかった。彼は、民族的団結、すなわち階級を問わずすべてのドイツ人を包含した民族共同体《フォルクスゲマインシャフト》の誕生を願うドイツ国民の心情に訴えると同時に、それが国民各層の利益を保証することと完全に両立しうると、人びとが信じるにまかせておいた。こうした伝統的なテーマを体現する存在として、独裁的な指導者

――委員会や政党の連立による政府はもういらない――の姿を打ち出し、あわせて、若者でも誰でも、とにかくワイマル民主体制の貧相で精彩のない妥協案にうんざりした人びとをひきつける新奇かつ急進的な宣伝および広報活動を展開したのである。

一九二九年秋と三〇年春の州選挙および地方選挙で、ナチ党の支持率は上昇の一途をたどったが、ヒトラーが長く待ち望んでいた飛躍を実現させるほどの伸びではなかった。一九二三年と同じく、彼は大恐慌のもたらした危機が自分に有利に働くだろうと確信しており、今回はそれを活用できるだけの党組織ができあがっているという自信もあった。だが、有権者、とりわけ中産階級の意識の急進化がどれほどの速度でどの程度まで進んでいるかは、国会選挙をして初めてわかることである。

しかし、国会議員の選挙が行なわれる見込みはなさそうだった。一九三〇年三月、予算案をめぐる審議が延々とつづいたあげく、ミュラー内閣は崩壊した。社会民主党は、財政改革が失業保険制度を危うくしかねないと考え、改革に加担して共産党に労働者階級の利益擁護を怠ったと攻撃されるよりはましだとばかり、あえて自党の閣僚を連立政権から引き揚げたのである。

社会民主党以外の各党が組んでも過半数の議席を集めることはできず、政局は行きづまった。これによって、フォン・ヒンデンブルク大統領はワイマル憲法第四八条に定める大統領の緊急命令を用いる機会を得た。第四八条は、その必要があれば大統領は首相を指名し、大統領令にもとづく施政を行なわせることができると規定している。とはいえ、非常大権は無制限ではない。大統領が指名した首相はかならずしも国会内で過半数の支持を確保する必要はないが、首相が大統領の権限にもとづいて発令する緊急命令は、国会で不信任の決議がなされれば発効しないことになっていた。それにたいして、大統領は国会を解散することができるが、その場合は、六〇日以内に総選挙を実施しなければならない。大統領顧問のあいだでは、すでに一部でこの規定をくぐり抜ける道を模索する動きがあり、国会から独立した超党派的な、名実ともに「大統領の」政府と言える政体を創設してはどうかという意見が出ていた。やがてはそのとおりの事態になるのだが、一九三三年三月に全権委任法が可決されるまでは、たとえ現実に与党を形成して政府をつくることができなくても、国会が考慮の外におかれることはなかった。不信任決議によって総選挙を強制する力をもっていたからである。

フォン・ヒンデンブルクが選んだのは、国会内の中央党会派の領袖、ハインリヒ・ブリューニングだった。ブリューニングは、議会運営が行きづまっていようとも、政府だけは動かしていかなければならないと主張して国会議員を説得すれば、不信任決議は避けられるのではないかと考えていた。一九三〇年三月のこの時点では、確かに大統領がワイマル体制に新たな生命を与えたかに見えた。この印象をさらに深めたのは、ドイツ最大の二州で、当局が共産党およびナチ党の暴力にたいする取り締まりを強化したことである。バイエルンとプロイセンの両州は、突撃隊の褐色シャツに見られるような、制服を着用してのデモを禁止した。またプロイセンでは、公務員がこの極右ないし極左の両党に入党することが禁じられたほか、治安妨害による検挙者の数が急増した。ヒトラーは、一九二三年の場合と同じく、行動を起こすときがなかなか到来しないことで党が不完全燃焼におちいり、世の注目を党に集める大きな要因となっている勢いと活力を失うのではないかと憂慮した。

ナチ党が、その成功を危惧させる未解決の内部矛盾をかかえていたことは、グレゴール・シュトラッサーの弟オットーとヒトラーの対立によく表われている。グレゴールがミュンヘンに移ったのにたいし、オットーはベルリンに残って、自ら創刊した『アルバイツブラット』紙（これは実は北ドイツにおけるナチ党の公式機関紙だった）と自分の出版社カンプフフェアラークを通して独自の急進路線を追求しつづけ、ヒトラーをいらだたせるとともに困惑させていた。一九三〇年四月にザクセンの労働組合がストライキを宣言すると、オットー・シュトラッサーは自分の支配下にある各紙、なかでもザクセンのナチの新聞『ゼクシッシャー・ベオバハター』紙上でストライキ全面支持の論陣を張った。ヒトラーは党員のストライキ参加を禁じる指令を出したが、シュトラッサーの新聞を黙らせることはできなかった。五月二十一日、彼は滞在中のベルリンのホテルにオットー・シュトラッサーを招いて会談した*42。

ヒトラーの戦術はいかにも彼らしく、買収と泣き落としと脅迫を織りまぜたものだった。まず、気前のいい条件を出してカンプフフェアラークを買い取ろうともちかけたうえ、オットー・シュトラッサー自身については、全国を統括する出版局長に任命すると申し出た。また、目をうるませ、オットーの兄グレゴールの名前をひきあいに出しながら、軍隊帰りの年季の入った国家社会主義者の頼みだと言って訴えた。そして、どうしても命令に従わないのなら、シュトラッサーとその一派を党から追放し、シュトラッサー本人またはその出版物と関わりをもつことを党員に禁じると言って脅したのである。

話しあいは人種と芸術についての議論で始まったが、すぐに政治の話題へと移った。ヒトラーはシュトラッサーが寄稿した「忠義と不忠義」と題する記事を攻撃した。記事のなかで、シュトラッサーは不滅の「理念《イデア》」と理念に仕える僕《しもべ》にすぎない「最高指導者」とは別ものだとしていた。ヒトラーは言い放った。

これはすべて仰々しいたわごとだ。煎じつめれば、理念にもとづいて判断する権利を、党員のひとりひとりに与えることであり、その判断には、最高指導者がいわゆる理念に照らして正しいかどうかということまでも含まれるわけだ。これは最悪のかたちの民主主義であって、わが党にはそのような考えを容認する余地はない。わが党にあっては、最高指導者と理念は一体であり、党員はみな最高指導者の命ずるところに従って行動しなければならない。きみも兵士だったではないか……きみに聞くが、この規律に従う覚悟はあるかね、どうだ？

さらに話しあいをつづけたのち、オットー・シュトラッサーはようやく問題の核心をつかんだと思った。「あなたは社会革命の息の根を止めるつもりですね」と、彼はヒトラーに言った。「あくまでも合法性を貫いて、右翼のブルジョワ政党と新しく手を結ぶのでしょう」

ヒトラーはこの指摘に虚をつかれ、腹を立てて反論した。

私は社会主義者だ。それも、きみの金持ちの友人、レーヴェントロ伯爵とはまったく違う種類の社会主義者だ。私もかつては一介の勤労者だった。自分の運転手に自分より粗末なものを食べさせたりはしない。きみの言う社会主義とは、マルクス主義以外の何ものでもない。いいかね、労働者大衆が求めているのはパンとサーカスだけだ。理想などというものにはおよそ縁のない連中だから、われわれが訴えたところで、労働者の大きな支持をとりつけられる見込みはない……

人種革命以外に革命はない。政治革命とか社会革命というものはありえないのだ――唯一不変の闘争は、下層の劣等人種が優位の高等人種にしかける戦いだ。もしこの高等人種が生存の法則を忘れてしまえば、そのとき、戦いに負ける。

対話はひきつづいて翌日も行なわれた。その場には、グレゴール・シュトラッサー、マックス・アマン、ヘスが同席していた。オットー・シュトラッサーが産業の国有化を要求すると、ヒトラーはこれを一笑に付した。

民主主義は世界を荒廃させた。それなのにきみは民主主義を経済の面にまで広げようという。そうなればドイツ経済は終わりだ……資本家は自分の才覚を働かせて頂上まで這い上がった連中だ。彼らが人の上に立つ権利をもっているのも、そうした淘汰の過程を経ていればこそで、ここでもやはり淘汰が高等人種をふるい分けるのだ。

政権の座についた場合、クルップ社についてはどうするつもりかとシュトラッサーが聞くと、ヒトラーは即座に答えた。

もちろんそのままにしておく。きみは、私がドイツ経済を破壊するというようなばかげたまねをすると思うか。国民が国の利益に見合った行動をとらないなら、そのときは――そのときに初めて――国家が介入する。だが、その際、強制収用する必要などはない……強い国家があれば、ことはすむ。

さしあたって、この論争は結末をつけぬままにしておかれた。しかし、六月末になって、ヒトラーは大管区指導者ゲッベルスに命じてオットー・シュトラッサーとその支持者を党から追放させた。彼らに従って離党した者はごくわずかだった。兄のグレゴールはカンプフフェアラークの発行する各新聞の編集主幹を辞任し、弟とは一線を画した。オットー自身はヒトラーとの会談の記録を出版したあと、革命的国家社会主義者同盟――別名「黒色戦線」――という組織をつくった。その後、国外に出て亡命者として反対運動をつづけたが、成果はあがらなかった。

オットー・シュトラッサーを追放してからまもない一九三〇年七月十六日、時機を決するという難題を、ヒトラーにかわって新首相が解決してくれた。ブリューニングが大統領の非常大権を利用し、財政改革案を公布したのは憲法違反だと、野党は異議を唱えた。これにたいするブリューニングの答は、さらに多くの批判を招くことになった。国会を解散して、総選挙の日取りを九月十四日と決めたのである。

これは致命的な決断だった。ヒトラーがついに国政のゲームに参入する道を開いたからである。ヒトラーは自分の幸運が信じられないほどだった。彼の党は並みいる対立政党のどれにもまして選挙の準備が整っており、政治情勢はナチ党にとって一九二三年このかた最も有利な状況にあった。一九三〇年の春、ヒトラーがゲッベルスを全国指導部の宣伝局長に任命し、ナチ党がその後六週間にわたって全国的な規模で展開した選挙運動は、それまで州選挙や地方選挙で小手調べをしてきたものだった。何よりも重要な、党のイメージづくりに全力が傾けられた。エネルギッシュで自信に満ち、ダイナミックで意気さかんな若々しい党というイメージである。「いまは行動のとき——議論はもういらない」を合言葉に、ナチ党がいかに他の政党と違うかをあらゆる手段で明確に打ち出し、他の政党については、時代遅れで古臭く、分裂していて信用できない、欠点だらけの集団だとこきおろした。

運動の初めに檄を飛ばしたゲッベルスの口調が、その後のナチの演説の原型となる。それはサーカス小屋の外で客の呼び込みをする男を思わせる口調であり、ドイツの有権者がそれまで聞き慣れていた退屈で冗漫な政治演説とは大違いだった。

ごくつぶしどもを放り出せ！　奴らの仮面を引っぱがせ！　九月十四日になったら、奴らの首根っこを押さえ、どてっ腹に蹴りを入れ、ラッパと太鼓の伴奏をつけ、ひとまとめにして神殿から追っ払え！

風刺家のクルト・トゥホルスキーはこんな警句を吐いてヒトラーを一蹴した。いわく、「この男には実体がない。あるのは騒音だけだ」。だが、ものを言ったのはその騒音である。ポスターのデザインやスローガンの文句にいたるまで、「褐色の家」の本部が打ち出す選挙作戦は綿密に計画され、何ごとも運まかせにはしなかった。『フェルキッシャー・ベオバハター』は選挙運動の最後の四週間にのべ三万四〇〇〇回の選挙演説会を開く計画だと予告した。プロイセン州内務大臣に提出された警察の報告書には、次のように記されている。

大都市の集会では、五〇〇人から一〇〇〇〇人の聴衆を集めた例が毎日のようにある。それどころか、入場希望者の数が多すぎて、事前に予約した会場に収容しきれないため、同時に何カ所かで開催された場合も多い。[*43]

ヒトラー自身、八月三日から九月十三日までに少なくとも二〇回、本格的な演説を行なった。ヒトラーの援軍は一〇〇人の演説部隊と、ラインハルトの学校の「卒業生」二〇〇〇人から三〇〇〇人だった。前者はみなゲッベルスやシュトラッサーのような経験を積んだアジ演説家ばかりであり、後者は農村部と都市部とを問わず、全国各地で開催する連続演説会の弁士をつとめた。この連続演説会は、気晴らしを求めて足を運ぶ者を含めて大勢の聴衆を集めた。

これはドイツが初めて経験する政治サーカスであり、このあとごく短期間のうちに、ドイツ国民はすっかりそれになじんでしまうことになる。識者の多くはそれを、ナチ党に明確な綱領が欠けていることを隠すためのこけおどしにすぎないとして切り捨て、真剣に受けとめようとしなかった。ナチ党信奉者は、来るべき総選挙では五〇議席はとれると予想し、ことによると七〇議席になるかもしれないと期待した。だが、選挙の結果は、批判者と熱心な支持者の双方がドイツ政治の分極化をいかに過小評価していたかを示していた。分極化は、極左と極右の二政党に有利に働き、共産党は得票四五九万票で七七議席、ナチ党は六四一万票で一〇七議席とそれぞれ大躍進をとげたのである。

第6章 レーニンの後継者

スターリン　一九二四―一九二九（四四―五〇歳）

1

一九二四年から二九年までの時期を通じて、スターリンは権力を確保するためにヒトラーと同じくひたむきに行動し、ヒトラーと同じく党はそれを達成するための手段だと考えていた。しかし、周囲の状況は、ヒトラーの場合とは大きく異なっていた。ロシアでは、共産党はすでに政権の座にあり、対立勢力をすべて駆逐して、現実にはともかく、原則としては無制限の支配権を、経済と社会生活の全体、そして国家機構にたいしてもっていた。数年後には、ヒトラーとナチ党にも同じことが言えるようになるが、一九二〇年代には、スターリンは明らかにヒトラーよりもずっと大きい舞台で活動していた。とはいえ、スターリンにしても、すべての面でヒトラーよりも優位にあったわけではない。

ヒトラーの場合、唯一無二の総統という立場は、ナチ党の全員から公式に受け入れられ、党員結束の要とされていたが、スターリンのほうは自分の野心を隠しつつ、同時に絶えまない水面下の権力闘争ではライバルたちを蹴落とすための方策を講じなければならなかった。五十歳の誕生日を迎える一九二九年十二月まで、スターリンはこの権力闘争に勝ったという確信が得られなかったのである。

闘争があからさまではなく、党の政策をめぐる一連の討論というかたちをとったことは、一面においてスターリンに有利だった。彼は自己を韜晦《とうかい》する術《すべ》に長けていて、政治的な駆け引きや裏工作にかけては政治局でその右に出る者がいなかった。目先の議論に気をとられて肝心の権力の問題をおろそかにするという、他の政治局員にありがちだった誤りを、スターリンは決して犯さなかった。また書記長として、党内に権力基盤を築き上げていくうえでは誰よりも有利な立場にあった。他方、政策に関する決定はすべて党のイデオロギーの枠組みと関連づけることがマルクス主義政党の本分であり、この点ではスターリンは不利だった。マルクス主義の理論を理解することでは他の政治局員にかなわなかったし、そもそも彼らほど自在に理論を操れなかったからである。

ヒトラーもスターリンも、党の組織づくりを非常に重視した。ただヒトラーは、任免と責任分担を決める権限を決して手離さなかったが、その権限は非人格的な党の官僚機構の衝立の陰で行使し、「総統神話」に傷がつかないようにしていた。また、同じ理由から、政策論争にたいしては超然とした立場をとり、一方の側に与《くみ》することは絶対にせず、権威をふるうのは白熱した論争を鎮めるのにそれが必要になったときだけだった。

ひとたびヒトラーと同じような唯一無二の地位を党との関係で打ち立てると、スターリンは「個人崇拝」――「総統神話」に相当する――を神格化に近いところまで押し進めていく。だが、一九二〇年代には、少しでもその気配を見せたら命取りになっただろう。当時、スターリンが演じていたのは、地方出身の党活動家と同じように日常的な言葉で話をする近づきやすくて気さくな男という役どころだった。自分が権力を行使していることをごまかすのではなく、権力を私物化し、誰の戸を叩けばいいかがはっきりとわかるようにしたのである。また、同じ役どころで常識と中庸の声を代弁し、左派と右派のどちらの行き過ぎにも反対して、団結の必要を強調した。

スターリンがレーニンの後継者になるために六年にわたるキャンペーンを繰りひろげたのは、共産党およびコミンテルンの上層部という閉ざされた世界でだった。その闘争に加わった者――スターリンとそのライバルたち――は、その間、一度も自分たちの論争をソ連国民の前に明らかにしようとはせず、各ソヴィエトのような代表機関にさえ知らしめなかった。

闘争に関係した機関として最大のものは、党大会と特別に召集される党協議会で、スターリンはその参加者の選出にもますます大きな力をふるうようになっていった。一九二四年のレーニンの死から二九年末のスターリンの勝利までに、それぞれ三回の党大会と党協議会が開催された。一九二五年十二月の第一四回党大会には六〇〇名あまりの代議員が出席したが、この大会は何度も会期を延長し、スターリンが過半数を制する確信を得るまで続行された。党大会は最終決議を行なう機関であるだけに、そうした安全策が必要だったのである。だが、闘争の主な舞台となったのは、政治局と中央委員会総会という二つの機関で、ここでは政策と権力をめぐってより赤裸々な戦いが間断なくつづけられた。とくに政治局（正規もしくは准正規の政治局員が七名から九名、政治局員候補が四名から八名いた）では、テーブル越しに顔と顔をつきあわせての対決だった。中央委員会総会とは、レーニンが中央委員会と中央統制委員会の規模を拡大する提案をしたとき、同時にこれら二つの委員会が合同で協議する場として年に数回開催する総会を設け、党の上部協議会とするよう強く求めたことから誕生したものである。中央委員会の定数（正規委員と委員候補を合わせて）は一九二四年から二九年までに八五名から一二一名に増え、レーニンの提案から生まれた総会は二五〇人から三〇〇人の共産党幹部全員が一堂に会する場となった。

全体が討論のかたちで進められ、何度も中断されて最後は投票で終わるこのような舞台では、ヒトラー流の大芝居を演じる余地はなかった。スターリンは、気質からしてヒトラーがまず身につけることのできない能力を磨かなければならなかった。筋の通った主張に応戦し、議論の背景を充分に心得ているところを見せて、抜け目なく立ちまわり、自説の仕上げに効果的な文言をレーニンの著作やライバルの以前の文章から引用して、偏向とか日和見主義というような非難にたいして、身の証をたてる能力である。スターリンは自分の限界を知っていたから、平易な話し方をするようにし、その陰で書記長の地位を充分に活用して地ならしをし、参加者、議事の進行、日程などを操作して、相手を不利な立場に置くよう努力した。

ヒトラーの大げさな言辞や聴衆の感情に訴える激越な口調とは対照的に、この時期のスターリンの演説は、党大会のように大勢の聴衆を相手にするときでも、慣用的なマルクス主義の枠組みから外れない理詰めの議論に終始し、読むのに退屈な文章である。ただし、当時の聞き手のように、そのなかに登場する「暗号化された」語句を読み解く鍵をもっていれば、スターリンがそれによって得点を重ねていたことがわかる。自分はマルクス主義の理論家としては何ら独創的なところはないと言い、レーニンの衣鉢を継ぐ者にすぎないと主張するところにこそ、スターリンの狡猾さが表われているのである。時が経つにつれ、「すし詰めの」聴衆の前で話すことに慣れてくると、スターリンは自信をつけ、しだいに威圧的な話し方をするようになる。

これまでにも多くの指摘がなされているとおり、スターリンを書記長に任命した政治局員たちは、自分たちがスターリンの手に握らせた権力が、やがてスターリン自身を強大な存在にするのに利用されるとは思ってもみなかった。また、党の役割と性格が必然的に変化して、彼らが革命以前の日々に親しんでいたものとは異なっていくことにも気づいていなかった。

一つは規模の変化である。レーニンは内戦中に入党した多数の党員を整理するよう主張していた。その結果、五六万七〇〇〇人だった党員数が、一九二三年末には三五万人に減った。ソ連のように広大で、しかも開発の遅れた国で必要とされる仕事を遂行する要員としては不充分な数である。だが、亡き指導者追悼の一環として、党が二四年に打ち出した「レーニン記念党員募集」を契機として、党員数（党員候補を含む）は二年間で五〇万人以下から一〇〇万人あまりへと倍以上になり、その後も増えつづけて三三年初頭には三五〇万人に達した。

党員を出身階層で見ると、総人口の圧倒的多数を占める貧農出身者の比率が非常に低い。一九二四〜二六年には平均二七パーセント、二七〜二九年にはさらに下がって平均二一パーセントである。これにくらべて、労働者階級出身者の比率は一九二四〜二六年が平均五二パーセント、二七〜二九年では平均五八パーセントに増加している。出身だけではなく従事している仕事を見ると、数字はいっそう変哲もないものとなる。

たとえば、一九二八年一月一日現在の党員構成は次のとおりである。

赤軍に勤務	六・三%	富裕農民、多くは雇人を使用	九・二%
工業の賃金労働者	三五・二%	党職員（非常勤を含む）	三八・三%
農業従事者	一・二%	その他、非肉体労働従事者	九・八%

一九二七年には、全国で一億二〇〇〇万人を超える農村人口にたいして、農村の共産党員は三〇万人あまりで、そのほとんどが農民ではなく、党職員である。ナチ党とは異なり、ソ連共産党が最初から最後までかかえていた最大の難問は、いかにして貧農層とうまく手を結ぶかということだった。

新たな入党者のもう一つの特色は、若くて経験が乏しく、教育水準の低い者が多いことである。一九二七年現在で、高等教育を修了した党員の数は一パーセント足らずであり、中等教育を受けた党員も八パーセントに満たない。英国の歴史家、レナード・シャピロが言うように、レーニン記念党員募集で書記局に登録された「こちらの思いどおりになる大勢の新入党員は、なかなかそうはいかない年長の共産党員とのあいだでバランスをとる役に立った」[*1]とはいえ、指導者たち自身もそれほど年をとっていたわけではない。一九二七年十二月に選出された中央委員会委員一二一名を見ると、大部分がスターリンのもとでソ連の行政に関与することになるこれらの半数近くが四十歳未満であり、四十五歳未満となると四分の三に達する。一九一七年以前に入党した「地下活動家」として知られる党員の数は八五〇〇人程度だった。一九二七年にはまだ彼らと内戦時以来の古参党員が党の上層部を構成していたが、下層の細胞では書記の六〇パーセント以上が一九二一年以降に入党した党員である。

年齢のへだたりよりもさらに重要だったのは、経験の差だった。党内民主主義の伝統やイデオロギーないし理論上の問題は古い世代にとって、とくに亡命者として外国生活を体験し、ヨーロッパ的なものの見方をする人びとにとっては何よりも関心のある事柄だったが、多くが内戦で手荒な洗礼を受けた若者たちである新入党員にとってはほとんど意味をもたなかった。彼らは教えられたことをそのまま受け入れた。平党員の義務は、ソ連を近代的な社会主義国にするという大事業を推進する指導者たちを支援することであり、そうすれば報いとしていくつかの特典――と昇進の見込み――にありつけるという教えである。彼らは自分のなすべきことを指示されればそれで充分であり、スターリン（レーニンから粗野で教養がないと批判された男）については、自分たちに理解できる言葉で話してくれる指導者だと見ていた。モロトフが一九二四年の党大会で言ったことは、真実をついていた。「党の今後の発展は、疑いもなしにこのレーニン記念党員にかかっている」

スターリンの立場の強みは、党を組織し強化する必要性から「客観的に」導き出された権力の中央集権化が、彼の個人的利害と一致していたことにある。書記長は党を利用して自身の権力を築いているというもっともな批判にたいしてスターリンは、自分はレーニンが提唱したとおりのことをしているのだと——同じくらいもっともらしく——答えることができた。指導部が決定したことを現場で遂行させるのに、ほかにどんなやりかたがあるというのか？

スターリンは党職員を昇格もしくは降格させる権限に加え、異動を勧告して、自分に反対する者を遠ざけることもできた。外交の職務をあてがって外国に赴任させるか、公務を与えてシベリアかソ連領中央アジアの僻地へ出向させるのである。スターリンのこうした種々の権限は、一九二六年ごろには、中央機関が任命する五五〇〇人の党の上層職員すべてにおよぶほどになった。「ノーメンクラトゥーラ」とは、もともとこの五五〇〇人だけをさした言葉である。このうちで最も重要な役職は党書記、とりわけ各地域レベル（州委員会《オブコム》および地方委員会《クライコム》）の書記であった。彼らは自分の配下（党官僚《アパラーチキ》）をかかえた実力者で、中央が政策を実施するうえでどうしても頼らざるをえない組織網をつくりあげていた。一九二五年におよそ二万人を数えた残りの党職員の人事は、中央が任命する役員の手に握られていたから、スターリンは難なく、中下層党員にたいしても影響力をふるうことができた。

党大会に出席する代議員の選出は、党の各地域レベルで行なわれた。したがって、代議員全体に占める党専従役員の割合が、一九二一年の第一〇回党大会当時の二五パーセントから二三年の第一二回当時には五五パーセント、二四年の第一三回当時には六五パーセント、そして二五年の第一四回当時には七〇パーセントへと上昇したのも驚くにはあたらない。

中央委員会と中央統制委員会の強化を謳ったレーニンの提案は、書記長と官僚組織の力を弱めるどころか、かえって増大させる結果になった。党大会でこの提案に賛成しつつスターリンが鋭く見抜いていたとおり、レーニンがあれほど大きな望みを託した「各地域の党活動家」の増員は、現実には党役員の数を増やす結果にしかならなかった。

これ以後、野心を抱く者にとっては、中央委員会の委員候補および正規の委員に任命されることが出世の鍵となる。任命されれば、政治局員を含む党の幹部と肩を並べて仕事をすることになるのだ。この地位まで昇りつめた者は、それが誰のおかげなのか、さらに昇進を望むなら何をなすべきかを悟らずにはいない。権力闘争が終盤に入ると、中央委員会や党大会で党の政策について質問し議論する権利をあくまでも守ろうとする革命期以来の古参党員は、聴衆から発言の邪魔をされたり、野次られたりするようになった。前もって書記長の意向を言い含められた党専従役員が聴衆のなかにしだいに増えていったからである。

2

政治局員のうちでスターリンを除く六人の全員か、せめて過半数が団結して、スターリンの手にあまりにも強大な権力が集中するのを阻止しようとした場合、少なくともレーニンの死後一年以内だったら成功したと思われるふしがある。その絶好の機会は、第一三回党大会開催を目前にした一九二四年五月二十二日の中央委員会の総会だった。この席で、レーニンの未亡人クループスカヤは、スターリンの書記長更迭を求めた追記を含むレーニンの遺書の全文を党大会で公表することを強く求め、レーニンははっきりそうしてほしいと言ったのだと主張した。クループスカヤの要求どおりにことが運ばれていたらどういう結果になったか、確かなことは言えない。レーニンが死んでまだ四カ月しか経っておらず、その権威はいぜんとして絶大だった。スターリンは少なくとも自分の将来がどちらに転ぶかわからないと感じていたようである。一九二三年から二五年まで書記局に籍を置き、この総会に出席していたボリス・バジャーノフは、遺書が読み上げられたときのことを、のちにこう回想している。

会議場にしつらえられた低い雛壇の端に座っていたスターリンは、内心の不安を隠しきれない様子で、窓の外に目を向けていた。見るからに、自分の運命が決せられつつあることを悟っている素振りである——いつもは感情を隠す術を心得ているスターリンにしては珍しいことだった。彼が自分の将来を心配するのももっともだった。レーニンの言動を何から何まで崇拝する雰囲気のなかで、中央委員会があえてレーニンの厳かな警告に逆らって、書記長を留任させるとは思えないではないか。[*2]

スターリンはジノヴィエフとカーメネフの介入によって救われた。二人は、レーニンの見解が公表されることによって利益をこうむるのはトロツキーだけだと信じていたのである。スターリンはすでに、ジノヴィエフが党大会で基調報告をすることに同意していた。そのお返しとして、ジノヴィエフは幸いにもスターリンに関するレーニンの危惧は根拠のないものであることが判明したと断言し、カーメネフはスターリンを書記長として留任させるよう委員会に訴えた。トロツキーはこの見えすいた筋書きにたいする軽蔑の念をしかめ面や身振りで表わしたけれども、何も言わなかった。結局、委員会は、レーニンの遺書については各代議員団の長を集めた非公開の会合で内容を伝え、大会で読み上げることはしないとの決定を下した。それ以上の措置はとられず、レーニンの書簡のことも非公開の会合のことも大会の記録には記載されなかった。

ジノヴィエフとカーメネフのみならず、他の政治局員も、権力争いのライバルとしてスターリン以上に他の人間に気をとられるという同じ罠にはまっていた。だからこそトロツキーは、ジノヴィエフとカーメネフがスターリンの策略にかかったときも、二人と手を結ぼうとはしなかったのである。一九二六年の春になってやっと、三人は協力してスターリンに対抗する気になったのだが、今度はブハーリンとルイコフとトムスキーが、スターリン側についてトロツキーら三人を負かすことしか念頭になく、自分たちがスターリンの次の犠牲者にならないよう警戒する必要があることには気がつかないありさまだった。書記長の解任を求めたレーニンの遺書から始まって最終的な勝利にいたる六年間の闘争で、スターリンが一人で共同戦線を相手にしたことは一度もなかった。

ライバルたちの過小評価を自分の利益に結びつけることができたのは、スターリンが自分の野心を長いあいだ隠しておくことに成功したからである。バジャーノフは回想録に書いている。

スターリンは自分の本心を誰にも明かさなかった。ごくまれに、自分の側近に意見や感想を漏らすだけだった。すぐれて沈黙を守る才能をもっており、誰もがあまりにも口数の多すぎる国にあって、彼は特異な存在と言えた。

バジャーノフはさらにつづけて、政治局や中央委員会の会合におけるスターリンの様子を伝えている。スターリンはこれらの会合で議長をつとめたことが一度もなかった。

> 彼はパイプをくわえ、ほとんど発言しなかった。ときおり、会議中であることなどおかまいなしに立ち上がり、会議室を歩きまわった。発言者の正面で立ち止まって、その表情を眺めながら発言に聞き入ることもあった。そのあいだも、相変わらずパイプの煙をくゆらしていた……

スターリンの巧妙なところは、他の者がそれぞれ自分の意見を充分に開陳するまで絶対に発言しないことだった。黙って座ったまま、討議の行方を見守る。そして、意見が出尽くしたところで、おもむろに口を開くのだ。「同志諸君、私の考えでは、この問題にたいする答はかくかくしかじか」と、その場の大勢となりつつある結論をそのまま述べるのである。[*3]

この態度が穏健派というスターリンの印象、左派にも右派にも属することなく中道を歩む男という印象のもとになったのだが、スターリンはそれをさらに強めようとした。そのことを如実に示す例としてバジャーノフがあげているのは、政治局の会合で三人組のそれぞれがトロツキーにたいしてとった態度の違いである。三人は議題の扱い方を決める打ち合わせをして、いちばんあとから会議室に入る。ジノヴィエフはトロツキーを無視し、カーメネフは軽く会釈し、スターリンだけがテーブル越しに身を乗り出して握手しながら挨拶した。

レーニンの死につづく年月、スターリンは爪を研ぎながら、相手のほうが先に動くのを待っていた。相手の誤りにつけ込むためである。脅しや警告こそ早い時期から何度もちらつかせていたけれども、対立が表面化したあとでも、スターリンはなかなか動こうとせず、一九二七年末にようやくトロツキーとジノヴィエフを党から追放する。左派の反対勢力を一掃して、今度はブハーリンら右派に向かった最終段階でも、スターリンは細心の注意を払って抗争を内輪にとどめておき、一年あまり経ってブハーリンを孤立させたという確信ができて初めて、公然とブハーリンの追い落としにかかった。スターリンの粘りには驚くべきものがある。この時期には、辛抱強さと慎重さという点でもまたそうだった。

もう一つ、同時代人が見たスターリン像を伝えているのは、ドイツ共産党の党員ルート・フィッシャーである。フィッシャーは一九二四年一月、モスクワに呼ばれた。

前年秋のドイツ革命の失敗から引き出される教訓について、ソ連共産党の指導者たちと話しあうためである。ドイツ共産党の左派を率いるフィッシャーとアルカディ・マスロフは、思いがけなくスターリンに招かれて、何回か私的に会見した。スターリンはコミンテルンの常任幹部会の一員ではなく、その公式の討議にも参加していなかったのだが、二人はスターリンの「驚異的な能力」に驚かされた。ドイツ共産党の組織と内部分裂について、すべてを詳細に把握していたのである。スターリンは政策問題にはあまり興味を示さず、党内でいかに権力を握るかを強調して、フィッシャーを唖然とさせた。「組織とグループ化に関するスターリンの話は漠然としたものでなく、権力に最も都合のよい組織の編成という具体的構想に直接関わるものだった」[*4]

スターリンが言うには、彼はトロツキーの危機が招いたロシア共産党内の不和を克服して、指導者たちの鉄壁の守りを固め直そうとつとめたのだそうだ。それは説明やテーゼがなくても協力しあい、揺るぎなく自衛することが必要だとの考えで一つにまとまった指導者たちによる守りである。われわれはまもなくドイツに帰ることになっていたので、彼としては、われわれが中枢グループの仲間入りをさせるに足る信頼できる人間かどうかを知りたかったのだろう。[*5]

あるときスターリンは、二人のドイツ人に、人目につかないようにしてクレムリンの自分の住居をたずねるよう招いた。二人は、スターリンの質素な暮らしぶりに感銘を受けた。スターリンが住居としていたのは、その地位にもかかわらず、クレムリン宮殿のかつての使用人区画にある平屋建ての二間の家で、家具も粗末だった。何しろスターリンといえば、

国家警察を含めて何万人という職員〔を統括し〕……党や国の仕事、国の内外の有力な地位、また数多い「党の重要な任務」などを人に与えることのできる立場にあり、しかもそれらの地位にはかなりの物質的な利得――アパート、自家用車、別荘、特別な医療、親族への仕事の斡旋――がともなっていたのである。[*6]

スターリンの質素な暮らしぶりは見せかけではなかった。彼が関心をもっていたのは権力の実質であって、権力に付随する飾りものではなかった。バジャーノフを含めて、周囲の者もそのことを認めている。「この情熱的な政治家は、ほかには何の悪徳ももっていない。金《かね》も娯楽も求めず、賭けごとも女遊びもしない。彼にとって、自分の妻を別にすれば、女は存在しないのである」[*7]

スターリンは内戦中の一九一九年に再婚していた。二十二歳年下の二番目の妻ナジ

エージダ・アリルーエヴァは鉄道員セルゲイ・アリルーエフの娘である。アリルーエフはチフリス時代からスターリンを知っており、一九一七年にスターリンがペトログラードに戻ったときには自分の家に住まわせたほどである。ナジェージダは、革命に献身する家庭に育った。そして、レーニンの秘書の一人として働き、結婚してからも自分の仕事をもっていた。しかし、家庭の主婦としても有能で、二人の子供、ワシーリーとスヴェトラーナを育てるかたわら、別荘の管理もおろそかにしなかった。この別荘はモスクワから約三〇キロ離れたズバロヴォ荘で、革命前にはズバロフという石油成金のものだったが、それをスターリンは自分のものにしたのである。スターリンはこの屋敷を修繕して住み心地をよくし、手入れを怠らなかった。スヴェトラーナはその回想録に、ここで過ごした楽しい日々のことを懐かしげに記している。家はいつも人であふれていた。彼女の父は、オルジョニキーゼ家やブハーリン家、セルゲイ・キーロフといった親しい同僚とその家族をここに招くのが習わしだったからだ。そのほか、モロトフ、ヴォロシーロフ、ミコヤンらの家族とともに黒海沿岸へ避暑旅行をすることもあった。これはプロレタリアートの生活ではないが、親密で格式ばらない家庭的な暮らし、地道なブルジョワの暮らしであり、派手なところも贅沢なところもなく、醜聞とは無縁だった。

一九二〇年代のスターリンを論評するときに最も難しいのは、その権力が頂点に達した三〇年代後半からあらわになった彼の特徴に照らして見ることがどこまで妥当かを見きわめることである。同時代人はすでに、彼を粗野でずる賢く、卑劣で無節操な政治家と見ていたし、身近で仕事をしていた人びとは、疑い深くて荒々しい気性を知っており、彼の機嫌を損ねないように気をつけていた。だが、革命政治は荒っぽい仕事で、同じことは他の多くの歴史上の人物についても言える。ただ彼らは、スターリンほどに多くの同胞を苦しめたり死に追いやったりするところまではいかず、その点ではスターリンは文字どおり他に類がない。振り返ってみれば、もちろん同じ特徴が一貫していることは明らかだが、当時からその片鱗があったとしても、まだ人目につくほどではなく、スターリン本人も先に何が待ちかまえているかを予知していた気配はうかがえない。

以上は推測の域を出ることではない。しかし、これと反対の、「怪物の揺籃期」という説よりも納得のいく仮説ではないかと思わせるいくつかの理由がある。その一つは、熾烈になったとはいえ、反対派との争いがまだ限度を超えていなかったという事実である。一九二七年末までは、反対派との争いは中央委員会総会や党大会、党協議会で公然と行なわれていた。これらの場では、反対派が自由に主流派を批判し、争点は票決に付され、討論は記録に残される。反対派の弁論にたいする野次や妨害はしだいに多くなり、反対派が党内で支持を集めることはますます難しくなっていったが、一九二八年から二九年にかけてスターリンと右派のライバルとの密室の衝突が起こったときでさえ、反対派は抑圧されたのではなく、戦いに負けただけのことだった。指導者が逮捕されたり銃殺されたりすることもなかった。トロツキーですら追放されたにとどまり、投獄も処刑もされなかった。そのほかは、ジノヴィエフやカーメネフのように、ほとんどが復党を許され、なかにはブハーリンのように公職に復帰した者まで いる。

スターリンが一九二〇年代に自信をつけ実力を培っていったことは疑いない。バジャーノフの伝える、政治局の会合で自分の意見を言わないよう気をつけるという一九二〇年代初めのスターリンとくらべれば、反対派の敗北主義を激しく攻撃するスターリンや、一九二六年の党大会で、一国社会主義を実現しようと呼びかけて満場を熱狂させたスターリン、あるいは二七年十月に中央委員会総会でトロツキーと対決して真っ向から勝負し、相手をねじ伏せたスターリンは別人の観がある。自信がつくとともに野心も大きくなっていく。権力を行使することで、権力欲のみならず、権力をどこまで強大にできるかという想念までが肥大化する。第一次五カ年計画（一九二八〜三三年）時代、スターリンは自ら歴史的な役割を、単にレーニンの後継者という以上の役割を演じようと考えはじめた。そのようなことは、一九二〇年代半ばには政治力からして無理だったばかりか、想像さえできなかったのである。

初めのうちスターリンは、党員に団結を求めて党内の反対グループを圧倒できる機関を党組織のなかにつくりあげることで頭がいっぱいだった。その機関を使って何ができるかを理解する第一歩となったのは、「一国社会主義」のスローガンを掲げたことである。トロツキーと左派のライバルを駆逐したからには、誰はばかることなく新経済政策《ネップ》と訣別し、農業の集団化と工業の近代化を徐々に図るのではなく、一気呵成に、できるだけ短期間で達成するという考えを打ち出すことができた。ここから、戦時共産主義の手法に頼らざるをえないという発想が生まれる。それは恐怖と正当化――社会主義の目標が達成に近づけば、それだけ階級闘争が熾烈になるとする理屈――に支えられた強圧政治だった。スターリンの一九二〇年代半ばの穏健な中道路線とは似ても似つかぬこの誇大妄想じみた想念から出てきたのが、「ソ連人民の偉大な指導者」というイメージ、レーニンが着手したが未完に終わった事業を完成させる、第二革命の立案者というイメージである。

一九二四年には、それはまだ五、六年先の話だった。第一四回党大会でカーメネフがスターリンに面と向かって、個人支配を確立しようとしていると非難したとき、スターリンはあっさりとこう答えたものである。

党を率いていくのに、集団指導以外の方法はありえない。イリイチを失ったいまとなっては、そんなことは思うだにばかげている（拍手）。口にするのもばかばかしい。集団活動、集団指導、党の団結、中央委員会諸機関の団結、少数派は多数派に従うこと――いま、われわれに必要なのはこれだ。*8

スターリンの答の後半は――前半もそうだが――はしなくも多くのことを語っている。この時期のどの論争をとっても、かならず二つの基本的な批判がむし返されている。どの場合も、反対派グループは守勢に立たされたことに気づき、敗北を予感すると、官僚主義化と党内民主主義の抑圧という二つの論点から批判をした。これへの反批判は、共産主義の規範にもとる最も重大な犯罪である分派主義におちいっているというものである。

レーニンが第一〇回党大会（一九二一年）で非公式の会合を召集し、分派を禁じる決議に支持をとりつけようとしたとき、スターリンはレーニン派自体が「分派主義」を非難されるのではないかとの危惧を漏らした。レーニンはそれを笑い飛ばして言った。

これはまた筋金入りの分派主義者が何てことを言うんだね……きみも知ってのと

おり、トロツキーは前々から自分の綱領の支持者を集める工作をしてきた。われわれが話しているこの瞬間にも、自分の分派を結集していることだろう。シリャープニコフにしてもサプローノフにしても同じことだ。なぜ明白な事実に目をふさぐのか。不愉快であるにしても、事実、党内に分派は存在しているのだ。支持者にこの「第一〇回の演壇」を囲ませるための協議会を召集することこそ、将来のわが党から分派主義をいっさい追放する条件を整える道だ[*9]。

スターリンはこの教訓を肝に銘じた。そうさせたのは、共産主義による政治の最も顕著な特徴の一つである。それは、社会の歴史的発展からしても、党が今後従うべき正しい政策という観点からしても、マルクス主義こそ唯一無二にして反論できない明瞭な指針であるとする信念から論理的に導き出される。この信念のとおりだとすれば明らかに、党内に異なる見解や異なる政策が入り込む余地はない。要は、他に先んじて優位な足場を固め、マルクス主義に則った「正しい」見解を代表するのはこれだという主張を打ち出して、あとはそれに反対する者を「分派主義」によって党の団結を危うくすると断罪すればいいのである。分派とは、反逆と同じく、定義からして失敗を意味する。レーニンもスターリンもはっきりと認識していたとおり、成功したときには——成功した反逆と同じく——合法化され、別の名が冠せられることになる。党の団結を脅かすと言えば、これは党員全体におよぶ問題であり、したがって告発としては、それに対置される党内民主主義を抑圧した罪よりもゆゆしいこととなる。党内民主主義の抑圧に関心をもつのは少数の知識人だけで、それも、トロツキー、ジノヴィエフ、ブハーリンの例に見るとおり、ほとんどの場合、役職を失って反対派にまわったときだけなのである。

指導権争いの当事者たちは、大衆の代表を自任していながら、誰一人として国民全体に訴えようとはしなかった。論争がどれほど激しくなろうと、それをあくまでも党の上層部内にとどめておかなければならないという認識は共通していたのである。

スターリンにとって、これほど好都合なことはなかった。演説にしても文章にしても、スターリンよりもはるかに表現力に富んでいたトロツキーやジノヴィエフやブハーリンらが、政治生命を賭した戦いで、自発的にそのような規制を受け入れたという事実は、ボリシェヴィキの教義のもつ拘束力がいかに強かったかを物語っている。論争の内容を平党員に伝えることさえ、すぐさま党を分裂させる行為だとの非難を招き、ブハーリンはみすみす自分の不利になるとわかっていながら、あえてこの戦法をとらなかった。そこには、さらに強い心理的要因が働いていた。めったなことでは口にされなかったが、彼ら全員に共通していたこの心理とは、党は占領国に置かれた駐留軍のようなものであり、したがってまわりは敵ばかりだとの思いであり、大衆に訴えかけると、革命は自分たちが大衆に力で押しつけたものだということが再び問題として浮上するかもしれず、そうなれば党の、ひいては自分たちの破滅につながるかもしれないという恐れであった。

分派主義という批判を何としても避けたいという気持ちは、共産党の政治のもう一つの特色と密接に関連していた。共産主義のイデオロギー的な側面である。スターリンがライバルたちを打ち負かすには、どうしてもこの側面に精通する必要があった。共産党は、理論面でも実践面でも団結ということを絶対的な価値にまで高めた政党であるにしては驚くほど論争の絶えない集団で、これはマルクス主義が初めてロシアに紹介された一八九〇年代以来の傾向だった。マルクスは弟子たちに、社会の発展に関する不変の法則を教えはしたが、その法則の解釈と適用をめぐって、弟子たちのあいだではてしない議論が戦わされることとなった。原則からして、そのような意見の対立は起こる余地がないので、異なる見解は誤謬とされ、誤謬は論破することが義務づけられる。レーニンの著作はほぼ全篇が論争的な性格を帯びている。いくら分派主義を糾弾し禁止しても、論争を好むスコラ的情熱は抑えがたかったのである。

論争熱はレーニンの死後も衰えず、あとに残された者たちの権力闘争は一連の議論に決着をつけるかたちで行なわれた。論議の対象となった問題は、現体制が直面している課題とその解決のために党のとるべき全体的な路線である。これらの議論で際立っているのは、対立する両陣営とも、実践的な見地から課題に対処する最善の方法であるとして自らの主張を正当化しようとする一方で、それがマルクス主義イデオロギーの観点からしても正しい方法であると証明することがいっそう重視されていた点である。スターリン派のラーザリ・カガノーヴィチは一九二九年にいみじくもこう述べている。「政治上の裏切りは、つねに理論の見直しから始まる」

　これは、スターリンにとってきわめて厄介なことだった。何しろスターリンは、百戦錬磨のマルクス主義学者でマルクス－エンゲルス研究所の所長をつとめたリャザーノフから、かつてこう言われた男なのである。「やめろよ、コーバ。自分を笑いものにするだけだ。理論がきみの分野でないことは誰でも知っている」[*10]。スターリンの強味は、実践的な政治家、謀略家としての才能にあり、何よりもそのひたむきさにあった。目覚めているあいだは片時も休まず、状況や人をいかにうまく操作して堅固な政治機構をつくりあげるかということばかり考えつづけるひたむきさである。ロバート・タッカーの指摘するとおり、この素質だけではスターリンは党の領袖《ハジャーイン》（この時期、彼はそう呼ばれるようになっていた）にはなれても、レーニンの後を継ぐ党の新指導者《ヴォーシチ》として認められるところまではいかなかっただろう。「権力闘争を乗り超えてレーニンの後継者の地位を得るためには、スターリンはボリシェヴィキの目から見て別格とされるような政治的権威を身につけ、自分が最高指導者の役割にふさわしい人間であることを示す必要があった――レーニンの衣鉢を継ぐ者として、党のイデオロギーを代弁する第一人者であり、マルクス主義思想家であることを証明してみせなければならなかったのである」[*11]

スターリンは巧妙な方法でこの難題に対処した。ボリシェヴィキの例に漏れず、マルクスやエンゲルスを引用することはしたが、マルクス主義の理論に通じているふりはしなかった。また、すでに理論家としての力を発揮していたブハーリンとは違って、マルクス主義理論に独自の貢献をしようともしなかった。そのかわりに、レーニンの著作と演説をじっくりと読んで、討論の際に自分の立場を守れるようにしたのである。その討論は往々にして、聖書を引用して応酬しあう神学論争さながらの様相を呈した。

レーニンの死の直後にスターリンが世に問うたものは、数々の追悼文のなかにあって異色だった。「レーニン主義の基礎」と題してスヴェルドロフ大学で連続講演をしたあと、同じ題名の本にしたのである。論旨の展開にはぎこちなさが目立ち、文章は無味乾燥だった。レーニンの思想の教条的なところばかりを取り上げて、生き生きした柔軟な部分は切り捨てたという批判は当たっているだろう。トロツキーの言葉を借りれば、「イデオロギーがかなり石化」しているのである。とはいえこの本は、それまで党の博識な思想家たちが軽んじて誰も手をつけようとしなかったことをやったという点で画期的だった。初めてレーニンの考えを包括的かつ系統的に記述し、ふんだんに引用しながら、一〇〇ページ足らずの簡略な書物に仕立てたのである。それをするにあたって、スターリンは研究助手のＦ・Ａ・クセノフォントフに負うところが大きかった[*12]（明記されてはいないが）。出版の時期と並んで、スターリンの抜け目のなさを示しているのは、この本をレーニン記念入党者に捧げたことである。これら新世代の党の活動家たちは教育程度が低く、レーニン自身の書いた文章は難しすぎてよくわからないというわけで、待っていたようにこの通俗版にとびついた。通俗版とはいえ、ほかならぬ書記長その人によって権威を保証された本だというわけである。『レーニン主義の基礎』は一般受けしただけでなく、スターリンが先鞭をつけてレーニン崇拝を打ち出したときからすでに始まっていたレーニンと自分との同一視を強める効果もあった。驚くまでもないが、それはスターリン自身の鋳型にはめられたレーニン像だった。二人の共通点は、どちらもそれと認めない、あるいは気づいてさえいなかったかもしれないが、両者がともに歴史の原動力は社会的要因とかマルクスの言う生産様式の変化ではなく、党であると見ていたことである。労働者に欠けているプロレタリアートとしての階級意識を、党が培わなければならないのである。スターリンは次のように書いている。

党は戦うプロレタリアートを導かなければならない……何百万という未組織の非党員労働者に規律の精神を……組織と不動の精神を教えこまなければならない……党はプロレタリアートの階級組織の最高の形態である。[*13]

別のところでは、レーニン主義を定義して、マルクス主義を現代化したものだとする。

帝国主義の時代の、プロレタリア革命の時代のマルクス主義である……レーニン主義は総体としてプロレタリア革命の理論と戦術であり、なかんずくプロレタリアート独裁制の理論と戦術である。

この文章にはレーニンが異議を唱えそうなところが一つもなく、それはスターリンの次のような結論についても同じである。「プロレタリアートは独裁制を確立するために党を必要とする。独裁制を維持するためにはなおさらである」。ここから「鉄の規律」と「意志統一」の必要が生まれ、両者を破壊するものとして分派が糾弾されることになる。

スターリンが討論で自分の立場を補強するためにレーニンを引用したことは、反論にあわずにはすまなかった。そしてトロツキーやジノヴィエフやカーメネフとの論争では、スターリンは一度ならず苦杯をなめた。彼らは、スターリンがレーニンの主張を逆転させたり文脈を無視して引用したりしていると指摘したのである。だが、スターリンはレーニンの遺産を修正したり放棄したりすることからそれを守護する者の役を演じ、あくまでもレーニンを自分のイデオロギー上の師とする態度を捨てなかった。一国社会主義の教義を正当化しようとしたときも、それはもともとレーニンが考えたことだと主張し、トロツキーとジノヴィエフが揺るぎない反証を示したにもかかわらず、その主張を撤回しようとしなかった。彼が怯《ひる》まなかったのは、票決の結果、反論が否決されるのをあて込んでいたからである。以後、批判者は次々と沈黙させられ、自分こそマルクス－レーニン主義の正当な解釈者だとするスターリンの主張が疑問視されることもなくなった。マルクス－レーニン主義のイデオロギーは、スターリンの手に握られた権力の道具と化したのである。

ライバルにたいするスターリンの勝利は、必然的でもなければ、前もって周到に計画されたものでもなかった。それまでにはつまずきがあり、一時的な退却があり、絶えざる一時しのぎの対応があった。運や対立者の失敗も大きな意味をもった。一九二二年四月に書記長に就任して以来、勝利を確信するまでに七年以上の歳月を要したわけである。

スターリンが書記局と党の機構を掌握することによって築き上げた権力は、不可欠のものだった。自分の息のかかった候補者を昇進させ、敵対する者を左遷したり追放したりすることがしだいに思いのままにできるようになったのも、この権力があればこそだった。工作をして委員会で過半数の票を確保することも自在だったから、反対派を組織しようとする者にたいして分派主義の烙印を押し、党の分裂を図っている、反革命活動にふけっている、革命を裏切っているといった、つまるところは謀反の罪をなすりつけることができた。また、それに加えて、マルクス－レーニン主義の規範にたいする異端、プチブル的逸脱といった罪状をあげることもできた。いまやスターリンのみがその規範を宣言し、必要とあれば実際に適用する権威をもっていたからだ。つまり、前の時代のヨーロッパ史の用語を借りるなら、スターリンは教権と俗権をあわせもったがゆえに無敵となったのである。

しかし、反対派を武装解除して敗退せしめることにかけて無敵だというだけでは、スターリンの求める権威には足りなかった。裏工作した陪審員団の票決で勝つだけでなく、論戦にも勝たなければならなかった。あとで見るとおり、スターリンは最終的にはこの目標を達成した。それは、ソ連の直面する問題を克服し、体制を維持するうえで、スターリンが誰よりもうってつけの人材であると、指導部の同僚たちに信じさせることができたからだった。

3

レーニンの後継候補たちの対決には、四つの局面があった。最初の局面は、レーニンがまだ存命ながら執務能力を失った一九二三年に始まり、二五年に終わる。この段階では、ジノヴィエフ、カーメネフ、スターリンの三人組《トロイカ》が、トロツキーの敵にまわった。

一九二九年八月二十九日付のモロトフ宛の書簡で、スターリンはゴスプランや中央統計局などにいるグローマン配下のヴィノグラッキーをはじめとするブルジョワ政治屋たちの巣窟を破壊したことについて、政治局に祝辞を述べた。「彼らをモスクワから追い出し、その空席を若者たち、わが陣営のコミュニストで埋めるとよい」(原注:『スターリン極秘書簡』岡田良之助・萩原直訳、大月書店、一九九六)

第二の一九二五〜二六年の局面では、スターリンとブハーリン対ジノヴィエフとカーメネフの対決となり、これにつづいて、スターリンとブハーリンがジノヴィエフとカーメネフおよびトロツキーの「合同反対派」と相対する二六〜二七年の第三の局面が展開した。一連の闘争劇の終幕にあたる二八〜二九年になると、合同反対派もすでに敗退し、スターリンはブハーリン、ルイコフ、トムスキーを追い落としにかかる。一九二九年に五十歳の誕生日を迎えるころには、スターリンはこの時期が始まったと

き に 六人いた同僚のうち五人までを政治局から追放しおおせていた。残った一人のルイコフも、お情けでとどまっていられるにすぎなかった。

スターリンが政治局内の他の三党派にたいして決定的勝利を収めるのに用いた一連の策略は、パワー・ポリティックスのテクニックの古典的実例としてひきあいに出されることが多い。確かに、スターリンの政略の才は並み外れているが、彼が周到に練り上げた計画に沿って行動したと考えるのは（ヒトラーの場合と同じく）誤りである。この時期のスターリンの行動を要約して、まず左派を駆逐するために右派と手を組み、次いで右派を駆逐するために左派の綱領を引き継いだという言い方には、そうした誤りがうかがわれる。ヒトラーのように、スターリンも支配的な地位を獲得するというただ一つの目的に向かって邁進したが、そのためにはどんな手段も辞さなかったと同時に、柔軟性ももちあわせていた。やすやすと立場をひるがえし、戦術的な同盟を結んでは断ち、敵の失敗で思いがけずに与えられた機会を存分に活用したのである。

レーニンはソ連の他の指導者たちにはおよびもつかない先見の明をもっていたから、自分が舞台を降りたあとの後継者争いはトロツキーとスターリンのあいだで行なわれることになるだろうと見抜いていた。スターリンはレーニンと同じ結論に達し、それに従って行動した。ところが、トロツキーはそれを見誤り、主にそれが仇となって敗北した。トロツキーがスターリンの力量を正しく見きわめ、他の勢力と組んで、書記長の増大する権力を抑制しようとする動きをようやく見せたのは、一九二六年というあまりにも遅い時期でしかなかった。

トロツキーの行動に関しては、いまだに説明のつかないところがある。状況の判断で、なぜ、これほど大きな誤りを犯したのか、病気の影響はどれくらいあったのか、戦術やタイミングの面で(決定的な機会に姿を現わさなかったことも含めて)どうしてあれほど筋の通らない行動をとったのか、党内にまだいる支持勢力を結集しようと思えばできたのに、それをせずに信奉者の期待を裏切ったのはなぜか。トロツキーは指揮官としての役割しか演じることができなかった。彼は自分と同等だと見なす者にたいしてはとかく遠慮がちになり、スターリンのように、党内に自分の力の基盤をつくりあげようとする衝動に駆られることもなかった。それどころか、ウォルター・ラカーの言うように、「いつもイデオロギーおよび政治論争に関わっていたのだが、それは革命以前の文学者には似つかわしくても、革命後の政治家にはふさわしいことではなかった」[*14]。一方、スターリンの見方は正しかった。いかに失敗や誤りを犯そうと、トロツキーこそはスターリンが最も恐れるべき相手だった。その欠点にもかかわらず、生まれながらの指導者であり、十月革命と内戦においてはレーニンに次ぐ重要な役割をはたし、知識人としての、また弁舌家としての才知は、スターリンのとうていおよぶところではなかった。

記録を見るかぎり、トロツキーは専制的な性格でも、強引に自分の意志を押し通すことでも、スターリンにひけはとらなかっただろうと思われる。それだけに、スターリンからすれば、政治局の他のメンバーとは役者の違う手強いライバルだった。どんな手を打とうと、他の誰を相手にして戦っていようと、スターリンは片時もトロツキーから目を離さなかった。このように寸分の隙もなく注意を集中しつづけたからこそ、スターリンは、もちまえの実力からすればどう見ても歩が悪いトロツキーとの対決に勝てたのである。その陰には憎悪があった。加えて、相手の弱点を見抜くことにかけてはトロツキーよりもはるかに上手《うわて》だったし、トロツキーには欠けていた忍耐心、粘り強さ、戦術とタイミングを誤らない天性の勘をもちあわせていた。

レーニンが執務不能ながらもまだ存命中だった一九二三年、トロツキーは二度にわたってスターリンを強烈に攻撃したが、それに追い討ちをかけることができなかった。一九二四年一月、レーニンが死ぬ一週間足らず前に開かれた第一三回党協議会は、スターリンが威嚇的な演説をしたあと、トロツキーと四六人綱領の署名者を分派主義とする非難決議を可決した。スターリンは事前に水も漏らさぬ舞台工作をしていた。投票権をもつ一二八名の代議員のうち、反対派に属する者はわずか三名しかいなかったのだ。

一九二四年五月の第一三回党大会でトロツキーはさらに非難を浴びせられたが、政治局内の椅子はまだ保持していたし、その夏にはスターリンらのトロイカがいまにも崩れるのではないかと思わせるきざしも見えた。ところが、トロツキーは亀裂が大きくなるのを待つかわりに、革命七周年記念日に向けて「十月の教訓」と題する長いエッセイを発表し、のちに「文献論争」と呼ばれることになる問題のきっかけをつくってしまった。このエッセイは、つねにトロツキーにつきまとっていた批判、彼がレーニンの戦列に加わったのは一九一七年夏になってからで、それ以前はボリシェヴィキよりもメンシェヴィキに近かったではないかという批判に答える意図で書かれたものであった。

トロツキーはそのころになっても自分の真の敵がスターリンだとは思わず、ジノヴィエフとカーメネフだと思っていたから、二人を名ざして反批判をし、メンシェヴィキ的な異端に染まっていたのは彼らのほうだと主張した。すなわち、二人は一九一七年にレーニンが反乱を計画したとき、それを「冒険主義」だとして非難し、まずブルジョワ民主主義革命が完了しなければならず、そのあとでプロレタリア革命が起こるまでには一定の期間を経なければならないとするメンシェヴィキ路線に従ったと指摘した。また、コミンテルン（議長はジノヴィエフ）が一九二三年にドイツとブルガリアの革命的状況を生かしきる大胆さをもちあわせずに失敗したのも、同じ日和見的態度が原因であるとした。トロツキーに言わせれば、現在のソ連の指導者のうち、レーニンがペトログラードに到着したその日からレーニンと完全な合意のもとに活動してきたのは、ひとりトロツキーのみだったのである。

のちにジノヴィエフは、「十月の教訓」はトロツキーに激しい攻撃を加えるための口実にしかならなかった、とトロツキーに打ち明けている。「あれが公表されなければ、別の口実が見つけられたことだろう」[*15]。しかし、トロツキーが選んだこの路線は、結果として政治局の全員を――ジノヴィエフおよびカーメネフと並んで、ブハーリン、ルイコフ、スターリンをも――反トロツキーの旗のもとに結束させてしまった。トロツキーの述べた一九一七年の状況認識は困惑するほど真実に迫っていたから、まさしくそれゆえに、これを覆すことが誰にとっても重要だったのである。

最も効果的な反撃は、一九一七年以前のトロツキーの行動を集中的に取り上げて、一九一七年から焦点をそらすことだった。ロシア社会民主労働党が一九〇三年に分裂すると、トロツキーは独自の道を歩みはじめ、いたるところで論戦に関わった。なかでもレーニンとのいくつかの論争は熾烈をきわめた。その論争のことがいまむし返され、当時の応酬がひきあいに出された。それらはしばしば文脈から切り離して引用され、いまはどんな批判をも超越する権威と化したレーニンが、あたかもトロツキーを、自分とは政治的立場を異にして正反対の主張をする者たちの先頭に立つ代表として切り捨てたかのように見せかけられた。

スターリンは誰よりも熱心にこの仕事に取り組んだ。一九二四年十一月十九日、「トロツキー主義かレーニン主義か」と題して行なった演説で、スターリンは一九一七年の革命の史実の書き換えに着手しただけではなく、トロツキーは革命の精神的指導者であるレーニンの名誉と革命の推進力となった党の名誉を傷つけようとしている、それもひとえに「レーニン主義」を「トロツキー主義」にすりかえるのが目的なのだと告発した。「党の責務は、イデオロギーとしてのトロツキー主義を葬り去ることである」とスターリンは宣言した。

「トロツキー主義」という言葉を考え出したことによって、反トロツキー派は、そしてとりわけスターリンは、トロツキーとはすなわち反レーニン主義、反ボリシェヴィキの立場に立つきわめつきの異端と同義語だと主張することができた。しかも、この言葉は拡大解釈がきき、トロツキーが今後に取り上げる可能性のある問題やトロツキーのせいにすると都合がよいどんな問題についても応用できた。トロツキーは、ジノヴィエフが子飼いのレニングラード党委員会のメンバーに次のように言ったと伝えている。「これが権力闘争だったということを、諸君は理解しなければならない。要は、昔の意見の違いを現在の問題とからませればよかったのだ。『トロツキー主義』という言葉が発明されたのはそのためだった」[*16]

トロツキーにたいするもう一つの告発は、彼が「永久革命」を唱えたことだった。

一九〇五年の革命の時期に初めて展開されたこの主張は、革命は二つの意味で永久的でなければならないとする。一つは、反封建的（民主主義的）な段階から切れ目なく反資本主義的（社会主義的）な段階へ継続するという意味である。もう一つは、国内の段階から国際的な段階へと移行する、つまりロシアで始まるがその国境で止まらないという意味である。革命がロシアから西ヨーロッパへ波及して初めて、ロシアを含む世界の社会主義が確立されるというのである。

レーニンは確かに国際主義者ではあったが、トロツキーの構想をしりぞけた——一九一七年までは。その後、彼はそれと認めずにトロツキーの理論をわがものとして前半の部分を実行に移し、後半の国際化の部分は、ロシアの革命が成功するために必要な前提として受け入れた。このことを疑う者は、レーニンの見解を要約したスターリンの権威ある『レーニン主義の基礎』を読めばいい。

> 社会主義が最終的に勝利するためには……一国、とくにロシアのような貧しい農業国の努力だけでは不充分である。それにはいくつかの先進国プロレタリアートの努力が必要である。

しかしスターリンは、「永久革命」のテーゼが構想された歴史的文脈も、それが一九一七年のレーニン自身の革命戦略と大筋で一致していた事実も無視して、まるでソ連の現在の状況に関するトロツキーの見解であるかのように見せかけ、歪曲して「永久に不毛」の教義だとした。「われわれの革命の強さと実力にたいする信頼の欠如、ロシアのプロレタリアートの強さと実力にたいする信頼の欠如――『永久革命』理論の根底にひそむものはそれだ[*17]」

この信頼の欠如にたいして、スターリンは「一国」、すなわちソ連で「社会主義が勝利する可能性[*18]」を信じるという自身の信念を対置した。この主張は、実際、ソ連の未来をめぐる議論のなかでスターリンが行なった最も独創的かつ力強い主張だった。ところが、スターリンはその事実を極力否定しようとつとめ、レーニンが一九一五年にまったく別の文脈で述べた短い発言をよりどころとして「一国における社会主義が勝利することは可能だという真理を発見したのは、ほかならぬレーニンだった[*19]」とした。実際には、レーニンは社会主義を国際的観点から考えるのをやめたことは一度もないのだが、このようにトロツキーとレーニンの発言と真意を二重に偽ることにより、スターリンは「レーニン主義」と「トロツキー主義」を恣意的に対比することができた。いまや「レーニン主義」といえば一国社会主義の可能性を信じるという意味であり、「トロツキー主義」といえば敗北主義的で半ばメンシェヴィキ的な反レーニン主義的傾向をさすものとされ、それもとくに「永久革命」という「冒険主義」の理論と結びつけられるようになった。アメリカの学者ロバート・ダニエルズはこれを評して、「原典の正しさを問うことなく、かといって原典の本来の意味を顧慮することもしない、原文操作による証明という慣行[*20]」の端緒を開いたとしている。

さしあたってスターリンは、「トロツキーの『永久革命』がレーニンの『プロレタリア革命』理論の否定である」ことを明らかにした（と主張した）だけで満足した。トロツキーが非難された一九二五年一月の中央委員会の会期中、一国社会主義は話題にもされなかった。だが、いかに出所がいかがわしいとはいえ、これは将来、有望な命題だった。ソ連の社会主義は他の国々の社会主義革命に依存するという通説を逆転させ、スターリンがのちに自ら豪語するように、ソ連における革命の勝利を「世界革命の始まりにして大前提」としたのである。この主張は、ロシア人のナショナリズムに強く訴えた。議論の余地なく、ロシアを第一等とする主張であり、これに疑問を投げかけて異論を唱える者にたいしては、ロシアの民衆を信頼しない輩《やから》であり、始めたことをやりとげる能力がロシア人にあるのかどうかを疑う意気地なしだとの烙印を押すものだったからである。

トロツキーは自分の「十月の教訓」が引き起こした嵐にたいして何らそれに答える努力をしなかった。一九二五年一月、中央委員会に召喚されると、病気のために出席できないことを謝罪し、軍事人民委員の辞任を申し入れた。ジノヴィエフとカーメネフはトロツキーを党から完全に追放してしまおうという考えだったが、スターリンは二人に慎重を促した。その年の末に開かれた党大会で、スターリンは次のような発言をした。これは、スターリンの伝記作者のほとんどがどうしても引用せずにはいられなかった発言である。

われわれは、つまり代議員の過半数は、同志ジノヴィエフおよび同志カーメネフの意見に同調しなかった。それは、首切り政策が党を脅かす大きな危険をはらんでいることに気づいていたからである……これは言うなれば瀉血《しゃけつ》療法――二人はまさに血を求めていた――で、危険性が高く、感染しやすい。今日、一つの首を切れば明日は二つ、その翌日は三つとなる。そうなったら、誰が党に残ることになるのか。[*21]

この発言は、後年の出来事に照らして見ないかぎり、一九二〇年代のスターリンの実像をとらえることの難しさを具体的に示している。この発言をしたとき、スターリンはそのようなやりかたで政敵を排除できる日がくるのを――意識的にせよ無意識にせよ――期待していたのだろうか。それとも、その後の展開を知っているわれわれが、スターリンのこの言葉を深読みして皮肉な意味づけをしているのだろうか。真相は誰にもわかるまい。

中央委員会の非難決議のあとも、トロツキーは中央委員と政治局員の地位にとどまっていたが、一九二五年を通じていかなる反対行動も控えていた。いっさいの論争に加わらなかったばかりか、九月にはマックス・イーストマンがアメリカで出版したレーニンの遺書からの長文の抜粋を正確に転載した本を頭から否定する文章まで書いている。そのような文書は存在しないと言い、隠蔽云々は「悪意に満ちたつくり話」だと決めつけたのである。のちにトロツキーは、この文章を書いたのはスターリンに圧力をかけられてのことだったと弁明しているが、あるいはそのとおりだったかもしれない。クループスカヤまでが圧力をかけられていたのである。問題は、しかし、トロツキーをまだ反スターリン派のリーダーだと見なしていた人びとがこれをどう受けとめたかである。

トロツキーがまたしても、少なくとも当面は退却したことにより、スターリンは安んじて、自分とトロイカを組む他の二人の追い落としにかかることができた。スターリンが考えたのは、コミンテルンとレニングラードの党組織を掌握するジノヴィエフの堅固な地位を根底から切り崩すことだった。スターリンが用いた方法は、どちらの組織の場合も同じだった。関係者たちの人柄を注意深く見きわめ、脅しと買収の両面攻撃に弱そうな者を探し出すのである。

コミンテルンにおけるスターリンの手先は、ウクライナ出身の党書記局員ドミートリ・マヌイリスキーという、のちにウクライナ代表として戦後の国連の会議でかなり名をあげた人物である。スターリンは政治局を動かして、表向きはジノヴィエフの補佐ということでマヌイリスキーをコミンテルンの仕事につかせた。だが、彼の本当の任務は、コミンテルンのなかでソ連共産党に次ぐ重要な位置を占めていたドイツ共産党内にスターリン支持派のネットワークを築き上げることにあった。ドイツ共産党は一九二四年五月に行なわれたドイツの総選挙で三七〇万票を獲得し、国会内の議席数を一五から六二に増やしていた。共産党が選挙でこれほどの勝利を収めたのは、他の国では例を見ないことだった。マヌイリスキーを団長とするコミンテルン使節団がドイツに派遣されたゆえんである。使節団はベルリンに本拠をかまえ、スターリンに宛ててじかに報告を送った。

一九二四年になってから、スターリンはコミンテルンの動向に関心をもちはじめ、その年の六月にモスクワで開かれたコミンテルン第五回大会に初めて出席した。このときには何も発言せず、目立たないかたちで各国代表団に接触したにとどまった。出席者の一人のルート・フィッシャーは、クレムリンの由緒ある聖アンドレイ館の広間や廊下を出入りするスターリンの姿を次のように伝えている。

スターリンは軍服にウェリントン・ブーツといういつもの服装でパイプの煙をくゆらせながら、そこここにかたまっている小人数のグループに穏やかな口調で礼儀正しく話しかけていた。その姿はいかにもロシアの新しいタイプの指導者といったところだった。若い代表たちは革命家の物言いを軽蔑するこの革命家に感銘を受けた。地に足のついたこのオルガナイザーのすばやい決断と近代的手法をもってすれば、以前とは一変したこの世界の諸問題も解決されるだろうというわけだ。ジノヴィエフの周囲の連中は小うるさい年寄りばかりで、いかにも時代遅れだった。[*22]

スターリンの長期の目標は、ソ連によるコミンテルンの支配をドイツ共産党に受け入れさせることだった。彼はワルター・ウルブリヒトとウィルヘルム・ピーク（のちにこの二人は戦後のドイツ民主共和国建国の祖となった）の力を借りてドイツ共産党を分裂させ、各派をたがいに牽制させた。そのいきさつについては、スターリンが自分の側に引き入れようとしてたびたび働きかけたルート・フィッシャーがくわしく述べている。一九二七年ごろには、スターリンの思惑どおりにドイツ共産党は弱体化し、ソ連の目標と相反するような行動を独自にとる力をもたなくなっていた。

この結果、ドイツの政局がどう動き、勢力を伸ばしつつあったヒトラーにたいして共産党がどういう態度をとったかについては、すでに述べた。しかし、スターリンがドイツ共産党工作に成功したことは、ソ連の権力闘争にも影響をおよぼさずにはいなかった。当初からロシア人が牛耳っていたコミンテルンは、ソ連共産党内部の各派の対立や政策論争をそのまま反映する場と化していた。このようにコミンテルンがソ連共産党に従属する立場におかれたことでどこよりも大きな被害を受け、憤っていたのはドイツ共産党である。そして、誰よりも強力にこうした従属化を推進したのは、ジノヴィエフだった。国際的な分野へのスターリンの介入は、独立を維持しようとするドイツ共産党の努力（第四インターナショナルをつくろうとする企てだとしてスターリンはこの動きを弾劾した）に終止符を打っただけでなく、皮肉にも、コミンテルンの組織にたいするジノヴィエフの権威を剥奪することにもなった。一九二六年の初めには、ジノヴィエフのコミンテルン議長の地位は名目だけのものになっていた。そして一九二六年の終わりを待たずに、彼はその地位さえも失ったのである。

これと並行して、スターリンはジノヴィエフのもう一つの勢力の基盤であるレニングラードの党組織に働きかけ、ジノヴィエフから支配力を奪おうと画策した。そもそもジノヴィエフとその盟友のカーメネフは、ソヴィエト議長としてレニングラードならびにモスクワの党組織を手中に収めていた。スターリンの画策の効果は、まずカーメネフのうえに表われた。一九二四年、カーメネフはレーニンの発病以来その代行として実権をふるってきた人民委員会議議長の地位を失い、次いで彼の配下であるモスクワ党委員会書記のI・A・ゼレンスキーが中央アジアに左遷されて、その後釜にジノヴィエフ－カーメネフ陣営から離脱したN・A・ウグラーノフが据えられるにおよんで、モスクワの党組織にたいする支配力をも失った。レニングラードはモスクワよりも守りが固かった。ジノヴィエフ派の二人を追放して配下のニコライ・コマローフをレニングラード党書記という要職につけたスターリンは、そこで思わぬ抵抗にぶつかった。ジノヴィエフは自派の勢力を結集してコマローフを牽制し、中央委員会とその書記長による介入に抗議を申し入れた。スターリンは、この場はごり押ししないほうが得策だと判断したが、足場を固めてからあらためて攻撃しようと意を決していた。

4

一九二五年夏、ジノヴィエフは反撃に出た。前年からつづいている経済政策をめぐる論議に割りこんだのである。基本的な争点は、マルクス主義史観によればまだ社会主義革命の機が熟していない国、すなわち資本主義により工業化と近代化をとげていない国でレーニンの権力掌握が行なわれたことから生じた問題をどう解決するかということだった。

第一の答は、戦時共産主義の時期にとられた手法で、国家権力によって経済と社会を社会主義路線に沿って再組織するというものである。つまり、農民と労働者にたいして高圧的な手段を用いる（農民には強制的な徴発を行ない、労働者には労働力を軍隊化する）ことにより、政治のみならず経済においてもプロレタリアート独裁を実現しようというのである。この左翼的な政策の理論的支柱はブハーリンで、その主張は『転換期の経済学』（一九二〇年）や、それに先立ってE・A・プレオブラジェンスキーとの共著で出版した教科書的な権威をもつ『共産主義のABC』（一九一九年）に述べられている。

　戦時共産主義の手法で社会主義を建設する試みを断念せざるをえなくなると、レーニンは自分のもとの方針である漸進主義的な新経済政策《ネップ》に立ち返った。ブハーリンは指導部全体と歩調を合わせてレーニンのこの一八〇度の政策転換に従い、レーニンの死後は、ネップの主要な代弁者として、これは退却でも一時的局面でもなく、農民経済、農産物の自由な取引、小規模民間産業の容認を同時に盛り込んだ長期的共存政策であると主張した。これは農民に、すなわち二五〇〇万戸の農家に焦点を当て、篤農家の繁栄を奨励することを意味する。ブハーリンはギゾーの言葉「汝自身を富ませよ」を借用した。「自らを富ませよ、おのれの農地を開発せよ、規制に従わされる心配は無用だ」[*23]。農民を社会主義の建設に引き入れる道は、集団化を進めることではなく、レーニンがその生涯の最後に強く主張したように、地方の協同組合を発達させることにあるとブハーリンは明言した。

生前、レーニンは農民を説得して協同組合制度を取り入れさせるには少なくとも一〇年ないし二〇年くらいの時間を要するだろうと語っていたが、ブハーリンはソ連の後進性を考慮するとそれよりもっと長い時間がかかるかもしれないと考えていた。そして、これが成功するのは、農民に物質的なインセンティブを与え、消費物資を充分に供給し、それらを購入しうるように農産物価格を引き上げた場合のみだろうと考えていた。

左翼反対派や、当初からネップを戦術的な後退でしかないとして受け入れるのに抵抗していた人びとは、ネップを延長すれば資本主義の復活につながるとして、ブハーリンの農民宥和政策は社会主義の放棄であり、プロレタリアート独裁にたいする裏切りであるとして攻撃した。彼らの掲げる対案をまとめたのは、プレオブラジェンスキーである。ブハーリンの共著者で戦時共産主義を提唱していたプレオブラジェンスキーは、ブハーリンの変節を批判した。そして、ソ連に社会主義を建設する鍵は工業化にあり、工業化の鍵は資本を蓄積して国営産業への投資を加速することにあるとし、そのためには農業を主体とする民営部門が犠牲になるのもやむをえないと主張した。

マルクスはかつて、ブルジョワジーの歴史的使命は、富の蓄積――「たゆみなく蓄積せよ！　それこそが預言者モーゼの教えだ！」――であり、それによって準備された資本が産業革命を起動させると説いた。マルクスの考えでは、これを保証したのが植民地の収奪と囲い込み《エンクロージャー》による農民の無産化であった。マルクスは、この過程を「資本の原始的蓄積」と呼んだ。プレオブラジェンスキーは、ソ連の工業化には「社会主義的原始蓄積」という形態が必要であり、それを保証するものは価格操作（農産物は低価格とし、工業製品は高価格とする）や高課税、穀物出荷割当などの財政措置であると論じた。これらの財政措置によって、財源は民営部門から（要するに農民から）移譲されて国有産業への投資にあてられる。鍵は、消費ではなく生産を出発点とすることにある。

ブハーリンはこれにたいして、プレオブラジェンスキーの考えは資本家による農民の搾取を産業労働者階級による農民の搾取に置き換えようとするものだと攻撃した。これを採用すれば、レーニンがソヴィエト体制の基軸としていた労働者と農民の連合のかわりに、「農民層と交戦状態にあるプロレタリア独裁」を生むことになろう。それにたいし、農民が豊かになれば、この国の食糧供給が保証されるのみならず、工業の成長を促す有効需要が生まれ、さらに所得税の累進課税と自発的貯蓄を通して投資資金が得られると論じた。[*24]

一九二四年に農作物の不作をきっかけとして農業問題への関心が高まると、ブハーリンは、生産高を引き上げる方法は、収益を上げると罰せられるという農民の不安を取り除くことだと説いた。指導部は、彼の意見を容れて、一九二五年四月の第一四回党協議会のあと、農業課税を引き下げ、農業従事者の雇用と農地の貸借を（制限つきで）合法化する措置を講じた。なかでもジノヴィエフは、農民の権利をもっと認めようと提案し、党が「地方に目を向ける」ことを求めた。まさにネップの最盛期である。

それだけに、一九二五年夏にジノヴィエフとカーメネフが立場を一転したことは、人びとの意表をついた。二人は先ごろまで支持していた農業政策を、比較的裕福な農民への危険な譲歩だとして攻撃した。ジノヴィエフはこのときとばかりにレーニンの言葉を引用しながら、ネップは決して前進のための政策として考えられたものではなく、「戦略的後退」にすぎないと主張した。頼るべき主力は、あくまでも産業プロレタリアートと貧しい農民であって、比較的裕福な農民ではない。

残っている証拠から考えて、ジノヴィエフは経済政策に関心があったというよりも、政治的なイニシアティブを取り戻す方法を見出す必要に駆られていたという可能性が高い。一九二五年六月、クループスカヤは書簡を送って、富農《クラーク》を過度に優遇すること、およびそれを擁護するブハーリンを非難した。これは党内左派の多くが支持する見解だったから、ジノヴィエフとカーメネフはこの問題を取り上げることで、指導部がレーニン主義の本道から逸脱しているとして反対派を結集できるだろうと考えたに違いない。

それまで、スターリンはこうした経済論議にとりたてて積極的に関わっていなかった。政治局の大勢に従ってネップや一九二五年の農業政策を支持してはいたが、ブハーリンの不用意な発言、とくに「汝自身を富ませよ」の標語には同調しなかった。「富農を打倒せよ」という標語を掲げることなら、共産党員一〇〇人のうち九九人までが賛成するだろうと、スターリンは一九二五年に語っている。逆に、それだからこそ、感情で判断が曇ることのないようにすることが重要なのである。実際、そのような標語を掲げたりすれば内戦を招くことになるだろう。「中間層の農民」大衆が富農への攻撃を自分たちに向けられたものと見なすに違いないからである。実際に、スターリンはルイコフともども、工業投資を急増させて収支のバランスを保つ施策に一役買った当事者だった。それでも、彼はジノヴィエフの挑戦を受けて立つ用意があり、そのためにブハーリンと同盟を結んだ。レーニンの後継者として人民委員会議議長に就任したルイコフは農民出身で、労働組合を指揮するトムスキーとともにブハーリンの政策におおむね賛成していたから、スターリンは総員七名の政治局員の過半数を制することになった。とくに、トロツキーがジノヴィエフとカーメネフを支持しなかったため、優位は絶対的だった。

一九二五年十月に開かれた中央委員会では、ジノヴィエフとカーメネフのほか、財政人民委員のグリゴーリ・ソコーリニコフも反対派に加わっていた。彼らは農民寄りの政策に不満の意を表明し、公開討論を要求した。要求は却下され、この春に開催される予定だった第一四回党大会はまたしても延期され、スターリンは党組織の支配をさらに強化することができた。ジノヴィエフもそれに対応して、レニングラードの党組織に入りこもうとするスターリンの動きを封じるため、中央の主流派を支持しているとわかった人間は一人残らず党組織およびレニングラードの代議員団から追放した。つづいて、モスクワとレニングラードのあいだで激しい非難と中傷合戦が繰りひろげられた。反対派は、レニングラード党組織の日刊紙『レニングラーツカヤ・プラウダ』によって論陣を張った。はりつめた空気が流れるなか、ミハイル・フルンゼが死んだのはスターリンのせいだという噂が広まり、緊迫感がさらに高まった。フルンゼはトロツキーの後任の軍事人民委員で、気が進まないまま政治局に指示されて外科手術を受けたのである――その真相はいまだ明らかになってはいない。[*25] フルンゼの後任は、スターリンが推したヴォロシーロフであった。

一九二五年十二月にやっと開かれることになった第一四回党大会の直前、スターリンは公の場での衝突を避けるために「妥協」を申し入れた。ジノヴィエフは、妥協は降伏に等しいとしてこれをはねつけた。しかし、スターリンの申し入れは、党の分裂を招いた責任をジノヴィエフに負わせる結果となった（それが狙いだったことは疑いない）。ジノヴィエフは、一九一八年以来の慣例を破って党大会で少数派が報告することを要求したため、たちまち分派主義の告発を受ける危険にさらされた。反対派は、主流派がプロレタリアートを犠牲にして富農を優遇し、社会主義の政策ではなく国家資本主義の政策を追求していると糾弾した。レーニンの国際主義を棄ててスターリンの一国社会主義という異端に走り、党内民主主義をむしばみ、プロレタリアートの独裁をプロレタリアートにたいする独裁に変えようとしている、と。

スターリンとブハーリンは憤然としてこれらの非難を否定した。そして、一国社会主義への攻撃は、反対派がソ連人民には社会主義社会をつくり出す能力がないと思っていることを露呈していると反論した。ジノヴィエフとカーメネフはいま、スターリンらが前回の党大会でトロツキーを相手に擁護した党の団結と分派主義の清算という二つの党是に挑戦しようとしているというのだ。ミコヤンは言った。「ジノヴィエフは、自分が多数派に立っているときは鉄の規律を謳い、服従を謳う。少数派にまわると、今度はそれに反対する」

カーメネフが、少数派に見解を述べる自由を与えよと要求するにおよんで、党大会の会場は興奮のるつぼと化した。「レーニンに戻ろう」と、カーメネフは訴えた。「われわれは新たな指導者《ヴォーシチ》をつくることに反対する。われわれは書記局に反対する。いまの書記局は事実上、政策と組織の両者を結びあわせ、政治機関の上に立つ存在と化している」。政治局が書記局を自らの下に置くことを提言したカーメネフは、怒号を浴びながらこう言い放った。

私は、同志スターリンにはボリシェヴィキをまとめる役はつとまらないと確信するにいたった。

スターリン支持者は「スターリン！　スターリン！」と叫び、レニングラード派は「党が最優先だ！」と応酬した。騒然とした会場に向かって、カーメネフは繰り返した。「われわれは個人支配に反対する。指導者をつくり出すことに反対する」

スターリンはすかさず、集団指導体制を支持する立場を表明し、それ以外の体制はありえないと断言した。そのうえで、逆に反対派の非を鳴らし、反対派こそが「ルイコフ抜きで、カリーニン抜きで、トムスキー抜きで、モロトフ抜きで、ブハーリン抜きで」党を指導しようとしているのだと主張した。

私がいま名前をあげた同志たちを抜きにして党を指導することは不可能だ。なぜ、このようにブハーリンにたいする不当な中傷がつづくのか。諸君はブハーリンの血を求めているのか。われわれには諸君のために彼を犠牲にするつもりはない。

スターリンが自らブハーリン、ルイコフ、トムスキーを血祭りにあげたあとの一九三八年以降の版になると、スターリンの演説集に収められたこの発言から、三人の名前は削除されてしまう。

このときのスターリンの締めくくりの言葉は、すでに彼の心がどちらの方向に動きはじめていたかをうかがわせるものだった。

おそらく、反対派の同志諸君にはわかっていないのだろうが、われわれボリシェヴィキにとって形式としての民主主義はどうでもよいのであって、党の真の利害こそすべてなのだ……

われわれは議論に気をとられてはならない。われわれは一国を統治している一つの党なのだ――そのことを忘れてはいけない。最上層部で何か議論があれば、この国におけるわれわれの立場がそれだけ弱くなることを忘れてはいけない。意見の食い違いはわれわれの影響力の低下をもたらしかねないのだ。[*26]

討論こそ禁じられていなかったが、結論は初めから明らかだった。スターリンとモロトフが提出した中央委員会の報告書について行なわれた大会の票決では、支持が五五九票、不支持が六五票だった。決議案は富農に関する問題や経済の国営部門を振興する必要があることを認めるなど、二、三の譲歩を盛りこんだうえで可決された。譲歩はあっても、大筋において政策に変更はなかった。

トロツキーは投票権をもたない代議員として出席していたが、論争にはまったく加わらず、一年足らず前に自分を攻撃した二人の主役が敗北するところを見ながら陰鬱な満足感を味わっていた。今度は、この二人が、スターリンに挑戦した罰を受ける番だった。ただし、その罰は一九二〇年代の流儀によるものであって、一九三〇年代のやりかたではなかった。一九二六年一月五日、モロトフを団長とし、キーロフ、ヴォロシーロフ、カリーニンらを含む一行がレニングラードに到着した。一行はレニングラードの党委員会の上層部を無視し、各工場の党組織とじかに接触し、第一四回党大会の決議について説明するとともに、レニングラードの党委員会の官僚主義を打破するよう支持を求めた。この戦術が功を奏して、一行は行く先々で多数派工作に成功し、名だたるプチーロフ機械工場でも、細心の注意を払って過半数の支持をとりつけた。レニングラードの党組織は粛清され、『レニングラーツカヤ・プラウダ』は乗っ取られた。カーメネフは大胆にもスターリンを名ざしで攻撃した代価として閣僚の地位を失い、正規の政治局員から政治局員候補に降格された。ジノヴィエフはそのまま政治局員にとどまったが、政治局は総員七名から九名に拡大され、三つの空席はスターリンの側近のモロトフ、カリーニン、ヴォロシーロフが埋めた。中央委員会についても同様の改編が行なわれ、正規委員六三名、委員候補四三名に増員された。同委員会でのスターリンの地位はさらに強固になった。委員候補名簿に初めて名をつらねた若手のなかには、重要なニジニ・ノヴゴロド（のちのゴーリキー）州の第一書記アンドレイ・ジダーノフも入っていた。ジダーノフは第二次大戦末期に最高幹部の仲間入りをすることになる。

この一月、スターリンは彼ならではのやりかたで理論を実践に移した。ジノヴィエフが『レーニン主義の基礎』を引用して、一国社会主義の可能性に関するスターリンの見解が一九二四年の段階では翌二五年に説いているところとは正反対だったのを明らかにしたことを根にもっていたのである。自分が以前の見解を「修正」したことを認めはしたが、それはあくまでもより明晰にするためだったとして、スターリンはこう言った。「このように公式化したのでは、一国の努力によって社会主義社会を組織することは不可能だと考えるよりどころを与えるかもしれない――そのような考えは、もちろん間違っている」[*27]。もう一度、ロバート・ダニエルズの著書から引用すれば、これはスターリンの論理の立て方の典型的な例で、このあとすぐに、ソ連全土に通用する規範となっていく。「教義を変更しても、変更したとは決して言わない。前の解釈をもち出す人びとは、誤った新解釈をしているとして攻撃され、現在のものこそ、先に言われたことの正しい解釈だとされる」[*28]

一九二五年末には、スターリンの勝利は揺るぎないものと思われた。ところが二六年から二七年にかけて、またしてもスターリンの指導体制に反対する動きが公然と起こり、ソ連共産党とコミンテルンの両者を舞台とする抗争はますます熾烈になり、熱を帯びてくる。それまで三年間、敵対しつづけてきたトロツキーとジノヴィエフおよびカーメネフはようやく、スターリンに対抗することが共通の利益になると悟り、合同反対派の結成にこぎつけた。支持者を結集する工作が始められたのは一九二六年春のことで、当然ながら隠密裡に行なわれた。あるとき、モスクワ郊外の森のなかで集会が開かれ、軍事人民委員代理のラシェーヴィチが演説をした。それを知ったスターリンと政治局は、ここぞとばかりに陰謀の証拠だと言いたてた。決戦の場は、一九二六年七月の中央委員会総会と中央統制委員会との合同会議だった。反対派はこれに備えて「一三人宣言」を起草し、党指導部を非とする論拠を並べたてた。

反対派が分派主義と反革命の告発を受けることは避けられないので、それに対応するため、トロツキーはフランス革命と「テルミドールの反動」になぞらえた議論を展開した。テルミドールの反動とは、一七九四年の革命歴の熱月《テルミドール》にロベスピエールの率いるジャコバン体制が覆された事件である。革命の伝統的解釈では、ロベスピエールの転落は、革命と社会改革の真の担い手にたいするブルジョワ反革命勢力の勝利としてとらえられている。トロツキーは、これと同じことがソ連で起こる危険性が現実にあると論じ、「テルミドール」勢力、すなわち党の官僚体制は、大衆が担う革命の伝統を打ち負かすだろうと述べた。こうして、反対派は大衆の正統な代弁者を自任したのである。

トロツキーの議論はさらにつづいた。現体制の欠陥はすべて、官僚とプロレタリアートのあいだに生じた間隙に原因がある。異なる意見の表明を封じる措置がとられ、党内民主主義が抑圧されるのは「経済政策の方向と、前衛プロレタリアの感情および思惑の方向との食い違い」から出たことである。

反対派の指導者らがこのような発言をしたのは、革命が始まったときの希望や約束はいったいどうなったのかと、革命から九年、いや一〇年近く経ったいま問いかけている党員たち、とくに一九一七年以前に入党した党員たちの共感を得ようとしてのことだった。ネップのために経済は後退して、以前の水準と変わらないところまで落ち込んでおり、一九三〇年には一九一三年の水準まで低下するだろう。だが、一九一三年といえば、ロシアが貧困にあえぐ遅れた野蛮な社会としてさげすまれていたころである。これが革命の成果のすべてなのか。いまの路線がつづけられれば、状況はさらに悪化するだけだろう。いまこそ、われわれが繰り返し主張してきた要求を実行に移すことが必要なのだ、と反対派は説いた。すなわち、工業を発展させることを優先し、工業労働者の劣悪な生活条件を改善するとともに、中農と富農の増大しつつある富と力に代表されるような社会主義への脅威を封じこめなければならない。

国際的な分野については、反対派はコミンテルンの失策（たとえば一九二六年五月のイギリスのゼネストを支援しなかったことなど）を取り上げ、革命の熱意が欠けているせいだと批判した。なぜそうなるかといえば、一国社会主義の政策にかまけて、ソ連に社会主義を建設する努力と革命をヨーロッパとアジアに広げる努力とを結びつけようとしなかったからだ。この二つは、本来、分かちがたく結びついている。ソ連国内のプロレタリアートのための真にボリシェヴィキ的な政策は、コミンテルンの真にボリシェヴィキ的な政策とつながっているのである。両者はいずれも、現指導体制のもとで放棄されてしまった。

両陣営が初めて正面きって争う場となった中央委員会総会は、一九二六年七月十四日から二十三日までつづいた。トロツキー、ジノヴィエフ、カーメネフの率いる反対派の小集団は総力をあげて反対論を展開し、総会出席者の過半数を味方に引き入れている主流派の優勢を切り崩そうとつとめた。工業化と農民政策の二大争点をめぐって激しい議論が展開されたが、反対派に最大の痛手を負わせたのは、党にたいする陰謀を働いているとの告発で、スターリン、ブハーリン、ルイコフの行なったこの告発は、委員会の討議の最後にも繰り返された。

反対派のこうした破壊的な活動は、彼らがすでにその見解を合法的に擁護する段階を超えて、党に反対する全国規模の非合法組織をつくりあげることを決定し、それによって一般党員を分裂させようとしていることの証である。*29

陰謀の責めを負わされたのはトロツキーではなく、ジノヴィエフで（明らかに反対派の分裂を狙ってのことである）、ジノヴィエフは政治局を追われた。その空席についたのは、当時スターリンに追従していたラトヴィア出身のヤン・ルズタークである。また、新たに五人の政治局員候補が任命された。五人はオルジョニキーゼ、アンドレーエフ、キーロフ、ミコヤン、カガノーヴィチで、あくまでも忠実な党機関員《アパラーチキ》ばかりである。

九月末、反対派は全国のさまざまな地区で党細胞集会を開いて一般党員に訴えることにした。モスクワでは航空機工場で示威集会を開き、トロツキーとジノヴィエフも演壇に立った。ジノヴィエフはレニングラードのプチーロフ工場でも演説をした。これは、党組織を草の根から揺るがす動きだったから、スターリンの機関《アパラート》は総力をあげて反対派の演説に野次を飛ばしたり脅しをかけたりして妨害した。強まる圧力に屈して、反対派の指導者は、今後は分派活動をしない、コミンテルンおよび「労働者反対派」の左派支持者とは絶縁するという主旨の降伏文書に署名した。この急激な態度の豹変は、彼らに従ってきた多くの人びとに壊滅的な打撃を与えた。それでなくても、OGPU《オー・ゲー・ペー・ウー》（統合国家政治保安部）に悩まされていたこれらの人びとは、予告もなしに自分たちを見捨てた指導者にたいして、すっかり信頼をなくしてしまった。

だが、降伏文書への署名はいずれにせよ無益なことであり、スターリンを勢いづかせ、解体しかけていた反対派への圧力をさらに強めさせただけだった。十月に入って、世界各国の新聞がいっせいにレーニンの遺書を全文掲載した。反対派が流したのである。これを受けて、中央委員会総会は反対派との休戦に終止符を打つことを決め、スターリンは二十五日に開かれた政治局の会議で反対派に関する「テーゼ」を発表した。党協議会を召集して、これを提案するというのである。会議は緊迫した。トロツキーは休戦協定違反を非難し、スターリンの背信を攻撃して、多数派は骨肉相食む抗争と党の破滅につながる道に足を踏み入れつつあると警告した。

面と向かってスターリンと対決し、トロツキーは言い放った。「第一書記は革命の墓掘り役として名乗りをあげたのだ！」マルクスがナポレオンとナポレオン三世について言った言葉である。スターリンは立ち上がり、何とか自制しようとしたがうまくいかず、すさまじい勢いで出口に向かうと、荒々しくドアを閉めて会議室を出ていった。この場面をトロツキーの妻に説明して、ピャタコーフはこう言った。「私も火薬のにおいをかいだことがありますが、あんな場面は見たことがありません。レフ・ダヴィドヴィチはまた何だってあんなことを言ったんでしょう。スターリンはきっと、孫や曽孫の代になってもご主人を許しはしませんよ[*30]」

一夜明けて、中央委員会総会はトロツキーとカーメネフから政治局員の地位を剝奪し、ジノヴィエフについてはコミンテルン議長の職を解いて、ブハーリンをその後任に指名した。つづいて開かれた党協議会は、九日にわたってつづいた（一九二六年十月二十六日〜十一月三日）。反対派の指導者たちは発言を許されず、スターリンが彼らのことを「去勢された勢力の寄り集まり」だと言って一方的に問題を提起するのを聞かされる破目になった。

わが国で社会主義が勝利するのは可能だろうか。ここで念頭におくべきは、わが国がいまのところ唯一、プロレタリアートの独裁を実現している国であること……そして世界革命のテンポが鈍っていることである[*31]。

そのあとの討議では、ひと握りの反対派代議員が発言しようとすると、野次や妨害にあって、声も聞こえないほどだった。それでも、主流派がこのように実力行使までして反対派を押しつぶそうとするのは、それだけ追いつめられていることを物語っていた。党の内部から生じた、共産主義の立場からの批判にさらされて脅威を感じていたのだ。だからこそ、スターリンだけでなく穏健派のブハーリンやルイコフまでが猛然と反対派を攻撃したのである。ブハーリンといえば、かつてはトロツキー除名の動きにそのつど反対していた人物だった。それがいま、反対派にたいして、活動停止だけでは充分ではない、自らの誤りを公に認めるべきだと要求していた。

頭を下げ、党の前に出てきて、こう言いたまえ。「許してください。われわれはレーニン主義の精神に反する、その文言に反する、その本質に反する罪を犯しました」と。そして、正直に言いたまえ。トロツキーは間違っていた、と……ここにいたって、あれは誤りだったと言う勇気が、どうして諸君にはないのか。[*32]

これにはスターリンさえ感銘を受けて、声をあげた。「よく言った、ブハーリン。よく言った。いや、言ったどころではない。ナイフでめった切りだ」

投票では反対派の指導者に勝ち目がないことは出席者の全員が知っていた。だが、前もってそのように工作された党協議会であることがはっきりすればするほど、主流派が自ら主張する論理に自信をもてないでいることが明らかになり、下手をすれば反対派に実質的な勝利を譲り渡すことにもなりかねなかった。

スターリンは、レーニンの権威を後ろ盾にして自分の論理を正当化しようとして全力を尽くしたが、引用合戦では惨敗を喫した。トロツキーが「一国において社会主義革命が完全な勝利を収めることは考えられない」というレーニンの明快な言説を引用したときなど、スターリンは「完全な勝利」と「勝利」とは違うというような説得力のない弁明に頼ることしかできなかった。にもかかわらず、スターリンが総括演説で反対派に逆ねじを食わせて弁論戦を勝利に導いたこともまた疑いの余地がない。彼がソ連とその未来にたいして自信満々だったことが、党協議会に出席した代議員のかなりの部分を占める新しい世代の党員たちの心をとらえたのである。エンゲルスから引用した言葉の意味をめぐってジノヴィエフと議論したあと、スターリンは、エンゲルスが生きていたら、「古い公式は葬り去れ、ソ連における革命の勝利万歳！」と言うだろうとつけ加えて拍手喝采を浴びた。

スターリンは反対派を容赦なくこきおろした。曰く、反対派は「われわれの革命の内なる力」を信じていない、敗北主義である、ソ連で達成されたことをすべて軽視している、革命の未来は国外で決せられると言い張っている等々。そしてこれとは対照的に、明るい展望を描いて見せ、ソ連という広大な舞台では、他の地域で起こっていることとは関係なしに、ものごとを達成しうるのだと説いた。一九一七年には、あらゆる不利な条件を克服して政治的な奇跡を実現し、世界をあっと言わせたではないか。

今度は、あらゆる不利な条件を克服して経済的な奇跡を実現し、再び世界をあっと言わせられないはずはない。

一九二七年十二月にコミンテルン執行委員会が開かれると、スターリンは自信たっぷりに姿を現わし、コミンテルンから反対派勢力を一掃することに成功した。これより前、ブハーリンはベルリンへ行き、ドイツ共産党左派の主だった五人を除名させていた。また、フランスでは根っからのスターリン主義者であるモーリス・トレーズが党の新指導者になっていた。コミンテルンは、ソ連政界の力のバランスと足並みをそろえていたのである。

ところが、中国に関しては、政治局の国際政策は大きな敗北を喫し、これを機に反対派の批判運動は勢いを盛り返した。一九二三年以来、中国ではソ連政府と孫逸仙（孫文）の中国国民党とのあいだに結ばれた協定にもとづき、中国共産党が国民党と協調していく方針をとってきた。ところが、トロツキーとジノヴィエフの主張に、スターリンとブハーリンがコミンテルンに押しつけている「統一戦線」政策と非共産主義国との同盟に依存することは革命の芽を摘む結果を招くという批判があった。すでに一九二六年五月に、「英ソ労働組合統一委員会」に託された希望が、イギリスのゼネストの失敗によって打ち砕かれた苦い経験もあった。反対派は、中国でも同様に失望を招きかねないと警告し、ソ連の指導部は国民党が政権を握ると見て、孫逸仙の後継者である蔣介石にたいする影響力を確保することに熱心で、中国共産党による革命の成否にはあまり関心をもっていないとする見方が中国では強まっていると指摘した。

一九二七年四月、蔣介石は上海で、同盟相手の共産党に矛先を向け、多数の党員を虐殺した。反対派が五月二十五日に政治局に提出した「八四人宣言」は、国際問題における政治局の「日和見主義的」政策を批判するにとどまらず、それがもたらした一連のつまずきは政治局が国内政策で犯した過ちと結びついていると指摘した。それは、とくに「マルクス主義ともレーニン主義とも何ら共通点のない一国社会主義という真実味のないプチブル理論」を採用したことと関連がある。しきりに党の団結を強調するのは、「誤った路線が機械的に上から押しつけられている」とする、真にプロレタリア的な批判を抑圧するためにほかならない、と。

ロンドン警視庁がスパイ容疑で市内のソ連貿易機関アルコスの各事務所を一斉捜索したのにつづいて、イギリス政府がソ連との通商条約の破棄を通告すると（一九二七年五月）、反対派も主流派もイギリスとの戦争は避けられないと信じた。反対派は、「統一戦線」政策の廃止と「失策つづきで抑圧的な」現ソ連指導部の更迭を訴えた。一方、主流派は「チェンバレンからトロツキーにいたる統一戦線」と戦争の脅威にたいして党の団結を訴え、それに従わない者は敗北主義者だと決めつけた。トロツキー派のスミルガが極東に「転任」させられることになると、反対派は当日、駅で公然と示威集会を開き、トロツキーも自ら演説をした。OGPUは反対派指導者を逮捕する許可を求め、スターリンはスターリンで反対派指導者を党から追放することを強く求めた。

政治局がなおも躊躇するのを見て、スターリンは中央委員会と中央統制委員会の合同総会を開くことにした。総会で、トロツキーは国を率いてこの困難な時期を乗り切る力をもっているのは反対派のみだと断言し、現状を第一次大戦下のフランスになぞらえた。フランスではこのとき、クレマンソーが粘り強く時の政権にたいする反対運動を展開し、ついに機会を得て、国が必要とする指導力を発揮したのである、と。この発言をきっかけに、対立は再び激化した。反対派の集会を力ずくで阻止する行動隊が組織され、のびのびになっていた第一五回党大会へ向けて入念な準備が重ねられた。スターリンは、何としてもこの大会かぎりで批判派を完全に黙らせる決意だった。

十月革命一〇周年の十一月七日（新暦）が近づくにつれ、スターリンとトロツキーの対決がソ連の政局をおおい尽くした。九月に、反対派は三度目の、そしてこれまでで最も長文の政策宣言を起草した。政治局が印刷を許可しないことを知ると、それに挑戦するように地下印刷所を利用することにしたが、それにたいしてOGPUが印刷所を手入れするといういたちごっことなった。トロツキーは、再度開かれた合同総会

（十月二十一日〜二十三日）で、ソ連共産党の指導者の一人としてはこれが最後となる演説をし、革命を裏切ったとして政治局員を痛烈に攻撃したうえ、レーニンの遺書とそこに述べられたスターリン批判に関する公開討論を要求した。

レーニンが指摘している粗暴さと不実さは、もはや単なる個人の性格にとどまらない。この二つは、いまや現指導部の基本的な性格になっている。現指導部は暴力的な手段が万能だと信じて、自分たちの党に対処するときにもこれを用いているのである。*33

スターリンはこの挑戦を真っ向から受けて立った。まず、二年前にトロツキーがそのような文書は存在しないと（スターリンに圧力をかけられて）言ったことをひきあいに出した。次いで、もちろんその文書は存在しているし、そのなかでレーニンがスターリンは粗暴だから書記長を解任してはどうかと提案していることも、まったくそのとおりだと認めた。そして、当の一節を自ら朗読してこう言った。「同志諸君、私は粗暴だ、党を分裂させ、破滅させようとしている粗暴で不実な連中にたいしては。それを隠したことは一度もないし、いまも隠そうとは思わない」。レーニンの遺書ではトロツキー、カーメネフ、ジノヴィエフもまた批判されており、レーニンは三人とも政治的に信頼できないと評している。「しかし」とスターリンはつづけた。

遺書のなかでスターリンの失敗を指摘した箇所は一つもない。言われているのは粗暴だということだけである。ところで、礼儀知らずというのは、スターリンの政治的姿勢もしくは政治的立場にともなう短所ではありえない。

意見を異にするボリシェヴィキが大量に逮捕されているというのは本当か。「そうだ」とスターリンは答えた。「確かに逮捕している。彼らが党とソ連政府に害をなす行為をやめないかぎり、これからも逮捕をつづけるつもりだ[*34]」

ボリシェヴィキが権力を奪取したことを記念するその日、反対派はモスクワとレニングラードで街頭デモを展開したが、警官隊によって追い散らされ、組織された暴徒たちに横断幕を引きちぎられる結果に終わった。一週間後、トロツキーとジノヴィエフは次いに党を除名された。次いで一九二七年十二月の第一五回党大会では、同じ派に属する七五人と民主的中央集権派の一八人が同じ運命をたどった。ジノヴィエフとカーメネフは再入党を認めてほしいと請願したが、自分たちの見解は反レーニン主義的だったとして否認するよう求められた――そのあげくに請願を却下された。二人は、六カ月経ったらもう一度請願してもよいと言われ、それに従うことになる。一方、党大会は、指導部への忠誠を誇示する集会と化した。これまでどことなく自信のなさを感じさせたスターリンが、この大会では滔々とまくしたて、生活から、革命から、党から、そして労働者から切り離されたプチブル知識人の言動を嘲笑した。
ウクライナ選出の代議員として出席していた当時三十四歳のフルシチョフは、この大会を大いに楽しんだ。代議員たちは何をなすべきかをあらかじめ言い含められており、ルイコフがスターリンに「これでわれわれの敵を掃き出すように」と鋼鉄性の箒を差し出すと、やんやの喝采をおくった。フルシチョフは回想録に書いている。

あのときは、スターリンとその支持者たちが正しいと、みな頭から信じていた……反対派との死闘は避けられないと思っていた。目の前で起こっていることを、われわれは樵夫《きこり》の言葉を使って正当化した。森林を伐採するときは木端が飛ぶものだ、と。つまるところ、スターリンが最高指導者の地位についたのは偶然のことではない……彼は長い道のりを短い時間で踏破した。党と国民をここまで引っ張ってきたのだ。*35

第一五回党大会のあとに開かれた最初の中央委員会総会で、スターリンは書記長を辞任すると申し出た。総会の出席者を前に、彼は次のように発言した。

思うに、党内には最近まで、反対派にたいするある種の解毒剤となるような、かなり乱暴な対策をとりうる人間として、私がこの地位につくことを必要とする状況があった……その反対派は、いまや粉砕されたのみか、党から追放された。そして、われわれのもとにはなお、レーニンの勧告が残されている。私見では、この勧告は実施されるべきである。したがって、私としては書記長の地位から解任していただくよう総会に求めたい。ここに保証するが、同志諸君、このことはかならず党に益するはずである。[*36]

スターリンはこの申し出を総会に諮《はか》るよう主張した。彼自身、充分に予測していたとおり、辞任動議は棄権一を除く全会一致で否決された。これで、スターリンは一気にレーニンの遺書を葬り去るとともに、今後どんな措置をとろうと正当化できるだけの圧倒的信任を勝ちえたのである。

このあとさらに一五〇〇人の一般党員が除名された。自説の撤回を拒んだトロツキーは、一九二八年一月、クレムリン内の自宅にいたところをOGPUに拘引され、人目につかぬようモスクワ郊外の駅で列車に乗せられた。四〇〇〇キロ離れた、ソ連中央アジアの辺境の町アルマ－アタに追放されたのである。トロツキーは二度とモスクワに戻らなかった。

5

トロツキーとジノヴィエフの除名をもって、党内における合法的な反対運動は終わりを告げた。これにつづくスターリンの権力掌握の最終局面では、もはや「反対」という言葉は使われない。ブハーリンとその一派が有罪とされたのは「偏向」のためであって「反対」のためではなかった――反対という行為はすでに認められなくなっていたのである。この変化と軌を一にして、スターリンとブハーリン、ルイコフ、トムスキーとの衝突は一年あまりにわたって、公にはまったく言及されず、どちらの側も政治局が分裂しているという噂を否定しつづけた。反対はもはや公然のものではなく、隠すほかなかったから、スターリンはまずひそかに政敵を打ち負かし、そのあとで公に非難したのである。

合同反対派を潰滅させるまで、スターリンは政治局内の中道派――ブハーリン、ルイコフ、トムスキー――を自分の側につけておくよう配慮してきた。ブハーリンはことに、スターリンと長きにわたって親しい間柄にあった。二人はいつもおたがいに愛称を使って「ニコライ」、「コーバ」と呼びかけ、スターリンは一九二八年まで経済問題に関してはブハーリンに大きく依存していた。ジノヴィエフおよびカーメネフとの関係とは違って、スターリンとブハーリンの結びつきはきわめて親密であり、反対派にたいするブハーリンの攻撃ぶりはスターリンのそれに劣らず鋭いものだった。それがいまになって齟齬《そご》が生じたのは、ブハーリンのせいではなかった。原因は、スターリンの側が政策を逆転したことにあった。この政策転換に抵抗しようとしたブハーリンとその支持者は偏向の烙印を押され、それまでスターリンとともに掲げてきた見解を撤回して新たな正統路線を受け入れることを求められたのである。

スターリンがトロツキーとの最後の対決で、反対派がもち出したレーニンの遺書の一件を大胆に取り上げ、これを逆手にとって反対派を打倒したことは、彼がこのときまでにいかに大きな自信をつけていたかを物語っている。トロツキーとジノヴィエフが全面的に敗北して舞台から去ったことにより、スターリンが策略をめぐらす余地はさらに広がった。その地位を脅かす人間はほかにいなかったから、スターリンは思うさまイニシアティブをとることができ、権力闘争の戦術にともなう制約もなくなって、政策問題と自由に取り組めるようになった。

あとから考えれば、もともとスターリンとブハーリンの経済政策に関する発言は、その強調点に違いがあったとわかるが、当時はその違いがとくに重視されるようなことはなかった。一九二七年夏、政府の買い上げる穀物の調達量が大豊作にもかかわらず減少すると、さすがに憂慮が広がった。これは、穀物価格が低いことに反発した農民が収穫物の相当部分を市場に出さなかったためであり、穀物価格が低く抑えられたのはスターリンが介入したせいだとされている。[*37] トロツキー―ジノヴィエフの反対派は、必要量を強制的に農民から取り立てることを提案したが、中央委員会は八月に「不合理で扇動的」だとしてこの提案をしりぞけた。

また、十月に開かれた中央委員会で採択され、第一五回党大会で承認された決議にも、意見の相違をうかがわせるところはなかった。これらの決議は、慎重な言いまわしながら、工業と農業のバランスを図ろうとするものだった。ルイコフが行なった経済計画に関する演説には、「工業および農業分野の最適な結合から出発することが肝心だ」という言葉が繰り返し出てくる。それにたいし、農業に関する決議を提案したモロトフは、社会主義者と中農が富農にたいして勝利することを自信たっぷりに語り、段階的かつ自発的という条件つきで集団化を是認し、協同組合こそが社会主義に近づく道であると指摘した。

スターリン自身は、党大会で次のように語っている。

同志諸君のなかには、政府の命令によって、またOGPUによって、われわれは富農を始末できる、そうすべきだという意見があるかもしれないが、それは間違っている。命令文書を書いて、判を押し、それでおしまいというわけで、これは簡単な方法には違いないが、それではうまくいかない。富農には経済措置によって対処しなければならない……これは、いっさい行政措置を講じないということではないが、行政措置が経済措置に取って代わるようなことがあってはならないのだ。[*38]

農業政策に関する決議案にたいする投票が始まったが、最後の土壇場になって、討議もなしに次のような付帯条項があわただしくつけ加えられた。「現時点では、小規模個人農場を大規模集団農場へ転換し融合することを、党の農村における基本的任務としなければならない」[*39]。転換の規模や、それを実施するのに要する期間についてはひとことも触れられていない。

ところが、代議員たちが帰郷するかしないかのうちに、スターリンは（ブハーリン、ルイコフ、トムスキーの同意のもとに）中央委員会を動かして、彼自身と党大会がしりぞけたばかりの、穀物の強制徴発を可能にする「非常措置」を命ずる指令を、一つどころか三つも発したのである。そのうち、最後の指令は、できるだけ短時間のうちに穀物調達量を飛躍的に増やすことができない場合についての各地区の党指導者にたいする脅し文句で終わっていた。

スターリンが精力的に自分の命令を実施させたことによって一つのプロセスが始まり、そのプロセスにはやがておのずとはずみがついた。何千人もの党員が農村の党組織の手伝いに駆り出された。スターリン自身も、モロトフを同行して自ら西シベリアを視察する(一九二八年一月)という前例のない行動に出て、生涯でただ一度、大農業地帯を巡回しながら三週間を過ごした。彼は地元の党役員を叱責し、富農の穀物倉はあふれかえっていると言い、力ずくでも富農に穀物を供出させようとしないのは平穏に暮らしたいがための怠慢からだと非難した。貧しい農民が自分よりも裕福な隣人を密告するのを奨励するため、没収した穀物の四分の一が密告者に低価格で売り渡されることになった。抵抗する者は、刑法第一〇七条にもとづき、「投機」の容疑で告発するとした。これは緊急措置であり、法廷はそれを裁く用意がないという異議の声があがると、スターリンは言い返した。「では緊急措置ということにしよう。それでかまわないではないか」。判事や検事で「用意がない」者は免職する、ソ連政府は富農が国をかたにしてゆすりを働くのを座視するつもりはない、「富農が存在するかぎり、穀物調達の妨害はなくならない」[*40]というわけである。

緊急措置は功を奏し、穀物供給量の不足分は補填された。しかし、当面の危機に対処するためとはいえ、強制捜索と徴発という手段に頼ったことは、いつまでも消えやらぬ禍根を残した。それは、富農と中農にとっては、戦時共産主義の時代に戻ったかのような措置であり、そこから生じた連鎖反応で、彼らは播種量を減らし、また多くの者が農場を売却してこれに対応したのである。

一九二八年初めの数カ月に行なわれたことは、ロシア史上最も悲劇的な一章の始まりとなった。農業の集団化である。その惨憺たる結果は、一九九〇年代まで尾を引いている。この問題を取り上げるにあたっては、まずスターリンが富農《クラーク》（ロシア語で本来「拳」の意）の語義の曖昧さをいかに巧妙に利用したかを明らかにすることが重要である。これは、スターリンが集団化について語るときにかならず口にした言葉であった。

一九二六年に出版されたパンフレットのなかで、ロシア・ソヴィエト共和国農業人民委員のA・P・スミルノフは、富裕農民層を二種類に分けた。一つは富農で、雇人をかかえ、商取引を行ない、金貸しを営んで「共同体を貪り食らう者……生き馬の目を抜く輩」である。これが従来の意味の富農なのだが、スミルノフはさらにつづけて、革命とその後の土地再配分以来、このタイプは農村からほとんど姿を消してしまったと述べる。もう一つは、力のある有能な農民で、収穫高を上げるために人手を雇う場合もあるが、高利貸しや資本家ではなく、革命前の時代の富農と混同してはならない。[*41]ブハーリンも同じく、「裕福な宿屋の主人、高利貸し、富農」と「力のある農民[*42]」を区別していた。ところが、スターリンはこの区別を無視し、ネップは新しい「富農階級」をつくり出したと主張した。彼らは大量の穀物を隠匿することによって肥え太り、故意に反ソヴィエト路線を押し進めている。したがって、党のとるべき正しい戦術は、貧しい農民層を支援し、搾取者から強制徴発をすることである。

その後、ソ連の経済学者が発表した統計を見ると、富農の数はネップ時代に多少増加してはいるが、一九二七年現在で合計一〇〇万人、農民総人口の三・九パーセントにとどまり、一九一七年の革命以前の一五パーセントとはくらべものにならない。富農の定義として一般に用いられた基準は、所有する耕作地が二五エーカーから四〇エーカー（訳注：一エーカーは約四〇〇〇平方メートル）である。差別的な課税の対象とされた「これらの精力的で比較的裕福な農民たちは、戦前の富農とは似ても似つかぬ人びとである。戦前の富農は資産家であり、平均的な小規模自作農よりもずっと社会的な地位が高かった。この種の富農は〔内戦のあいだに〕物理的に消滅したとは言わないまでも、没落してしまった」[*43]。

スターリンは、自ら公然と認めているように、農村に階級的な憎悪をかきたてようとしたが、これは中層農民の増大という、農村の人口構成に生じたもう一つの大きな変化を無視したものであった。これらの「中農」は五エーカーから二五エーカーの耕作地をもつ農民で、革命前には全体の二〇パーセントにすぎなかったのが、一九二七年には六二・七パーセントを占めるまでになった。富農と、それにくらべて圧倒的に数の多い中農を区別しようとしなかった結果、富農を一掃することを目的とする意図的な迫害が多くの中農に加えられた。ロシア農業の再編成を成功させようとするなら、農村人口のなかでも精力的で有能な中農層の協力を仰ぐほかないのだが、この迫害のために彼らは離反してしまったのである。

スターリンは、戦時共産主義の復活やネップの放棄にたいしては政治局に根強い反対があることをよく知っていた。そこで、シベリア視察から戻った一九二八年四月にそのような議論は「反革命的なたわごと」であると、あらためて言明した。「ネップは、われわれの経済政策の基盤であり、今後も長期にわたってそうでありつづけるだろう」[*44]。にもかかわらず、同じ月に、穀物流通量が再び減少したのにともなって、また緊急措置が発令され、前にもまして厳しく実施された。

富農の備蓄はすでに押収されていたから、今回の取り締まりの対象となったのは、中農がたくわえている穀物だった。六月に入ると、北カフカースの穀倉地帯を中心に各地で農民が暴動を起こしていることが伝えられた。政治局と中央委員会におけるスターリン支持派のなかにも、混乱と動揺が生じた。事態を鎮静化させるため、穀物価格が引き上げられるとともに、一九二八年六月から八月にかけて二五万トンの穀物が輸入された。

一九二八年七月の総会を前に、ブハーリン、ルイコフ、トムスキーの三人は、中央委員会のメンバーに働きかけて支持をとりつけた。多くの者が、農業政策に関して態度を決めかねていたのである。だが、三人があてにできると思い込んでいた計算上の多数派は、スターリンが自分の掌握する党組織を通じてかけた圧力を受けて総崩れになった。ブハーリンは総会で、農業の発展なくしては工業の持続的発展はありえないと主張し、その農業は現在、徴発が原因で力が衰えていると指摘した。スターリンはこれに答えて、ブハーリンの懸念は「降伏主義」だとして一蹴し、プレオブラジェンスキーの主張（スターリンがかつて弾劾した主張）をもち出して、ソ連は植民地をもたないのだから、増大する工業投資の資金調達のために農民も「何がしかの年貢」を納めなければならないとした。

スターリンはいかにも彼らしい手品をやってのけ、レーニンの言葉を恣意的に引用してネップに新しい意味を与えた。ネップは退却ではなく、「わが国の経済のなかの資本主義的要素にたいする勝算の高い一貫した攻勢」であり、富農への厳しい措置とその他の農民層の集団化は、そのなかでしかるべき所を得ているというのである。スターリンは正統論の衣の陰に自分の左傾化を隠し、ブハーリンに「まるでこちらが異端であるかのように見せるやり口」と愚痴らせたように、巧妙に立ちまわった。諸悪の根源は、ソヴィエト体制にたいする富農の妨害と敵対的な姿勢にあると断定しながら、それに加えて、だがそうした抵抗は当然のことだと説く。そして、国が社会主義に近づくにつれて階級闘争は不可避的に激化するという命題を掲げたのである。ブハーリンの信念とはまさに正反対のこの命題は、これ以後、スターリンの解釈によるマルクス－レーニン主義の中心的教義となる。[*45]

ブハーリンは野次と妨害にあいながら反論を展開し、党は中農の心を離反させる危険を冒しており、レーニンがソ連の後進性を克服するために不可欠だと見なした「スムイチカ」、すなわちプロレタリアートと農民の連帯を危うくしていると指摘した。これもまた、もう一つの幻想を包み隠す一つのスローガンにすぎなかったかどうかを問題にする者はいなかった。

スターリンは七月の総会で決定的勝利を収めはしなかったが、もともとそれを望んでいたわけでもなかった。反対派を孤立させるための計画を練る時間が必要だったから、準備が整うまで公の場での対決は先送りにされた。その対決のときは、翌年の夏にようやく到来することになる。意見の対立が表面化することを避けたいという思いは、ブハーリン、ルイコフ、トムスキーの側も同じだった。三人はトロツキーとジノヴィエフがどうなったかを見ていた。トロツキーたちを政治的に破滅させる策略に加担した経験から、下手に動けば分派主義の罪を着せられ、スターリンの思う壺にはまることがわかっていた。三人が期待をつないでいたのは、自分たちが政治局内で反対意見を述べるだけにとどめておけばスターリンを翻意させることができるのではないか、あるいは少なくともスターリンを牽制し、ネップとの訣別をあまりにも急激に行なわせないですむのではないかということだった。

初めは、この戦術が成功するかに見えた。一九二八年七月の総会のあとで発表された決議の内容は、妥協が成立したことをうかがわせる。ルイコフはモスクワの党組織にたいする報告のなかで、その冬のあいだ左に向かっていた流れが逆転したと語り（当人がそう信じていたかどうかはともかく）、トロツキー（支持者との連絡をなお保っていた）はスターリンがひきのばし作戦をやりすぎたと思い込んで、右派の勝利を予言した。

ところが七月の総会の直後、ブハーリンは危険を冒してひそかにカーメネフのもとを訪れた。カーメネフといえば、ブハーリン自ら手を貸して党から追放した相手である。どうやらこの訪問は、スターリンがカーメネフ－ジノヴィエフ派と和解するのではないかと恐れてのことらしく、ブハーリンはカーメネフに情勢のゆゆしさを伝えた。その口調にはせっぱつまったものがあった（「自分の命数が尽きたことを知っている人間という印象だった」とカーメネフは記している）。つい数カ月前までは盟友だったスターリンを評して、彼は「チンギス・ハーン」だと言い、その「路線は革命全体を破壊しかねない。私はここ数週間、スターリンとは口をきいていない……われわれとスターリンとの論争は『この嘘つきめ！』と罵りあうところまできた。スターリンが譲歩したのは、あとでわれわれの喉をかき切れるようにするためなのだ」。カーメネフはその場でははっきりとした受け答えをしなかったが、この会談について記した覚書（六カ月後にトロツキー派が秘密出版した）にこうつけ加えている。「スターリンは手段といえば一つしか知らない……相手の背中にナイフを突き立てることだ」[*46]

スターリンの本当の狙いはネップの改訂ではなく、漸進的な改革を盛り込んだ政策もろともネップを振り捨て、そのかわりに「第二の革命」すなわち戦時共産主義の「命令と指揮」という手法を復活させることにある、とブハーリンは確信した。穀物の強制徴発に始まり、農村地帯での内乱を引き起こしたこの手法は、さらに民間の商取引の撤廃、工業化の急激な推進、スターリン自身がコミンテルンに押しつけた右寄りの政策を逆転することへとつながるだろう――要するに、一年前、左翼反対派の破滅を招いた同派の綱領が引き継がれるのである。

このような結論を促す出来事がいくつかすでに起こっていた。一九二八年三月には、反革命の陰謀があったとの発表につづいて、大がかりな見せしめ裁判（この種の裁判の最初の例）がモスクワで開かれた。アンドレイ・ヴィシンスキーが検事として初めて法廷に立ったのはこのときである。当の陰謀とは、ドネツ盆地のシャフトゥイ鉱区で、専門技師や列強諸国をも巻き込んだサボタージュが計画されたというものだった。公判には外国の特派員も招かれて傍聴し、審理の一部始終が報道された。五五人がサボタージュの容疑で告発されたが、多くは「自白」にもとづくものだった。そのうち一一人が死刑の宣告を受け、そのなかの五人は実際に刑を執行された。スターリンはこの事件を国家の一大事に仕立てあげ、「われわれには内部の敵がいる。われわれには外部の敵がいる。同志諸君、このことを一瞬たりとも忘れてはならない」[*47]と大見得をきった。これ以後、陰謀という主題は、階級闘争の尖鋭化という主題と並んで、スターリンの演説やソ連の新聞、党の「扇動および宣伝」活動に絶えず登場するようになる。緊張と恐怖の雰囲気が醸し出されつつあった。

これまで国家計画委員会《ゴスプラン》は、工業の成長は農業の繁栄にともなって資本が蓄積されていく速度によって制限されるとの仮定に立って仕事をしてきた。そこへ、一九二八年五月に、スターリンが任命したクイブイシェフを長とする最高国民経済会議の報告書が突きつけられた。その内容は、工業を五年間で一三〇パーセント拡大するという度肝を抜くような提案だった。五月末、スターリンは党員にたいして新たな呼びかけをし、国のかかえる諸問題の唯一の解決策は、農業を集団化して重工業をすみやかに発展させることだと宣言した。集団化は農民の自由意思にもとづいて段階的に行なうという従来の付帯条件は省かれていた。

さらに、第六回コミンテルン世界大会のなりゆきも先の結論を裏づけるものだった。大会は、五日前にシャフトゥイ裁判が終わったばかりのモスクワの「円柱宮殿の大広間」を会場に、一九二八年七月半ばから九月まで開催された。表面的には、大会の中心人物はコミンテルンの書記長であり名義上の長であるブハーリンで、開会演説と閉会演説のほか、三つの主要報告はすべてブハーリンが行なった。しかし、ソ連代表団の多数を占めるスターリン派はブハーリンの掲げた基調演説に異議を唱え、根底から異なる新路線の採択を迫った。この新路線によれば、各国の共産党は左寄りの路線をとり、「社会ファシスト」たる社会民主党を集中攻撃し、労働組合を分裂させ、自党内の右派逸脱者を粛清することになる。これはブハーリンのコミンテルン政策との完全な訣別であり、ソ連経済に関して新たに提案されている政策が、ブハーリンのネップ観とまったく相容れないものだということにほかならなかった。

一九二八年夏のこの大会ではあえて結論を急がずに、問題は留保された。結論が出るのは一年後のことである。一九二八年の段階では、なお強い反対があり、決議は七月の中央委員会総会の場合と同じく、一連の曖昧な妥協の産物だった。だが、ここでもまたスターリンは優位に立った。スターリンの配下が、反ブハーリンの「廊下キャンペーン」を繰りひろげ、ブハーリンを右への偏向の見本のように言って、「政治的チフス」に罹っているとか、トロツキーのあとを追ってアルマ－アタへ流刑される運命だといった話を流したのである。このキャンペーンの効果は絶大で、政治局は、局内に分裂はないという共同声明を出したほどである。だが、声明を信じた者はいなかった。大会の終わりに、外国代表団の過半数はスターリンの「いまや最大の危険は右への偏向である」との公理を受け入れ、ブハーリン自らこれを公に承認することとなった。ひとたびコミンテルンで公認されたからには、「右翼偏向主義」と「右翼日和見主義」という用語はそのときがくれば容易にソ連国内で転用することができる。ブハーリンとその仲間が党を分裂させようとする右翼日和見主義者の烙印を押される一方で、スターリン自らは正しい路線を継続していると揚言するのである。

一九二八年九月末、ブハーリンは「一経済学者の手記」[*48]と題する論文を発表した。具体的に名ざしてはいないが、それはクイブイシェフと最高国民経済会議の提言にたいする直接の回答だった。提言では、重工業への投資を一気に加速することを求め、そのためにはどんな代償をも——経済の不均衡や国民の「不満と激しい抵抗」をも——覚悟しなければならないとしていた。スターリン派の計画立案者が掲げた新しい標語は、経済学者S・G・ストルミーリンによるマルクスの言葉のパラフレーズである。「われわれの任務は経済を研究することではなく、経済を変えることである。われわれはいかなる法にも拘束されない。ボリシェヴィキに落とせない砦はない。変革の速度は、人間の決断しだいで決まるものだ」[*49]。ブハーリンはこれに反論して、経済計画とは均衡の条件に注意を払うことであって、それらの条件を無視することではないとし、クイブイシェフの政策は経済全体を混乱におとしいれるだろうと批判した。

「自分の胸を叩いて衷心から工業化を誓い、すべての敵や背信者を呪ってみたところで、事態は小指の先ほどもよくなるまい」[*50]。政治局は過半数の賛成をもって、「許可を得ずに」論文を発表したことでブハーリンを譴責した。

一九二八年の秋に、スターリンは右派の要塞の各個撃破に着手した。その方法は、かつてジノヴィエフがレニングラードで築いていた勢力やブハーリンがコミンテルンに占めていた地位を切り崩すのに用いたものと同じである。スターリンに任命されてモスクワの党組織の長になったあと右派に転向したウグラーノフは、モスクワの党委員会で定例報告をしたところ、慣例となっている拍手のかわりに沈黙で迎えられて、自分が地位を追われかけていることを悟った。

ブハーリン、ルイコフ、トムスキーの三人は自分たちの同調者たちへの迫害に抗議して、スターリンと激しく口論し、政治局員を辞任するとの脅しをちらつかせた。スターリンはまだ対立を公にする用意ができておらず、譲歩を申し出て（結局は実行されずに終わるのだが）三人を説得し、中央委員会の十一月総会（一九二八年）で妥協を図ることに同意をとりつけた。総会では、スターリンが何くわぬ調子で、政治局内に意見の食い違いはないと報告し、ルイコフがこれを追認した。

新しい経済路線はここで一国社会主義という国家主義的な主題と結びつけられた。スターリンは資本主義諸国に追いつくこと、「わが国の長年の後進性」に終止符を打つことを目標に掲げた。社会主義はもはやマルクスの考えたような資本主義の結果ではなく、「西」の工業の発展から取り残された地域の開発を加速するための代案であった。

中央委員会は右派と右派にたいする宥和的な姿勢を非難したにとどまらず、宥和主義者を宥和しようとするすべての動きをも非難した。ブハーリン派は、分派と呼ばれるのを避けたいとの思いから、この非難に同調した。そのようなジェスチュアも徒労だったことが、その後の展開で明らかになった。ウグラーノフほか三人のモスクワ党組織の委員の「辞表」が受理されたのである。ウグラーノフの後任はスターリン子飼いのカガノーヴィチだった。これと同じような切り崩し工作が労働組合でも行なわれたのち、一九二八年十二月に労働組合大会が開かれた。カガノーヴィチをはじめスターリン派幹部五人が労働組合評議会の評議員に選出され、トムスキーは自分が労働組合を牛耳る時代が終わったことを知った。コミンテルン執行部ではスターリン本人が乗り出して右翼日和見主義者と宥和主義者の追放を要求した。これを受けて、ドイツ共産党をはじめ各国の共産党では続々と追放処分が行なわれた。

スターリンは、ブハーリンの経済論文と、トロツキー派が去る七月のカーメネフとの会談を秘密出版したことを理由として、政治局と中央統制委員会幹部会の合同会議でブハーリンを喚問し、二二人の出席者を前に、党の路線にたいする反対、「右翼日和見主義的・降伏主義的綱領」および「トロツキー主義者と組んだ反党陣営」を形成した罪を弾劾した。

ブハーリンは政治工作ではとうていスターリンの敵ではなかったが、勇気に欠けてはいなかった。会議録で三〇ページにおよぶスターリン攻撃を行なって自分の立場を弁明し、妥協で決着を図るという考えはきっぱりと拒否した。つづいて、一九二九年二月九日に開かれた二回目の合同会議でも、彼は攻撃を繰り返し、このときはルイコフとトムスキーの加勢も得た。スターリンは権力を強奪し、意見を異にする者については「政治的抹殺」を仕組み、「コミンテルンの解体」につながる「分裂と合従連衡《がっしょうれんこう》」の政策をとっている、とブハーリンは明言した。さらに、スターリンの経済政策は「トロツキー主義の立場への転向」であるとし、「軍国的－封建的な農民搾取」を工業化の土台にしていると告発した。このくだりは、スターリンの対農民政策をツァーリ独裁下で農民が受けた苛酷な扱いになぞらえたものとしてよく引用される一節で、スターリンが決して許さなかった告発である。[*51] 政治局はブハーリンの「分派主義」と「許すべからざる暴言」を咎めたが、スターリンはその程度では気がすまなかった。「われわれはブハーリンの輩をあまりに寛大に処遇しすぎている」と彼は言い、「この寛容主義はもう終わりにする時期がきたのではないか」と問いかけた。それでも、反対派は三人とも政治局員の地位を失わなかった。政治局員の一人、カリーニンはひそかにこう語ったと伝えられる。「スターリンは、昨日はトロツキーとジノヴィエフを抹殺し、今日はブハーリンとルイコフを抹殺したがっている。明日は私の番だろう」

スターリンは一九二九年四月の中央委員会総会で攻撃を再開した。このとき、三〇〇人以上の出席者のなかでブハーリン派はわずか一三人を数えるのみだった。スターリンは演説の冒頭でブハーリンとの個人的な友情を否定した。

> 同志諸君、ここでは個人的な問題について語ることはしない。個人的な事情は些末なものだからだ。ブハーリンは何通も手紙を読み上げ、それによってわれわれが昨日までは親しい友人であったのに、いまや政治的に袂を分かったことは明らかだとしている。だが、こうした不満や泣きごとは一顧だにする価値があると思えない。われわれは家族の集まりでもなければ仲良しクラブでもない。労働者階級の政党なのだ。

スターリンはブハーリン派が党の政策に一貫して反対してきたと言って非難し、これは「労働者階級にたいする裏切り、革命にたいする裏切り」であるとした。そして、シベリア流刑時代の思い出を語って出席者に問いかけた。

諸君は、イェニセイ川のような大河で嵐を前にした漁師たちの姿を見たことがあるだろうか。私は、一度ならずある。ある漁師たちは、襲ってくる嵐に全力をあげて立ち向かい、仲間を励ましながら大胆に舳先《へさき》を嵐に向ける。「がんばるんだ、みんな。しっかり舵を握って波を切れ。おれたちは負けないぞ」

ところが、そうではない漁師たちもいる。嵐がやってくるのを見ると、気力を失ってしまい、泣きごとを言い出して仲間の士気をくじく連中だ。「たいへんだ。嵐がやってくる。伏せろ、みんな。船底に伏せて目をつぶれ。うまくいけば岸に打ち寄せられるかもしれない」(一同笑う)

ブハーリン派のものの見方と振る舞いは、あとの漁師たち、困難に直面すると臆病風に吹かれて退却する連中のものの見方や振る舞いと瓜二つだということを、説明する必要があろうか。

スターリンの演説「ソ連共産党内の右翼的偏向について」の英語版は、活字をぎっしりと組んだ五三ページの長文である。[*52] スターリンは自信にあふれ、聴衆についても心配がないので、この際、徹底的にブハーリンをやっつけようと決心していた。レーニンがブハーリンの知的能力を高く買っていたことを以前から妬んでいたスターリンは、レーニンとブハーリンの一九一六年の議論から、レーニンがブハーリンはマルクス主義の弁証法を理解していないと批判した箇所を引用して、溜飲を下げる。次いで、ブハーリンがレーニンの死後に書いた文章から、レーニンを批判しているように見える箇所を引用する。それはブハーリンがレーニンの考えをまったく誤解していたことをよく物語っている、とスターリンは主張する。「これこそ、生半可な学問を身につけた理論家のおちいる増上慢のいい例だ」

ブハーリン当人は黙って座っていたが、何人かの支持者が向こう見ずにも途中で口をはさみ、スターリンの描くブハーリン像は間違っていると抗弁した。スターリンは即座に切り返す。

どうやら〔D・P・〕ローシットはブハーリンに信義を尽くそうと心に誓っているらしい。だが、せっかくの親切も、実際のところ、寓話に出てくる熊の親切に似ている。ブハーリンを救おうとして抱きかかえたのが仇で、力あまって相手を死なせてしまうというわけだ。ことわざにもあるとおり、「親切な熊は敵よりも危険だ」。

（一同爆笑）

総会はブハーリンとトムスキーにたいする懲罰動議を可決し、『プラウダ』紙、コミンテルン、労働組合における三人の地位をすべて解いた。また、工業の近代化に関し、目標額を漸増させて、国営部門への投資を三倍ないし四倍に増額し、資本財の生産を五年間で二三〇パーセント増大させるというスターリンの五カ年計画も承認した。とはいえ、このときもブハーリン派は政治局の椅子を奪われることなく、その後に開催された第一六回党協議会では表向き、党は一枚岩だとの外観が保たれた。

しかし、一九二九年七月になると、スターリンはもはや手加減しなかった。ブハーリンにかわってモロトフが指導者の地位についたコミンテルン執行部では、一年前に提示された路線にたいする徹底的な修正が行なわれた。一九二七年にドイツ共産党をはじめとする各国の共産党の左派指導者を排除したのも、今回、右派を追放したのも、ソ連における各党派の勢力のバランスの推移を受けてのことであった。ナチズムとファシズムの勃興にもかかわらず、ヨーロッパ全土の共産党員に向けて発せられたコミンテルンの新しい指令は、「社会ファシスト」たる社会民主党を第一の敵とし、これと対立する労働組合を支援して、意図的にヨーロッパの労働運動を分裂させることを命じていた。

一九二九年にはブハーリンの生命は危険にさらされていなかったが、八月に始まったブハーリンを批判する記事の一斉攻撃は政治的暗殺にも等しかった。文字どおり何百という記事が掲載されたが、その多くはあらかじめ書かれていたもので、なかには前年から用意されていたものもあった。ブハーリンに関わる逸話や文章で、「非マルクス主義者、反レーニン主義者、反ボリシェヴィキ、反党、プチブル、富農《クラーク》支持」という評価の根拠になりそうなものは一つ残らず利用された。その目的は、レーニンが党内随一の理論家として敬意を表していた人物であるブハーリンの影響力がよみがえらないよう、すっかり息の根を止め、新しい正統路線に疑問を呈したりすればどういうことになるか、他への見せしめとすることにあった。

一九二九年十一月に開かれた中央委員会総会で、敗北した三人の指導者は初めて、要求に従って自分たちの政治的誤りを認めた声明を出そうとした。これがスターリンを激昂させ、ブハーリンはただちに政治局から追放されてしまった。そのあとで、三人はあらためて自分たちが間違っていたことを認めさせられ、今後は「党の全体路線からの逸脱、なかんずく右翼的偏向にたいする断固たる闘争」をすると約束させられた。

長きにわたる後継者争いは終わった。反対派は左も右もともに敗北した。再び中央委員会総会が開かれる一九三〇年四月には、スターリンが自らの勝利をどう利用するつもりでいるかということも、ブハーリンに強制的に否認させた警告に関して自らをどう正当化するかということも、すべて明らかになるのである。

第7章

権力を視野に入れたヒトラー

ヒトラー　一九三〇―一九三三（四一―四三歳）

1

スターリンが権力を握るまで（一九二四～二九年）の経緯をたどってきたが、ヒトラーの経歴でそれに相当するのは、一九三〇年九月から三三年一月までの時期である。スターリンの場合、それはレーニンの病気と死で始まった。ヒトラーの場合は、一九三〇年九月の選挙によって一〇年にわたって求めつづけていた突破口が開かれたのであった。ナチ党は総投票数の一八・三パーセントを獲得し、得票合計を一九二八年の八一万から六四一万に増やした。実に八倍の増加で、ヨーロッパの全歴史を通じてもこれに匹敵するものはなかなか思いつかない。国会に一〇七の議席を得て、ヒトラーは（社会民主党に次ぐ）ドイツ第二の政党の党首となり、もはや政治ゲームの圏外に放っておかれることはなくなった。

驚くにはあたらないが、この一九三〇年の選挙と、得票が六四一万から一三七五万とさらに二倍に増えた次の一九三二年七月の選挙は、ドイツの歴史の他のどんな事柄よりも人びとの関心をそそった。誰がナチ党に投票したのか？　投票した理由は？　投票は秘密だから誰がナチ党に投票したかという問いには、確かな答を出すことができない。しかし、反論の余地があるとはいえ、非常に巧妙な方法でその根拠となる事実について研究がなされている。*1

ナチ党の運命の変化を説明するものの一つに、投票者数の劇的な増加があった。一九二八年の三〇七五万にたいしてほぼ三五〇〇万、有権者の八二パーセントが投票したのである。新たに投票した四〇〇〇万以上の人は前には投票しなかったか、あるいは新たに有権者になった人たちだった。

ナチ党が得票を増やしたもう一つの大きな原因は、以前には「ブルジョワ」政党である国家人民党、右翼的な自由主義政党（ドイツ人民党）、進歩的な自由主義政党（ドイツ民主党。一九三〇年七月以後はドイツ国家党と改称）に投票していた人たちにある（原注：ブルジョワ政党が票をどれくらい失ったかは、第４巻所収の付表Ｉに示してある）。おおまかに言って、「ブルジョワ」政党の取り分は一九三〇年に半減し、三二年七月にまたその半分になった。これにたいして、カトリックの中央党は何とかもちこたえた。そして、社会民主党の票の取り分が食われる一方で、共産党はナチ党以外に得票率を上げた唯一の党となって、社会民主党が失った票の大半が共産党に流れたことを強く示唆している。この二つの労働者階級の党の得票を合わせた数は、労働者階級が先例のない高い失業率に苦しんだ大恐慌の時期を通じて、非常に安定している。

ドイツでは、宗派による票の割れ方が、社会階層によるものに劣らず重要だった。ナチ党は、この国のプロテスタント地域で教会に通う人口のかなり多くをひきつけた。カトリック地域（バイエルンを含む）ではずっと少なかったが、ヒトラーが権力を握り、一九三三年の夏にヴァチカンとの協定に調印したあとでは違ってきた。ナチ党が、伝統的な家庭生活の重視を「子供《キンダー》、教会《キルヒエ》、台所《キュッヒエ》」をスローガンに力説して、一九三〇年に初めて女性のあいだに票を増やしたのも、やはりカトリック地域ではなく、プロテスタント地域だった。

一九三〇年九月の選挙ではそれぞれの地域の票の割れ方に広範な変化が見られた。ナチ党に投票した人のパーセンテージが最も高かったのは、シュレスウィヒ‐ホルシュタイン、ポンメルン、および東プロイセンといった、北および東ドイツのプロテスタントが多い農業地域だった。下シュレージエン‐ブレスラウ（訳注：現ポーランド領シロンスク‐ヴロツワフ）やケムニッツ‐ツヴィカウ（訳注：現カール・マルクス‐シュタット）のような農業と小規模工業の混合経済地域でも、ナチ党は健闘した。

ベルリンや北ウェストファーレンや下バイエルンのような農業地帯、重工業地帯、カトリックの多い地方ではまったくふるわなかった。ナチ党のアピールに最も頑強に抵抗したのは、上シュレージエンとヴュルテンベルクの二地方だったが、どちらも工業経済が支配的で、かつ宗教の絆が強かった。このおおまかかつ一般的な図式のなかで、特定の区域の選挙について詳細な社会学的研究が行なわれ、誰がナチ党に投票したかという問いに、少なくとも暫定的な答が出されている。

その研究によって明らかにされた重要な点は、カトリック信者を基盤にした中央党以外のすべてのドイツ政党と違って、十九世紀以来の政党システムの基盤となっていた伝統的な――経済的、社会的、宗教的、地域的な――勢力分布の枠内で活動するのをナチ党が拒んだことである。そうした勢力分布をまたにかけて支持を集めるのが、ナチ党の野心だった。一九二八年以後、いわゆる「都市計画」から、とりわけ小さな町や地方の中産階級選挙民に的をしぼる戦略に切り換えたあとでさえ、ルールや地方の都市の労働者階級の地域から締め出されまいとし、プロテスタントの有権者ばかりでなく、カトリック信者にも食い込む努力を放棄せず、どんな地域でも、またどの職業グループでも、そこには手が届かないとしてあきらめることはしなかった。「雑多なものを詰め込み、どの人にも何かを与える政党」という嘲りの声はもっともだったが、それこそが他の党とは違い、階級と宗教による勢力分布を横断して全国民を代表できる国民の党であるというナチ党の主張をまさに裏づけていた。

だが、ナチ党の主張するようにはならなかった。大恐慌によっていっそう鮮明になった勢力分布の枠を破ろうと努力したあげく、ナチ党は矛盾撞着におちいり、その努力が絶頂に達した一九三二年七月の総選挙でさえ、投票者の三七パーセントにその主張を受け入れさせたにすぎなかった。しかし、それを試みたのが中央党を除けばナチ党だけだったという事実は、ナチ党に投票した人びとの多くにとっては魅力だったし、またナチ党が一九三〇年にもそうだったが、三二年にはなおさら、他のどの党よりも広い範囲にわたる選挙民の支持をあてこんだことを意味している。

一九三〇年、労働者階級の票をひきつけたいと望んだナチ党は、折りから増えつづける失業を最大限に利用して、社会民主党は失業を食いとめるために何もしなかったと主張した。しかし、社会民主党は失業の恐れに最もさらされている鉱業・重工業のブルーカラー労働者のあいだで票を失ったのに、これらの票が流れた先はナチ党ではなく、共産党だった。例外はナチの突撃隊員で、ベルリンとハンブルクの失業者を対象とした隊員募集に多少の成功を収めていた。だが、ナチ党が党勢拡大のためにより重視したのは、手工業と小規模な家内工業に従事している多数の労働者に向けてアピールすることだった。この人たちは労働組合の圏外に取り残されていて、しばしば組織された労働運動の集団主義を敵視していた。

一九三〇年は、ナチ党が初めて専門職に従事する人びとの支援を集めることに成功した年だった。一九二八年設立のナチ法律家同盟、二九年設立のナチ医師同盟のような組織がそのためにつくられた。大学教育を受けた専門職への党勢拡大は確実になった。ナチ学生同盟が働きかけて、一九三〇年までにドイツの大学生の団体のおよそ半分を入党させ、学生の自治組織ASTAの支配権を握ることに成功したのである。

ナチ党は青年へのアピールを重視した。「老人よ、道を譲れ」とは、グレゴール・シュトラッサーの論説の題だが、これもまたスローガンになった。一九三〇年から三三年にかけて入党した新党員七二万人のうち、四三パーセントまでが三十歳以下だった。[*2] 同時代の多くの報告が伝えるところによると、両親の政治姿勢に反抗してナチ党に参加したのは、伝統的に自由主義または保守主義の環境に育った若い人びとが多かった。大恐慌のために仕事につく見込みがほとんど失われた人たちが大勢いた。彼らのあいだでは、当時、社会民主党の指導者、カルロ・ミーレンドルフが書いたように、「社会的な閉塞状況、国家主義的なロマンティシズム、そして世代間の敵意がまざりあって決定的な状況が醸し出されていた[*3]」。

しかし、総人口の半数をかなり上まわる人びとが労働者階級に属していて、しかもナチ党が社会民主党および共産党と相手方の土俵でまともに渡りあえないところから、ナチ党にとっては、ほかに支持が得られそうな唯一の源泉は、やはり中産階級だったのである。こちらは、総人口の四〇パーセント以上を占めていた。このことは、一九三〇年と三二年七月にナチ党の得票が激増したとき、最もひどい負け方をしたのが伝統的に中産階級を支持基盤とする政党だったという事実と一致する。

ナチ党の得票の最も安定した要素となるのは、都市と地方の旧中産階級《アルテ・ミッテルシュタント》から与えられる支持が着実に増えていたことである（原注：中産階級の定義については第3章3節を参照）。一九三〇年に、ナチ党は保守の第二の牙城に入り込むために多大な努力を強いられていた。それはインフレのため、また安定化につづく負債と抵当の再評価が不充分だったために最も苦しんだ不労所得（家賃、地代、金利、配当など）による生活者、年金生活者、負傷した退役軍人などの年金受領中産階級《レントナーミッテルシュタント》だった。この階級でナチ党が成功したことは、先の報告に見られた、ナチ党に投票した者の若さを強調しすぎる傾向をすっかり帳消しにする。年金受領中産階級の半数以上は六十歳を過ぎていた。これと同様に、旧中産階級の店主や自営業者で三十歳未満の者は一〇パーセントもいなかった。

従来の見解を改めなければならないと思われるのは、第三のグループ、すなわち新中産階級《ノイエ・ミッテルシュタント》に関わる部分である。一九三〇年に彼らがナチ党に与えた支持は、重要ではあるが、いまとなって見ると旧中産階級よりも小さかったように思われる。民間部門のホワイトカラー労働者は、とりわけ下位および中位の人びとについて言えば、公務員や官僚よりもナチ党に投票する動きが遅かった。しかし、総合的な結論は変わらず、アメリカの歴史家トマス・チルダズは次のように要約している。

一九三〇年までに、国家社会主義ドイツ労働者党は下層中流の出自を超越するようになり、伝統的に保守的な右翼勢力が占めていた選挙地盤に定着した…… 一九三〇年に、〔彼らは〕中流の有権者層を構成する主な要素のそれぞれに突破口を開けている。自由主義政党と保守主義政党の分解が進むにつれて、国家社会主義ドイツ労働者党は長らく求められてきた中産階級を統合する党となる道を歩んでいた。[*4]

投票結果を分析する第二の方法は、コミュニティの大きさを使うものである。カナダの歴史家リチャード・ハミルトンは、二つの驚くべき一般原則を見出して、その重要性を明らかにした。一つは、ワイマル時代後期にドイツの選挙の有効投票の半数以上が地方と都市の人口二万五〇〇〇以下のコミュニティで投じられたものだということである。都市化と工業化の影響(疎外と無規範状態)についてはさんざん書かれているにもかかわらず、投票者の数は「ドイツのディーダーフェルトやシッファシュタットといった場所のほうが、デュッセルドルフやシュトゥットガルトのような大都市よりも多かった」。ベルリンも例外ではない――人口四〇〇万を有する国内最大の都市といっても、全人口の六パーセントに達しなかったのである。

このことからハミルトンの第二の所見が導き出される。

国家社会主義者への投票はコミュニティの大きさに反比例した。一九三〇年以前には、国家社会主義は都市の現象だった。都市に始まって、大成功を収めながら小さな町や田舎に広まったのである。[*5]

ヒトラーが政権につく以前には、ナチ党が一四〇〇万票近くを獲得して得票数がピークだった選挙（一九三二年七月）においても、その得票率を見ると、二万五〇〇〇人未満のコミュニティ（都市ばかりでなく田舎でも）では最高四一パーセントに達したが、一〇万人以上のところでは三二パーセントどまりというのが実状だった。[*6]

村落と人口一〇万人未満の比較的小さい町とのあいだにはいろいろ違いがあるが、その重要な特徴をあげると、後者の多くには労働組合と、社会民主党あるいは共産党の党組織をもつ労働者階級が存在することだった。アメリカの歴史家W・S・アレンは、人口一万のそうした町の一つを調べた古典的な研究で、次のように書いている。「タールブルクの町民をナチ党の手に追いこんだのは、社会民主党にたいする憎しみだった」。[*7] 他方、カトリック色の濃い町では、強い中央党が存在していてそうした分極化を防いだ。労働者が確実に社会民主党または共産党に投票するところでさえ、中央党はナチ党に代わる反マルクス主義政党として、中産階級の有権者を伝統的にわがものとしていた。

それにくらべて、大都市（人口五〇万人以上の一〇都市）については一般原則を見出すのが難しい。ベルリンはいぜんとして左翼の砦であり、一九三〇年九月には五五パーセント以上、三二年七月には五四・六パーセント、同年十一月には五四・三パーセントの票が社会民主党か共産党に投じられた。唯一の変化は、三〇年と三二年七月に社会民主党と互角だった共産党が、三二年十一月には社会民主党にはっきりと差をつけ、社会民主党の二三パーセントにたいして三一パーセントを獲得したことである。中央党は、左翼にくらべてずっと少ないが、三〇年九月には票を伸ばし、三二年七月にはさらにそれを伸ばした。ナチ党はもっぱら自由主義および保守主義政党を犠牲にして票を増やしたのである。

ベルリン以外で一〇〇万人以上の人口をもった都市はハンブルクだけである。そこではナチ党への支持がベルリンよりも多く、一九三〇年九月の一九パーセントにたいして、三二年七月には投票総数の三分の一にまで急増した。ハンブルクの左翼は、ベルリンよりも多くの地盤を失ったとはいえ、三〇年と三二年にいまだ半数を維持していた。そして中央党は、取るに足りないとはいえ、しっかりともちこたえた。ベルリンと同じように、ナチ党は伝統的な中産階級の党を犠牲にして票を集めたのである。

人びとがなぜナチ党に投票したかという疑問に答えるのは、もっと難しい。一九三

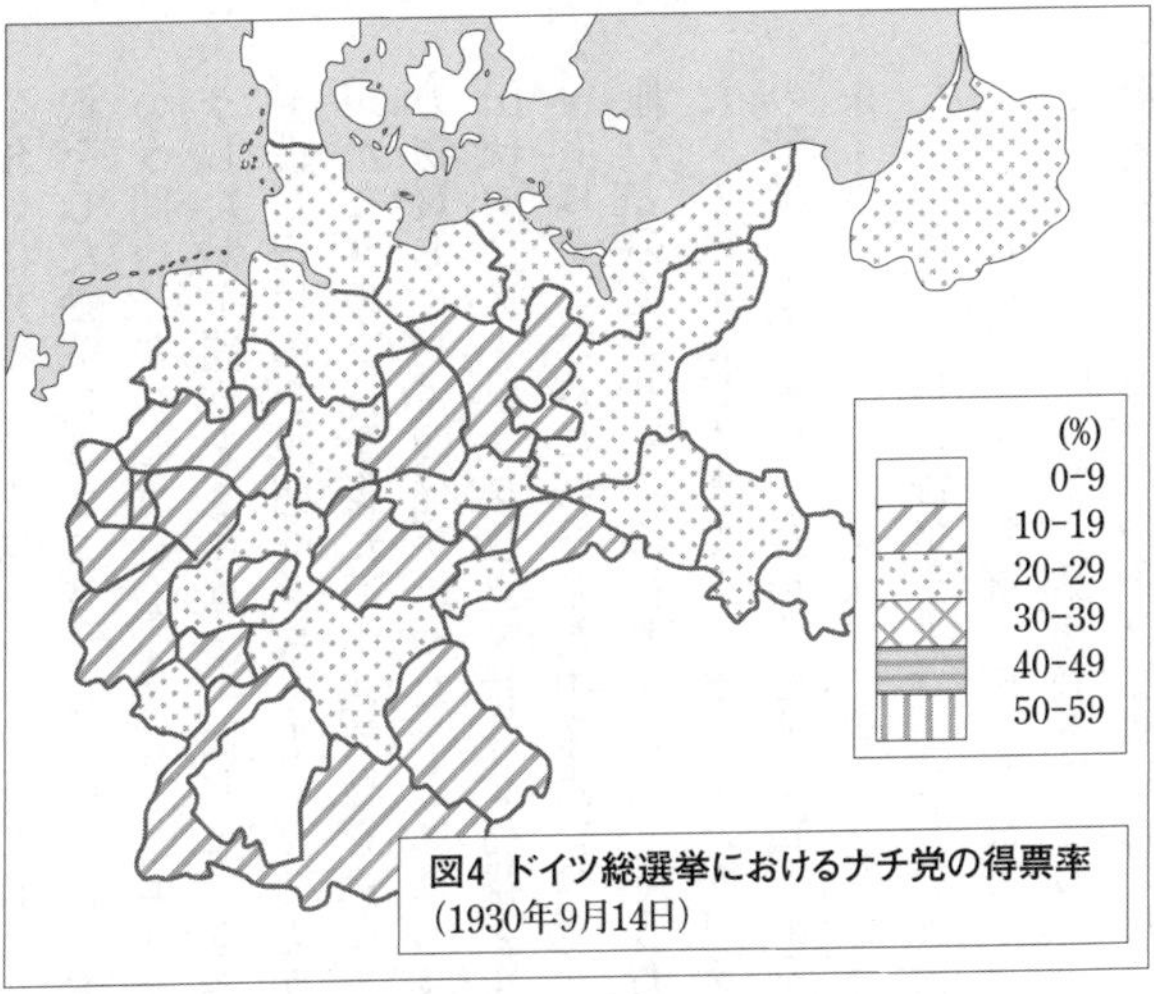

図4 ドイツ総選挙におけるナチ党の得票率
（1930年9月14日）

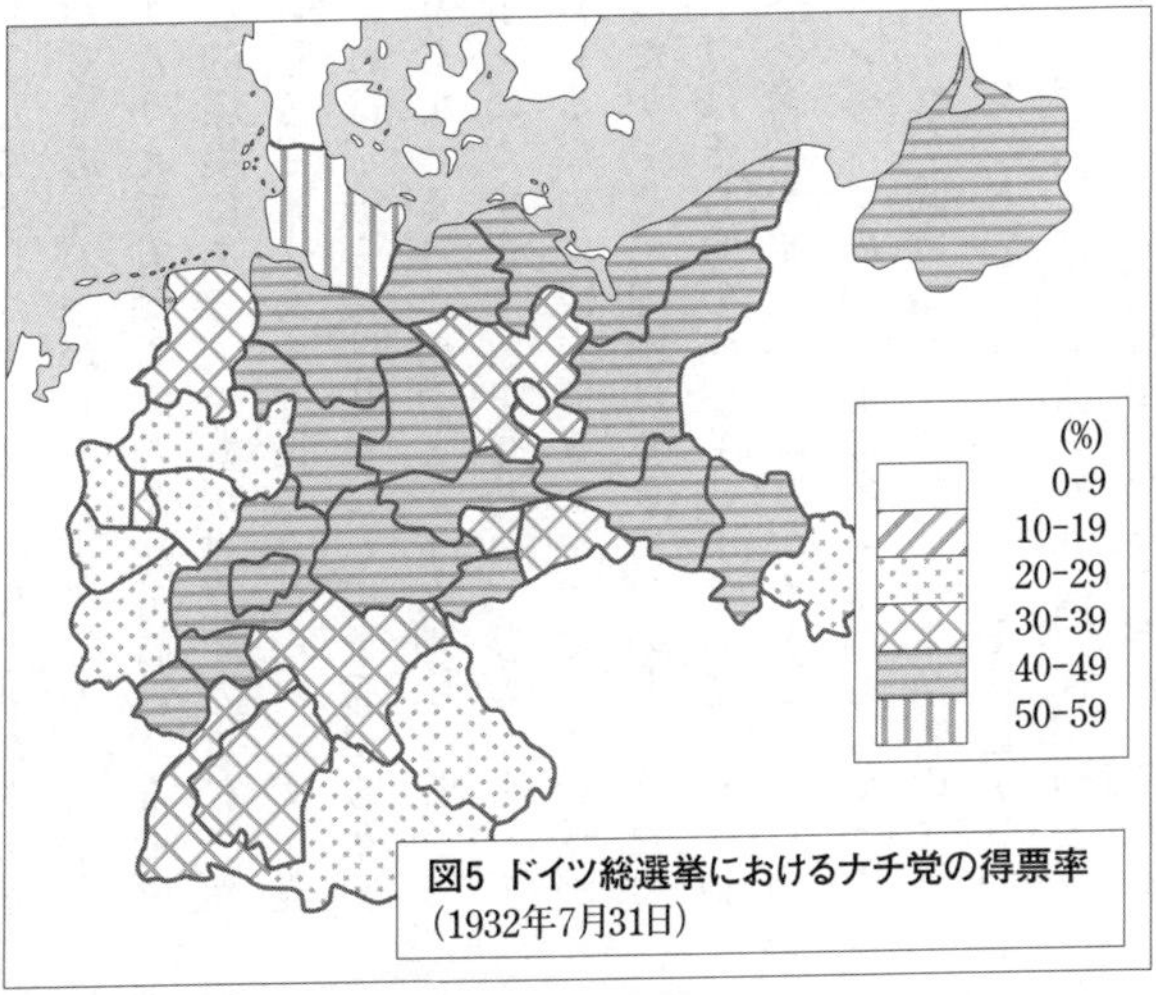

図5 ドイツ総選挙におけるナチ党の得票率
（1932年7月31日）

〇年には六四〇万を数え、三二年には一三七〇万に達したナチ党への投票者がその選択をした動機にはさまざまなものがあったからである。誰がヒトラーに投票したかという問いにたいして社会学的にアプローチするうえで有効だった階級分析は、なぜそうしたかを問うときには――同じような社会的環境にある人たちが対立する党に一票を投じる理由を説明できないということからしても――あまり役に立たない。ナチ党がかなりの支持を得た旧中産階級を例にあげれば、彼らには往々にして矛盾する多くの物質的な利害関係があったことははっきりしている。このことが主な理由となって、伝統的なブルジョワ政党が特殊な利益グループにますます票を奪われ、ひるがえって後者はそのために統一した中産階級の党をつくるために協力できなかった。ナチ党が他のどの党よりもその役割をはたしそうだったが、その理由はまさに次のとおりだった。中産階級にも多くの階層があるが、ナチ党はそれらのすべてに、そしてさらに他の階級にも同様に、経済その他の物質的利益を満足させると、はばかるところなく約束する一方で、これを決して自分たちのキャンペーンの中心的な争点にはしなかった。たとえば、食糧の価格を上げてほしい農民とそれが低いことを望む都市生活者のように、利害が対立する状況に直面したとき、ナチ党はどのようにしてそれを調整するかをいっさい説明せず、話をわきにそらして、「国家の再生」と民族共同体《フォルクスゲマインシャフト》、つまり階級闘争のない挙国一致を熱烈に説いた。すべての人の利益を求めることが、それぞれの階層グループに利益をもたらすことになるというわけだ。われわれが注意しなければならないのは、社会学的な次元ではなく、むしろ心理学的な次元なのである。*8

大恐慌のあと、ヒトラーが初めて大衆の支持を集めるようになったのは、偶然のことではなかった。彼はつねづね自分にチャンスを与えてくれるものがあるとすれば、それは何らかのかたちの大異変だろうと信じていた。多くの人にとって、それは一九二九年の初めに登録された失業者数が初めて三〇〇万に達し、選挙の月の一九三〇年九月にはさらに増えるというかたちをとった。この数字は、一九三一年から三二年にかけての冬と一九三二年から三三年にかけての冬には、六〇〇万に急増した。しかし、大異変がまさに経済的なかたちをとった——大量失業ばかりでなく、給料や賃金がカットされ、破産件数が劇的に増加して、事業所と同じく農場も最低の価格で売られている——ことからして、その衝撃を選挙のために有効に利用するには経済の政策と約束を党のアピールの最重要項目に据えればよいと考える誤りを、ヒトラーは決して犯さなかった。ドイツの他の政治家と違って、彼は次のことを理解していた。そうした経済的要因が人びとの生活におよぼす影響は、心理的なショックというかたちをとるが、政治指導者はこのショックが生み出す感情——不安、恨み、絶望、何とかして安心と希望を回復したいとの願い——に向かって語りかけなければならないということである。

なぜこれがドイツにおける実状だったのか、なぜドイツでは大恐慌の衝撃が他のどの国よりも過酷な危機をもたらしたかということには、特別な理由があった。一九一八年から二三年にかけて、ドイツ国民はすでに戦争で重大な損失を出したあげくに敗北したばかりか、ヴェルサイユ条約、賠償、君主制の崩壊、革命、内戦に近い状態、そしてインフレーションと、たてつづけのショックに見舞われていた。戦後の時期の恐怖と不安がよみがえり、いまとなってははかない幻だったとしか思えないのだが、なまじ短い復興の期間がはさまれたために、それはいっそう耐えがたいものとなった。一九三〇年代初めの何百万というドイツ人の気持ちは、からくも地震をしのいで生きのびた人たちが、家の再建にとりかかったところが、基盤のもろさから、またしても無惨に家が砕け落ちるのを見ることになったようなものだった。そうした環境にあると、人間は忍耐力を失い、過度の恐怖や狂信的な希望を抱くものだ。この状況はヒトラーがつくり出したものではなかった。しかしその状況は、ヒトラーの伝記を書いたドイツの作家エルンスト・ドイエルラインが、ヒトラーの「可能性《エアメークリフング》」と称したものにあたっていた。ここに、その状況を利用するのにすばらしく適した才能があり、それを発揮する機会を与えることによって、「ヒトラーの台頭を可能にした」のである。[*9] ヒトラーは何百万というドイツ人が最も聞きたがっている二つのことを組み合わせて提供した。彼は敗戦以来ドイツに起こったことをすべて拒否したばかりか、意見の分裂した国民に偉大さと力という失われた意識を回復させることも、同じように無条件で約束した。彼は次のものを十把ひとからげに非難した。ドイツ陸軍の背中を突き刺し、連合国の懲罰的な要求を呑んだ「十一月の犯罪者たち」。階級闘争と国際主義と平和主義を説くマルクス主義者。神のいないベルリンと文化的ボリシェヴィズムに体現されている、伝統的な価値を嘲り、何ものをも神聖視しない自由放任の多元的社会。そして、彼の描くところによれば、腐敗を肥やしにして繁栄し、ドイツの弱さにつけ込んで利益を得ているユダヤ人などである。

この民主的だが「豚のような下品さ《シュワイネライ》」に代わるものとして、自分は次のことを信じる、とヒトラーは宣言した。ドイツはかならず道徳と政治的な力を再興する。ドイツの偉大さの礎となったプロイセンの美徳――秩序、権威、犠牲、奉仕、訓練、上下の序列――が復活する。民族共同体《フォルクスゲマインシャフト》の意識が再生する。国内では意見を一つにまとめ、国外では再武装して強国としての当然の地位を回復したドイツのために尊敬を要求できる、強力で権威ある政府がつくられる、と。

コロンビア大学の歴史家フリッツ・スターンが示唆したところでは、ドイツのプロテスタントにとって、とくにプロテスタントの牧師にとってヒトラーが特別な魅力をもったのは、教会がしだいに国家と君主制の運命と結びついた前の世紀におけるプロテスタンティズムの「沈黙の世俗化」に負うところが大きかった。敗北を契機に、君主制と既存の秩序が覆り、プロテスタント教会は様変わりした世界から取り残されて呆然自失の体であった。多くのプロテスタントにとって、ヒトラーが国家を構造的に再生させることを約束し、犠牲と一致団結を要求したことは、信仰の復興という願望に応えるものであり、それは弱体化した教会がもはや自力ではかなえられないことだったのである。*10

ヒトラーは同時に、新保守主義の知識人をひきつけることができた。彼らは現代社会の合理主義と無気力な自由主義を排してニーチェの非合理主義をとり、経済的人間ではなく、英雄的な人間をよしとした。ヒトラーが同じように強力なアピールの対象としたのは、地位と影響力を失った失意の旧支配階級、自分たちの生計と社会的地位を脅かす労働者階級の台頭も含めて近代化の進行におびえる旧中産階級、将来のために貢献する意欲に燃えながら機会がないために挫折した若い世代の多くの人びとなどである。階級を中心に据えた分析には充分に表われないが、ヒトラーがあてにした支持層はこのように雑多であるというのが、その際立った特徴であり、それはすでに一九三〇年に明らかになり、そのあとの選挙にはさらに強まった。これを手がかりにすれば、ナチ現象の核心に迫ることができる。

ナチ党がこのように雑多な支持層を得られたのは、彼らがキャンペーンを展開するとき、内容よりもスタイルを重視するという点で、他のすべての政党と異なっていたからである。それは、ずっと時代を下ってから使われるようになった言葉を借りると、「メディアはメッセージである」が文字通りに当てはまるケースだった。ヒトラーの演説のみならず、運動に関係するすべてのことが演劇と宗教をつきまぜたものであり、政治を劇的に表現するときには理性ではなくて感情に、あの「(快と不快をめぐる)情動の利害」に訴えるようもくろまれていた。それにたいしては(フロイトが指摘したように)論理的な主張が無力になることを、人間性の研究者や哲学者は昔から認めていた。

われわれの知性が信頼できる働きをするのは、強い情緒的な衝動から離れたときにかぎられる。そうでなければ、知性は単に意志の道具として振る舞うにすぎず、意志がこうあってほしいと求める推論をそのまま伝えるのである。[*11]

『わが闘争』に明らかなように、ヒトラーは最初からそれが真理であることをよく理解していた。彼が考え出した最も卓抜な新機軸は、入念に計算した運動をつくり出して、人の心を操るさまざまな媒介物――シンボル、言語、儀式、階層制、パレード、集会、そしてその頂点に立つ総統神話――を総動員し、政治においてはダイナミックで非合理な諸要因が至上だと強調したことだ。そこでは、闘争と意志と力、犠牲と規律が最優先され、個人のアイデンティティはグループの集団的な感情のなかに埋没する。

ヒトラーが特定の政策や計画に縛られることを拒み、それらを決めるのは、レーニンの場合と同様、党の最優先すべき唯一の目標である政権獲得のあとにまわすようにしたことは、そうした運動の性格と完全に一致した。これには有利な面があった。機会が訪れたとき、ヒトラーが自由裁量で作戦を立てられるばかりでなく、対立する利害や見解をもつさまざまなグループが、その利害や見解をナチの運動に投影し、それぞれヒトラーは自分たちと同じことを求めていると確信できたからである。

年配の保守的な世代に属する人びとの多くがヒトラーに投票したのは、彼が過去のドイツの伝統的な価値を取り戻してくれると信じたからだった。他の者は、とくに若い世代に見られることだが、他の右翼政党にこびりついている、階級がものを言う反動のイメージがナチ党にはないという理由から、またヒトラーが過去のこうした遺物を一掃してくれ、過激な右翼革命を遂行してくれると信じたから、ヒトラーに投票した。

このどちらにたいしても「国家の道徳的、精神的再生」を唱えることができた。両者の矛盾を解決するどころか、ヒトラーは最大限の努力を払って保守派と過激派に属する支持者の期待をともにつなぎとめたのである。彼が充分な数のドイツ人を説得して、自分こそ、そしてこの運動こそが国民を団結させ、人びとの不安を和らげ、身動きできない窮状からの出口を指し示すことができると認めさせなければならないとすれば、これは絶対に必要なことであった。一九三〇年には、二八年の八倍の有権者が説得されて、彼の主張をまともに受け取った。三二年七月には、さらにそれが二倍になるのであった。

2

一九三〇年に、ヒトラーは第一の目標を達成し、国政に突破口を開けた。いま彼が答えなければならない問題は、どのようにしてこの六四〇万票を自らが首班となる国家社会主義の政府に変えていくかということだった。

これを実施するには二とおりのやりかたがあった。第一は、もっと得票を増やし、やがて他のすべての党を抑えて単独で、もしくは右派連立の一翼を担って、ナチ党が国会で多数を制するという、議会制度に則った方法だった。第二は、クーデタによるものである。ヒトラーはどちらにも難点があると考えた。次の国政選挙がいつになるかを決めるのは、彼の力のおよぶところではなかった。そして、彼はどのみち国会の投票による議会制度の首相になることを軽蔑していた。当初から、ナチ党のキャンペーンは議会政治の泥を洗い流すための運動をするという主張にもとづいていた。議会では、連立の妥協によって集めた多数票が大きな問題を決定——もしくは往々にして決めないままで放置——していた。しかし、もう一方の道をとり、力で権力を握ろうとすれば、それは一九二三年に経験したように、国家のすぐれた軍事力に挑戦して街頭で敗北する危険を冒すことになる。ヒトラーが望んだのは、国家権力を味方につけての革命だった。しかし、革命を権力獲得の手段とすべきではなかった。少なくとも外見的には合法の衣をまとって権力を掌握しなければならなかった。

一九三〇年から三二年までは、公の場でどんなことを話すのが当を得ていると考えたにせよ、ヒトラーにとっては二つの選択肢をどちらも残しておくのが得策だった。しかし、彼は二つを結びつけた第三の道をとりたいと望んだ。その可能性が生まれたのは、一九三〇年五月以来の政府の奇妙な制度からである。ドイツは国会における多数党の党首ではなく、大統領フォン・ヒンデンブルクに指名された首相と閣僚によって治められ、ワイマル憲法第四八条のもとに大統領の緊急命令を利用して法令を発していた。首相を選び、事実上その首相に統治の手段を与える権力は、大統領周辺の少数の人びとにゆだねられていた。しかし、そうした政府の制度には、国会で多数を占めて挑戦する道が開かれていたので、それは一定期間以上になると充分に機能しなかった。つまるところ、首相は国会で多数を集めて議会政府を回復するか、あるいは大統領とその顧問たちが国会への依存をきっぱりと絶ちたいと望めば、国内で充分な支持を獲得して憲法の修正を図るかしなければならなかったのである。

大統領フォン・ヒンデンブルクとその顧問たちが望んだのは、後者のコースだった。しかし、ブリューニングも彼のあとを継いだ二人の首相フランツ・フォン・パーペンとクルト・フォン・シュライヒャーも、そのために必要な支持を選挙で得ることができなかった。同時に、大統領の顧問たちは、恐慌が深刻さの度合を増し、共和国の初期と同じく市民社会の秩序が崩壊の脅威にさらされるにつれ、行きづまった政治に何らかの解決策を考え出す必要に迫られた。軍が最も避けたいと望んだのは、一九二三年の再現と過激な右翼と左翼の同時蜂起だった。

そうした状況にあって、ヒトラーは二つの資産をもっていた。一九三〇年九月の選挙におけるナチ党の成功は、三一年を通じて地方選挙にも引き継がれ、彼が政治ゲームのプレーヤーになれば支持してもらえる見込みがあった。突撃隊の組織的な暴力は、このまま放置しておけば彼が革命を起こすかもしれないという脅しにもなった。したがって、ヒトラーの戦術は、(起こす気になれない)革命と(絶対に過半数までは増やせない)大衆の支持を——前者を威嚇として、後者を約束として——使い、大統領と顧問を説得し、自分を政府のパートナーにさせることだった。議会制から大統領制に移行したおかげで、ヒトラーは選挙で過半数を取り損なっても、また二度目の蜂起を試みる危険を冒さなくても、権力を手にする別のルートをとることができたのである。

これが、一九三〇年末からヒトラーがついに目標を達成して首相になった一九三三年一月にかけての苦痛をはらんだ長きにわたる一連の政治的な動きを解く鍵である。しかし、それは慎重に扱うべき鍵である。というのは、後世の歴史家と違って、ヒトラーには自分の戦術が功を奏するかどうかを知るすべがなかったからだ。交渉が決裂したりうまくいかなかったりすることはしばしばあったが、そうしたときにヒトラーはやむなく国家人民党と、さらには中央党とすら連立を組むことに頼るか、あるいは次の選挙で過半数の獲得をあて込むかを考えるしかなかった。そして一九三二年には、いろいろな選挙が五回もあった。しかし、彼はそのつど、交渉に代わる手段として頼りにするこれらの選挙を、自分の影響力を増し、かつ相手方に圧力をかけて再び協議を求めさせるための方便に使って、交渉の再開を望んでいるという印象を相手方に与えた。

スターリンの場合と同じように、よじれたり曲がったりする迷路を通って、彼が着実に目標を追求したことは注目に値する。一九三〇年九月の選挙の結果、政権への期待をもってから、実現の瞬間にいたるまで、挫折をものともせず二八カ月にわたって支持者の信頼をつなぎとめ、活動のレベルを高めつづけたヒトラーの能力は、それ以上にすばらしいものだった——この二八カ月は、何度となく後退しては出直し、最終段階の三二年十一月の選挙では二〇〇万票を失って、もはや失敗かとさえ思われた。どちらの男も、すんなりと権力を手にしたのではなかった。スターリンの場合には、ヒトラーのほぼ二倍の時間がかかった。レーニンの死から五十歳の誕生日に迎えた勝利の瞬間までの五年以上の歳月である。

一九三〇年の選挙の直後に、ブリューニングとヒトラーは短い話しあいをしたが、それからは何の結果も生まれず、次の交渉が始まるのはその一二カ月後の一九三一年秋だった。ブリューニングはナチ党の指導者に、経済危機は長くつづくだろうと語った。これはヒトラーにとって心強いニュースだった。だが、どうすればこの長い待機のあいだ、党と突撃隊の士気と勢いを保っていけるのか。

一九三〇年の選挙の一〇日後、ヒトラーはミュンヘンの聴衆に語りかけた。

われわれは本来、議会政党ではない。そうだとすれば、われわれの見解が矛盾していることになろう。われわれは強制されて、しかたなく議会政党になっているのであり、その強制とは憲法である。憲法が、われわれにやむなくこの手段をとらせているのだ……われわれが戦う目的は、国会に議席を得ることにあるのではない。われわれは、いつの日にかわが党がドイツ国民を解放できるようにと考えて、議席を獲得しようとするのである。[*12]

いまや国会の第二党となったが、ナチ党の一〇七人の議員（ヒトラー自身はまだドイツの市民権がないので、そのなかに入っていなかった）は、第一日目から自分たちは議会政治にたずさわる気がなく、「体制」を攻撃し、その制度を軽蔑の的にするための単なる踏台として国会を利用するつもりでいることを明らかにした。党のエネルギーは相変わらず、主として国内で院外における「不断のキャンペーン」という戦略を持続していくことに向けられた。

一九三〇年の選挙の結果、入党の申し込みが飛躍的に増えた。一九三〇年九月からその年の暮までに、一〇万の名前が名簿に加えられた。ヒトラーが前もって組織の枠組みを用意していたので、この人たちは「国家社会主義思想の大鍋のなかに」[*13]さしたる問題もなく呑みこまれた。しかし、九月の選挙の成功のあとで入党したにもかかわらず、高等教育を受けた有能な者が多かったこの九月の茸《ゼプテンバーリンゲ》（原注：ゼプテンバーリンゲとは、ありふれたキノコ「プフェッファリンゲ」にかけた言葉遊びである）がすみやかに昇進するので、古参の闘士《アルテ・ケンプファー》のあいだにはやっかみも生じた。

同じように加盟者が増えた関連組織には、ダレのナチ農業政策機構とヒトラー・ユーゲントの二つがあった。後者は、子供たちばかりでなく中産階級の親たちにも呼びかけ、バルドゥア・フォン・シーラッハが指導して、ナチの学生組織と合併した。それらにくらべてあまり成功しなかったのは、ナチ工場細胞組織だった。九月の選挙のあと、ラインホルト・ムホウのもとに全国的な組織としての地位を与えられ、グレゴール・シュトラッサーとゲッベルスに支援されたが、ブルーカラーの労働組合員が何百万も存在するというのに、一九三二年に（まだ主としてベルリンで）最も多い加盟者三〇万人を数えたにすぎなかった。だが、これは支援の手段や努力が足りないせいではなかった。

党員の増加はさかんに活動しているという印象を与えつづけるのに役立ち、それが党にとっては最も重要な党勢拡大の手段となった。いまや充分に練られた「浸透キャンペーン」が発動され、一九三一年の地方選挙には平均して四〇パーセントの投票を獲得できた。四月から八月にかけて、こぞってプロイセン議会の解散を要求する鉄兜団、国家人民党、および共産党――奇妙な取り合わせである――とともに、同じ要求を掲げるもう一つの猛烈なキャンペーンが展開された。ヤング案に反対する国民投票は失敗したが、そのキャンペーンによって、党はつねにその存在を際立たせておくことができた。一九三一年十二月には、全国で一万三〇〇〇回以上の集会が開かれたと報じられた。それにたいして、政敵が組織したものは合わせて五〇〇〇回にもならなかった。[*14]

選挙の結果が出ると、党におけるヒトラーの優位は不動になった。それを象徴するのが褐色の家にかまえた大きな事務所で、そこにはフリードリヒ大王の肖像画三枚と、「この運動には私の望むこと以外は何も起こらない」というキャプションのついた、机に向かうヒトラーの公式写真が飾られた。「挑戦する者のない、唯一の国家社会主義ドイツ労働者党指導者」(とグレゴール・シュトラッサーが『フェルキッシャー・ベオバハター』に書いた)という彼の神話的イメージがこれまで以上に党をまとめ、綱領のかわりの役をはたした。

実際には、ヒトラーはほとんど事務所にいなかった。国内を旅行して大衆集会で支持を獲得するほうにずっと多くの時間を費やし、それが重要な収入にもなった。しかし、彼は党の指導部に新しい人材を任命して総統のイメージを制度化することにも力を注いだ。指導部は組織を動かし、日々の決定を下したが、もちろんヒトラーが介入するときは、そちらが絶対であることには疑問の余地がなかった。こうした動きのなかで最も重要なのは、一九三一年の初めに、ゲッベルスが帝国宣伝指導部の部長として正式に任命されたことだった。さまざまな宣伝キャンペーンを展開し、弁士を選択するほか、あらゆる争点について党がとるべき方針を決定するなど、組織の問題を一手に取り仕切る地位である。ゲッベルスはすでに選挙運動になみなみならぬプロパガンダの才能を示していた。いかにもゲッベルスらしかったのは、一般庶民の感情をくみあげて毎月報告するシステムをつくったことだった。大管区指導者《ガウライター》にたいして、「パン屋、肉屋、八百屋、宿屋」に配下を送り込み、人びとがどんなことを話しているか――帝国宣伝指導部がキャンペーンの文案を練るときの素材となる――を探るよう求めた。

にわかに新しい党員が増えはじめた。『フェルキッシャー・ベオバハター』に広告を載せる会社が多くなり、党機関紙の発行部数が増えた。全員から入場料を取る党の集会やその他のイベントに多くの来場者がつめかけるようになったおかげで、党は選挙運動で背負いこんだ莫大な借金を帳消しにし、絶えず拡大していく活動に対応することができた。ナチ党は一九三一年にはまだ自前で資金を調達していたし、三二年にもおおむねそうだった。主な産業資本家や銀行家は、経済政策を明確にせず、あるいは自分たちの経営する資本主義の企業をどう処遇するつもりなのかについて筋の通った方針を打ち出せない――あるいは打ち出そうとしない――党にたいして、不信感をもちつづけていた。それでもナチ党は、一九三一年から三二年にかけて、寄付が得られるようになった。だが、それは企業の資金から出たものではなく、何人かの同調者――そのなかには国立銀行の前総裁ヒャルマール・シャハト、ルールの工業家フリッツ・テュッセン、鉄鋼業経営者協会会長ルートウィヒ・グラウアートがいた――からの個人献金だった。その数万マルクから一〇万ないし二〇万マルクにおよぶ金は、しばしば党ではなく、個人のナチ党員――それもヒトラーではなく、ゲーリングやグレゴール・シュトラッサー、そしてジャーナリストでナチ党と産業界との仲介役ワルター・フンク――に支払われたものだった。

とはいえ、平党員の献身こそは運動の最大の資産だった。しかし活動がさかんになると、合法と非合法のあいだのはっきりしない一線をうっかり越えてしまう危険がつねにあった。ヒトラーは「非合法」――手綱を緩めれば、軍の指導者や大統領の側近グループにたいしてパートナーにしてもよい人物としての信用を損なう危険がある――と「合法」のあいだでうまくバランスをとらなければならなかった。「合法性」をあまりに強調すると、国家の問題を決めるのは多数票ではなく力でなければならないと信じて党と突撃隊に加わり、いまだにベルリン進軍と権力の奪取を切望している多数の者を幻滅させることになるだろう。ヒトラーの腕の見せどころは、「合法性」の保証にわざと曖昧な感じを残しておき、その一方で交渉したいと望む保守的な人間に、自分ならば影響力をふるって、逸《はや》る党員を抑えられると信じさせておくこと、さらに党内の過激派には、自分が「合法性」を論じるのは時いたれば蜂起をしかける意図があることを隠しておく巧妙なカムフラージュだと思わせておくところにあった。ゲーリングはこう語った。

われわれがこの国および現行の制度と戦っているのは、それを徹底的に、だが合法的に——平服の愚かな政治家諸氏のためでもあるが——破壊したいからである。共和国防衛法が制定されるまで、われわれはこの国は嫌いだと言った。この法律のもとでは、この国を愛すると言う——とはいえ、これがどういう意味かは、誰もが知っている。[*15]

裏と表を使いわけるヒトラーのこうした能力は、一九三〇年の選挙の直後に試練にさらされた。一九二九年にミュンヘンで演説して選挙運動を始めたヒトラーの最初の狙いは、軍部の考え方に影響をおよぼすことであり、彼はすでに退役している最高司令官のフォン・ゼークト将軍がつねに主張していた、国防軍は政治に関与してはいけないとする態度を攻撃した。ヒトラーの主張は、若い将校たちにある程度の影響をおよぼした。彼らはヴェルサイユ条約によって一〇万人に制限された軍隊にあって昇進の見込みがほとんどなく、自分が権力の座についたら軍の規模を拡大し、ヨーロッパで当然占めるべき地位をドイツのために取り戻すというヒトラーの約束に魅了されたのである。三人の中尉、リヒャルト・シェリンガー、ハンス・ルーディンおよびハンス・フリードリヒ・ウェンツは非常に感銘を受けてナチと接触し、他の将校たちに呼びかけて自分たちの意見に賛同させた。だが、陸軍にナチの宣伝を広めたことを理由に逮捕された彼らは、一九三〇年の選挙の二、三日後に、ライプツィヒの最高裁判所で裁判にかけられた。ヒトラーはただちに審問を求めた。国防軍の指導者たちを意識して意見を述べ、きっぱりと次のように断言した。突撃隊はもっぱら政治的な目的のためにつくられたものであり、彼らが力に訴えて軍を内戦に巻き込むとか、軍（とりわけ伝統のある将校団）をナチ式の新しい軍隊に置き換えようとすることなどはありえない。「われわれが権力の座についたあかつきには、かならずや現在の国防軍から偉大なドイツ国民軍が生まれることだろう。同じ考えの青年が軍部内に何千人もいるのだ」。そこで裁判長がさえぎり、ナチ党がその目標を合法的に達成することはほとんど望めないだろうと言ったとき、ヒトラーは憤然として否定した。「もし党の規則が法に触れるなら、その規則を適用すべきではないというのが私の基本的な原則である」。それに従わない者は追放された。「そのなかには、革命という観念をもてあそんだオットー・シュトラッサーがいる」

そのあと、彼は計算ずくの曖昧な言い方で合法性の問題について述べたが、それは資本主義に反対する党の立場をめぐる問題を扱ったときと同じだった。

宣誓してここに立ち、私は諸君に申し上げる。もし私が合法的に権力をとれば、ナチの法廷も開かれることになる。一九一八年十一月の革命にたいして報復が行なわれ、かなり多くの首が合法的に飛ぶだろう。

これを聞いて、傍聴席から大きな拍手が起こった。しかし、裁判長が発言のなかの「ドイツの国民革命」とはどういう意味かと聞いたとき、ヒトラーは穏やかに答えた。国内の政治とは関係がなく、単に講和条約の規定に反対する「ドイツ国民の愛国的な蜂起」という意味である。「われわれはその規定を、拘束力のある法律ではなく、押しつけられたものと見なしている」

われわれのプロパガンダは、ドイツ国民の精神を根本から変革するためである。われわれの運動は暴力を必要としない……われわれは合法的な組織に入り、そうすることでわが党を政治を動かす決定的な要因にするつもりだ。だが、われわれに間違いなく憲法上の権利があるとき、われわれは自分たちが正しいと考えるやりかたで国をつくるつもりである。

裁判長「それも憲法に則った方法でやるのか」

ヒトラー「そうだ」[*16]

戦争中ヒトラーの参謀総長だったアルフレート・ヨードル将軍は、戦後、ニュルンベルク裁判で尋問されたとき、法廷で宣誓したヒトラーが、自分は軍に干渉することには反対すると述べたのを聞いて初めて安心したと語っている。この明快な陳述には、のちに国防軍首脳と交渉する道を開くことがもくろまれていた。しかし、そうした戦術につきまとう危険は、シェリンガー中尉のその後の経歴を見ればよくわかる。一八カ月の禁固刑を宣告されたあと、彼は刑期中に共産党に鞍替えした。ゲッベルスがシェリンガーの転向を宣言する手紙は本物かどうかを電報で問い合わせると、シェリンガーは折り返し電報で答えた。「宣言は本物だ。ヒトラーの革命は偽物だ」

最も危険に身をさらしていたのは突撃隊だった。褐色のシャツはナチのキャンペーンにつきものだった。彼らははてしなくつづく集会の守りを固め、街頭で共産党に挑み、分列行進してナチのイメージの核心をなす力を誇示した。しかし、ヒトラーの念頭にあったのはプロパガンダであり、党のイメージだった。突撃隊は革命の際、その先陣をうけたまわるはずであった。ただし、その革命が起こることはないのだが。しかし、この考えが広まると、隊員の敢闘精神が衰えてしまう。この精神はぜひとも――手に負えなくなるほどには手綱を緩めずに――生かしておかなければならない。

ヒトラーがその問題に気づいていたことは、共産党と激しい衝突を繰り返すことで悪名が高かったベルリンの突撃隊が、九月の選挙の直前に謀反を起こし、党集会の護衛を拒否したときのすばやい対応に見られた。主な不満は給与だったが、突撃隊が独立した組織であることから、党の政治組織とのあいだで絶えず摩擦が生じていた。また、ミュンヘンの指導部から過小評価されているという思いも強かった。彼らに関するかぎり、突撃隊のある上級指揮官が書いたように、「突撃隊はただ死ぬためにのみ存在する」のであった。ヒトラーはベルリンに駆けつけ、ビアホールやクラブを一軒一軒たずね歩き、平隊員に党集会の護衛をするよう訴え、給料を改善して「革命の戦士」にふさわしい待遇をすると約束した。その資金をまかなうために、彼は全党員を対象として特別な寄付の義務を課し、自分がフォン・プフェッファーにかわって突撃隊の最高司令官になると発表して、膝をつきあわせた話しあいの効果をさらに高めた。

選挙が終わるとすぐ、ヒトラーはエルンスト・レームを説得して帰国させ、突撃隊の幕僚長に任命して隊の再編成をまかせた。隊の規模は、一九三一年の初めに六万から一〇万のあいだを上下していた。給料と食べ物と冒険の約束にひかれて、大勢の失業者が参加していた。同時に、ヒトラーはヒムラーが自分の配下のエリート集団たる親衛隊《シュッツシュタッフェル》（SS。当初は二八〇名からなり、プロレタリア階級の出身者が多い突撃隊から非常に嫌われた）を拡張して党内の警察にすることを許し、「親衛隊員よ、汝らの忠誠は汝らの名誉」というモットーを与えた。

ヒトラーの「合法」政策にたいする不満は消えなかった。一九三一年三月末に、政府が政治集会は二四時間前に警察の承認を得なければならないとする法令を出したとき、ヒトラーは党のあらゆる機関にこの法律の文言に従うよう命じた。ベルリンの突撃隊指導者ワルター・シュテンネスはこれが腹に据えかねた。そして、ヒトラーの命令を公然と非難し、ベルリンの党指導部を追い出して党と突撃隊の両方を自分の指揮下に収めた。ワルター・シュテンネスを支援しにやってきたポンメルンの突撃隊士官たちは宣言した。「ナチ党は国家社会主義革命のコースから離れてしまった……そして、われわれがそのために戦っている純粋な理想を放棄した」[*17]

ヒトラーはこのときもただちに個人的な信望を利用し、ヒトラー個人にたいする無条件の忠誠宣言に従うよう突撃隊のすべての指導者に要求した。シュテンネスはオットー・シュトラッサーと同じくヒトラーに公然と反抗したが、彼の謀反は失敗し、ごく少数の者しか彼のあとにつづかなかった。総統神話の威力は、ベルリンにおいても、大多数の者をしっかりとつなぎとめていた。ゲーリングは突撃隊の粛清を断行した。平隊員の不満を処理するために、いくつかの改革が行なわれた。ヒトラーとレームは努力を傾けて、国家指導者養成学校に突撃隊指導者のための教化コースを設けた。しかし、問題が政策そのものにあることに変わりはなく、それが成功したときに初めて、その矛盾から生まれた緊張を解くことができるのであった。

3

ヒトラーには自信だけでなく、忍耐も必要だった。自ら仕組んで外からの圧力を高めることができたが、合法という戦術に固執するかぎり、ヒトラーは政権内部の者がイニシアティブをとって自分を交渉の座につかせるのを待たなければならなかった。この待機戦術は、総統神話の核心をなす信念、成功が運命づけられているとの信念をもつ党と総統自身にとって、厳しい試練だった。しかし、自分でどうにかするわけにはいかないが、それでも彼にとって有利なかたちに変わりうる四つの客観的な要因があった。

第一は、一九三一年から三二年にかけて恐慌が深刻化したことである。その間に登録された失業者数は六〇〇万を超え、率にして他のどの工業国よりも高かった。

第二は、大恐慌にともなう政治的な危機の切迫である。右翼の過激派（ナチ党）と左翼の過激派（共産党）の得票が増えたことと、それに加えて政治的暴力が激化したことが、その一つの表われだった。もう一つの表われは、一九二五年に王に代わる国の象徴としてフォン・ヒンデンブルク元帥が大統領に選ばれたあとで、共和国の一時的な安定が終わったことである。しばらくのあいだ、ドイツの伝統的なエリート層は、共和国にたいして、宥和的ではないにしてもあまり攻撃的ではなくなっていた。だが、恐慌のためにそれも終わった。経済危機は政治危機にもなったのである。

ドイツが苦しんでいる不幸のすべては「制度」のせいにされたが、それはドイツにおける議会制民主主義の根がいかに浅いかを示すものであり、社会における特権とその地位からして国家の最も強力な支持者であるべきはずのグループが、共和国からいかに疎外されているかを示してもいた。これは保守第一党の国家人民党の場合に、はっきりと見ることができる。国家人民党は、農村地帯でナチ党に票を食われたばかりか、反動的かつ独裁的な汎ゲルマン主義者のアルフレート・フーゲンベルクに党を奪われてしまった。フーゲンベルクはあまり成功したわけではなかったが、ナチ党に匹敵するほど騒々しく、絶えず共和国に反対し、ときにはナチ党と同盟を結ぼうとした。

フーゲンベルクがヒトラーを招いて、ヤング案に反対する国民投票のキャンペーンに参加させたこと（原注：第5章5節参照）は、ヒトラーが政治的な体面をとりつくろい、上流階級に属する右翼サークルのもつ影響力と財力に近づくための重要な一段階となった。国家人民党のより保守的な党員は、フーゲンベルクの政治スタイルに反発して離反し、分派の人民保守党をつくった。つねにしたたかで気落ちすることのないフーゲンベルクは路線を変えず、ヒトラーとの以前の経験から何も学ばないで、一九三一年十月、ワイマル共和国に敵対するあらゆる右翼グループを一時的に結集した「民族主義的反対派」、いわゆるハルツブルク戦線にヒトラーを入れた。一九三三年一月にこの同じ連合が復活してヒトラーを首相にするのだが、それはヒトラーを手なずけられれば意のままに引きまわわせると誤信してのことだった。

ヒトラーに有利に働いた第三の要因は、国防軍の政策の転換だった。ワイマル共和国の例外的な事態のなかで最も目につき、しかも危険だったのは、国防軍の指導者たちが敗北と王制の崩壊にもかかわらずまんまと生きのび、現在の政府や共和制ではなく、将校団が「永遠のドイツ」の利益であり価値であると考えるものに忠誠を尽くす、国家のなかの国家として浮上したことだった。

この当時の国防軍のユニークな地位をつくりあげたのは、一九二〇年から二六年にかけて総司令官をつとめたフォン・ゼークト将軍だった。ゼークトは、政治は軍事に介入すべからずとの根拠から、軍の統帥権の自律性を政治家から守ったばかりでなく、軍部の代表として国家の利益を最終的に調停するのは軍であると主張して、自身が政治的に大きな役割をはたした。一九二三年の国内の危機に、共和国政府はフォン・ゼークトに全権を与えて国家を守らせた。また彼は、ソ連と密接な関係を結ぶという秘密政策の責任者でもあった。ドイツ軍はそれによってヴェルサイユ条約の軍事条項を出し抜くことができるのである。

一九二五年に、旧帝国陸軍最後の司令官フォン・ヒンデンブルク元帥がドイツの大統領に選ばれ、つづいてフォン・ゼークトが引退して、軍部と共和国当局との関係改善の道が開かれた。その先鞭をつけたのは、国防省および兵務局《トルッペンアムト》に勤務する青年将校たちの有力グループだった。兵務局はヴェルサイユ条約で解体されたあとの参謀本部を引き継いだ偽装機関だった。彼らを動かしたのは共和国への共感ではなく、自分たちが連邦政府およびプロイセン政府の双方と緊密に協調することによってのみ自らの目標は達成されるという認識である。彼らの計画に描かれたのは、歩兵二一個師団と騎兵五個師団（ヴェルサイユ条約で認められたのはそれぞれ七個と三個）をもつ新しい軍隊の創設だった。これらの諸部隊（と空軍）には、そのほとんどが条約で禁止されている最新の兵器を装備し、ソ連で秘密の再軍備および訓練計画を実施するとされた。

ソ連と新たにこうした関係を結んだのは、将軍として初めて国防相になったウィルヘルム・グレーナーと、陸軍と海軍に関わるすべての政治問題を処理するために新設された軍務局《ミニスターアムト》の長官クルト・フォン・シュライヒャーであった。グレーナーは第一次大戦の末期にルーデンドルフのあとを継いで参謀次長になったが、すぐに現実を直視して、皇帝に軍はもはや皇帝を支持していないと告げた人物である（フォン・ヒンデンブルクは沈黙を守ったのだが）。グレーナーはそのあと、社会民主党の新首相エーベルトと協議して、自分の責任のもとにドイツは戦争を続行できず、ヴェルサイユ条約に調印しなければならないと共和国政府に進言した。六十歳の将軍を呼び戻して大臣にすることを考えたのは、フォン・シュライヒャーだった。シュライヒャーは一九一八年と二〇年に参謀少佐としてグレーナーと親しい関係にあり、ヒンデンブルクを説得して彼を任命させたのである。

フォン・シュライヒャーは才気と自信にあふれ、人を魅了する力と政治的策謀（「軍服をまとった灰色の宰相」として知られるようになった）をめぐらす情熱を備えており、グレーナーに信頼されたばかりでなく――（フォン・ヒンデンブルクの昔の連隊、第三近衛歩兵隊でともに勤務した）オスカー・フォン・ヒンデンブルクとの友情を通じて――オスカーの父、大統領の信頼も勝ちえた。まもなく、大統領宮はフォン・シュライヒャーの助言を受けずには夜も日も明けないようになった。しかし、グレーナーの努力にもかかわらず、両者の（とりわけ社会民主党の側の）不信の根が非常に深くて、とかく足並みは乱れがちだった。グレーナーは、政権に加わった党がたがいに策を弄しあう連立政府の非力さに幻滅した。そして一九二九年十二月に、彼とフォン・シュライヒャーは、政治の安定を図ると同時に、国防軍が再軍備計画を遂行するうえで必要な支持を得る方法がほかにないかと物色するようになった。

軍部がこれを模索したことは、やがてヒトラー政権が実現するための主たる要因となる。それはまだずっと先の話だったが、一九三三年よりかなり前に軍の態度の変化が強く影響して、議会の政府を大統領の政府に変えるうえで役に立った。つまり、ヒトラーにとって有利に働く第四の要因となったのである。フォン・シュライヒャーは、大統領の緊急命令を頼みに、国家と国防軍の双方が必要とするもの――党首たちの言いなりにならないで国家百年の計を立て、それを実行できる強力な政府――を提供できる首相を任命する計画を考えるにあたって、大統領の顧問たちのなかで最も積極的に動いた一人である。

ブリューニングは正式に首相に任命されたが、その結果はすでに述べたとおりである。彼は国会の解散を決断し、つづいて一九三〇年九月に行なわれた選挙で敗北した。しかし、一九三〇年の選挙におけるナチ党の思いがけない躍進から、これによってヒトラーの最終的な成功が必然となったとする結論に飛躍しないことが肝要である。ほかにも、いくつかのシナリオがあった。

選挙のあと、一〇七名のナチ議員は、すぐさまフーゲンベルクの国家人民党議員四一名、共産党議員七七名と協力して、国会を野放し状態におとしいれ、国会はほとんど機能しなくなった。しかし、反対は度が過ぎた。社会民主党の側の心変わりにより、国会の規則を変更してその手続きに秩序を回復するために必要な多数票をまとめることが可能になった（一九三一年二月）。穏健左派（社会民主党）から穏健右派（フーゲンベルクの国家人民党から分かれた人民保守党）までを包含するこの連合をうまく使えば、不信任票をしのいで議会の政府に戻すのに必要な過半数を制することができただろう。しかし、ブリューニングと大統領の側近グループの関心はそこになかった。

彼らが過半数を利用したのは、国会を休会にする合意をとりつけたことだけであり、これによって議会の政府が大統領の政府に置き換えられる方向へさらに一歩進んだ。

別の選択肢として検討してもよいと思われるのは、プロイセン首相で社会民主党員のオットー・ブラウンからの提案で、プロイセンと連邦政府を合併して、ドイツの民主主義ばかりでなく、安定した立憲政府という思想にたいしても脅威となる政治的な過激主義の芽を摘もうというものである。連立という病に罹った連邦政府とは異なり、プロイセン政府の安定ぶりと進歩的な政策が注目されたが、これは社会民主党と中央党の協力にもとづくもので、ワイマル時代の逆説とも言えた。かつて東プロイセンの農業労働者だったブラウンは、数カ月の短い中断が二度あったが、一九二〇年から三二年にかけて首相としてプロイセンの政権を担当していた。

プロイセン政府はすでに率先してナチの過激派を抑えようと努力していた。この措置のなかには、戸外の集会とパレードの禁止、突撃隊の制服着用禁止、ナチ党および共産党の党員はプロイセンの公職につけないとする法律が含まれた。プロイセンの内相アルベルト・クシェジンスキは、機動力をもち武装した一八万人の警察隊――そのうちの八万人は兵営に寄宿していた――を動員することができ、自分の解任を強く要求するナチの威嚇に屈するのを拒んでいた。新しい国会が開かれた日にユダヤ人の店舗が襲撃されたあと、オットー・ブラウンはクシェジンスキをベルリン警察長官に任命した。『フランクフルター・ツァイトゥング』は「クシェジンスキ氏はいかにプロイセンを統治したらよいかを知っている」と評した。クシェジンスキ自身のブラウンにたいするコメントは「必要なのは強いこと、鉄のように強いことだ」というものだった。まもなく、彼が本気でそう言ったことがわかった。

ブラウンは一九三一年十一月にも合併の提案を繰り返し、自分が下野してブリューニングにプロイセン首相と共和国首相を兼任してもらいたいと申し出た。戦後の回想録のなかで、ブリューニングはこの申し出は「最も重要なものだった……一九三二年のあらゆる事件〔自身の解任を含めて〕は未然に阻止できただろう」と書いている。[*18] しかし、当時の彼は、このときも、この前のときと同じく、手をこまねいたままブラウンの申し入れを取り上げなかった。もし取り上げていたら、そのような処置はほぼ間違いなくフォン・ヒンデンブルクとグレーナーおよびフォン・シュライヒャーに拒否されていたことだろう。プロイセン政府との合体は、長らくドイツで話しあわれていた改革、すなわち国会に過半数をつくりだそうとする試みだった。しかし、あえてそれを実行することは、まだ最大の多数党ではあったが、右派が共和国で最も唾棄すべきすべてのものを体現していると見なしていた社会民主党と協力することを意味したわけである。かつてグレーナーとフォン・シュライヒャーが共和国との関係の修復を試みたときも、右派のこの敵意と、それに見合った社会民主党の猜疑心に妨げられた。社会民主党は、ドイツの将校団およびそれと一体視される地主貴族《ユンカー》の姿勢が本当に変わるのかどうかを疑ったのである。軍に関するかぎり、「左翼への通路」はそれですべて閉ざされた。

しかし、一九三〇年の秋にはまだ、グレーナーもフォン・シュライヒャーも、目を向けるべき唯一の方向がナチだとの結論を出す気になってはいなかった。グレーナーには軍の内部で国家社会主義への支持を呼びかけた三人の中尉を逮捕して裁判にかける責任があった。一九三〇年十月、師団司令官たちの会議で、彼とフォン・シュライヒャーは裁判のために軍の内部にあがった批判の声にたいして激しく反発し、自分たちの立場を弁護した。それでも、選挙でのナチの成功とプロパガンダはきわめて強い印象を与えていた。秋の演習時にイギリスの大使館付武官と話した将校たちの意見が、しばしば引用されている。「これは青年の運動だ。押しとどめることはできない」

だが、一九三一年のうちに、フォン・シュライヒャーはグレーナーよりもすみやかに考えを変えた。レームは帰国して突撃隊を引き受けると、フォン・シュライヒャーと接触し、ヒトラーがシュテンネスをはじめとする革命志向の強い分子を突撃隊から排除した事実を強調した。レームばかりでなくヒトラーも、フォン・シュライヒャーとグレーナーおよび陸軍総司令官クルト・フォン・ハマーシュタイン－エクヴォルトを訪問した。フォン・シュライヒャーは、政権のなかにナチ党を入れ、不人気な政策についてもその責任の一端を負わせて「飼い慣らす」という考えをあたためはじめた。計画の一部として、今回はそれが「過激な右傾化の始まり」ということになる。

ブリューニングは、大恐慌によって生じた経済問題の処理に成功していないために、さらに支持を増やす必要に強く迫られていた。まずやらなければならないのは、賠償の打ち切りだった。その前提条件となるのは、支出の削減と増税を行なって予算を均衡させ、国の経済に秩序をもたらそうとするドイツの姿勢をかつての連合国に印象づけることだと、彼は信じた。これこそ進めるべき正しい政策であると確信して、ブリューニングはそのために不評を買ってもしかたがないと覚悟した。だが、ドイツの一般大衆はその考えを受け入れず、ブリューニングを「飢餓宰相」と呼んだ。

就任して一八カ月後の一九三一年の秋になると、ブリューニングは万策が尽きていたばかりか、その間に外交政策の面で窮地におちいっていた。オーストリア－ドイツ関税同盟をつくるという外相ユリウス・クルティウスの提案がパリを怒らせ、フランスは財力にものを言わせて強引にその計画を放棄させようとした。まずオーストリア第一の銀行クレディートアンシュタルトは閉鎖を余儀なくされ、ドイツからも外国資本が引き上げられた結果、金融恐慌が起こり、一九三一年夏にはドイツの主な銀行が三カ月の休業に追いこまれた。一九三一年九月三日、四面楚歌となったドイツ政府はその計画を撤回すると発表した。さらに政府が賃金および給料をカットする計画を発表すると、右翼と左翼の過激派が結束して首相の政策に猛烈な攻撃を浴びせた。フォン・シュライヒャーはしばらくのあいだ、ブリューニングの政府を強化しなければならないだろうと予測していた。そして、十月に外相が辞任したのを利用して、右翼過激派からとりわけ嫌われていた内相ヨーゼフ・ヴィルトを同時に更迭し、そのポストにすでに国防相になっていたグレーナーを任命させた。しかし、フォン・シュライヒャーはナチ党とフーゲンベルクの国家人民党から積極的な支持を得ることにはあまり成功しなかった。

ヒトラーはブリューニングから会合に招待するという電報を受け取ったとき、仲間たちの目の前でそれをひらひらさせながら叫んだ。「もう奴らを意のままに操れるぞ！　私を対等のパートナーと認めたんだ」。彼が有頂天になるのは早すぎた。一九三一年秋は、ヒトラーにとって悪い時期だった。九月に、彼が愛していた姪のゲリ・ラウバルが、彼の独占欲に抗議して自殺した（原注：第2巻10章3節参照）。まずブリューニングと会談し、そのあとヒンデンブルクに会ったとき（十月十日）、ヒトラーは落ち着きを失い、自分の力を過信して勝手にまくしたてたため、首相にも大統領にもあまりよい印象を与えなかった。大統領宮から故意に流されたフォン・ヒンデンブルクの言葉が世間に伝わった。「あのボヘミアの伍長は妙な男だ。郵政大臣にはいいかもしれないが、とても首相の器ではないいな」

翌日、ヒトラーはハルツ山地のバート・ハルツブルクへ行かなければならなかった。そこにはフーゲンベルクが鉄兜団と突撃隊の部隊ばかりでなく、保守派の代表的な人物を集めていた（シャハト、フォン・ゼークト将軍、多くの右翼政治家、そしてホーエンツォレルン家の二人の王子など）。目的は、「民族主義的反対派」連合の力を見せつけ、ブリューニングおよびオットー・ブラウンの政府の総辞職と、その後に連邦とプロイセンの新しい選挙を要求することにあった。

ヒトラーはこのうえなく不機嫌だった。フロックコート、山高帽、将校の軍服、そしてさまざまな仰々しい肩書——反動勢力のオンパレード——に威圧されたのである。そういうものに囲まれたなかでは、民衆に人気のある偉大な護民官もまったく場違いだった。鉄兜団が突撃隊よりもはるかに大部隊で現われたとき、彼はその指導者のフランツ・ゼルテおよびフーゲンベルクと並んで同じ演壇に立っていなければならなかった。ヒトラーは自分の演説をつまらなそうに読み上げると、鉄兜団の行列が通り過ぎないうちに立ち去った。「民族主義的反対派」連合は形成される前に崩壊し、痛烈な非難の応酬が年末までつづいた。

これとは対照的に、十月十三日に国会で自分の政策を弁護したとき、ブリューニングは多くの人びとが予想した以上に健闘した。社会民主党と中央党の支持を得て、信任投票に二五票の差をつけて勝ったのだ。ヒトラーはブリューニングに怒りの手紙を書いて彼の経歴を攻撃し、挫折感をまぎらした。そして、国会での投票の翌日、ブラウンシュヴァイクで壮大な松明《たいまつ》行列を催した。会場へは、三八本の特別列車と五〇〇〇台のトラックで、一〇万人以上の親衛隊と突撃隊の隊員を送り込み、自分の前を行進させた。こうしたショーは、ドイツでは他の誰にもまねのできないものだった。政府側が大衆の支持の必要性を論じているとき、ヒトラーはすでに大衆の支持を得ていると主張できた。しかし、彼は一年前と同じく、政権にはいっこうに近づいていなかった。

4

ヒトラーが政権に手を届かせるには、一九三一年十月から三三年一月末まで、さらに一五カ月を要した。この一五カ月間には二つのことがひっきりなしに行なわれた。選挙と交渉である。一九三二年には選挙が五回あった。その内訳は大統領選挙が二回、国会議員選挙が二回、そして一九三二年四月の一連の州議会議員選挙である。そのなかで最も重要なのが、プロイセンとバイエルンの選挙だった。交渉は断続的に行なわれ、非常に厳しく、最後の最後まで結論が出なかった。

ヒトラーの側では、選挙と交渉はつねに代替的な戦術だった。選挙は、結果が決定的でないときでも、交渉の際の力のバランスを変えたので、この二つは無関係とは言いきれなかった。それでも、これらは権力に近づくための異なる二つの方法でもあった。一方は、右翼連合のパートナーとなることによって、どの利益グループにもできるだけナチの影響力をおよぼし（農民組合の場合のように）、あらゆる機会をとらえて連邦だけでなく諸州の政府へもナチが参画するようにし、内部から権力を掌握しようとするものだった。もう一方は、他者に頼ることなく、独力で選挙に絶対多数を勝ちとって突破口を開くことを目指すものだった。

他方、状況はいちだんと複雑になった。役者が増えただけにさまざまな利害がからまり、場合によっては利害が相反したからである。しかし、交渉に加わった人たち――フォン・ヒンデンブルク、フォン・シュライヒャー、グレーナー、フォン・パーペン、フーゲンベルク、そしてブリューニングさえ――は、ヒトラーとナチの運動が――いまでは明らかな――脅威になりうることを認識してしかるべきだったのだが、誰一人としてそう思っていなかった。「制度」が悪いと攻撃し、民主政治と共産党を糾弾し、挙国一致を求め、賠償を含めてヴェルサイユ条約を廃棄し、軍事力を含めて偉大なドイツの復活を訴えるヒトラーの主張の多くに、彼らは同意したのである。陸軍総司令官として、フォン・ハマーシュタイン‐エクヴォルト将軍はヒトラーと四時間の会談を終えたあとで言った。「目的を達成するまでの期限を別にすれば」ヒトラーの望んでいることは国防軍とまったく同じだ、と。

大統領と内閣はもとより、将軍たちも自分たちが責任をもってワイマルの政治制度を守っていかなければならないとは考えなかった。彼らから見れば、危機を終わらせてドイツが復興への道を歩み出すのに必要な安定した政府はつくり出せないとわかっていたからである。彼らがやろうとしていたのは、大統領の権限の行使を緊急時の一定期間――そのあいだ、いずれは旧に復するという了解のもとに議会制度は機能を停止する――から永続的なものにすることだったが、それはかつての君主制の政府とあまり変わらないもので、大統領が皇帝の位につくというものだった。その観点からすれば、国家社会主義者はつぶしてしまうべき脅威――そうなる可能性があっても――ではなく、うまく説得して右翼の他の勢力に加わらせ、共通のプログラムを支持させられれば一つの貴重な戦力になると思われた。

ナチの運動には、体制の側から見て好ましくない面がいくつもあった。突撃隊の暴力、党のプロパガンダの卑俗さ、過度の反ユダヤ主義、根強い反資本主義思想などである。しかし、体制側の人びとはあれこれと理屈をつけて自分たちを納得させた。野蛮さと暴力は、大衆に訴えて民衆の支持を得るナチ党の能力の一端として認めなければならない。その能力は、自分たちの目から見れば、ヒトラーが権威主義的な政権に貢献できる最大の資産である、と。ヒトラーに宣誓させたうえで「合法性」を尊重する約束――ヒトラーはいつでもそれを繰り返していた――をさせたのではなかったか。

ヒトラーは突撃隊を軍に代わるものとしたり、突撃隊に軍の妨害をさせたりすることはまったく考えていないと断言し、同じようにきっぱりと、財産権と経営権の侵害は認めないと言わなかっただろうか。

一九三二年一月にヒトラーと会談したあと、老練なグレーナーは、ヒトラーが「断固として革命思想を捨て去る覚悟でいる」ことについて、フォン・シュライヒャーと意見が一致した。グレーナーの見解は公的記録に次のように記されている。

好ましい印象を受ける。控え目で、礼儀正しく、つねに最善を尽くす男である。その物腰は、ひたむきな独学者のタイプだ……大臣は、ヒトラーの合法的な努力をぜひとも支援したいが、社会不安をあおるナチの扇動家にはこれまでと同じく反対していくつもりである……と、はっきり述べた。

ヒトラーの意図と目的はよろしい。だが、彼はひたむきで、激しく、多くの面をもっている。大臣は彼にすっかり同意して、連邦の利益になるようにその意図を追求させることにした。また大臣は、州〔の政府〕に、ナチを公平に扱うよう指示し、行き過ぎには反対しなければならないが、運動自体はそのかぎりではないと言った。[*19]

折りに触れて、グレーナーの心にはナチ党の信頼性にたいする疑いの念がきざした。

しかし、彼はそのつどフォン・シュライヒャーの説得に耳を傾けた。ヒトラーが首相や大統領になる見込みはないのだし、他の反対党のすべての指導者と同じく、公職につけば、ヒトラーも「飼い慣らされ」て「統制」に従うようになり、また連立のパートナーが彼の過激な方針を牽制するだろう。

グレーナーは、のちに友人の歴史家フリードリヒ・マイネッケに「彼らを力でねじ伏せるべきだった」と認めている。[20]しかし、一九三二年四月に――最初はフォン・シュライヒャーの強い支持があって――ようやく突撃隊を禁止しようとしたとき、彼はフォン・シュライヒャーの裏切りにあい、軍の名において地位を追われることになる。グレーナーの扱いを見て、圧力がかかれば相手方の団結がいともたやすく崩れることを、ヒトラーは知った。グレーナーの次は、ブリューニングが捨てられる番だった。つづいてフォン・パーペン、最後はフォン・シュライヒャー自身だった。そのたびに得をしたのは、ヒトラーだった。

権力の入口を扼《やく》するグループが犯した誤りは、民主的なワイマル憲法にたいしてヒトラーが抱いた敵意を甘く見たこと――それこそ彼らがヒトラーを受け入れた理由だった――ではなく、彼らが復活させようとしていた保守的かつ権威主義的なプロイセンの伝統を脅かす存在としてのヒトラーの危険性を過小評価したことだった。ナチ党の選挙キャンペーンと組織的な暴力が示すあらゆる証拠を目にしても、彼らはヒトラーが盛り上げた運動のダイナミックな性格を、自分たちが成り上がりのデマゴーグとして見下していたこの男が自分の目的をとげるためにはどんなことでもする覚悟でいることを、そしてその目的をとげるまでにすさまじい破壊力をふるうつもりでいることを理解できなかったのである。ヒトラーもスターリンも真意を隠してうわべをとりつくろうようになっていたが、そのほか二人に共通する成功の要因としてあげられるのは、その政治のゲームで相手にまわったプレーヤーが彼らを過小評価したことだった。

最初に選挙か交渉かの選択を迫られたのは、一九三二年の初頭である。フォン・ヒンデンブルクは五月に引退することになっていた。大統領の側近グループが最も見たくないと思ったのは、誰かが彼に取って代わることだった。八十四歳の老人はこれ以上つづける気がなく、とくに新たな選挙戦にのぞむのをいやがった。ブリューニングはそのために、大統領の任期を一年ないし二年延長するための合意をとりつけようと、国会で信任投票を求めることにした。

ヒトラーはブリューニングの政策が招いた悲惨な結果について彼を激しく攻撃しつづけたが、首相のほうは自分の提案にヒトラーが喜んで同意すると信じた。さもなければ、ヒトラーは自分についての神話を元帥の神話と競わせることになるからだ。元帥の神話とは、何百万というドイツ人が混乱した世界における安定の象徴と見なすものだったのである。ヒトラーの関心がどこにあるかは明らかだった。そのあとは、グレーナー、フォン・シュライヒャーに打診するとともに、ブリューニング自身がそれをどう考えるかということだけだった。ヒトラーが問うことは一つしかなかった。それによって自分はどんな得をするのか。答は、何もないということのようだった。そして次に出てくる問いは、ヒトラー自身、大統領と公の場で戦う覚悟があるのかどうかということだった。

ナチ陣営の意見は二つに割れた。グレゴール・シュトラッサーの意見は、フォン・ヒンデンブルクには太刀打ちできないだろう、ヒトラーは彼に挑戦すべきではないというものだった。これは、シュトラッサーが一九三二年を通じて次のような選択をしたのと軌を一にしている。選挙を戦うよりも交渉し、国政だけでなく地方政治でも他の党（たとえば中央党）とともに連立に加わって取り引きするほうを選び、またいきなり権力を奪おうとして失敗する危険を冒すよりも、さまざまな利益集団に浸透して、それを支配し、徐々に権力を伸長して、既成事実を段階的に積み上げるほうがよいということである。

シュトラッサーに反対した主な人物は、ヒトラーに立候補を勧めたゲッベルスだった。ゲッベルスは（日記に記しているように）、選挙戦になればプロパガンダの責任者としての自分がヒトラーの補佐役のなかで最も重要な存在になれることを充分に理解していた――これと同じく、交渉と連立の戦術となれば、党の組織を取り仕切るシュトラッサーのはたす役割が大きくなるのである。ゲーリングとレームが強力にゲッベルスを支持した。党内に権力基盤をもたないゲーリングは、ヒトラーが政権をとって自分を大臣にしてくれたときに初めて地歩を固めることができるから、またレームは突撃隊にエネルギーの捌け口を与えるためにぜひとも選挙キャンペーンの興奮と活動が必要だったからである。

ヒトラーは一カ月のあいだ思い悩んだ。大きな決断を下す前にいつも見せる、ヒトラー独特の優柔不断ぶりである。やっと、選挙の三週間前の二月二十二日になって、ヒトラーはイエスのほうに気持ちが固まった。そして、あまり重要ではない州のブラウンシュヴァイクでナチの内相から一時的に役人に任命してもらい、そそくさとドイツの市民権を取得した。

すでにキャンペーンの計画を練っていたゲッベルスの心配は資金だった。「どこにも金がない」と、彼は日記に書いている。「誰もわれわれを信用してくれない。ひとたび権力の座につけば金はわんさと入るのだが、そのときはもういらないのだ。権力がないと金がいる。だが、手に入らないときている」[*21]

ついにゲッベルスは、ドイツで、いやヨーロッパの他のどの国でも、これまで見たこともないようなキャンペーンを計画するのに必要な金を見つけることに成功した。

一九三二年二月四日の日記には、次のような記述がある。「選挙運動のレールはすっかり敷かれた。いまやボタンを押しさえすればマシンが動き出すのだ」。彼は一九三〇年の選挙の成功を利用して党勢の伸張につとめ、党員はそれ以来三倍以上に増えて約四五万人になっていた。[*22]党組織——スタッフが一〇〇〇人以下という大管区は一つもなかった——は、ドイツのどの村にも入っていけた。ブラウンシュヴァイクのデモンストレーションは、ナチ党にどんなことができるかを人びとに見せつけた。まだラジオもテレビも使えなかったが、ドイツのどの町の城壁にもナチのポスターが貼られ、ヒトラーとゲッベルスの映画がつくられて、いたるところで上映された（一九三二年当時では新機軸である）。一九三〇年と同じように、だがはるかに大規模な組織の力を投入して、ヒトラー＝ゲッベルスの戦略は、さまざまな社会層、経済グループを個別に狙ったプロパガンダをたずさえて、ドイツのあらゆる地域をしらみつぶしに攻略することになった。いまや、ナチの地方組織の力が現場でその真価を発揮するときだった。

ナチの新聞とパンフレットがメッセージを伝えた。しかし、話して聞かせる言葉のほうが強いとするヒトラーの信念に従って、主たる努力は数千回の突撃隊によるパレードつき集会を組織することに注がれた。そのなかの最も大がかりなものでは、党の主要な弁士たちがまさしく歯に衣着せない群衆扇動の言辞を弄して聴衆を沸かせた。

体制が徹底的に攻撃されるなかで、大統領本人はもとよりすべての者が槍玉にあげられ、糾弾された。二月二十二日から三月十二日までのあいだに、ゲッベルスはベルリンで一九回（大体育館での四回を含む）の演説をこなし、他の九都市の大集会でも演説すると、そのまま夜行列車でベルリンにとんぼ帰りして、党のプロパガンダ組織の活動を監督した。

しかし、中心人物は、一九三〇年のときにもまして、ヒトラー自身だった。このたびは国会や州議会を目指して立候補するほとんど名の知られていない大勢の候補者の問題ではなく、たった一人の候補者、運動の体現者たるヒトラーその人が国の最高の地位に自分を選んでほしいと支持者に求めていたのだ。彼が姿を現わすと、会場はヒステリックな熱狂の渦に包まれた。ヒトラーはブレスラウで六万人に、他の場所ではさらに数が多いと推定される群衆に向かって話しかけた。投票が行なわれた三月十三日になると、党は――党員も党首も同様に――いまこそヒトラーがドイツの大統領になって、自分たちが「合法的な」革命を遂行するために大統領の緊急命令を行使できる権力をつかむのだと確信していた。

だが、結果を知って、彼らは呆然とした。ナチのキャンペーンによって得票数は一九三〇年九月の六五〇〇万から一一三〇万にはね上がり、記録破りだった投票者総数の三〇パーセントを占めた。だが、フォン・ヒンデンブルクの四六・六パーセントという数字には七〇〇万票もおよばなかった。決定的な要因は、社会民主党と労働組合およびカトリック中央党が独自の候補者を立てず、プロテスタントでプロイセン人、おまけに社会民主主義と共和国が嫌いな君主主義者の大統領に投票するほうが、たとえ災いは災いであるとしてもまだましだと考えたからだった。どう説明してみても結果は敗北であり、ゲッベルスは絶望した。

しかし、フォン・ヒンデンブルクの得票は、必要とされる絶対多数にまだ二〇万票足りなかった。したがって、第二次選挙を行なわなければならなかった。このときにはヒトラーはためらわなかった。結果が公表されると、彼は立候補すると発表し、開票の翌日の夜が明けきらないうちに、『フェルキッシャー・ベオバハター』の号外が街頭で新しい選挙の声明文を伝えた。

第一次選挙キャンペーン終了。第二次選挙キャンペーンは本日開始。私が先頭に立つ。

復活祭に暴力が手に負えなくならないようにと、政府は第二次選挙の運動の期間を一週間にかぎった。それを最大限に利用するため、ヒトラーは飛行機をチャーターして二一の都市を訪れ、各都市で自分を歓迎するために用意された四カ所か五カ所のデモンストレーションに顔を見せた。実際的な利益は別として、この前代未聞の航空機の利用はいかにも先進的で、人びとの心に並々ならぬ印象を与えた。暴風雨のために他のすべての空の便が使えなくなったのに、ヒトラーがデュッセルドルフへ飛ぶと言い張って約束を守ったときには、とくに印象は強烈だった。この人こそ行動する勇気をもった、ドイツにとってなくてはならぬ人物、空から到来した救世主である、とナチの新聞が書きたてた。「ドイツに冠たるヒトラー」がスローガンだったが、その言葉は二重の意味をもたされたのでいっそう効果的だった。自分自身の神話の力にすっかり酔ったヒトラーは、われこそはドイツを解放するために選ばれた神の使いであると信じると宣言した。

彼が負けることは疑いの余地がなかった。しかし、脱落した国家人民党の候補者や、一〇〇万も得票を減らした共産党と違い、ヒトラーの決意はナチの得票を二〇〇万も上積みして、敗北を勝利に変えた。フォン・ヒンデンブルクは充分な過半数を確保して安泰だった。しかし、一九三〇年の選挙の票を倍以上(六五〇万に対して一三四〇万)にしたナチの成功は、ニュースになった。ヒトラーはただちに二週間後の州選挙の準備を命じた。これらの選挙には全人口の五分の四が関わり、共和国の最後の砦であるプロイセンの社会民主党－中央党連立政権を追い落とすチャンスとなるものだった。「われわれは息をつくいとまもなしに戦いつづける」と、ゲッベルスは嘆息するように書いた。

しかしこのとき、ゲームのルールが変わった。一九三一年から三二年にかけての冬には、暴力の急激な高まりがあった。その多くは、とくにベルリンやハンブルクのような大都市で、ナチと共産党の暴力集団同士の抗争というかたちをとった。フランクフルト警察がヘッセンにおけるナチの地方指導者が立案した秘密の手書き文書（ボックスハイム文書として知られる）を入手して以来、ナチの権力奪取計画の証拠が続々と集まっていた。これらは共産党が蜂起した場合、そのあとにつづいてナチがクーデタを準備していることを示すもので、そのなかには抵抗したり協力を拒んだり武器を所持したりする者がいれば誰でも即座に処刑せよという命令もあった。この文書が見つかったのは、一九三一年十一月のことで、大きな反響を巻き起こし、（当然のことながら）ヒトラーは、そんな計画はまったく知らないと否認することを余儀なくされた。しかし、政府は告発された者にたいして法的な措置をとらなかった。プロイセン警察はレームからの命令の写しとしるしのついた地図を発見したが、それらはヒトラーが大統領選挙に勝った場合、突撃隊と親衛隊がクーデタを起こす準備をして待機するよう命じられていたという報告を裏づけていた。ほかにも、ポーランドが奇襲攻撃をかけてきても国境の守りに加わらないようポンメルンの地方突撃隊に指示する命令文書が押収された。

その結果、各州の政府はプロイセンとバイエルンの主導により、もし連邦政府が突撃隊と親衛隊を解散させる措置をとらなければ自分たちがやるという最後通牒を出した。

フォン・シュライヒャーと軍部の支持があると信じて、国防相のほかに内相も兼ねるグレーナーは、第二次選挙のあとただちにこの主旨の命令を出した。突撃隊にはヴェルサイユ条約で認められている兵員数の四倍の隊員がいると公言するレームは、しばらく抵抗することを考えた。しかし、ヒトラーは法の命令には従わなければならないと言い張った。突撃隊が自分の言うことを聞いて褐色のシャツを脱げば普通の党員として再登場でき、組織は無傷で保てると見通したからである。プロイセンの選挙ではブリューニングとグレーナーの鼻をあかしてやる、と彼は断言した。

このときには、彼の判断のほうが間違っていた。再び飛行機を利用して、ヒトラーは八日間に二五の都市で演説した。「われわれは生命をかけて」と、ゲッベルスは書いている。「いまや狂気のように成功と権力を追い求めている」。しかし、それでも権力は彼らの手をすり抜けてしまった。プロイセンで、ナチ党は第二次大統領選挙で勝ちとったのと同じ三六パーセントの票を得て、昔からつづいてきた社会民主党‐中央党連立が過半数を占めるのを阻止したが、フーゲンベルクの国家人民党の支持があってもプロイセン政府を構成するに足る票をまとめられなかった。バイエルンとヴュルテンベルクでもまだ過半数には遠かった。へとへとに疲れる選挙を三度もこなしたあと、さすがのゲッベルスもうんざりし、皮肉をこめて愚痴をこぼした。「こんな選挙をつづければ勝つまで生命がもたない」

しかし、ヒトラーは落胆するどころでなかった。グレーナーの命令に従ってもよいと思わせる内密の情報を入手していたのである。フォン・ヒンデンブルクの政権が確保されたところで、フォン・シュライヒャーはブリューニングを排除して、国会の過半数に縛られない大統領の政府をつくる方向に一歩近づくという自分の計画を進めてもかまわないと判断した。その計画には、ヒトラーとナチの支持を確保することが絶対に必要だった。彼は陰謀家としての能力をとことんまで駆使してグレーナーの突撃隊解散令を骨抜きにし、グレーナーをおとしめるデマ戦術を組織した。

これはグレーナーが自分の息子のように扱い、全幅の信頼を寄せているフォン・シュライヒャーの個人的な裏切り行為だった。また、先ごろの突撃隊解散令に賛成するとのグレーナーへの自身の助言にもとる行為でもあった。しかし、ヒトラーはひそかにフォン・シュライヒャーと会ったとき（四月二十六日と五月十七日の二度）、グレーナーの解任にはブリューニングも除外する道を開く意図がこめられていることを知った。そもそもどちらの人物もフォン・シュライヒャーが推挙したのだが、その目的をはたしてしまうと両人とも足手まといになった。「万事うまくいっている……」と、ゲッベルスは日記に書いた。「誰も怪しんですらいないというのは、実にいい気持ちだ。最も疑っていないのが、ブリューニング自身ときている」[*23]

グレーナーは国会でナチにばかにされ、ごうごうたる野次のために立往生して着席するという屈辱的な場面のあと、フォン・ヒンデンブルクに仲介してほしいと訴えたが、聞き入れられず、五月十二日に辞職した。ブリューニングも同じ扱いを受けなければならなかった。彼の政策は、ヒトラー以外の右翼にも敵をつくっていた。東プロイセンの破産した不動産を引き取って、そこへ農民を入れて開発させるという法案は、有力なユンカー階級の激しい反対を招いた。フォン・ヒンデンブルクは彼らからノイデック（訳注：現ポーランド領ポッザメク）の地所を贈与されていた。彼らはブリューニングの提案を「農地ボリシェヴィズム」と非難した。グレーナーが辞職したあと、抜かりなく準備された所有地訪問の旅から帰ってくると、フォン・ヒンデンブルクは法令への署名を拒み、もう一度自分に会いたければ辞表をもってくることだとブリューニングに告げた。彼がそうすると、その場で受理された。「フォン・シュライヒャー将軍から連絡があった」と、ゲッベルスは日記に記した。「万事、計画に従って進行中」

ブリューニングの失脚で、ワイマル共和国の崩壊がさらに一段階進んだ。彼の推進した政策がどれほど誤っていたにせよ、また指導者として一般大衆に訴える力や政治家としての力量に欠けていたにせよ、ブリューニングはドイツのかかえる問題を誠実に処理しようと試みたのである。国会における社会民主党と中央党の暗黙の支持を得て、ブリューニング内閣が政権を担当するかぎり、責任ある政府の伝統がドイツで全面的に放棄されることはなかった。だが、後継者としてフォン・パーペンが首相に指名されたとき、その伝統は死んだ。そして、フォン・ヒンデンブルクは「共和制の大臣たちの時代」は終わった、と安堵の気持ちを表明した。

フォン・シュライヒャーの目的は、最後まで残った民主的な政権の痕跡を除去し、閣僚の大半を旧貴族から選び出して、上流階級の権威主義的な政府に変えることにあったようだ。フランス大使が「友人からも敵からもまともに相手にされない男」と報告したフォン・パーペンは、不信の目で迎えられた。かつて騎兵隊の将校だったフォン・パーペンはたいへん口がうまく、一九三四年にはヒトラーに殺害されないように身を守って生きのび、一九四六年のニュルンベルク裁判では自分の立場を弁明して禁固刑を免れた。もちまえのご機嫌とりの才覚をふるって、彼はたちまち大統領に気に入られたが、フーゲンベルクの国家人民党ばかりでなく、自分の属する中央党からも爪はじきされたので、政治基盤をもたなかった。フォン・シュライヒャーはフォン・パーペンを、言われたことは何でもやる、表看板の役割を演じる人間として見ていた。フォン・シュライヒャーの友人たちがフォン・パーペンは頭脳のない男だと抗議したとき、フォン・シュライヒャー将軍は答えた。「頭など必要ではない。要るのは帽子だ」。フォン・シュライヒャーは、自分がグレーナーにかわって国防相になり、その頭になるつもりだった。

ヒトラーとしてもこれほど時代錯誤の計画のために一肌脱ぐ気はなかった。そして、突撃隊解散令を解いて新たに選挙を行なうことのお返しとして、せいぜい新政府にたいして目をつぶってやることにしか同意しなかった。三カ月足らずのあいだに三度の選挙に加わって意気阻喪する結果を見たあとでも、ヒトラーが交渉に応じる唯一の目的としたのは、政権に加わらず、もう一度選挙戦に挑むことだった。ヒトラーの欲するもの、つまりヒトラーのつけた条件ですべての権力を与えてくれるものは、それしかなかった。

国会は六月四日に解散した。突撃隊解散令は六月十六日に解除され、選挙は七月三十日と決まった。しかし、フォン・パーペンとフォン・シュライヒャーは、そのお返しに選挙が終われば支持するという言質をヒトラーからとることができなかった。そのかわりに彼らが得たのは、手綱を解かれた突撃隊に何ができるかを見せつける示威運動だった。共産党の指導者エルンスト・テールマンは、解散令の解除は公然と殺人をそそのかすようなものだと述べた。街頭の戦闘の激しさは、さながら内戦の雰囲気を醸し出した。七月二十日までの五週間に、プロイセンでそうした衝突がほぼ五〇〇件もあり、九九人が死に、一一二五人が重傷を負った。新しい内相フライヘア・フォン・ガイルの対応は、共産党に甘く、ナチに厳しすぎるとして、プロイセン警察の介入を一方的だと責めることだった。彼の対応は、フォン・パーペンの最大のクーデタに道をつけるためにわざともくろまれたものである。つまり、フォン・パーペン政府はプロイセンで緊急事態を宣言し、国が州を監督する地方長官を任命して、社会民主党‐中央党の州政府に代えたのである。

とりわけ激烈なハンブルク‐アルトナの戦闘が、その口実だった。労働者階級の住む地区をパレードしていた七〇〇〇人のナチ党員が、バリケードをはさんで共産党員と戦闘になり、一七人の死者と多数の負傷者が出た。三日後の七月二十日に、フォン・パーペンはプロイセン政府を更迭した。憲法第四八条の大統領緊急命令にもとづくフォン・パーペンの措置の合法性は、当然抗議の対象とされるものだった。一九二〇年にゼネストを行なって「カップ一揆」を挫折させた経験がある社会民主党と労働組合は、今回も同様の対抗措置がとれないかと話しあったが、議論しただけで、結局はその考えをしりぞけた。ワイマル時代を通じて社会民主主義の砦となり、ドイツ最強の警察力をもっていたプロイセンが抵抗もせずに降伏したという事実ほど、ドイツの世論に強い印象を与えたものはなかった。それは指導者の精根が尽きはて、右翼と左翼の過激派、ナチと共産党にたいして長らく強いられた両面作戦をつづけるのに自信を失った結果だった。

ナチの宿願だった「赤いプロイセン」の転覆は、その一〇日後の一九三二年七月三十一日に行なわれる国政選挙の勝利を予告する前兆だった。その夏のあいだにグレゴール・シュトラッサーが党の管理組織を再編成しておいたおかげで、これまでにないほど順調に準備が整ったし、いまでは規制によってその活動が抑制されることもなくなった。党員は候補者に選ばれると、ヒトラー個人に服従の誓いをするように求められた。「盲目的に従うことが必要だった」[*24]からである。五カ月のあいだに行なわれた選挙の四回目を戦うことになるが、ナチの鳴りもの入りの宣伝でおなじみの道具が一つ残らず利用された。ヒトラーはまた飛行機を使い、三度目の「ドイツ全土をまたにかける飛行」をして、七月の後半に五〇近くの都市を訪れ、演説をした。そして、またしても信仰復興伝道集会さながらの熱狂を呼び起こし、かつ自分も酔った。悪天候のためにヒトラーのシュトラールズント到着が午前二時三十分になったとき、何千人もの群衆は土砂降りの雨のなかで彼を待った。ヒトラーが演説を終わったとき、人びとは「世界に冠たるドイツ」を歌って夜明けを迎えた。経済恐慌と大量失業が二年以上もつづいたのに、政府がそれをまったく救済できなかったからには、徹底的な変革を実施しなければならない、その変革を起こす活力をもち、絶対的な献身ができる党は一つしかないのだという彼のメッセージは、聞く者の胸に強く迫った。

結果が公表されてみると、ナチ党は一九三〇年の数字を倍以上に伸ばして一三七四万六〇〇〇票を獲得し、国会に二三〇議席を得て、ドイツ最大の党になった。四年間に一三〇〇万票近くも増やしたのである。第二党の社会民主党は八〇〇万票以下で足もとにもおよばず、共産党は五二八万票、中央党は四五九万票だった(原注:結果の詳細については図4〜5および第4巻所収の付表Iを参照)。

5

しかし、ナチ党は今度も大成功を収めたが、ヒトラーが求めた過半数は得られなかった。数字をくわしく調べると、四月の投票のパーセンテージ──第二次大統領選挙の三六・七パーセント、国会議員選挙の三六・三パーセント──から見て、ほとんど進歩がないことがわかった。最高の得票率をあげたのは、またしても北部と東部の地方選挙区──シュレスウィヒ-ホルシュタインの五一パーセント、東プロイセンの四七・一パーセント──であった。しかし、工業地帯と南部では平均よりもかなり低い二〇パーセントから三〇パーセントのあいだを低迷していた。イギリス大使は一般の見方をまとめてベルリンから報告している。

どうやらヒトラーはもう持てる力を使いきったらしい。彼は中間と右翼の弱小ブルジョワ政党を併呑してしまい、今後、中央党と共産党および社会民主党に食いこめるという見通しはない……他の党はみな、ヒトラーが過半数に達しえなかったことに感謝している。ヒトラーがこれで頭打ちになったと確信して、彼らの喜びはひとしおである。*25

しかし、もしヒトラーに交渉に応じる用意があれば、彼はドイツで他を寄せつけぬ最強の政党の党首として、強力な立場にあった。問題は、彼がどれほどの要求をするかだった。党首たちとの会談で、中央党との連立（シュトラッサーが終始それに賛成）について話しあわれた。しかし、ヒトラーは「すべてか、さもなければゼロ」のほうを選んだ。あらゆる権力をそっくり渡してもらいたい、それを分けあうのはいやだというのである。

八月五日に、フュルステンベルクにおける会談で、ヒトラーは自分の要求をフォン・シュライヒャーに突きつけた。自分を首相にするなら右翼のいかなる連立でもかまわない、それとともにプロイセンの首相、連邦およびプロイセンの内相（警察を掌握）、連邦法相、新設の教育宣伝相――これにはゲッベルスをあてる心づもりだった――にもナチの幹部を任命せよという要求である。また大統領にも国会にも依存するのをやめるために、ヒトラーは法令によって統治する全権を首相に与えることができる法案も要求した。もし国会が法案の通過を拒否したら、解散になるはずだった。フォン・シュライヒャーが何と言ったにせよ、ヒトラーは将軍が八方手を尽くして、自分を首相にしてくれると確信して帰ってきた。彼はすっかり喜んでこの歴史的な会見を記念するため、会場になった家の壁に銘板をつけようと提案した。八日、ゲッベルスは日記に書いた。

あたりは予兆に満ちている……全党をあげて政権を引き継ぐ用意ができている。突撃隊は日常活動を停止してこれに備えている。もし事態がうまく進めば、万事申し分ない。うまくいかなければ、そのときは恐ろしい後退となるだろう。[*26]

突撃隊をなだめ、同時に自分の要求に重みをつけるため、ヒトラーはベルリンをパレードさせた。いたるところで緊張が高まって激しい衝突が起こり、誰にせよ相手を殺した者は死刑にするという命令が出るにいたった。その次の夜、制服を着た突撃隊員五名が上シュレージエンのポテンパという村で、共産党員の労働者の家に押し入り、その男をベッドから引きずり出し、おびえる母親の目の前で蹴り殺した。

ベルリンから何の音沙汰もないので、ヒトラーは十三日、首相フォン・パーペンと大統領に会見を求めた。その前夜、彼はレームからフォン・パーペンが彼のために首相の座を降りるかどうかは疑わしいと聞かされた。ヒトラーはゲッベルスの家のなかを行きつ戻りつしながら、どこまで要求を上げるべきか——突撃隊と党にたいする支配を揺るがせない範囲で下げるとすれば、どこまでか——を議論した。

フォン・パーペンは実際、いま自分がなぜ辞めなければならないのかわからなかった。選挙は明らかな過半数という結果にならなかったので、大統領の政府をつづけてもいいわけだった。フォン・ヒンデンブルクとは他の誰よりもよい関係にあったし、大統領にしたところで、貴族的なフォン・パーペンから自分が嫌っている野卑なヒトラーに乗り換えたいとは思わなかった。暴力沙汰がつづいたため、有産階級のあいだでナチにたいする反発が高まり、ヒトラーが政権につけば海外の反響が内閣と軍に重くのしかかるのが予想された。フォン・パーペンもナチがすでに頭打ちであり、これからは票を減らしはじめるだろうと考えていた。彼とフォン・シュライヒャーがヒトラーと会見するまでに、ヒトラーに提供してやってもいいという気になっていたのは、現在のフォン・パーペン政府の副首相の椅子と子分の一人のためのプロイセン内相の椅子だけだった。

ヒトラーは彼らの申し出を即座に拒絶した。興奮し、怒り狂って、三日間だけ突撃隊が街頭活動を許されたことや「マルクス主義者」の一掃について、すごい剣幕でしゃべりまくった。そして、自分が求めるのは一九二二年にムッソリーニが要求したのと同じ権力であり、それしかないと主張したあと、それ以上、話しあいをつづけるのを拒んだ。彼は説得されて大統領の召喚に応じたが、それはまだ何も決まっていないと告げられてからだった。だが、大統領はヒトラーを立ち上がって迎え、彼の党の、手に負えない凶暴な連中のことを激しい口調で指摘した。ヒトラーとナチを連立政権に受け入れる覚悟はしていたが、全面的な権力を与えるつもりはなかったのである。会見の公式報告は、大統領がナチの暴虐な行為を責め、ヒトラーの過度な野心をはねつけたとしており、ヒトラーが自分の見解を明らかにしないうちにそれが世間──と党──に公表されて、ヒトラーは恥の上塗りをしたというわけである。

そのやりかたも、拒絶そのものに劣らずヒトラーの心を傷つけた。これは一九二三年をそのまま再現したものだった。国家主義運動の太鼓叩きをつとめるのは勝手だが、首相にはとてもなれない伍長というわけだ。「お上品な」ブルジョワの世界、将校階級、フロックコートに山高帽の気取った政治家たちにたいする彼の軽蔑と憎悪が煮えたぎった。

あの紳士たちの頭のなかにあることはわかっている。彼らはわれわれに二、三のポストを与えて黙らせようというのだ。いや、紳士諸君、私が党をつくったのは、値切らせるためでも、売りに出すためでも、つまらぬものと引きかえに手放すためでもない。これは老いぼれ狐がこっそりかぶっていられるような虎の皮ではないのだ……二つの大臣のポストで私が釣れるなどと本気で考えているのだろうか。あの紳士たちは私がそんなものを歯牙にもかけないことがわかっていない。かりに、神が現状のままをお望みだというのであれば、われわれは片眼鏡をかけてこの世に生まれてきてやるだろう。とんでもない！　大臣のポストが自分のものではないから、彼らはそれを手放さないのだ。[*27]

突撃隊の好きにさせ、「街頭の自由」を彼らに与えると言ってみたい気持ち、そう言うとき、ただ効果を狙って口にしているだけなのかどうかを見せてやりたい気持ちは、ヒトラーのうちでいままでになく強まった。ポテンパの殺人に責任のある五人の突撃隊員が死刑を宣告されたとき、彼は電報を打った。

同志よ。この最も不埒な血なまぐさい判決に直面し、私は諸君にかぎりなく誠実でなければならないと感じている。これからは諸君の釈放がわれわれの名誉をかけた問題である。[*28]

だが、ヒトラーはまだ感情と打算をきっぱりと分けて考えることができた。フォン・ヒンデンブルクとの屈辱的な会見をした当日、彼はレームをはじめ突撃隊の指導者たちを呼びつけて、反乱を起こすことなど考えてはいけないと強く念を押した。まだ「合法性」の戦術に固執していたのである。ポテンパの殺人者を応援するデモンストレーションを計画したのは、隊員をあおりたてるためではなく、レームが彼らを抑えやすくしてやるためだった。

フォン・パーペンとフォン・シュライヒャーはヒトラーのゲームのやりかたを充分に理解しており、彼がしびれをきらして自分たちの条件を受け入れる気になるぎりぎりのところまで焦《じ》らしつづけた。中央党との話を再開してはどうかと勧めるシュトラッサーに、ヒトラーは同意した。ナチ党と中央党が手を結べば国会で過半数となり、実際にそれを利用して八月末にはゲーリングを議長に選んだ。シュトラッサーは党の選挙による訴求力もこれが限度だと信じており、中央党内の左寄りおよび中道分子との連立が党にとって、社会主義反対の有権者をつかみ、議会で過半数を得て政権につく最善の道であると考えた。ゲッベルスは相変わらずこれに反対だったが、フォン・パーペンに圧力をかける一つの手段として、中央党に触手を伸ばすことにも価値はあると見た。

これらの策略がクライマックスに達したのは、一九三二年九月十二日、選挙以来の国会の第一会期が終わるときだった。いまやフォン・ヒンデンブルクにすっかり気に入られたフォン・パーペンは、必要とあればいつでも使える切札として、ひそかに国会を解散する命令を前もって用意していた。しかし、ことのなりゆきは両方の側に不意打ちを食らわせた。混乱した激しいやりとりがあった会期の終わりに、ナチ党は共産党の内閣不信任案を支持して、フォン・パーペンに五一二対四二票という圧倒的な敗北をもたらした。フォン・パーペンはその報復としてろくに審議もせずに国会を解散する命令を出した結果、ナチ党はその年の五度目の選挙を戦うことになった。

ヒトラーは例によって選挙という賭博の賽《さい》の目に引かれて、何のためらいもなく、自信満々だった。しかし、さすがのゲッベルスも、これまでのようなキャンペーンをもう一度初めから繰り返すのかと考えて青くなった。党の士気はふるわず、大管区の多くはまだ七月の選挙の借金をかかえていた。ポテンパの事件にたいしては一般の強い反感があった。それにナチはかならず票を減らすと広く信じられていて、党内でも多くの者が同じ考えだった。ヒトラーの決意と自分の運命にたいする揺るぎない確信だけが事態を動かしていた。党の幹部が十月初めにミュンヘンに集まったとき、総統神話の力はまだものを言った。「ヒトラーは偉大である。われわれは誰一人として彼にかなわない」と、ゲッベルスは書いた。「彼は党が最も暗く沈んだときに、士気を高めてくれる。彼を指導者として戴くとき、運動はかならず成功する」[*29]。しかし、その後まもなく、ゲッベルスは日記にこう書いた。「金を集めるのがきわめて難しい。

『財産と教養』のある紳士たちはみな政府に味方している」[*30]。ヒトラーのアピールがますます過激になるのを警戒したドイツの大企業については、確かにこれが当たっていた。一九三二年十月十九日、政治に強い関心のある工業家たちのグループの代表と主な工業協会の役員たちが初めてベルリンで会合し、フォン・パーペン内閣から要請された二〇〇万マルクの政治資金の調達を引き受けた[*31]。

しかし、ヒトラーは譲歩せず、自分自身を限界まで追いやった。四度目の飛行機キャンペーンでは夏よりも多くの町を訪れ、さらに多くの集会で演説をした。「反動に反対！」は、彼が採用した、そのものずばりの過激なスローガンだった。ナチのプロパガンダ・マシンが全力をあげてフォン・パーペンと「腐敗したユンカー政権」に立ち向かった。ゲッベルスは自分のベルリン本部で負けまいとして必死に運動を展開するなかで、党と突撃隊に公然と共産党に協力するよう命じ、社会民主党と労働組合が関知しないと言った五日間の交通ストを決行させた。ゲッベルスは日記の最後にこう記した。

最後の攻撃。敗北すまいとする党の必死の運動。われわれは最後の土壇場で一万マルクの獲得に成功。この金は土曜日のキャンペーンに投入する予定。できるかぎりのことをした。いまは運命の女神の御心にまかせよう[*32]。

一九二八年以来、初めて投票率が落ちた。有権者が政治の混乱に疲れ、暴力を警戒したために、投票者数は七月より二〇〇万人減り、ナチの得票も同じ数だけ減った。しかし、これは穏健派には流れなかった。共産党は中央党を抜いて第三党（一六・九パーセント）になり、社会民主党は落ちて二〇パーセントをわずかに上まわるだけとなる一方で、ナチ党がいぜんとして他を引き離す最大の党であることに変わりなく、フーゲンベルクの国家人民党はささやかな復活ぶりを見せた。過激主義がなおも上昇気運にあった。フォン・パーペンは、（ヒトラーが指摘したとおり）有権者の九〇パーセントから反対されているのに、結果を喜び、ナチ党のほうが頭を下げなければならないとの確信をこれまで以上に強くした。

だが、フォン・パーペンの立場は自分で信じていたほど強くなかった。フォン・シュライヒャーは彼が独自に大統領と親密な関係を結んだことに立腹し、フォン・パーペンがナチに妥協を強いるためにもう一度選挙をするとか、もし妥協しなければ独裁によって国を統治するなどと話すのを聞いて心配した。ブリューニングによると、フォン・シュライヒャーは、軍がナチと共産党の同時蜂起に対処しなければならなくなりはしないかとつねに心配していた。現実に、彼らがベルリンのストライキで協力し、共産党が票を増やしたことに、フォン・シュライヒャーは強烈な印象を受けていた。

そこで、フォン・シュライヒャーは国防相として、フォン・パーペンの政権がこれ以上つづくと内戦になる危険があると他の閣僚を熱心に説得しはじめた。フォン・パーペンは辞任して、大統領に党首たち――まず第一にヒトラー――と話しあってもらい、行きづまりの打開策を見つける努力をすべきであると説いたのである。

フォン・パーペンは賭けに出た（十一月十七日）。十八日と二十一日に行なわれるフォン・ヒンデンブルクとヒトラーの会談はきっとうまくいかないだろうし、そうなれば自分が有利になって政権に戻れると信じたからである。彼の予想は正しかった。ヒトラーは大統領がフォン・パーペンに与えたのと同じ広範な権力をもつ首相の座を要求した。フォン・ヒンデンブルクは（背後に控えるフォン・パーペンに入れ知恵されて）、国会で過半数をとったときにかぎりヒトラーを首相にすることに同意するだろう、もしドイツが今後も大統領の政府の緊急命令によって統治されなければならないのならフォン・パーペンを更迭する意味がないと言った。

大統領と他の党首たちとの話しあいも、フォン・シュライヒャーによるヒトラーへの申し入れ（グレゴール・シュトラッサーを通じて）も、それよりましな結果をもたらさなかった。後者はフォン・パーペンではなくてフォン・シュライヒャー自身が首相になる内閣にナチが加わる気はないかと打診するものだった。ヒトラーの食指は動かなかった。フォン・パーペンは自分がいま首相の地位に返り咲き、国会の開会を無期限に延期して、憲法の改正を準備するという提案をした。それが実行に移せるまで、彼は命令によって統治する緊急事態を宣言し、クーデタの企てがあれば軍を使ってそれをつぶすことになるだろう。フォン・ヒンデンブルクは同意し、フォン・シュライヒャーの反対を無視してフォン・パーペンに組閣を委嘱した。

この時点で、フォン・シュライヒャーは自分のもつ切札を使った。フォン・パーペンが復帰した最初の閣議で（十二月二日）、国防相フォン・シュライヒャーは、軍はもはや首相を信頼しておらず、内戦の危険を冒すつもりは毛頭ないと公言した。

この政治的陰謀の異常な物語の最後の幕は、フォン・ヒンデンブルクがフォン・シュライヒャーから伝えられた軍の最後通牒に屈服し、ナチを含む挙国戦線を、フォン・パーペンはしくじったが、フォン・シュライヒャーならば首尾よくつくれるだろうとの仮定にもとづき、彼を招いてフォン・パーペンのかわりに首相にすることから始まる。フォン・シュライヒャーがこれをなしとげられるかどうかは、彼が先に接触したグレゴール・シュトラッサーが、フォン・シュライヒャーの政府に加わることはナチの利益になるとヒトラーを説得できるかどうかにかかっていた。

一年以上も前から、シュトラッサーは、ヒトラーの要求している、何ものにも制約されない首相の権力を獲得できるチャンスなどあるのだろうかと悲観的になっていた。十一月の選挙で党が後退し、大きな負債と落胆ムードがあとに残っただけに、彼は譲歩なし、妥協なし、要求するのは全権、それ以下では絶対にいやだというヒトラーの政策は、それに固執しつづければ党を壊すと信じるにいたった。フォン・シュライヒャーが考えていたのは、失業を減らす精力的なプログラムをもち、穏健なナチから穏健な社会主義までを包含する広範な戦線だった。シュトラッサーを通じて申し入れをすることで、フォン・シュライヒャーは明らかに、ヒトラーに同意する気がなければ、シュトラッサーが副首相のポストを受けて党を割るかもしれないと希望的に考えたようである。

これがシュトラッサーの意向だったという証拠はない。しかし、彼がフォン・シュライヒャーの申し入れに応じたという事実は、ナチの指導部のあいだで討議されると、すぐに裏切りとして攻撃され、ヒトラーから指導権を取り上げようとしていると非難された。十二月七日にもう一度ヒトラーと会って激しいやりとりをしたあと、シュトラッサーは不忠をなじる非難にたいし、自らの立場を弁護する長い手紙を書き、役職をすべて辞任した。しかし、彼は党内で支持を集める努力をせず、姿を消して家族とイタリアへ旅行に出かけてしまった。

ヒトラーの副官で党組織をつかさどる人物の辞任は、士気が低下していたときだけに深刻なショックを与えた。なかでも最も大きなショックを受けたのはヒトラー自身だった。しかし、一日も経たないうちに、彼はシュトラッサーが「あと五分で最終的な勝利が得られるときになって、私の背中を刺した」ユダみたいな男なのだと確信した。ヒトラーは党の幹部の全員を呼び集めて、ゲーリングの国会議長公邸で会い、欠席したシュトラッサーを激しくなじり、出席者の感情に強く訴えて、彼を闇に葬り去った。古くからの支持者はすべて総統と握手し、絶対にナチの運動を捨てないと約束することを求められた。シュトラッサーとは不倶戴天の間柄だったゲッベルスは、その夜の集会が終わったとき、「運動の団結のために役立つ大成功……シュトラッサーはいまや完全に孤立した。死んだも同然である」[*33]と書いた。二年と経たないうちに、これは文字通りの真実となった。

シュトラッサーはまったく反撃しようとしなかった。そこでヒトラーは、シュトラッサーに同調している大管区指導者がいるすべての都市の訪問にとりかかり、シュトラッサーがつくりあげた中央集権的な党組織を解体した。突撃隊の場合、彼は自らその長となり、信頼できる部下――ヘス、ローベルト・ライ、ダレ、ゲッベルス――に各部門を担当させた。しかし、彼が党にたいする自分の支配権をあらためて主張しても、党の経済的、政治的な問題を解決することにはならなかった。党職員の給料をカットしなければならなくなった。ゲッベルスはベルリン大管区の事態が絶望的であると説明した。突撃隊の隊員は募金箱を持たされて街頭に送られ、通行人に頭を下げて「困っているナチ」のためにいくらか恵んでくれと頼んだ。政治については、ヒトラーは、党がおちいった窮境から抜け出すためのシュトラッサーの提案を、それにたいする代案を出せないままうまく握りつぶした。一九三二年のクリスマスに、ゲッベルスは日記に書いた。

今年は不運つづきだった……過去は悲惨だった。将来は暗く陰鬱になりそうだ。すべての機会と希望はまったく消え失せた。[*34]

思いがけなく突破口を開いてくれたのは、今回はフォン・シュライヒャーでなく、フォン・シュライヒャーに報復しようとするフォン・パーペンだった。首相としてのフォン・シュライヒャーは、ドイツ経済を鷲《わし》づかみしている大恐慌の手をふりほどくためにとらなければならない積極的な手段を知ることにかけては、フォン・パーペンとブリューニングのいずれよりもずっとすぐれていた。十二月十五日の国民に向けての放送のなかで、彼は雇用の創出を最優先の課題とした。だが、その計画は机上では立派なものだったが、労働組合と社会民主党だけでなく中央党の不信さえも拭えず、また一方で工業家と地主の既得権を侵害するものだったため、彼らのあいだに猛烈な反対を引き起こした。これまで、フォン・シュライヒャーはさまざまな策を弄してグレーナー、ブリューニング、そしてフォン・パーペンを政権から追い落としていたので、進んで連立を組もうという政党が一つもなかった。チャンス到来とばかりに、大統領と非常に親しい関係を保っていたフォン・パーペンは、それに代わる自分自身のプランをまとめにかかった。

一九三三年一月四日、フォン・パーペンはケルンの銀行家クルト・フォン・シュレーダーの家でヒトラーと会った。二人のあいだには好意のかけらもなかったが、両者ともにフォン・シュライヒャーに勝つことができるなら、喜んで見解の相違に目をつぶる気でいることを相手に示した。ヒトラーはいぜんとして首相でなければいやだと言い張ったが、いまやフォン・パーペンおよびフーゲンベルクの国家人民党との連立に加わる気にはなっていて、「ハルツブルク戦線」が事実上復活した。そういう連立の条件を厳密にどう決めるかをめぐり、一月を通じて激しい議論がかわされ、新政府の顔ぶれが一月三十日、正式に大統領に提出されたときになってもまだ話しあいはつづいていた。

ここで交渉の道筋をたどる必要はないが、その間に考えられるかぎりの選択がいちいち叩き台に載せられた。*35

一月二十八日には、フォン・シュライヒャーも敗北を認めざるをえなかった。彼は国会の過半数をまとめることができず、緊急命令によって統治する権限をフォン・ヒンデンブルクに求めることを余儀なくされた。前年十二月の初めに、フォン・パーペンにたいしてそれが提案されたときに、彼は拒否していた。フォン・ヒンデンブルクは、フォン・パーペンのときに与えてはいけないと主張した張本人であるフォン・シュライヒャーにその特権を与えたくなかった。一方、フォン・パーペンがうまくやれるかどうかは、三つの障害を乗り越える彼の能力にかかっていた。第一に、フォン・ヒンデンブルクはヒトラーを首相にすることに強く反対していた。第二は、フーゲンベルクが政府に加わる条件とした、経済全般にたいして独裁的な権限を与えよという大きな要求だった。第三はフォン・シュライヒャーが長らく自分こそその代弁者だと主張してきた軍の支援をとりつけられる国防相を見つけることだった。

一月二十七日のフーゲンベルクとヒトラーの会談はとげとげしい雰囲気のなかで物別れに終わり、ゲーリングは苦労してヒトラーを説得し、そのままミュンヘンへ行かせず、交渉から手を引いてしまわないようにした。そうするというヒトラーの脅しだけで充分だった。そのときまでに、フォン・パーペンは自分がまた首相になれるという考えを捨てていた。しかし、ここにきて、自分の計画がすべて水泡に帰するかもしれない危険があることを確信するようになった。そこで彼は、翌日、大統領にはっきりと、ヒトラーを首相にしたときにだけ、一つの解決策が見出せると告げた。そしてフォン・ヒンデンブルクに、自分自身が副首相になる、ナチからはほかに二人しか入閣させない、そうすれば保守派が数の上で三対一と優位を占めると言って安心させた。

その二人というのは、戦闘機のパイロットとして数々の武勲に輝くゲーリングと、きわめて地味にしてかつナチの幹部のなかで最も上品な人物として知られる弁護士で元公務員のフリックだった。大統領の抵抗はしだいに弱まり、結局、ヒトラーの要求のすべてが認められた。プロイセン首相のポストだけは別だった。フォン・パーペンが副首相ばかりでなく、こちらも自分のためにとりのけておいたからである。お返しとして、ヒトラーは同じようにしぶしぶと、経済関係の諸省を支配したいとするフーゲンベルクの要求に同意した。

第三の問題、フォン・シュライヒャーに代わる国防相を見つけることは大統領の同意を得るうえで非常に重要だった。フォン・パーペンはジュネーヴ軍縮会議のドイツ代表団の首席軍事顧問であるウェルナー・フォン・ブロンベルク将軍に白羽の矢を立てた。ヒンデンブルクは知らなかったが、ブロンベルクはフォン・シュライヒャーの敵の一人で、それはフォン・シュライヒャーが一九二九年に、偽装参謀本部である兵務局の長官という国防省の重要なポストから彼を追い出して、東プロイセン第一師団の司令官に転属させたとき以来のことだった。その地で、彼は参謀長のワルター・フォン・ライヘナウ将軍と、師団付の牧師でのちに国家主教となるヨーゼフ・ミュラーの感化により、ナチに好意をもつようになっていた。いまや軍の意見を代表すると主張できる点でフォン・シュライヒャーよりも強い立場にある野心家のブロンベルクは、すでに意向を打診されていて、シュライヒャーと軍が反乱を起こすとの根も葉もない噂が飛び交うなか、一月三十日の早朝、ベルリンに呼ばれた。アンハルター駅に着いたブロンベルクは相容れない命令を受けた。一つは国防省へ行くようにとの命令で、もう一つは大統領のところへ行くようにとの命令だった。

フォン・ブロンベルクは後者を選び、九時にヒトラーと他の閣僚に先立って国防相就任の宣誓をし、これをもって国防軍は安全な手にゆだねられたとフォン・ヒンデンブルクを安心させた。ブロンベルクは、シュライヒャーが逮捕を命じる恐れがあるから、国防省には行かないようにと警告されていたのである。

フーゲンベルクはいぜんとしてヒトラーの主張、つまり国会は解散すべき——選挙はこれきりにするとヒトラーは約束した——であり、新政府は選挙を行なって過半数を求めるべきだという主張に抵抗していた。彼らは宣誓をして就任するために呼ばれたときになっても、まだ議論していた。ナチ党は、ヒトラーが首相になったほかには、一一あるポストのうち二つしか与えられず、しかも二つともどちらかと言えばつまらないポストであり、フリックが共和国内相（原注：警察力を支配する権限は、共和国内相ではなく個々の州の内相にあり、州のなかでも首都ベルリンをかかえるプロイセンの重要性は飛び抜けて大きかった）、ゲーリングが無任所相になった。外相（フライヘア・コンスタンティン・フォン・ノイラート）と国防相には外務省のキャリア外交官と軍人が任命され、フォン・ヒンデンブルクの承認を得た。経済相と食糧農業相（国とプロイセンの双方）はフーゲンベルクが手に入れ、労働相は鉄兜団の首領フランツ・ゼルテのものになって、地主と工業家を満足させた。ゲーリングはプロイセンの内相にしてもらい、警察を支配することになったが、プロイセン首相としてのフォン・パーペンにたいして責任を負うのであった。フォン・パーペンは共和国の副首相になったばかりでなく、首相が大統領に報告するときにはかならず同席するという権限を新たにつけ加えることに成功した。

友人たちに向かって、フォン・パーペンは、フォン・シュライヒャーもブリューニングも失敗したというのに、自分はドイツ最大の党の党首を味方につけて、保守派が自力では絶対に勝ちとれなかった国民の支持をとりつけることに成功したと自慢した。そして、フォン・パーペンはつけ加えた。自分はあの男には重要なものは何も渡さずにこれをやってのけた、と。ヒトラーは首相かもしれない。だが、大統領および閣内で過半数を占める保守派と国家人民党に信頼されているのは副首相の自分である。将来、危険はないかとたずねた者にたいして、フォン・パーペンは答えた。「心配はまったくない。われわれの一座に彼を雇ったんだからな」

ナチ党と突撃隊が分解する可能性に直面したヒトラーにとっては分が悪かった。しかし彼は冷静を保ち、自分の利益を図るべく、まずシュライヒャー、次いでパーペンを相手に交渉をした。しかし、ヘンリー・アシュビー・ターナーが書いているように、交渉の主導権は先方にあり、彼のほうにはなかった[*36]。フォン・パーペンが二十世紀の歴史における最もひどい誤りを犯したとして責めるべきは、ほかならぬ彼自身である。ヒトラーはいつも「合法性」を重んじるつもりだと繰り返したが、彼がその言葉で何を言おうとしているのかは決して隠さなかった。一九三〇年のライプツィヒ裁判の証言のなかで、彼は次のように説明している。

憲法は闘技場の境界を画するにすぎず、ゴールを定めているわけではない。われわれは立法機関に入る。そして、その方法を使ってわが党を決定因子にしようと思う。だが、ひとたび憲法上の権力を手中にしたあかつきには、われわれが自らふさわしいと考えるかたちに国家をつくりあげるつもりである[*37]。

より明快なのは、一九三一年十二月、当時まだ首相の地位にあったブリューニングが公開状によって直接戦いを挑んだとき、ヒトラーがブリューニングに送った書簡である。ブリューニングは書いた。「ひとたび合法的な手段で権力を獲得してしまえば、自分は障壁を突破するつもりであると公言するとき、その者は本当に合法性を重んじているのではない」

ヒトラーはただちに答えた。

首相閣下、民主主義の基本的なテーゼは「あらゆる権力は国民から発する」としております。憲法はある概念、ある思想、したがってある組織がその目的を実現するための立法を国民から手に入れる道を規定します。しかし、結局のところ、憲法を決めるのは国民自身です。

首相閣下、ひとたびドイツ国民が国家社会主義運動に権能を与え、わが党が現在の憲法とは別の憲法を提出すれば、閣下はそれを阻止できないのです……憲法がまったく役に立たないことがわかったとき、国は滅びはしません――その憲法が改正されるのです。[*38]

これはきわめて明快だった。こういう根拠があったからこそ、ヒトラーを政府に入れようと努力した人びとはかならず彼を「飼い慣らす」という観点に立って考え、彼が首相になることに――グレーナーもフォン・シュライヒャーも、そしてフォン・ヒンデンブルクも、最後の土壇場まで――抵抗したのであった。

その点はヒトラーも同じで、自分は首相でなければ絶対に政府に加わらないとあくまでも言い張り、首相になってしまえば、フォン・パーペンが自分を縛りつけようとして考え出すあの手この手はどれ一つとして自分が「ふさわしいと考えるかたちに国家をつくりあげる」妨げにはなりえないと固く信じた。ヒトラーはわずか二カ月のあいだに誰が正しかったかを証明した。六カ月と経たないうちに、彼は国家権力を自分のものとし、つねに目標としてきた革命を成就したのである。彼がそれでやってのけたことは、二十世紀の最も酸鼻をきわめた物語となる。

（第2巻につづく）

*本書は、二〇〇三年に当社より刊行した著作を文庫化したものです。

草思社文庫

対比列伝
ヒトラーとスターリン（第1巻）

2021年2月8日　第1刷発行

著　者　アラン・ブロック
訳　者　鈴木主税
発行者　藤田　博
発行所　株式会社 草思社
〒160-0022　東京都新宿区新宿 1-10-1
電話　03(4580)7680(編集)
　　　03(4580)7676(営業)
　　　http://www.soshisha.com/
印刷所　株式会社 三陽社
付物印刷　中央精版印刷 株式会社
製本所　大口製本印刷 株式会社
本体表紙デザイン　間村俊一

ISBN978-4-7942-2500-9　Printed in Japan

草思社文庫既刊

ヒトラーとは何か

セバスチャン・ハフナー　瀬野文教＝訳

画家になり損ねた我の強いオーストリア人青年はいかにして類を見ない独裁者になったか？　ナチスの興亡を同時代人として体験したジャーナリストがヒトラーの野望の軌跡を臨場感あふれる筆致で描いた傑作評伝。

ドイツ現代史の正しい見方

セバスチャン・ハフナー　瀬野文教＝訳

ヒトラーによる権力掌握はドイツ史の必然だったのか？　第二次世界大戦の真因とは？　独自のヒトラー論で知られる歴史家が、ドイツ現代史の分岐点となった数々のトピックスを取り上げ、「歴史のイフ」を考察。

トラウデル・ユンゲ
高島市子・足立ラーベ加代＝訳

私はヒトラーの秘書だった

ドイツ敗戦まで秘書として第三帝国の中枢で働いていた女性が、ヒトラーの素顔や側近たちとの交流、地下壕での最期までを書き記した手記。戦後まもない時期に書かれ、半世紀を経て初めて公開された貴重な証言録。

草思社文庫既刊

ジャン・ヴァン・エジュノール　小笠原豊樹＝訳
亡命者トロツキー　1932―1939

スターリンと対立、追放された革命家トロツキーの亡命生活において、個人秘書として七年間を共にしたフランス人青年の回想記。フリーダ・カーロとの日々なども詳述、人間トロツキーの姿が鮮烈に甦る。

ロバート・N・プロクター　宮崎　尊＝訳
健康帝国ナチス

ガン・タバコ撲滅、アスベスト禁止等々、最先端のナチス医学がめざしたユートピア。それは優生学にもとづく純粋アーリア人国家の繁栄だった。ナチス政権下における医学と科学の進んだ恐るべき道を明かす。

菅原　出
アメリカはなぜヒトラーを必要としたのか

1920年代以降、アメリカは「独裁者を援助し、育てる」外交戦略をとってきた。ナチスから麻薬王、イスラム過激派に至るまで、アメリカと独裁者たちを結ぶ黒い人脈に迫る真実の米外交裏面史。

草思社文庫既刊

渡辺惣樹
誰が第二次世界大戦を起こしたのか
フーバー大統領『裏切られた自由』を読み解く

第三十一代米国大統領フーバーが生涯をかけて記録した大戦の真実とは？　半世紀にわたって封印されていた大著『裏切られた自由』を翻訳した歴史家が、同書を紹介しながら新解釈の「第二次世界大戦史」を提示する。

ハミルトン・フィッシュ　渡辺惣樹＝訳
ルーズベルトの開戦責任
大統領が最も恐れた男の証言

当時の米国内の戦争反対世論をねじふせ、対日最後通牒を巧妙に隠してアメリカを大戦に導いたとして、元共和党重鎮がフランクリン・ルーズベルトの責任を厳しく追及。太平洋戦争史観を一変させる重大証言。

鳥居　民
原爆を投下するまで日本を降伏させるな

なぜ、トルーマン大統領は無警告の原爆投下を命じたのか。なぜ、あの日でなければならなかったのか。大統領と国務長官のひそかな計画の核心に大胆な推論を加え、真相に迫った話題の書。

草思社文庫既刊

毛沢東の大飢饉
史上最も悲惨で破壊的な人災1958―1962
フランク・ディケーター　中川治子＝訳

毛沢東のユートピア構想は未曾有の大飢饉を発生させ4500万もの死者を出していた。中国共産党最大のタブー、「大躍進」運動の全体像を、党の資料をもとに明らかにした衝撃の書。サミュエル・ジョンソン賞受賞。

戦争プロパガンダ10の法則
アンヌ・モレリ　永田千奈＝訳

「戦争を望んだのは彼らのほうだ。われわれは平和を愛する民である」――近代以降、紛争時に繰り返されてきたプロパガンダの実相を、ポンソンビー卿『戦時の嘘』を踏まえて検証する。現代人の必読書。

操られる民主主義
デジタル・テクノロジーはいかにして社会を破壊するか
ジェイミー・バートレット　秋山勝＝訳

ビッグデータで選挙民の投票行動が操れる？　デジタル・テクノロジーの進化は、人間の自由意志を揺るがし、共有される匿名の怒りが社会を断片化・部族化させ、民主主義の根幹をゆさぶると指摘する衝撃的な書。